Multimediales Lernen in der Berufsbildung

In der Reihe „Multimediales Lernen in der Berufsbildung" bisher erschienene Titel:

▶ Interaktive Medien für die Aus- und Weiterbildung. Marktübersicht, Analysen, Anwendung

▶ Computergestützte Aus- und Weiterbildung für die Warenwirtschaft

▶ Didaktik des computergestützten Lernens. Praktische Gestaltung und theoretische Grundlagen

▶ Open Learning and Distance Education with Computer Support

▶ Evaluation multimedialer Lernprogramme und Lernkonzepte. Berichte aus der Berufsbildungspraxis

▶ Lernarrangements und Bildungsmarketing für multimediales Lernen. Berichte aus der Berufsbildungspraxis

▶ Handlungsorientiert lernen mit Multimedia. Lernarrangements planen, entwickeln und einsetzen

▶ Studieren und weiterbilden mit Multimedia. Perspektiven der Fernlehre in der wissenschaftlichen Aus- und Weiterbildung

Weitere Informationen zu allen Bänden der Reihe finden Sie unter http://www.bwverlag.de/mm1/index.htm

Herausgeber der Reihe „Multimediales Lernen in der Berufsbildung":
Dieter Blume, Berlin, Heinz Holz, Dr. Peter Schenkel und Heinrich Tillmann
aus dem Bundesinstitut für Berufsbildung, Bonn
sowie
Prof. Dr. Gerhard Zimmer, Universität der Bundeswehr, Hamburg

Qualitätsbeurteilung multimedialer Lern- und Informationssysteme

Evaluationsmethoden auf dem Prüfstand

Herausgegeben von
Peter Schenkel, Sigmar-Olaf Tergan und
Alfred Lottmann

BW Bildung und Wissen
Verlag und Software GmbH
Nürnberg

Die Deutsche Bibliothek – CIP-Einheitsaufnahme

Qualitätsbeurteilung multimedialer Lern- und Informationssysteme :
Evaluationsmethoden auf dem Prüfstand /
Hrsg.: Sigmar-Olaf Tergan .... - Nürnberg :
BW-Verl., 2000
(Reihe multimediales Lernen in der
Berufsbildung)
ISBN 3-8214-7020-8

Verlag:
BW Bildung und Wissen
Verlag und Software GmbH
Südwestpark 82
90449 Nürnberg
http://www.bwverlag.de

Vertrieb:
BW Bildung und Wissen
Verlag und Software GmbH
Postfach 82 01 50
90252 Nürnberg
Telefon: (09 11) 96 76-1 75
Telefax: (09 11) 96 76-1 89
E-Mail:
thomas.preuss@bwverlag.de

Lektorat:
Siegrid Geiger
Telefon: (09 11) 96 76-1 86
E-Mail: siegrid.geiger@bwverlag.de

ISBN 3-8214-7020-8

Vorwort

zur Reihe „Multimediales Lernen in der Berufsbildung"

Multimedia, Internet, Information-Highway, Virtuelle Fachhochschule, Bildung im Netz, Tele-Learning, Tele-Teaching, telematische Lehr- und Lernformen sind gegenwärtig vielbenutzte Schlagworte, die viel Neues in der Bildung signalisieren sollen. Mit ihnen werden euphorische Vorstellungen über die zukünftige „Wissensgesellschaft", aber auch Befürchtungen über entstehende Ungleichgewichte in unserer Gesellschaft verbunden. Es zeichnet sich ab, daß Multimedia und Internet den gesamten Bereich der Bildung von der allgemeinbildenden Schule über die Berufsausbildung bis zur lebensbegleitenden Weiterbildung im kommenden Jahrzehnt grundlegend verändern werden. In der beruflichen Bildung schreiten die Veränderungen bereits rasch voran. Mitte der 80er Jahre begann die Verbreitung von Lernsoftware, Anfang der 90er Jahre wurde die Lernsoftware multimedial, Mitte der 90er Jahre begann die Entwicklung multimedialen Telelernens. Von entscheidender Bedeutung ist dabei, daß durch die Nutzung universeller Computernetze in der Bildung die traditionellen Orts- und Zeitbindungen des Lehrens und Lernens aufgehoben bzw. flexibilisiert werden. Die Schlagworte sind daher zugleich als unmißverständliche Aufforderungen zu verstehen, mit Hilfe der multi- und telemedialen Technologien die beruflichen und allgemeinen Bildungsprozesse zukunftsfähig zu gestalten.

Die Computer-Vernetzung erlaubt nicht nur, das Zusammenspiel unterschiedlicher Medien zur Präsentation von Informationen zu steuern, sondern ermöglicht durch die Interaktivität der Medien vor allem auch aktives und selbstorganisiertes Lernen und Handeln. Simulationen und Planspiele bereiten darauf vor, in komplexen Situationen und Prozessen richtige Entscheidungen zu treffen. Die Integration der Telekommunikation macht nicht nur Informationen an jedem Computer verfügbar, sondern ermöglicht auch die weltweite Kommunikation mit anderen Experten und Lernenden sowie die direkte weltweite multimediale Präsentation eigener Informationen und Arbeitsergebnisse.

Die Vielfalt unserer Symbolsysteme, die wir im Laufe unserer Menschheitsgeschichte zur Mitteilung und Speicherung unserer Erfahrungen und unseres Wissens herausgebildet haben – wie Schrift, Sprache, Formel, Zeichnung, Grafik, Bild, Film, Musik usw. – wird nun mit dem Computer in multimedialen Formen integriert. Wir vermuten, daß diese Integration zu tieferen Erkenntnissen und fundierteren Handlungskompetenzen für die Gestaltung unserer Arbeit und unseres Lebens führen wird. In Ansätzen können wir bereits erkennen, daß die Auswirkungen auf die Lernprozesse, die Bildungsorganisation, die Kooperation der Lernorte, die Rolle der Lehrenden, die Bildungsinhalte, die Methodik und Didaktik gravierend sein werden. Die Kultur des Lehrens und Lernens wird sich grundlegend verändern. Es ist aber auch nicht von der Hand zu weisen, daß dies alles zu einer Informationsüberflutung und erheblichen Intensivierung der Lernprozesse führen kann, mit wiederum neuen Anforderungen an unsere Kompetenzen zum Wissensmanagement. Diese divergierenden Auswirkungen müssen intensiv untersucht werden, damit Lösungskonzepte in der Berufsbildung zukunftsfähig gestaltet werden können. Die tatsächlichen betrieblichen Arbeitsaufgaben in ihrer Komplexität werden dabei eine viel stärker organisierende Bedeutung in der beruflichen Bildung erhalten als bisher.

Konsequenter als alle bisherigen pädagogischen Absichtserklärungen zur Förderung selbstorganisierten Lernens erfordern Multimedia, Interaktivität, Simulation und Telekommunikation die Auseinandersetzung mit den vielfältigen subjektiven Lernprozessen: Wie können die zu lernenden Inhalte, Fertigkeiten, Fähigkeiten, Einstellungen und Motivationen multi- bzw. telemedial vermittelt werden? Welche interaktiven Handlungen müssen die Medien den Lernenden ermöglichen? Wie kann durch Telelernen die Kooperation der Lehrenden und Lernenden erhöht werden? Und vor allem: Wie können die Lernenden eine Brücke schlagen zwischen der multimedial, interaktiv und simulativ repräsentierten virtuellen Berufswelt und der tagtäglich zu bewältigenden realen Berufswelt? Also zwischen der konsistenten Logik eines modellhaften computer-basierten Handelns und der Kreativität und Innovation erfordernden Situation ständig wechselnder Arbeitsaufgaben? Wenn Selbständigkeit im beruflichen Handeln – im Informieren, Entscheiden, Planen, Durchführen, Kontrollieren und Bewerten – gefordert wird, muß berufliches Lernen in der Aus- und Weiterbildung viel stärker als bisher als aktiver und kooperativer Prozeß der Lernenden organisiert werden.

Für das selbstorganisierte berufliche Lernen hat die multi- und telemediale Unterstützung eine zentrale Funktion. Auch die lebensbegleitende Weiterbildung wird dadurch für alle Individuen sehr erleichtert. Eine wichtige Voraussetzung ist allerdings neben einer grundlegenden Berufsausbildung eine fundierte berufliche Allgemeinbildung, deren Förderung neue Anforderungen an die Berufsschule stellt.

Multimediale und telematische Lehr- und Lernformen in der Berufsbildung, wie sie in dieser Reihe thematisiert werden, finden in der informations- und kommunikationstechnisch durchdrungenen Berufswelt bereits technisch-organisatorische und pädagogisch-didaktische Rahmenbedingungen vor, die ihre Entwicklung begünstigen. Die mediale Integration des Erwerbs fachtheoretischen und fachpraktischen Wissens und beruflicher Erfahrungen am Arbeitsplatz – aufbauend auf einer systematischen und fundierten Berufsbildung – erlaubt es, dem jeweiligen Lernbedarf entsprechend just-in-time zu lernen. Dies verändert mit Sicherheit auch die Formen der Arbeitsorganisation, der Personalführung sowie der Unternehmens- und Arbeitskultur.

Die multimediale und interaktive Aufbereitung und Verfügbarmachung des in unübersehbarer Fülle in den Betrieben wie in der Gesellschaft akkumulierten beruflichen Wissens bedarf noch eines erheblichen Aufwandes. Dazu werden qualifizierte Fach- und Lehrkräfte erforderlich sein, aber auch den Lernenden selbst muß die Gelegenheit eingeräumt werden, ihr Wissen und ihre Erfahrungen beizusteuern.

Vor diesem Hintergrund versteht sich die Reihe „Multimediales Lernen in der Berufsbildung" als ein Forum. Es sollen nicht nur Forschungsresultate dargestellt und wesentliche Fragen multimedialer bzw. telematischer Lehr- und Lernformen diskutiert, sondern auch praktische Problemlösungen und Hilfen für die Aus- und Weiterbildung und die berufliche Allgemeinbildung vorgestellt werden. Als Forum steht die Reihe allen Autorinnen und Autoren offen, die zur Entwicklung und Gestaltung multi- und telemedialer Lehr- und Lernformen beitragen wollen.

Bonn, im Oktober 1999

Dr. Helmut Pütz
Präsident des Bundesinstituts für Berufsbildung

Inhaltsverzeichnis

**Peter Schenkel,
Sigmar-Olaf
Tergan und
Alfred Lottmann**

Einführung und Überblick

Multimediale Lern- und Informationssysteme gewinnen im Bereich von Bildung und Weiterbildung zunehmend an Bedeutung. Die Qualität dieser Systeme gilt als eine wesentliche Voraussetzung für ihren erfolgreichen Einsatz. Hersteller multimedialer Lern- und Informationssysteme sehen die Qualität ihrer Produkte vielfach in innovativen und technisch herausragenden Lösungen zur Darstellung von Informationen und Lerninhalten sowie in den vielfältigen Möglichkeiten begründet, die Nutzern zur Verfügung stehen, um sich Informationen und Lerninhalte entsprechend den eigenen Zielsetzungen und Interessen selbständig zu erschließen. Bildungsverantwortliche erwarten, daß qualitativ hochstehende Software geeignet ist, die Akzeptanz bei Nutzern zu erhöhen, zur Sicherung des Lernerfolgs beizutragen und einen erfolgreichen Einsatz in der Bildungspraxis zu gewährleisten.

Mit Methoden der Evaluation wird auf unterschiedliche Weise und in unterschiedlichen Phasen der Sicherstellung der Produktqualität (Planung, Entwicklung, Einsatz) versucht, die Qualität von Lern- und Informationssoftware zu bestimmen. Hinweise auf Qualitätsmängel sind hilfreich, um Schwachstellen rechtzeitig zu beheben. Hinweise auf eine hohe Produktqualität dienen dazu, fördernde Institutionen vom Erfolg ihrer Investition zu überzeugen und Sinn und Nutzen der Software gegenüber Bildungsträgern, der Öffentlichkeit sowie potentiellen Anwendern gegenüber zu begründen.

Eingesetzt werden für die Qualitätsevaluation sowohl sogenannte Experten-Beurteilungsverfahren (Kriterienkataloge, Expertenratings) als auch empirische Befragungsmethoden (z.B. Nutzerbefragungen). Kriterienkataloge betreffen vor allem die Beurteilung der technischen, gestalterischen und pädagogischen Qualität von Lernprogrammen. Empirische Befragungsmethoden gelten der Erhebung von Daten bezüglich der Lernprozesse sowie von Urteilen bezüglich Qualität, Wirkungen (z.B. Akzeptanz, Lernerfolg) und wahrgenommenem Nutzen einer Lernsoftware.

Bei der Verwendung dieser Methoden für die Evaluation von Lernsoftware stellen sich Fragen zur Aussagekraft, aber auch zur Vergleichbarkeit der mit ihrer Hilfe gewonnenen Qualitätsbewertungen sowie zur Nützlichkeit und Handhabbarkeit vergleichbarer Verfahren.

Das Bundesinstitut für Berufsbildung (BIBB) hat den Vorschlag der Projektleitung IKTH an der Münchner Volkshochschule GmbH, Abteilung Berufliche Bildung, aufgegriffen, diese Fragen näher zu untersuchen. Ziel war es, am Beispiel des Lern- und Informationssystems „EDV im Handwerk" im Rahmen des Modellversuchs „Multimediale, arbeitsplatznahe Weiterbildung zur Einführung und Nutzung von Informations- und Kommunikationstechniken im Handwerk (IKTH)" unter Einsatz sowohl einschlägiger Kriteriumskataloge als auch innovativer Verfahren sowie empirischer Evaluationsmethoden eine umfassende und vergleichende Qualitätsanalyse vorzunehmen. Durch die Verwendung desselben Beispiels als Gegenstand der Bewertung sollten zum einen Erkenntnisse im Bereich Evaluationstheorie gewonnen werden, zum anderen unterschiedliche Vorgehensweisen zur Einschätzung der Qualität solcher zum Teil sehr kostenaufwendigen Lern- und Informationsprogramme gleichzeitig erprobt und hinsichtlich Handhabbarkeit und Nützlichkeit miteinander verglichen werden. Die so gewonnenen praktischen Erfahrungen bezüglich der Anwendung dieser Evaluationsmethoden sollten nicht nur für zukünftige eigene Evaluationsvorhaben des BIBB ausgewertet werden, sondern auch Hinweise erbringen, die vor allem für Praktiker eine Hilfe bei der Evaluation von Lernsoftware darstellen können.

Die Konzeption für das Vorhaben wurde im Rahmen zweier wissenschaftlicher Tagungen, eine in Berlin, die andere in München, entwickelt. Für die Durchführung wurden Experten im Bereich der Evaluation von Lernsoftware gewonnen. Sie wurden gebeten, mit Hilfe unterschiedlicher Verfahren und Vorgehensweisen der Evaluation sowohl eine Qualitätseinschätzung des IKTH-Lern- und Informationssystems als auch eine Einschätzung der Nützlichkeit und Handhabbarkeit der verwendeten Evaluationsverfahren vorzunehmen und die Ergebnisse in jeweils eigenständigen, wissenschaftlich fundierten Beiträgen zu dokumentieren. Die eingegangenen Beiträge werden im vorliegenden Buch veröffentlicht.

Die Darstellung der Beiträge erfolgt im Rahmen zweier großer Teile: *Teil A* des Buches (Grundlagen der Qualitätsevaluation) enthält Beiträge, in denen grundlegende Fachbegriffe der Evaluation erläutert, die Konzeption von Evaluation im Kontext der Qualitätsbewertung von Lern- und Informationsprogrammen dargestellt sowie ein innovativer Evaluationsansatz (ELISE) vorgestellt werden. Die Beiträge sind durchweg konzeptueller Art. Sie dienen den Lesern als Einführungsteil, der sie mit grundlegenden Fragen und Problemen der Evaluation sowie innovativen Entwicklungen vertraut macht.

Teil B (Methoden der Qualitätsevaluation) enthält die Darstellung der einzelnen wissenschaftlichen Evaluationsuntersuchungen sowie evaluative Einschätzungen über Nützlichkeit und Handhabbarkeit der verwendeten Methode. Die Beiträge dieses Teils sind jeweils in die Abschnitte „Vorstellung des Evaluationsansatzes", „Qualitätsanalyse", „Gesamtbewertung/Fazit" untergliedert, um interessierten Lesern einen Methodenvergleich zu erleichtern.

Teil A: Grundlagen der Qualitätsevaluation

Teil A des Buches umfaßt fünf Beiträge:

Tergan (Beitrag 1: „Grundlagen der Evaluation: ein Überblick") gibt einen breiten Überblick über Grundlagen der Evaluation, die für ein Verständnis von Evaluationsansätzen im Bildungsbereich bedeutsam sind. Es werden Grundbegriffe, Funktionen, Ziele, Rahmenbedingungen, Gegenstände und Methoden dargestellt, die bei der Evaluation von Bildungsangeboten eine Rolle spielen.

Schenkel (Beitrag 2: „Ebenen und Prozesse der Evaluation") geht mit dem Ziel der Systematisierung insbesondere auf die Begründung und die Funktion von Evaluation in unterschiedlichen Phasen (Ebenen) des Qualitätssicherungsprozesses von Bildungssoftware ein. Es werden ein Qualitätsmodell und ein Prozeßmodell der Evaluation vorgestellt sowie ein Ansatz, in dem beide Modelle im Rahmen einer umfassenden Konzeption für die Evaluation von Bildungsmaßnahmen integrativ aufeinander bezogen werden.

In Beitrag 3 von Fricke („Qualitätsbeurteilung durch Kriterienkataloge. Auf der Suche nach validen Vorhersagemodellen") werden prinzipielle methodische Fragen der Verwendung von Kriteriumskatalogen zur Qualitätssicherung von Lern- und Informationssoftware erörtert. Es wird festgestellt, daß die erfolgreiche Anwendung von Kriterienkatalogen zur Qualitätseinschätzung von Lernsoftware wesentlich durch die Expertise der Evaluatoren bei der Beurteilung der (empirischen) Bedeutsamkeit vorgegebener Kriterien bestimmt wird. Die zentrale Aussage ist, daß mittels Kriteriumskatalogen nur sehr generelle Aussagen über die pädagogische Qualität von Lernprogrammen getroffen werden können. Die tatsächlichen Wirkungen können nur schwer eingeschätzt werden, da die jeweils vorliegenden Bedingungen (z.B. kognitive, motivationale, situative Lernvoraussetzungen auf seiten der Adressaten, Ziele des Lernprogramms, Einsatzbedingungen bei der Anwendung und Nutzung einer Lernsoftware) eine entscheidende Rolle spielen. Eine mögliche Lösung des Problems sieht Fricke in der Verwendung von Instruktions-Design-Modellen. Der Autor plädiert damit für ein Vorgehen, für das Schott in Beitrag 5 sowie Schott et al. in Beitag 10 eine praktische Methodik anbieten, deren Nützlichkeit für die Software-Evaluation sie empirisch untersuchen.

Mandl & Reinmann-Rothmeier (Beitrag 4: „Vom Qualitätsbewußtsein über Selbstevaluation und maßgeschneidertes Vorgehen zur Transfersicherung") stellen die Bedeutung des Qualitätsbewußtseins aller an der Entwicklung und Implementation von Lernsoftware Beteiligten heraus. Die Autoren betonen, daß Qualitätsbewußtsein, beständige Selbstevaluation durch die Nutzer – die als „Lernexperten" anzuerkennen seien – sowie ein auf die jeweilige Weiterbildungssituation abgestimmtes planvolles und maßgeschneidertes Vorgehen bei der Qualitätssicherung entscheidende Voraussetzungen für die Sicherstellung der Qualität von Lernsoftware seien.

Schott (Beitrag 5: „Evaluation aus theoriegeleiteter, ganzheitlicher Sicht") greift die Forderung nach einer auf bestehenden pädagogisch-psychologischen Erkenntnissen gründenden Evaluation auf. Es werden zunächst die Forderungen an eine theoriegeleitete, ganzheitliche Evaluationsmethode sowie die Eigenschaften einer derartigen Methode analysiert. Anschließend wird die Konzeption eines an einem Instruktions-Design-Modell (UCIT) orientierten Evaluationsansatzes (ELISE) vorgestellt, der nach Auffassung des Autors den Forderungen nach Theorieorientierung und Ganzheitlichkeit Rechnung trägt. Über die Entwicklung und praktische Anwendung von ELISE bei der Evaluation des IKTH-Lern- und Informationssystems berichten Schott et al. in Beitrag 10.

Teil B: Methoden der Qualitätsevaluation

Teil B des Buches umfaßt neun Beiträge. Nach einer beschreibenden Darstellung (Beitrag 6) des zu evaluierenden Gegenstandes, des Lern- und Informationssystems „Informations- und Kommunikationstechniken im Handwerk – IKTH", geht Beitrag 7 auf grundlegende Fragen der Qualitätsbeurteilung durch Experten näher ein. In den Beiträgen 8–10 werden vier verschiedene *Experten-Beurteilungsverfahren* zur Qualitätsbeurteilung vorgestellt. Auf dem Prüfstand stehen drei der gängigsten Kriterienkataloge (MEDA bzw. MEDA '97, AKAB und SODIS) sowie ein neuartiges, theorieorientiertes Evaluationsverfahren (ELISE). In den Beiträgen 11–13 werden *empirische Verfahren* der Qualitätsbeurteilung – Befragungstechniken, Protokollanalyse – vorgestellt. Die Beurteilungen gründen jeweils auf Aussagen potentieller Nutzer des IKTH-Programms. Die Beiträge 8–13 gliedern sich in die Darstellung eines Verfahrens, seiner Anwendung zur Beurteilung der Qualität von multimedialen Lern- und Informationssystemen am Beispiel des IKTH-Lern- und Informationssystems „EDV im Handwerk" sowie eine Gesamtbewertung bzw. Einschätzung von Nützlichkeit und Handhabbarkeit des betreffenden Verfahrens für die Qualitätsbeurteilung. Beitrag 14 enthält eine zusammenfassende Bewertung der Ergebnisse eines durchgeführten Methodenvergleichs.

Zu den Beiträgen im einzelnen:

Lottmann (Beitrag 6) gibt einen Überblick über Ziele, Adressaten und Konzeption des Modellversuchs *Informations- und Kommunikationstechniken im Handwerk – IKTH*. Das Ziel der ersten Phase galt der Entwicklung eines multimedialen Weiterbildungsangebotes für Handwerker in unterschiedlichen Gewerken im Sinne der Schaffung einer Schnittstelle zwischen handwerklicher und EDV-gestützter wirtschaftlicher Kompetenz. Handwerker sollten sich mit Hilfe einer Lern- und Informationssoftware über die Einführung von EDV im Betrieb selber weiterbilden können und Nutzungsmöglichkeiten der EDV am Beispiel kennenlernen und ausprobieren. Die einzelnen Teile des IKTH-Programms werden kurz vorgestellt sowie Merkmale der Benutzerschnittstelle durch Abbildungen veranschaulicht. Ziel der zweiten Phase des Modellversuchs war die Evaluation des IKTH-Programms unter Einsatz unterschiedlicher Evaluationsverfahren.

Der Beitrag von *Tergan* (Beitrag 7: „Bildungssoftware im Urteil von Experten. 10 + 1 Leitfragen zur Evaluation") gilt der häufig beklagten mangelnden Übereinstimmung von Expertenurteilen bei der Evaluation der Qualität von Lern- und Informationssoftware. In einer vergleichenden qualitativen Analyse wird u.a. untersucht, welche Bedeutung bzw. welcher Stellenwert im Urteil von Experten bestimmten Merkmalen, Funktionen und Nutzungsformen moderner Bildungssoftware sowie Kommunikationstechniken im Kontext der Weiterbildung, vor allem der beruflichen Weiterbildung, zukommt, und inwieweit Übereinstimmung zwischen verschiedenen Experten bezüglich der Annahmen über die Bedeutsamkeit dieser Eigenschaften besteht. Es wird ferner untersucht, welche Funktion Experten der Anwendung von Kriteriumskatalogen bei der Qualitätsbewertung von Lern- und Informationssoftware beimessen. Die Ergebnisse zeigen, daß Experten Merkmalen wie Qualität, Funktionalität und Nutzen von Bildungssoftware sowie einzelnen Softwaremerkmale eine zum Teil erheblich unterschiedliche Bedeutung für die Beurteilung von Lernsoftware beimessen. Die unterschiedlichen Bewertungen einzelner Softwareaspekte durch verschiedene Experten legen nahe, daß mögliche Ursachen mangelnder Beurteilerübereinstimmung bei Verwendung von Experten-Beurteilungsverfahren auch in Unterschieden bezüglich impliziter individueller Annahmen zu suchen sind.

Der Beitrag von *Meier* (Beitrag 8: „MEDA und AKAB. Zwei Kriterienkataloge auf dem Prüfstand") beinhaltet einen Vergleich der Kriteriumskataloge MEDA und AKAB am Beispiel der Evaluation des IKTH-Lern- und Informationssystems. MEDA ist ein Instrument zur Qualitätsbeurteilung von Lernsoftware, das von Wissenschaftlern aus fünf europäischen Ländern entwickelt wurde. Die erste Version liegt in Buchform vor; die überarbeitete Version MEDA '97 ist ein computerunterstütztes Analyse- und Bewertungsinstrument auf CD-ROM. Bei AKAB handelt es sich um einen elektronisch verfügbaren Kriterienkatalog eines Arbeitskreises der Automobilindustrie zur Qualitätsbeurteilung von Lernsoftware. Meier berichtet zum einen über Ergebnisse der Qualitätsevaluation auf der Grundlage der einzelnen Verfahren. Sie vergleicht zum anderen die verwendeten Verfahren unter dem Gesichtspunkt der Übereinstimmung erzielter Evaluationsergebnisse und hinsichtlich ihrer Nützlichkeit und Handhabbarkeit für die Software-Evaluation.

Korbmacher (Beitrag 9: „Evaluation von Lernsoftware auf der Basis von SODIS") beschreibt die Qualitätsanalyse des Lern- und Informationssystems „EDV im Handwerk" mit Hilfe des Kriteriumskatalogs SODIS, einem Bewertungsinstrument für das Software-Dokumentations- und Informationssystem des Landesinstituts für Schule und Weiterbildung in Soest. „Das SODIS-Verfahren versucht, die instrumentellen Schwierigkeiten eines Kriterienrasters zu umgehen, indem (schulische) Experten angehalten werden, im Rahmen eines offenen Rasters qualitative Bewertungen zu einer Software vorzunehmen". Korbmacher stellt die Methodik des Vorgehens vor, berichtet die Ergebnisse der Evaluation des IKTH-Programms und kommentiert Nützlichkeit und Handhabbarkeit des SODIS-Verfahrens.

Der Beitrag von *Schott, Krien, Sachse & Schubert* (Beitrag 10: „Evaluation von multimedialer Lernsoftware auf der Basis von ELISE") stellt die Entwicklung und Anwendung der an dem Instruktions-Design-Modell UCIT (siehe Beitrag 5) orientierten Konzeption des Prototyps von ELISE dar. ELISE ist ein systematisches Verfahren zur „ganzheitlichen" Bewertung von Lernsoftware durch Experten. Das methodische Vorgehen wird am Beispiel der Evaluation der IKTH-Lernsoftware deutlich. Mit Hinweis auf die Darlegung der theoretischen Grundlagen von ELISE in Teil A des Buches werden die Ergebnisse der Experteneinschätzungen zu einzelnen Aspekten des Lehr-Lern-Prozesses (z.B. Lernzielanalyse, Analyse der Lernaufgabe, Adressatenanalyse, Lernprozeßanalyse) dargestellt sowie eine kurze zusammenfassende Gesamtbewertung der Evaluationsergebnisse gegeben. Über die Nützlichkeit und Handhabbarkeit von ELISE als Evaluationsverfahren äußern sich die Autoren optimistisch.

Reinmann-Rothmeier & Mandl (Beitrag 11: „Bedarfs- und implementationsorientierte Evaluation von Lernsoftware: Eine Feldstudie") führten eine klassische Wirkungsanalyse mit Meister-/Technikerschülern hinsichtlich Kriterien wie Akzeptanz, Lernerfolg, Transfer sowie eine Erhebung der subjektiven Einschätzung der Softwarequalität seitens der Nutzer durch. Darüber hinaus wurde der Frage nachgegangen, inwieweit sich das Lernprogramm zum einen im Arbeitskontext und zum anderen im pädagogischen Kontext implementieren läßt. Verwendet wurden die Methode des Interviews mittels Interviewleitfaden sowie die Fragebogenmethode. Die Evaluationsergebnisse bescheinigen der IKTH-Lernsoftware zwar eine hohe Qualität hinsichtlich der technischen, didaktischen und inhaltlichen Gestaltung, eine darauf beruhende grundsätzliche Akzeptanz des IKTH-Programms bei den untersuchten Meister-/Technikerschülern und eine überwiegend positiv beurteilte Gesamtqualität des Programms. Die Befragungsergebnisse zeigen jedoch auch, daß die Mehrheit der Befragten die Praxistauglichkeit der Lernsoftware als Arbeitsmittel für das Handwerk bezweifeln.

Zimmer & Psaralidis (Beitrag 12: „Der Lernerfolg bestimmt die Qualität einer Lernsoftware! Evaluation von Lernerfolg als logische Rekonstruktion von Handlungen") stellen wie Schott et al. (Beiträge 5 und 10) einen innovativen Evaluationsansatz vor, den sie als Alternative zu dem als „Maschinenmodell" bezeichneten Ansatz traditioneller Wirkungsforschung verstehen. In einem ersten Teil behandelt Zimmer Grundzüge eines „subjektwissenschaftlich fundierten Evaluationsmodells". Ausgehend von der These, daß der traditionelle Ansatz der Wirkungsforschung, Programmwirkungen aufgrund von Qualitätseinschätzungen der Programme sowie Programmaspekte vorherzusagen, versagt habe, wird postuliert, die Qualität von Lernsoftware könne nicht durch Qualitätseinschätzungen ermittelt werden, sondern bestimme sich erst aus der aktuellen Nutzung durch die Nutzer selber und dem erzielten Lernerfolg. In einem zweiten Teil des Beitrags werden fünf Fallstudien vorgestellt, die mit sog. Existenzgründern, die an einem Seminar der Handwerkskammer für München und Oberbayern teilgenommen hatten, durchgeführt wurden. Aus der Analyse der Aussagen und Selbsteinschätzungen der Untersuchungsteilnehmer über wahrgenommene Anwendungsmöglichkeiten erworbenen Wissens über bestimmte Inhalte der IKTH-Lernsoftware sowie einzelner Programmteile wird versucht, auf die Qualität des Programms zurückzuschließen. In einer zusammenfassenden Bewertung der Ergebnisse der Fallstudien stellen die Autoren fest, daß die Software-Qualität insgesamt positiv eingeschätzt wird, daß sich jedoch je nach individueller Nutzung und wahrgenommenen Nutzungsmöglichkeiten der Lernsoftware in der beruflichen Praxis unterschiedliche Einschätzungen ergeben.

Freibichler (Beitrag 13: „Protokolle von Lernprozessen") berichtet über Vorgehen und Ergebnisse einer empirischen Untersuchung, in der die Methode des Lauten Denkens mit Mitteln der Video- und Audiodigitalisierung im Rahmen einer Einzelfallstudie zur Analyse individueller Lernprozesse verwendet wurde. Im Mittelpunkt der Untersuchung stand die Frage, wie Nutzer des IKTH-Lern- und Informationsprogramms „EDV im Handwerk" mit dem Programm arbeiten, welche Erwartungen und Schwierigkeiten deutlich werden und welche Anwendungsmöglichkeiten des Programms die Untersuchungsteilnehmer für sich selber sehen. Die Untersuchungsbefunde geben

Einblick in die Komplexität individueller Lernprozesse. Sie zeigen einerseits eine grundsätzliche Akzeptanz des IKTH-Programms und eine überwiegend positiv beurteilte Gesamtqualität des Programms. Sie verweisen andererseits auf prinzipielle Probleme der Bedarfs- und Zielorientierung des Programms. Freibichler stellt hierzu fest: „Das Programm kann die eigenen Fragen und Probleme nur bedingt beantworten, der praktische Nutzen wird in Frage gestellt".

Tergan (Beitrag 14) gibt in seinem Beitrag eine zusammenfassende Darstellung der Ergebnisse des im Modellversuch angestrebten Methodenvergleichs. Im Mittelpunkt der vergleichenden Analyse stehen folgende Fragen:

– Welche Stärken und Schwächen haben die verwendeten Experten-Beurteilungsverfahren?

– Gelangen Experten mit Hilfe unterschiedlicher Beurteilungsverfahren zu vergleichbaren Qualitätsurteilen?

– Ergeben sich bei Verwendung unterschiedlicher empirischer Verfahren vergleichbare Qualitätsurteile?

– Führt die Anwendung von Experten-Beurteilungsverfahren verglichen mit der Anwendung von empirischen Verfahren (Befragungstechniken, Lautes Denken) zu vergleichbaren Qualitätsbeurteilungen?

– Welche Stärken und Schwächen haben Experten-Beurteilungsverfahren gegenüber Befragungstechniken?

Ein Vergleich der verwendeten Experten-Beurteilungsverfahren (Kriteriumskataloge) zeigt, daß diese Verfahren zu vergleichbaren globalen Qualitätseinschätzungen führen. Aufgrund von Einschränkungen der einbezogenen Kriterien erweisen sich die Verfahren jedoch in recht unterschiedlichem Maße für die Qualitätseinschätzung multimedialer Lern- und Informationssoftware geeignet, die für ein selbstgesteuertes Lernen entwickelt wurde. Ein Vergleich zeigt ferner, daß Experten-Beurteilungsverfahren und empirische Verfahren sich vor allem hinsichtlich der eingeschätzten Wirkungen einer Lernsoftware unterscheiden. Während sich mit Experten-Beurteilungsverfahren auf der Basis von Qualitätsmerkmalen von Lernsoftware im Falle der evaluierten multimedialen IKTH-Lern- und Informationssoftware tendentiell sowohl positive Einschätzungen ihrer pädagogischen Qualität als auch ihrer praktischen Nützlichkeit ergaben, zeigen die Bewertungen aufgrund der eingesetzten empirischen Verfahren ein differenzierteres Bild.

Modellversuch
„Multimediale, arbeitsplatznahe Weiterbildung zur Einführung und Nutzung von Informations- und Kommunikationstechniken im Handwerk" (IKTH)

Laufzeit des Modellversuchs:
1.10.1992–30.5.1996

Durchführungsträger:
Arbeitsgemeinschaft IKTH
Postfach 80 11 64
81611 München
Tel.: 0 89/28 14 29

Projektleiter:
Alfred Lottmann
Volkshochschule München gGmbH
Postfach 80 11 64
81611 München
Tel.: 0 89/28 14 29, Fax: 0 89/28 27 09
E-mail: bbk@mvhs.de

Fachliche Betreuung:
Dr. Peter Schenkel
Bundesinstitut für Berufsbildung (BIBB)
53043 Bonn
Tel.: 02 28/1 07-11 10, Fax: 02 28/1 07-29 55

Wissenschaftliche Redaktion:
Dr. Sigmar-Olaf Tergan
Deutsches Institut für Fernstudienforschung
an der Universität Tübingen
Konrad-Adenauer-Str. 40
72072 Tübingen
Tel.: 0 70 71/9 79-2 27, Fax: 0 70 71/9 79-1 00
E-mail: sigmar-olaf.tergan@uni-tuebingen.de

Zuständige Landesbehörde:
Bayerisches Staatsministerium für Wirtschaft und Verkehr

Zuständige Bundesbehörde:
Bundesministerium für Bildung und Wissenschaft
Förderzeichen: D 0672.00

Der Modellversuch wurde gefördert vom Bundesinstitut für Berufsbildung aus Mitteln des Bundesministeriums für Bildung und Wissenschaft, dem Bayerischen Staatsministerium für Wirtschaft und Verkehr und der Münchner Volkshochschule gGmbH.

Danksagung

Die am Modellversuch Beteiligten haben mit ihrem Vorgehen, Leistungsfähigkeit, Praktikabilität und Nützlichkeit von Evaluationsmethoden an einem
praktischen Beispiel zu erproben und zu dokumentieren, Neuland beschritten.
Es ist ziemlich einmalig, daß ein Modellversuch über die Erfüllung der im
Antrag beschriebenen Aufgaben der Lernsoftware-Entwicklung und wissenschaftlichen Begleitung hinaus zugleich eine Evaluation der zur Qualitätssicherung verwendeten Evaluationsansätze vornimmt und versucht wird, die
Ergebnisse dieser Methodenevaluation für ein breiteres Fachpublikum wissenschaftlich fundiert darzustellen. Dies ist nicht zuletzt auch das Ergebnis
einer offenen Arbeit mit den Verantwortlichen des Bundesinstituts, die durchaus „unbürokratisch" bereit waren, solch einen Modellversuch als Prozeß zu
begreifen, bei dem nicht im Stadium des Antrages jedes Ergebnis bereits definiert werden mußte, sondern bei dem die Kreativität des Prozesses bis hin
zur Evaluation und zur Erstellung dieses Buches gewahrt blieb. Für diese
„offenere Arbeitsweise" bedankt sich der Projektleiter bei den Verantwortlichen des BIBB an dieser Stelle ausdrücklich.

Dank gilt auch den beteiligten Wissenschaftlern, die bereit waren, vielfach
eigene Methoden und Vorgehensweisen für die Qualitätsevaluation einzusetzen und diese einer kritischen Analyse bezüglich Handhabbarkeit und Nützlichkeit zu unterziehen. Dank gilt nicht zuletzt allen Personen, die sich als
Untersuchungsteilnehmer zur Verfügung gestellt und an den verschiedenen
empirischen Untersuchungen teilgenommen haben.

Die Herausgeber

Teil A
Grundlagen der Qualitäts-evaluation

**Sigmar-Olaf
Tergan**

Grundlagen der Evaluation:
ein Überblick

1 Einleitung

Bildungsmedien, vor allem elektronische Bildungsmedien, erhalten sowohl im Rahmen institutionalisierter Bildungsangebote als auch im Bereich des privaten Lernens einen immer größeren Stellenwert. Im selben Maße wächst das Interesse von Bildungsträgern, fördernden Institutionen, Entwicklern und Anwendern zu erfahren, ob ein bestimmtes mediengestütztes Bildungsangebot den jeweils spezifischen Erwartungen bezüglich Qualität, Wirkungen und Nutzen gerecht wird.

Eine derartige Einschätzung kann in vielen Fällen nur dann angemessen vorgenommen werden, wenn neben spezifischen Qualitätsmerkmalen eines Bildungsangebotes, z.B. eines Lernprogramms, die Begleitumstände und Rahmenbedingungen seiner Planung, Entwicklung und des Einsatzes berücksichtigt werden. Allgemeines Ziel von Evaluation im Bildungskontext ist es daher, solche Daten zu erheben, die eine adäquate Einschätzung von Bildungsangeboten bzw. Komponenten dieser Angebote unter dem jeweils interessierenden Beurteilungsaspekt ermöglichen.

Es soll zunächst auf Grundlagen der Evaluation eingegangen werden. Anschließend werden jene Einzelaspekte der Evaluation wie zum Beispiel Funktionen, Ziele, Gegenstände und Methoden, hinsichtlich deren sich unterschiedliche Evaluationsansätze unterscheiden, bezogen auf unterschiedliche Phasen der Realisierung von Bildungsangeboten dargestellt.

Ziel des Beitrags ist es, einen Überblick über Grundlagen der Evaluation von Bildungsmedien zu geben, die für ein Verständnis von Evaluationsansätzen im Bildungsbereich bedeutsam sind. Es gilt, Evaluation von Bildungsmedien bzw. Lernprogrammen als systematisches, zielgerichtetes Vorgehen im

Rahmen der Qualitätssicherung und -kontrolle von Bildungsangeboten zu verstehen. Spezifische Ziele des Beitrags gelten dem Verständnis des Zusammenhangs von Rahmenbedingungen, Funktionen, Zielen, Gegenständen und Methoden bei der Durchführung von Evaluation in unterschiedlichen Phasen der Realisierung eines Bildungsangebotes.

2 Grundlagen der Evaluation

2.1 Was versteht man unter Evaluation?

Eine allgemeingültige Bestimmung des Begriffs „Evaluation" gibt es nicht. Verwandte Begriffe, die teilweise synonym, teilweise im Sinne einer speziellen Form von Evaluation verwendet werden, sind u.a. „Begleitforschung", „Qualitätskontrolle", „Wirkungskontrolle". Evaluation von Bildungsangeboten kann sowohl im Kontext einer entwicklungsbegleitenden Qualitätssicherung und -kontrolle erfolgen als auch der spontanen Überprüfung und Einschätzung bestimmter Evaluationsgegenstände dienen (vgl. Kap. 4.5). Gegenstände der Evaluation im Bildungsbereich sind Bildungsangebote bzw. einzelne Aspekte dieser Angebote (Methoden, Medien, Programme, Programmteile) sowie Planungs-, Entwicklungs- und Implementationsprozesse dieser Angebote. Wir legen im folgenden die Begriffsbestimmung zugrunde, die im Kontext des Ansatzes der Qualitätssicherung von Bildungsangeboten geprägt wird (vgl. Friedrich 1997):

> Evaluation ist die systematische und zielgerichtete Sammlung, Analyse und Bewertung von Daten zur Qualitätssicherung und Qualitätskontrolle. Sie gilt der Beurteilung von Planung, Entwicklung, Gestaltung und Einsatz von Bildungsangeboten bzw. einzelner Maßnahmen dieser Angebote (Methoden, Medien, Programme, Programmteile) unter den Aspekten von Qualität, Funktionalität, Wirkungen, Effizienz und Nutzen.

Um den Evaluationsbegriff näher zu bestimmen, soll im folgenden auf verschiedene Fragen sowie Aspekte von Evaluation im Bildungskontext näher eingegangen werden.

2.2 Welche Funktionen hat Evaluation?

Entsprechend der Vielfalt unterschiedlicher Interessen an der Evaluation von Bildungsangeboten, unterschiedlicher Beurteilungsaspekte und unterschiedlicher Evaluationskontexte lassen sich unterschiedliche, einander ergänzende und teilweise überlappende Funktionen von Evaluation unterscheiden. Rowntree (1992) unterscheidet beispielsweise:

- strategisch-politische Funktion,
- Kontroll- und Entscheidungsfunktion,
- Erkenntnisfunktion.

Die *strategisch-politische Funktion* von Evaluation ist „nach außen gerichtet" (outwards directed). In dieser Funktion soll Evaluation in der Regel dazu beitragen, Sinn und Nutzen eines Bildungsmediums bzw. -programms gegenüber Bildungsträgern, fördernden Institutionen, der Öffentlichkeit sowie potentiellen Anwendern zu begründen.

Die *Kontroll- und Entscheidungsfunktion* von Evaluation ist „nach innen gerichtet". Rowntree (1992) versteht unter Evaluation von Bildungsangeboten in dieser Funktion einen sowohl kurz- als auch längerfristigen Optimierungsprozeß, der auf ständige Kontrolle und Entscheidungen gründet. Evaluation zielt darauf ab, Schwachstellen bei der Entwicklung des Bildungsmediums bzw. -programms selber aufzudecken und zu beheben sowie die Begleitumstände der Entwicklung (z.B. Planungs- und Abstimmungsprozesse) zu analysieren und zu bewerten.

Eine *Erkenntnisfunktion* von Evaluation kommt nach Rowntree (1992) immer dann zum Tragen, wenn Evaluation dazu beiträgt, Erkenntnisse über Effekte eines Bildungsmediums bzw. -programms, auch im Vergleich mit anderen Bildungsangeboten, zu generieren, z.B. bezüglich der Akzeptanz, des Lernerfolgs, der praktischen Auswirkungen in einem Betrieb.

Weitere Funktionen von Evaluation ergeben sich im Hinblick auf unterschiedliche Verwertungsinteressen der Evaluationsergebnisse. Entsprechend den unterschiedlichen Verwertungsinteressen der Ergebnisse erweisen sich jeweils unterschiedliche Vorgehensweisen als sinnvoll. So können in bestimmten Situationen ad hoc durchgeführte Befragungen und informelle Tests zu Teilaspekten eines Bildungsangebotes bzw. zu Interessen und Vorgehensweisen von Teilnehmern einer Bildungsmaßnahme einen hohen informativen Wert haben. Ergebnisse der Evaluation in Form von Teilnehmerurteilen über Qualitätsaspekte von Komponenten eines Bildungsangebotes (z.B. Studienmaterialien, Medien, tutorielle Betreuung, Qualität von Prüfungen) können beispielsweise Bildungsverantwortlichen als Rückmeldung dienen, um ggf. im laufenden Bildungsangebot Veränderungen vorzunehmen.

Evaluation kann ferner ausschließlich der Einschätzung der technischen bzw. pädagogisch-didaktischen Qualität von Bildungsmedien, zum Beispiel

Bildungssoftware, dienen. Verkäufer, Käufer und Anwender von Bildungs-software erhalten aufgrund der Ergebnisse von Evaluation Hinweise, um zwischen alternativen Angeboten auswählen, um Einsatzmöglichkeiten im Rahmen bestehender Bildungsmaßnahmen einschätzen oder um bei Software-Wettbewerben Bildungssoftware auszeichnen zu können. Für eine derartige Funktion von Evaluation haben sich Kriteriumskataloge (Checklisten) als geeignet erwiesen (vgl. Meier 1995; Tergan 1998).

2.3 Welche Typen der Evaluation werden unterschieden?

Entsprechend der jeweils vorherrschenden Vorgehensweise sowie der Funktion von Evaluation im Rahmen eines umfassenden Projektmanagements unterscheidet man zwei Typen der Evaluation: formative und summative Evaluation (Wottawa & Thierau,1990).

Formative Evaluation

Formative Evaluation dient der Qualitäts*sicherung*. Ihr vorrangiges Ziel ist die Ermittlung von Schwachstellen. Sie erfolgt zumeist entwicklungsbegleitend und liefert Daten, die für die Optimierung der Gestaltung eines Bildungsangebotes verwendet werden.

Bei der formativen Evaluation werden vielfach Methoden eingesetzt, die relativ rasch relevante Daten für Entscheidungen liefern können. Es besteht im Rahmen der formativen Evaluation „eine gewisse Affinität ... zu weniger aufwendigen, flexiblen und damit häufig auch relativ informellen Methoden" (Friedrich et al. 1997, S. 119).

Methoden der formativen Evaluation sind zum Beispiel Protokolle des Lernverhaltens von „Probelernern", die ein Lernprogramm oder Teile daraus versuchsweise bearbeitet haben, Interviews zur Feststellung von Lernschwierigkeiten aufgrund von Schwächen des Programms, Expertenratings mittels Checklisten zur Qualitätsanalyse usw.

Beispiel: Potentielle Adressaten arbeiten mit der Vorversion eines Lernprogramms. Um Aufschluß über mögliche Schwachstellen zu erhalten, werden die Lernenden bei der Programmbearbeitung beobachtet bzw. bezüglich aufgetretener Schwierigkeiten befragt. Die Ergebnisse der Evaluation werden zur Verbesserung des Programms verwendet.

Summative Evaluation

> *Summative Evaluation* dient der *Kontrolle* von Qualität, Wirkungen und Nutzen eines Bildungsangebots. Das Interesse gilt der Frage, ob ein Bildungsangebot bzw. einzelne Komponenten des Angebotes bestimmten Erwartungen in der praktischen Anwendung gerecht werden.

Ziel ist es festzustellen, ob das betreffende Angebot tatsächlich so erfolgreich ist, wie man es erwartet hat, ob es im Vergleich zu anderen Angeboten besser abschneidet usw. Summative Evaluation dient damit der Erkenntnisgewinnung. Die Ergebnisse können jedoch auch für die Weiterentwicklung eines Bildungsangebotes verwendet werden.

Methoden der summativen Evaluation sind Wirkungsanalysen. Diese beziehen sich vor allem auf Akzeptanz, Lernerfolg, Transferierbarkeit des Wissens auf Anwendungssituationen sowie auf die Effizienz und den Nutzen einer Bildungsmaßnahme im praktischen Anwendungskontext.

Beispiel: Adressaten arbeiten nach Abschluß der Entwicklung mit der (vorläufigen) Endversion des Programms. Um Auskunft über die Qualität des Programms zu erhalten, werden Daten zur Programmbearbeitung, zur Akzeptanz sowie zur Wirksamkeit des Programms (z.B. Lernerfolg) erhoben und ausgewertet. Je nach Funktion der Evaluation können diese Daten zu Wirkungen des Programmeinsatzes zum Beispiel für die weitere Programmoptimierung, zur Legitimation gegenüber Zuwendungsgebern bzw. für Entscheidungen verwendet werden, die den weiteren Programmeinsatz betreffen.

2.4 Prozeß- versus Produktevaluation

Evaluationsansätze können ferner danach unterschieden werden, ob Prozesse oder Produkte Gegenstand der Analysen sind.

> Von *Prozeßevaluation* spricht man, wenn bei der Evaluation Aspekte des Planungs- und/oder Entwicklungs*prozesses* bzw. Vorgehensweisen bei der konkreten Anwendung eines Bildungsangebotes bzw. einzelner Komponenten des betreffenden Angebotes im Vordergrund stehen.

Prozeßevaluation dient zum Beispiel dazu, Schwachstellen im Verfahren der Planung und Abstimmung zwischen den beteiligten Entwicklungsexperten aufzudecken. Prozeßevaluation – im Kontext einer Metaevaluation – kann schließlich das Vorgehen der Evaluation selber betreffen, z.B. um Planungs- und Durchführungsaspekte der Evaluation transparent zu machen und zu verbessern.

Von *Produktevaluation* spricht man, wenn sich die Evaluation auf ein entwickeltes Produkt, wie ein Bildungsangebot, oder Teile davon bezieht und
Aspekte der Qualität, der Wirkungen (z.B. Lernerfolg), der Effizienz und
des Nutzens im Vordergrund stehen.

Produktevaluation erfolgt üblicherweise am Ende der Entwicklungsphase
eines Produkts, indem beispielsweise mittels eines Tests überprüft wird, ob
ein Bildungsangebot zu den erwarteten Wirkungen (z.B. Erwerb von Wissen)
führt. Produktevaluation kann auch mittels einer empirischen Untersuchung
erfolgen (vgl. Kap. 3.6). Dies geschieht, indem beispielsweise die Wirkungen
zweier Varianten einer Programmversion miteinander verglichen werden, um
entweder die effektivere der Varianten für die spätere Einsatzphase auszuwählen oder um noch abschließende Korrekturen am Programm vorzunehmen (vgl. Glowalla & Schoop 1992).

Produktevaluation kann ferner vor oder nach dem praktischen Einsatz erfolgen. Evaluation vor dem Praxiseinsatz dient vor allem dazu, die pädagogische Qualität eines Bildungsangebotes einzuschätzen (z.B. mittels Checklisten, vgl. Abschnitt 3.2), um Hinweise auf potentielle Effekte beim Pro-
dukteinsatz zu gewinnen. Ziel der Produktevaluation nach dem erfolgten Einsatz ist die Ermittlung der Wirkungen (z.B. des Lernerfolgs) und des Nutzens
in der konkreten Anwendungspraxis.

Die genannten Funktionen und Typen von Evaluation beziehen sich auf Qua-
litätssicherung und Qualitätskontrolle von Bildungsangeboten aus einer
Entwickler- und Anwenderperspektive. Im Rahmen einer erweiterten Begriffsbestimmung von „Evaluation" kann Evaluation auch das Ziel haben,
Lernenden zu ermöglichen, ihr eigenes Vorgehen effektiver zu steuern, indem
Rückmeldungen über Lernverlauf und Lernergebnis bereitgestellt werden.
Evaluation kann schließlich auch im Rahmen einer automatischen Wissens-
diagnose erfolgen und der Rückmeldung des Lernstands sowie der automatischen Anpassung von Instruktion an individuelle Wissensvoraussetzungen
dienen (vgl. u.a. Tergan, Hron & Mandl 1992).

2.5 Evaluationsmodelle

Will, Winteler & Krapp (1987) unterscheiden bei der Evaluation im Kontext
wissenschaftlicher Begleitforschung (vgl. Kap. 4.6.1) entsprechend bestimmten favorisierten Konzeptionen, Funktionen, Zielen, Evaluationsmethoden,
Organisationsformen, Art der Einbindung der Befunde in die evaluierte Bildungsmaßnahme folgende beiden Grundtypen von Evaluationsmodellen:

- Helfer- oder Beratungsmodell
- Gutachtenmodell

> Im sog. *Helfer- oder Beratungsmodell* der Evaluation stehen Frage-stellungen, Ziele, Methoden und Bewertungskriterien der Evaluation sel-ber sowie Steuerungs- und Optimierungsfunktionen während des Entwicklungsprozesses eines Produkts im Vordergrund.

Das Helfer- oder Beratungsmodell der Evaluation orientiert sich am Vorgehen der formativen Evaluation. Nach diesem Modell wird Evaluation primär als sozialer Interaktions- und Beratungsprozeß verstanden. Dadurch, daß alle Beteiligten während des Entwicklungsprozesses ständig miteinander koope-rieren, soll die Akzeptanz des Produkts und erhaltener Evaluationsbefunde gesichert werden. Die Ergebnisse der Evaluation werden jeweils mit den Beteiligten hinsichtlich ihrer Konsequenzen für die Produktentwicklung erör-tert und in die Praxis umgesetzt. Eingesetzt werden Methoden wie z.B. Interviews, teilnehmende Beobachtung, Checklisten und Fragebogen, Expertenratings, Gruppendiskussion.

> Im sog. *Gutachtenmodell* bezieht sich Evaluation auf die Ermittlung des Ausmaßes der Zielerreichung eines Bildungsangebotes. Im Vordergrund steht die Erfassung von Wirkungen, Effizienz und Nutzen des betreffen-den Bildungsangebotes.

Evaluation nach dem Gutachtenmodell orientiert sich vorwiegend an quanti-tativen Methoden der empirisch-analytischen Sozialforschung. Der Evaluator verhält sich dabei gegenüber dem zu evaluierenden Bildungsangebot sowie dem finanzierenden Auftraggeber bewußt neutral. Eingesetzt werden Metho-den der summativen Evaluation, zum Beispiel Methoden zur Erfassung der Akzeptanz und des Lernerfolgs mittels Testverfahren, empirischer Unter-suchungen, Checklisten, Fragebogen usw.

2.6 Selbstevaluation oder Fremdevaluation?

Bei der Planung, Entwicklung und dem Einsatz eines Bildungsangebotes stellt sich die Frage, ob Evaluation von den direkt an der Projektentwicklung beteiligten Personen durchgeführt werden sollte (Selbstevaluation) oder ob externe Evaluatoren hinzugezogen werden sollten (Fremdevaluation).

Bei einer *Selbstevaluation* besteht der Vorteil, daß die Beteiligten Ziel-setzungen und Probleme besser kennen und bei der Evaluation gezielter vor-gehen können. Dieses Vorgehen wird bei einem pragmatischen Evaluationsansatz bevorzugt (vgl. Kap. 4.6.2). Nachteilig ist, daß durch Fehlen einer kritischen Distanz gegenüber dem eigenen Produkt „selbst-affirmative Ergebnisse" produziert werden (Friedrich et al. 1997, S. 120).

Bei einer *Fremdevaluation* ist zwar die „kritische Distanz" gegeben, es fehlt jedoch leicht der Blick für die tatsächlichen Probleme im Rahmen der Phasen eines Entwicklungsprojekts. Fremdevaluation ist kennzeichnend für den Evaluationsansatz wissenschaftlicher Begleitforschung.

Ob einer Selbstevaluation oder Fremdevaluation der Vorzug gegeben wird, hängt von den Funktionen der Evaluation sowie von gegebenen Rahmenbedingungen, z.B. den Vorgaben der Zuwendungsgeber, ab. Beide Evaluationsformen können sich im Rahmen eines umfassenden Qualitätsmanagements (Total Quality Management, vgl. Behrendt & Kromrey 1995) sinnvoll ergänzen.

3 Evaluationsmethoden

Um zu evaluieren, müssen Daten und Informationen erhoben werden. Bedeutsame Erhebungsmethoden im Rahmen der Qualitätssicherung lassen sich folgenden Kategorien zuordnen:

- Dokumentenanalyse
- Befragung
- Beobachtung
- Verhaltensrecording
- Tests
- Empirische Untersuchung

3.1 Dokumentenanalyse

Die Dokumentenanalyse gehört zu den sog. non-reaktiven Verfahren der Datenerhebung. Non-reaktiv ist dieses Verfahren deshalb, weil die erhobenen Daten keine Reaktionen auf entsprechende Frage- bzw. Aufgabenstellungen des Evaluators darstellen. Die Dokumentenanalyse wird verwendet, wenn die Personen oder Personengruppen, die bestimmte, für die Evaluation interessante Informationen z.B. im Rahmen einer Befragung prinzipiell äußern könnten, entweder nicht erreichbar oder zugänglich sind, oder aber diese Informationen infolge ihrer themenbezogenen Zusammenfassung am effektivsten aus Dokumenten zu entnehmen sind (vgl. Ballstaedt 1982).

Ziel der Analyse von Sprachdokumenten (Fachliteratur, Lehrpläne, Prüfungsordnungen, bildungspolitische Verlautbarungen) ist es, den Dokumenten jene
Informationen zu entnehmen, die zum Beispiel für die Präzisierung bildungs-
relevanter Lerninhalte und Lernziele, die Entwicklung von Design-Konzep-
tionen sowie die Formulierung von Qualitäts- und Lernerfolgskriterien bedeutsam sind.

3.2 Befragung

Befragungen im Rahmen der Qualitätssicherung zielen darauf ab,
Informationen und Einschätzungen einer Gruppe von Befragten (z.B. Experten, Anwender, Lernende) zu bestimmten Themenbereichen der Qualitätssicherung (z.B. bezüglich der pädagogischen Qualität der Gestaltung eines
mediengestützten Lernangebotes, Anforderungen betrieblicher Aufgabenstellungen, Lernermerkmalen, Akzeptanz eines Bildungsangebotes usw.) zu
erheben. Die mittels Befragung erhobenen Daten werden anschließend analysiert, hinsichtlich ihres Aussagengehaltes interpretiert und im Hinblick auf
bestimmte Auswertungsgesichtspunkte und Kriterien (z.B. Qualitätsniveau,
Niveau der Lernvoraussetzungen) eingeschätzt.

Befragungen zählen zu den sog. reaktiven Verfahren. Die Befragten reagieren mit Antworten auf die gestellten Fragen. Die Antworten sind daher von
Merkmalen der Fragenstellung (Art, Zeitpunkt) abhängig. Dies ist ein methodischer Aspekt, der bei der Bewertung der Antworten berücksichtigt werden
muß. Man unterscheidet zwischen mündlichen Befragungen und schriftlichen
Befragungen.

Mündliche Befragungen (Interviews) können nach dem Grad ihrer Vorstruk-
turiertheit in offene, halbstrukturierte und strukturierte Interviews unterschieden werden.

Sog. *offene Interviews* haben oft die Form eines lockeren Gesprächs. Sie lassen dem Fragenden und dem Befragten ein Höchstmaß an Freiheit bezüglich
der Art und Zeitpunkt der Fragenstellung und Fragenbeantwortung. Interviewer können so eine Befragungssituation entsprechend eigenen Zielsetzungen und dem Verlauf des Interviews selber gestalten.

Bei sog. *halbstrukturierten Interviews* gibt der Interviewer zwar die zentralen
Fragen bzw. Themen vor, ohne jedoch Art und Reihenfolge der Beantwortung
vorzustrukturieren. Bei sog. *strukturierten Interviews* werden Reihenfolge und
Formulierung der Fragen, an die sich der Interviewer halten muß, genau vorgegeben. Dies geschieht, um zu vermeiden, daß in die Fragenformulierung

z.B. persönliche Wertungen der Interviewer einfließen, die die Antworten verfälschen können.

Schriftliche Befragungen (Fragebogen, Checklisten) lassen sich nach dem Typus der gestellten Fragen unterscheiden. Unterschieden werden Fragebögen mit *offenen* versus *geschlossenen* Fragen. Bei *offenen Fragen* können die Befragten Form, Inhalt und Ausführlichkeit der Antwort selber bestimmen. Evaluatoren erhalten auf diese Weise reichhaltige qualitative Informationen, allerdings mit der Folge eines hohen Auswertungsaufwandes.

Beispiel einer offenen Frage:
Welche Schwierigkeiten hatten Sie bei der Bearbeitung des Lernprogramms?
Antwort:...

Bei Fragebögen mit geschlossenen Fragen (im Zusammenhang mit der Qualitätsbeurteilung von Software auch als Checklisten bezeichnet) werden Form, Inhalt und Ausführlichkeit der Antworten durch die Art der Fragenformulierung mehr oder weniger stark eingeschränkt. Die Verwendung derartiger Fragen zielt darauf ab, Antworten nur bezüglich bestimmter vorgegebener Antwortkategorien zu erhalten.

Beispiel einer geschlossenen Frage:
Würden Sie diese Lernsoftware Ihrem Kollegen zur Bearbeitung empfehlen?
❑ ja ❑ nein

Um quantitative Informationen bezüglich bestimmter Qualitätsaspekte von Bildungssoftware zu erhalten, werden in derartigen Fragebögen auch geschlossene Fragen verwendet, die der Einschätzung von Sachverhalten dienen. Als Antwortkategorien werden dabei Meßpunkte auf sog. Rating-Skalen verwendet, die jeweils Abstufungen eines interessierenden Merkmals betreffen. Eine häufig verwendete Skala ist die Notenskala. Die Beantwortung einer Frage mittels einer Skala kann zusätzlich kommentiert werden. Ein entsprechendes Beispiel hierfür ist das sog. „Stimmungsbarometer", das von der Tele-Akademie der FH Furtwangen (http://www.tele-ak.de) verwendet wird, um bereits während eines laufenden Kurses sowohl einen Eindruck von der Zufriedenheit der Kursteilnehmer als auch differenzierte Rückmeldungen über die Qualität des Kurses bzw. Qualitätsmängel zu erhalten (Abbildung 1).

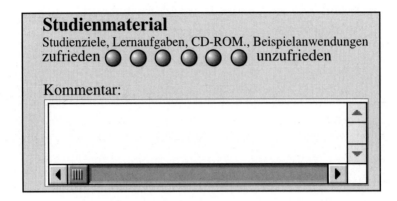

Abb. 1: Kombination einer geschlossenen Frage mit Rating-Skala und der
Möglichkeit der Antwortkommentierung

Häufige Fehlerquellen bei Fragebögen sind mißverständliche, uneindeutige und schwer verständliche Fragen. Sie lassen keine eindeutige Interpretation zu und werden von unterschiedlichen Personen allein aufgrund unterschiedlicher Interpretation unterschiedlich beantwortet. Suggestive Fragestellungen wie zum Beispiel: „Vertreten Sie ebenfalls die Auffassung, daß ...?", sind eine weitere Fehlerquelle. Auch durch die Reihenfolge von Fragen können Antworten auf nachfolgende Fragen beeinflußt werden.

Je nach Skalenniveau der Fragen – man unterscheidet hier sog. Nominalskalen, Ordinalskalen, Intervallskalen und Verhältnisskalen – sind unterschiedliche Auswertungsformen möglich. Eine häufige Fehlerquelle bei der statistischen Weiterverarbeitung von Fragebogendaten besteht darin, daß durch fehlende Berücksichtigung des jeweiligen Skalenniveaus unzulässige statistische Operationen durchgeführt werden (vgl. Wottawa & Thierau 1990).

3.3 Beobachtung

Unter *Beobachtung* als Evaluationsmethode wird ein planmäßiges Vorgehen verstanden, um Daten über sinnlich wahrnehmbare Ereignisse und Verhaltensaspekte zu gewinnen. Beobachtung kann sowohl als Fremdbeobachtung als auch als Selbstbeobachtung durchgeführt werden.

Man unterscheidet bei Fremdbeobachtung:

– strukturierte Beobachtung
– unstrukturierte Beobachtung

- teilnehmende Beobachtung
- nicht-teilnehmende Beobachtung

Bei einer *strukturierten Beobachtung* wird vor der Beobachtung genau festgelegt, was beobachtet wird, wann und wie lange beobachtet wird und zu welchem Zweck die Beobachtung erfolgt. Diese Methode der Beobachtung bietet sich an, wenn bereits vor der Beobachtung Ziele und Kategorien der Beobachtung feststehen (vgl. strukturiertes Interview).

Bei einer *unstrukturierten Beobachtung* bestehen keine Festlegungen und Einschränkungen durch vorab festgelegte Beobachtungskategorien. Die Beobachtungsdaten (z.B. beobachtete Lernschwierigkeiten im Umgang mit einem Lernprogramm) werden erst im nachhinein zur Erleichterung der Interpretation in Kategorien geordnet. Diese Methode hat explorativen Charakter. Sie kann einer strukturierten Beobachtung vorangeschaltet werden, um zunächst die Kategorien festzulegen, nach denen in einer anschließenden strukturierten Beobachtung vorgegangen werden soll.

Bei einer *teilnehmenden Beobachtung* nimmt der Beobachter an der zu beobachtenden Situation selbst aktiv teil. Teilnehmende Beobachtung erfolgt in der Regel unstrukturiert. *Beispiel:* In einer kooperativen Lernsituation beobachtet einer der Kooperationspartner den anderen und registriert dessen Lernverhalten.

Bei einer *nicht-teilnehmenden Beobachtung* ist der Beobachter nicht aktiv am Geschehen beteiligt. Er hat eine passive Rolle. Die Beobachtung erfolgt in der Regel als strukturierte Beobachtung.

Selbstbeobachtung ist häufig teilnehmende Beobachtung. Der Beobachter ist aktiv an einem Geschehen beteiligt (zum Beispiel an der Projektplanung) und beobachtet an sich selber, wie vorgegangen wird und wie man zu bestimmten Entscheidungen gelangt. Die Gefahr der Selbstbeobachtung besteht darin, daß aufgrund der eigenen Beteiligung am zu beobachtenden Geschehen und der dadurch fehlenden Distanz wesentliche Aspekte des eigenen Verhaltens unbemerkt bleiben.

3.4 Verhaltensrecording

Als eine eigenständige, die Methode der Beobachtung ergänzende Evaluationsmethode läßt sich die Methode des Verhaltensrecording verstehen. Diese Methode wird beispielsweise beim computergestützen Lernen mittels automatischer Erfassung aller durchgeführten Aktionen (durch Anlage sog. Logfiles) angewendet, um vollständige und differenzierte Daten über das Nutzerverhalten zu erheben. Derartige Nutzerprotokolle geben beispielsweise Aufschluß über gesehene Bildschirmseiten, Lernpfade, Verweilzeiten, durchgeführte Interaktionen, verwendete Werkzeuge (z.B. Suchfunktionen) usw.

Beispiel (vgl. Hesse & Giovis 1996): Zur Erfassung der Kommunikation in einer Computerkonferenz kann die Fähigkeit der Konferenzsoftware genutzt werden, über die sog. History-Funktion ein „Aktivitätsprotokoll" verschiedener nachrichtenbezogener Aktivitäten zu erstellen. Auf diese Weise registrierte Aktionen im Konferenzsystem FirstClass sind beispielsweise:

– Created (erzeugt): Nachricht wurde erzeugt.
– Modified (verändert): Nachricht wurde verändert.
– Sent (abgeschickt): Nachricht wurde abgeschickt.
– Read (gelesen): Nachricht wurde gelesen.

3.5 Tests

Der Begriff „Test" wird im umgangssprachlichen und wissenschaftlichen Kontext unterschiedlich verwendet. Im umgangssprachlichen Sinne versteht man hierunter eine probeweise Anwendung, Nutzung oder Inbetriebnahme beispielsweise eines technischen Produkts bzw. die probeweise Durchführung eines geplanten Vorgehens zwecks Kontrolle von Funktionsfähigkeit, Machbarkeit, Wirkungen, Nutzen usw. Die folgenden Erörterungen beziehen sich auf Tests als standardisierte Evaluationsverfahren.

Tests sind standardisierte Verfahren zur Messung der Ausprägung empirisch abgrenzbarer Verhaltens- und Leistungsmerkmale. Sie ermöglichen unterschiedlichen Anwendern ein gleichartiges Vorgehen bei der Testdurchführung und dienen so der Vermeidung störender Einflüsse auf die Testergebnisse.

Tests können entweder ad hoc entwickelt worden sein (informelle Tests) oder aber Ergebnis eines aufwendigen Verfahrens der Testkonstruktion sein. Ziel der Testanwendung ist die Erhebung quantitativer Daten, um eine möglichst quantitative Aussage über den relativen Grad der Ausprägung eines Merkmals treffen zu können (z.B. Punktwert in einem Behaltenstest, Note in einer Klausur). Tests im Kontext von Evaluation betreffen in der Regel die Erhebung verbaler bzw. Verhaltensdaten (z.B. Anzahl schriftlich/mündlich wiedergegebener erinnerter Begriffe, Anzahl richtig gelöster Fragen bzw. Aufgaben). Tests sind vor allem bei einer summativen Evaluation zwecks Erfassung der Wirkungen von Bildungsangeboten unentbehrliche Evaluationsinstrumente. Sie können jedoch prinzipiell in allen Funktionen der Evaluation (vgl. Abschnitt

2.2) sowie in allen Phasen des Qualitätssicherungsprozesses sowohl einzeln als auch im Kontext empirischer Untersuchungen eingesetzt werden.

Objektivität, Zuverlässigkeit und Gültigkeit sind die Hauptgütekriterien, die standardisierte Test erfüllen sollte. Ein Test kann als *„objektiv"* bezeichnet werden, wenn verschiedene Evaluatoren, die den Test durchführen, auswerten und seine Ergebnisse interpretieren, zu den gleichen Evaluationsergebnissen gelangen. Als *„zuverlässig"* (reliabel) gilt ein Test dann, wenn bei wiederholter Messung mit demselben Test unter gleichen Bedingungen möglichst gleiche Ergebnisse erzielt werden. Ein Test ist dann als *„gültig"* (valide) zu bezeichnen, wenn er tatsächlich das mißt, was er zu messen beansprucht. Verstöße gegen Gütekriterien gehören zu den Hauptfehlerquellen bei der Testverwendung und können die Qualität der Evaluation beeinträchtigen.

Üblicherweise werden zwei Gruppen von standardisierten Tests unterschieden (vgl. Klauer 1987, in Friedrich et al. 1997, S. 328):

– normorientierte Tests
– kriteriumsorientierte Tests

Die beiden Gruppen von Tests unterscheiden sich nicht per se, sondern nur hinsichtlich der Art der „Meßlatte", die zur Bewertung erzielter Leistungen herangezogen wird.

> Bei *normorientierten Tests* wird eine individuelle Testleistung mit der durchschnittlichen Leistung einer Bezugsgruppe (z.B. aller Teilnehmer eines Seminars) in diesem Test verglichen. Die durchschnittliche Leistung der Bezugsgruppe ist hier die Norm.

> Bei *kriteriumsorientierten Tests* wird die individuelle Leistung an einem vorab definierten Kriterium gemessen. Das gesetzte Ziel, z.B. die Note „sehr gut" in einer Klausur, ist hier das Kriterium.

Kriteriumsorientierte Tests werden für die Evaluation herangezogen, um beispielsweise Veränderungen der Lernleistung nach einer erfolgten Bildungsmaßnahme zu messen (die Veränderung ist hier das Kriterium). Sie sind damit die zentrale Evaluationsmethode bei der Erfassung der Wirkungen eines Bildungsangebots während dessen Entwicklung oder nach dessen Implementation.

In der Evaluationspraxis werden üblicherweise sog. informelle Tests verwendet. Diese Tests sind nicht-standardisiert und hinsichtlich ihrer Gütekriterien nicht überprüft. Sie werden von Evaluatoren nach Maßgabe der jeweiligen Evaluationsziele entwickelt. Um standardisierte Tests zu entwickeln, die die oben genannten Gütekriterien erfüllen, ist es sinnvoll, sich an Richtlinien zu halten, die beispielsweise bei Rost (1996) näher beschrieben werden. Auch kann es sinnvoll sein, zur Testentwicklung Fachleute, z.B. Psychologen, hinzuzuziehen, die mit Fragen der Testentwicklung vertraut sind.

Neben norm- und kriteriumsorientierten Tests werden sog. *situative Tests* unterschieden.

Situative Tests sind sog. Arbeitsproben, Rollenspiele, Fallstudien, Gruppendiskussionen sowie Planspiele und Simulationen. Situative Tests werden zur Erfassung von Vorgehensweisen bei der Bewältigung realitätsnaher Aufgabenstellungen verwendet.

Situative Tests unterscheiden sich von norm- und kriteriumsorientierten Tests, die in der Regel unter speziellen Untersuchungsbedingungen zur Kontrolle störender Variablen eingesetzt werden, durch die erhöhte ökologische Validität, weil ihre Anwendung direkt in der Praxis unter realen situativen Bedingungen erfolgt.

3.6 Empirische Untersuchung

Die Methode „Empirische Untersuchung" wird bevorzugt im Rahmen wissenschaftlicher Begleitforschung zur Erkenntnisgewinnung bezüglich der Wirkungen von Bildungsangeboten (Wirkungsanalyse) verwendet. Sie dient der Qualitätskontrolle am Ende der Entwicklungsphase (vgl. Glowalla & Schoop 1992).

Unter dem Begriff *Empirische Untersuchung* versteht man ein wissenschaftliches Verfahren zur kontrollierten Überprüfung der Wirkungen einer Interventionsmaßnahme an einer oder mehreren Gruppen systematisch zusammengestellter Personen (Untersuchungsteilnehmer).

Empirische Untersuchungen gründen auf sog. Versuchsplänen. Diese gewährleisten ein kontrolliertes Vorgehen sowie die prinzipielle Wiederholbarkeit von Untersuchungen zwecks Ergebnisüberprüfung.

Es lassen sich drei Typen empirischer Untersuchungen unterscheiden:

– nicht-experimentelle Einzelfalluntersuchungen
– quasi-experimentelle Untersuchungen
– experimentelle Untersuchungen

Die Untersuchungstypen unterscheiden sich vor allem hinsichtlich Art und Ausmaß der versuchstechnischen Kontrolle möglicher Fehlerquellen. Dies sind vor allem störende Einflußbedingungen auf die Untersuchungsergebnisse, wie z.B. unterschiedliche Lernvoraussetzungen der Adressaten, unbeabsichtigte Lerneffekte bei wiederholten Messungen vor und nach der Durchführung einer Bildungsmaßnahme. Sie liefern damit unterschiedlich „harte" Daten. Ausführliche Darstellungen der Merkmale, der Einsatzmöglichkeiten sowie der Vor- und Nachteile der genannten Untersuchungstypen finden sich bei Wottawa & Thierau (1990).

4 Evaluation als Qualitätssicherung

4.1 Allgemeines

Evaluation wird heute zunehmend im Sinne eines Prozesses der Qualitätssicherung, Qualitätssicherung selber als integraler Bestandteil eines umfassenden Projektmanagements verstanden (Behrendt & Kromrey 1995; Friedrich et al. 1997). Evaluation als Qualitätssicherung dient der Unterstützung der Realisierung einer Bildungsmaßnahme in den drei Hauptphasen: Planung, Entwicklung und Einsatz.

Umfassende Qualitätssicherung betrifft dabei sowohl die Qualität der Design-Konzeption und die Bewertung der Wirkungen eines Bildungsangebotes als auch den Kontext (Einsatzbedingungen) der Bildungsmaßnahme. Ein Bildungsangebot kann beispielsweise vor dem Hintergrund eines umfassenden betrieblichen Weiterbildungskonzepts evaluiert werden (Frage: Paßt eine Bildungsmaßnahme in ein bestimmtes Bildungskonzept?). Qualität und Funktionalität des Weiterbildungskonzepts können wiederum vor dem Hintergrund der jeweiligen Unternehmenskultur analysiert und bewertet werden.

Im folgenden werden zunächst zentrale Evaluationsfelder dargestellt, auf die sich die Evaluation von Bildungsangeboten beziehen kann. Anschließend wird – bezogen auf unterschiedliche Phasen der Realisierung von Bildungsmaßnahmen – auf einzelne Aspekte der Evaluation von Bildungsangeboten (Evaluationsziele, Evaluationsgegenstände, Evaluationsmethoden) näher eingegangen.

4.2 Evaluationsfelder

Evaluation von Bildungsangeboten betrifft folgende Evaluationsfelder (vgl. Will, Winteler & Krapp 1987; Friedrich et al. 1997):

- Kontext- und Zielevaluation
- Ressourcenevaluation
- Qualitätsevaluation
- Wirkungsevaluation

Das Evaluationsfeld *„Kontext- und Zielevaluation"* bezieht sich auf die Planungsphase eines Projekts. Evaluationstätigkeiten in dieser Phase konzentrieren sich auf die Bestandsaufnahme und Bewertung der Rahmenbedingungen und Ziele des geplanten Bildungsangebots sowie die zur Zielerreichung entwickelte Projektkonzeption.

Das Evaluationsfeld *„Ressourcenevaluation"* bezieht sich ebenfalls auf Evaluationstätigkeiten in der Planungsphase eines Projekts. Es geht hier vor allem um die Bestandsaufnahme und Bewertung der zur Verfügung stehenden Ressourcen inhaltlicher, personaler und technologische Art und deren Funktionalität für die Zielerreichung des Bildungsangebots.

Das Evaluationsfeld *„Qualitätsevaluation"* betrifft Evaluationstätigkeiten, die für die Entwicklungsphase eines Projekts bedeutsam sind. Diese Tätigkeiten beziehen sich zum einen auf die Analyse unterschiedlicher Qualitätsaspekte der Gestaltung des sich in der Entwicklung befindlichen Bildungsangebotes. Sie beziehen sich zum anderen auf die der Gestaltung zugrundeliegende Design-Konzeption.

Das Evaluationsfeld *„Wirkungsevaluation"* bezieht sich auf Evaluationstätigkeiten, die einerseits der formativen Evaluation in der Entwicklungsphase zuzurechnen sind, sofern die Tätigkeiten auf die weitere Optimierung und Qualitäts*sicherung* des in Frage stehenden Bildungsangebotes ausgerichtet sind. Sie sind andererseits Bestandteil der summativen Evaluation eines Bildungsangebotes in der Einsatzphase, sofern die Tätigkeiten der Qualitäts*kontrolle* dienen. Die Evaluationstätigkeiten gelten zum einen der Analyse von Effekten auf seiten der Lernenden unter unterschiedlichen Bedingungen (z.B. Überprüfung des Wissenserwerbs im Lernerfolgstest, Überprüfung der Wissensanwendung – Wissenstransfer – in der Anwendungspraxis). Sie gelten zum anderen bildungspolitischen, bildungsorganisatorischen und bildungsökonomischen Effekten. Sie gelten im betrieblichen Kontext ferner der Analyse und Bewertung des Kosten-Nutzen-Verhältnisses.

In den genannten Evaluationsfeldern stehen jeweils bestimmte Ziele und Gegenstände sowie Evaluationsmethoden im Vordergrund, die Aspekte der Qualitätssicherung eines Bildungsangebotes in der betreffenden Phase der Qualitätssicherung betreffen (einen zusammenfassenden Überblick bietet Abbildung 2 am Ende von Abschnitt 4.5).

4.3 Evaluation in der Planungsphase

4.3.1 Evaluationsziel

Ziel der Evaluation in der Planungsphase eines Bildungsangebotes ist es, Daten und Informationen zu erheben, die für die Verbesserung der Projektkonzeption genutzt werden können. Evaluation in der Planungsphase ist vorwiegend formative Evaluation. Es steht also die nach innen gerichtete Kontroll- und Entscheidungsfunktion von Evaluation im Vordergrund.

4.3.2 Evaluationsgegenstände

Evaluation in der Planungsphase betrifft die Evaluationsfelder *„Kontext- und Zielevaluation"* und *„Ressourcenevaluation"*. Gegenstand der Evaluation ist die Bestandsaufnahme und Bewertung der Ziele, Rahmenbedingungen und Ressourcen des geplanten Bildungsangebots sowie der zur Zielerreichung entwickelten Projektkonzeption (vgl. Abschnitt 2.2). Die Evaluationstätigkeiten zielen auf die Unterstützung von Planungsprozessen, die Einschätzung der Angemessenheit von Planungsentscheidungen sowie deren mögliche Revision. Evaluationsgegenstände sind jene Aspekte von Planungsvorgängen und Entscheidungen, die als Grundlagen der Konzeptionalisierung einer Bildungsmaßnahme dienen. Gegenstände der Evaluation in der Planungsphase eines Projekts sind vor allem:

– Bildungsbedarf
– Kontextuelle Bedingungen
– Zielpräzisierung
– Adressatenvoraussetzungen
– Instruktionale Voraussetzungen
– Technologische Voraussetzungen
– Projektkonzeption

4.3.3 Evaluationsmethoden

Um relativ rasch zu Informationen bezüglich der genannten Evaluationsgegenstände zu gelangen, die für eine formative Evaluation in der Planungsphase eines Bildungsangebotes verwendet werden können, werden vorwiegend informelle Methoden eingesetzt, insbesondere:

- Befragung
- Dokumentenanalyse
- Beobachtung

Befragungen in der Planungsphase richten sich an Bildungsexperten, Bildungsträger, Fachexperten, Pädagogen, Psychologen, potentielle Anwender und Adressaten usw. Sie dienen der Ermittlung von Bildungsbedarf sowie der differenzierten Erhebung planungsrelevanter Informationen bezüglich Inhalte und Ziele (vor allem Transferziele) der Bildungsmaßnahme. Die Durchführung erfolgt entweder mündlich als Interview bzw. schriftlich mittels Fragebogen bzw. sog. Checklisten.

Dokumentenanalysen in der Planungsphase gelten vor allem der Erhebung von Daten zu kontextuellen Rahmenbedingungen sowie allgemeinen Informationen zu Zielen der Bildungsmaßnahme. Die Analysen betreffen einschlägige Fachliteratur, Satzungen, Prüfungsordnungen, Lehrpläne, Unternehmensleitlinien, Arbeitsplatzbeschreibungen etc.

Beobachtungen in der Planungsphase beziehen sich auf Lernverhalten im Unterricht, im Studium, am Arbeitsplatz, beim Lernen mit bereits existierenden Bildungsmedien, bei Verwendung unterschiedlicher Lehrmethoden usw. Sie dienen der differenzierten Erhebung von Daten zur Analyse von Lerndefiziten und Lernschwierigkeiten sowie der Präzisierung von Lehr-/Lernzielen. Beobachtungen betreffen zum einen sinnlich wahrnehmbare Verhaltensaspekte. Dies sind zum Beispiel wahrgenommene bzw. beim „lauten Denken" geäußerte Schwierigkeiten, z.B. bei der Bewältigung bestimmter betrieblicher Aufgabenstellungen (vgl. auch Abschnitt 3.4).

4.4 Evaluation in der Entwicklungsphase

4.4.1 Evaluationsziele

Ziel der Evaluation ist die Sicherung und Optimierung der pädagogischen Qualität des jeweiligen Bildungsangebotes unter Berücksichtigung der gewählten Ziele, Qualitätskriterien und Rahmenbedingungen des vorgesehenen Einsatzes. Die Qualität des sich in der Entwicklung befindenden Bildungsangebotes wird in dieser Phase wiederholt überprüft, damit eventuelle Mängel behoben werden können.

Evaluation in der Entwicklungsphase ist primär formative Evaluation (vgl. Abschnitt 2.3). Im Vordergrund stehen – wie in der Planungsphase – „nach innen" gerichtete Funktionen der Evaluation (vgl. Abschnitt 2.2).

4.4.2 Evaluationsgegenstände

Evaluation in der Entwicklungsphase eines Bildungsangebotes betrifft das zentrale Feld „Qualitätsevaluation". Gegenstand der Evaluation ist die Frage, ob die anzuwendenden bzw. angewendeten didaktischen Maßnahmen (Methoden, Medien) den zu vermittelnden Inhalten und der didaktischen Gesamtkonzeption entsprechen. Gegenstand der Evaluation sind also zum einen Qualitätsmerkmale des Bildungsangebotes selber im Hinblick auf die gewählten Ziele und Kriterien, zum anderen die pädagogische Qualität des Bildungsangebotes sowie einzelner seiner Komponenten (z.B. Benutzerschnittstelle, tutorielle Betreuung). Spezifische Gegenstände der Evaluation sind Effekte des betreffenden Bildungsangebotes hinsichtlich Akzeptanz, Lernprozeß/Lernerfolg und Lerntransfer (vgl. Kap. 2.3).

4.4.3 Evaluationsmethoden

In der Entwicklungsphase von Bildungsangeboten kommen je nach Zielen und Gegenstand der Evaluation folgende Methoden bevorzugt zum Einsatz:

– Befragung/Checklisten
– Beobachtung/Verhaltensrecording
– Tests
– Empirische Untersuchung

Befragungen richten sich in der Entwicklungsphase an Experten (Inhaltsexperten, Pädagogen, Psychologen, Mediendidaktiker) und potentielle Adressaten. Sie gelten vor allem der Qualität und Akzeptanz eines Bildungsangebotes bzw. einzelner darin realisierter instruktionaler Maßnahmen. Die Durchführung erfolgt üblicherweise in schriftlicher Form unter Einsatz von Fragebögen bzw. sog. Checklisten. Meier (1995) hat die bekanntesten der derzeit auf dem Markt befindlichen Checklisten zur Beurteilung der Qualität von Bildungssoftware zusammengestellt. Kritische Darstellungen der Vor- und Nachteile der Verwendung von Checklisten für Evaluationszwecke finden sich u.a. bei Tergan (1998) sowie Fricke (siehe Beitrag 3).

Beobachtungen in der Entwicklungsphase beziehen sich im Falle mediengestützter Bildungsangebote auf das Lernverhalten potentieller Adressaten beim Lernen mit Prototypen bzw. einzelnen Medienkomponenten (z.B. Print-

materialien, Video, Simulationen). Die Beobachtungen gelten der Registrie-
rung und Analyse von Lernschwierigkeiten bei der Mediennutzung sowie
möglichen technischen Problemen, beispielsweise beim Ablauf eines
Computerprogramms. Automatisches *Verhaltensrecording* kann Beobachtungen ergänzen bzw. ersetzen.

Tests werden in der Entwicklungsphase eines Bildungsangebotes zur
Evaluation des Verlaufs sowie der Wirkungen des Lehr-/Lernprozesses (Lern-
prozeß/Lernerfolg, Lerntransfer) eingesetzt. Getestet werden – üblicherweise
unter Laborbedingungen mittels kriteriumsorientierter Verfahren – Wirkungen
einzelner Komponenten eines Bildungsangebotes bzw. Prototypen eines
Angebotes. Im Falle von Bildungssoftware gelten Tests vor allem der Lauf-
fähigkeit von Programmen, der Bedienungssicherheit, der Funktionalität der
Benutzeroberfläche und dienen zur Erhebung von Verhaltens- und Leistungs-
daten.

Für das Entwicklungsverfahren des „Rapid Prototyping" sind häufige Tests *die*
zentrale Evaluationsmethode, um vor allem technische Schwierigkeiten bereits während der Entwicklung zu erkennen und Fehlentwicklungen zu vermeiden.

Die Methode *„Empirische Untersuchung"* kann im Rahmen der Entwicklungsphase dann eingesetzt werden, wenn Teilaspekte eines Bildungsangebotes, zum Beispiel die Effekte verschiedener Varianten von Lern-
materialien (unterschiedlich gestaltete Texte, Videos, Lernsoftware) oder
unterschiedliche Lehr-/Lernmethoden (z.B. selbstgesteuertes vs. tutoriell
gestütztes Lernen) auf ihre Wirksamkeit für das Lernen untersucht werden
sollen. Empirische Untersuchungen in der Entwicklungsphase sind üblicherweise nicht-experimentelle Einzelfallanalysen, seltener experimentelle
Untersuchungen (vgl. Abschnitt 3.6).

4.5 Evaluation in der Einsatzphase

4.5.1 Evaluationsziele

Ziele der Evaluation in der Einsatzphase sind die Erfassung der Wirkungen eines Bildungsangebotes (Akzeptanz, Lernerfolg, Wissenstransfer), seiner Effizienz verglichen mit alternativen Maßnahmen sowie das Kosten-Nutzen-Verhältnis, d.h. der Aufwand, mit dem bestimmte Veränderungen erreicht wurden.

Nicht selten werden Bildungsangebote erst unter „Ernstbedingungen" erprobt
und schließlich auch weiterentwickelt. Evaluation in der Einsatzphase hat

daher in aller Regel neben summativen auch formative Anteile. Bei der Qualitätssicherung eines Bildungsangebotes bietet sich summative Evaluation prinzipiell immer dann an, wenn das Bildungsangebot bzw. wesentliche Teile des Bildungsangebotes (z.B. Verständlichkeit der Inhaltspräsentation, Benutzerfreundlichkeit des Navigationssystems) bereits während der Entwicklungsphase hinlänglich erprobt werden konnten und daher das Augenmerk statt auf weiterer Optimierung auf Wirkungen und Nutzen gerichtet werden kann. Formative Evaluation dient in der Einsatzphase dazu, praxisbezogene Daten zu gewinnen, um das Bildungsangebot unter den gegebenen Praxisbedingungen weiter verbessern zu können.

4.5.2 Evaluationsgegenstände

Gegenstände der Evaluation in der Einsatzphase eines Bildungsangebotes sind Wirkungen und Nutzen des Angebotes als Ganzes bzw. einzelner Komponenten (z.B. schriftliches Studienmaterial, Videoclips, Computer-Lernprogramm, Betreuungssystem). Welche spezifischen Wirkungs- und Nutzenaspekte jeweils im Vordergrund stehen, hängt u.a. von den Funktionen der Evaluation ab (vgl. Kapitel 2.2). Im Falle einer als wissenschaftliche Begleitung konzipierten Evaluation gilt die Evaluation der Überprüfung der Zielsetzungen, die in der Planungsphase präzisiert wurden.

Folgende Kriterien spielen bei der Evaluation von Wirkungen und Nutzen von Bildungsangeboten eine wesentliche Rolle:

- Akzeptanz (persönliche Zufriedenheit mit dem Bildungsangebot)
- Lerneffekte (z.B. Wissenserwerb, Motivationsänderung)
- bildungspolitische und -organisatorische Wirkungen
- ökonomische Wirkungen

4.5.3 Evaluationsmethoden

Bei einer formativen Evaluation in der Einsatzphase eines Bildungsangebotes können prinzipiell all jene Methoden und Instrumente zur Anwendung gelangen, die bereits im Zuge seiner Entwicklung als geeignete Methoden zur Erhebung von Daten mit dem Ziel der kontinuierlichen Optimierung dargestellt wurden. Es sei daher auf die entsprechenden Darstellungen in Abschnitt 4.4 verwiesen.

Bedeutsame Methoden im Rahmen einer summativen Evaluation in der Einsatzphase eines Bildungsangebotes sind:

- Befragung
- Beobachtung
- Tests
- Empirische Untersuchung

Befragungen richten sich in der Einsatzphase einerseits an die Anwender (Lehrkräfte, Lernende) eines Bildungsangebotes, andererseits an Bildungsverantwortliche in den Institutionen, Organisationen und Betrieben, in denen das Bildungsangebot eingesetzt wird.

Befragungen betreffen zum einen die Akzeptanz des Bildungsangebotes durch Lehrkräfte und Lernende. Akzeptanz-Fragen an Lernende zu allgemeinen Beurteilungsaspekten eines Lernprogramms sind zum Beispiel:

- Hat Ihnen die Arbeit mit dem Programm Spaß gemacht?
- Würden Sie das Programm Kolleginnen/Kollegen zur Bearbeitung empfehlen?
- Ist der Lerninhalt für Sie von praktischer Bedeutsamkeit?

Befragungen in der Einsatzphase betreffen zum anderen Effizienz-Einschätzungen eines Bildungsangebotes, zum Beispiel bezüglich Verhaltensänderungen auf seiten der Lernenden (Erwerb von Wissen, Fertigkeiten, Handlungskompetenz), Verbesserungen betrieblicher Abläufe als Folge erworbener Kompetenzen, Kosteneffizienz usw. Eingesetzt werden sowohl Techniken mündlicher als auch schriftlicher Befragung (Interview, Fragebogen, Checklisten).

Die Effizienzanalyse bezieht sich auf Verbesserungen im Rahmen des jeweils betrachteten Ausschnittes des Bildungssystems sowie auf die Verteilung von Ressourcen unter finanziellen, personellen und zeitlichen Gesichtspunkten. Die Ergebnisse der Effizienzanalyse können dabei im Rahmen einer Kosten-Nutzen-Analyse auf seiten des Nutzens berücksichtigt werden.

Fragen zur Effizienz sind beispielsweise:

- Wurde infolge des Trainings die betriebliche Weiterbildungsarbeit verbessert (z.B. bessere Qualität und höhere Flexibilität)?
- Wurde das Lehrpersonal durch Anwendung eines Lernprogramms entlastet?
- Wurde die Lernkultur eines Unternehmens durch das Bildungsangebot positiv beeinflußt?

Die zentrale Frage zum Kosten-Nutzen-Verhältnis lautet:

- Ist der Nutzen im Vergleich zum Aufwand höher? Wenn ja, um wieviel?

Beim Nutzen unterscheidet man unmittelbaren Nutzen (z.B. Arbeitszufriedenheit, Leistungssteigerung, Qualitätsverbesserung), mittelfristigen (Kosteneinsparungen, Zeiteinsparungen) und langfristigen Nutzen (Verbesserungen des Arbeitsklimas, Förderung der Unternehmens- und Lernkultur). Dem Nutzen sind die Kosten gegenüberzustellen. Sie umfassen insbesondere die finanziellen, zeitlichen und personellen Aufwendungen für die Entwicklung, Qualitätssicherung und Durchführung eines Bildungsangebotes.

Für die Ermittlung der Effizienz sowie für das Kosten-Nutzen-Verhältnis einer Bildungsmaßnahme gibt es verschiedene volks- und betriebswirtschaftlich orientierte Berechnungsmodelle. Das zentrale Problem besteht dabei in der Erhebung geeigneter Daten sowie in der Quantifizierung von Kosten und Nutzen.

Beobachtungen in der Einsatzphase eines Bildungsangebots gelten der Erhebung von Daten, die die mittels Befragung erhobenen Daten zur Erfassung von Wirkungen und Nutzen eines Bildungsangebots sinnvoll ergänzen und ggf. empirisch bestätigen können. Beobachtungen in dieser Phase der Qualitätssicherung haben vorwiegend den Charakter einer strukturierten, nicht-teilnehmenden Beobachtung. Es bietet sich an, zur leichteren Zuordnung der Daten bereits festgelegte Beobachtungskategorien für eine strukturierte Beobachtung zu verwenden.

Ergänzend zu den mittels Befragung und Beobachtung erhobenen „weichen" Daten zur Überprüfung der Qualität eines Bildungsangebots wird in der Einsatzphase häufig versucht, die Effekte eines Bildungsangebotes (z.B. Ausmaß von Wissens-, Leistungs- bzw. Verhaltensänderungen) auch quantitativ mittels Tests zu erfassen.

Experimentelle empirische Untersuchungen in der Einsatzphase eines Bildungsangebotes sind dann von entscheidender Bedeutung, wenn aus strategisch-politischem bzw. wissenschaftlichem Erkenntnisinteresse statistisch gesicherte empirische Daten über Wirkungen und Nutzen erhoben werden sollen. Die Anwendung dieser Methode kann ferner vor Einsatz eines Bildungsangebotes sinnvoll sein, um Daten zu gewinnen, die empirisch begründete Entscheidungen bezüglich der Auswahl alternativer Versionen des gleichen Bildungsangebotes erlauben (vgl. Glowalla & Schoop 1992).

Abbildung 2 bietet bezogen auf die Phasen Planung, Entwicklung und Einsatz von Bildungsangeboten eine Übersicht über die jeweils relevanten Evaluationsfelder, Ziele, Evaluationsgegenstände und Evaluationsmethoden.

	Planungsphase	Entwicklungsphase	Einsatzphase
Evaluationstyp	Prozeßevaluation	Prozeßevaluation	Prozeßevaluation
Evaluationsfeld	Kontextevaluation Zielevaluation Ressourcenevaluation Konzeptionsevaluation	Qualitätsevaluation Wirkungsevaluation	Wirkungsevaluation
Evaluations-gegenstände	Bildungsbedarf, Rahmenbedingungen, Zielkriterien, Adressatenvoraus-setzungen, Anforderungen an Adressaten, Inhalte, Technologie, Methode, Inhaltliche, technologi-sche, personelle Ressourcen, Design-Konzeption	Pädagogische, technologische Qualität, Design-Realisierung, Ergonomie Akzeptanz, Lerneffekte: Wissenserwerb, Verhaltensänderung, Motivationsänderung	Lerneffekte: Wissenserwerb, Verhaltensänderung, Motivationsänderung Wissenstransfer, bildungspolitische, -organisatorische, -ökonomische Effekte, Kosten-Nutzen-Effekte
Evaluations-methoden	Befragung, Dokumentenanalyse, Beobachtung	Befragung/ Checklisten, Beobachtung/Ver-haltensrecording, Tests, Empirische Untersuchung	Befragung, Beobachtung, Tests, Empirische Untersuchung

Abb. 2: Übersicht über Evaluationstypen, -felder, -gegenstände und -methoden zu unterschiedlichen Phasen eines Projektverlaufs

4.6 Welche Grundtypen von Evaluationsansätzen gibt es?

Evaluation als Qualitätssicherung kann im Kontext unterschiedlicher Evaluationsansätze mit jeweils unterschiedlichen Funktionen erfolgen. Wir unterscheiden hier einen wissenschaftlichen und einen pragmatischen Ansatz. Beide Ansätze sind in unterschiedlichen Kontexten bedeutsam. Sie beziehen sich beide auf die bisher in Abschnitt 4 genannten Evaluationsfelder, -ziele, -gegenstände und -methoden.

Die Ansätze unterscheiden sich jedoch hinsichtlich ihrer Funktion, der Systematik des Vorgehens, der berücksichtigten Evaluationsfelder und Evaluationsgegenstände sowie der verwendeten Evaluationsmethoden (Abbildung 2).

4.6.1 Der Ansatz wissenschaftlicher Begleitforschung

Evaluation als wissenschaftliche Begleitforschung erfolgt üblicherweise bei sog. Modellversuchen zur Realisierung innovativer Bildungsmaßnahmen (vgl. Freibichler et al. 1991). Die Durchführung wird in der Regel externen Experten übertragen (Fremdevaluation). Evaluation hat hier vor allem eine strategisch-politische Funktion und eine Erkenntnisfunktion. Evaluation als wissenschaftliche Begleitforschung zielt auf eine systematische und möglichst alle Evaluationsfelder und Gegenstände umfassende Datenerhebung in allen Phasen der Realisierung eines Bildungsangebotes. Dabei steht die Verwendung standardisierter Verfahren zur Datenerhebung und sozialwissenschaftlicher Methoden zur statistischen Datenauswertung im Vordergrund.

Beispiel 1: Evaluation des Modellversuchs „Computergestützte Aus- und Weiterbildung in der Warenwirtschaft" (Freibichler, Mönch & Schenkel 1991).

Beispiel 2: Evaluation des Modellversuchs „IKTH – EDV im Handwerk" (Maurus & Brater 1995; Beiträge 8–13 in diesem Band).

4.6.2 Der pragmatische Evaluationsansatz

Im Kontext eines pragmatischen Ansatzes dient Evaluation primär der Optimierung eines Bildungsangebotes. Die Durchführung erfolgt üblicherweise durch die an der Entwicklung des Bildungsangebotes beteiligten Personen (Selbstevaluation). Im Vordergrund steht die Kontroll- und Entscheidungsfunktion. Die Evaluation gilt der Sicherung und Kontrolle der Qualität eines Bildungsangebotes.

Evaluation im Kontext eines eher pragmatischen Ansatzes ist problemorientiert. Sie orientiert sich vorwiegend an aktuellen Bedürfnissen der Qualitätssicherung und der Qualitätskontrolle zu einem gegebenen Stand der Realisierung eines Bildungsangebotes. Üblicherweise werden nicht-standardisierte, auf die aktuellen eigenen Bedürfnisse und Evaluationsgegenstände zugeschnittene Verfahren der Datenerhebung wie zum Beispiel Kriterienkataloge (Checklisten), Protokollanalysen (vgl. Freibichler, Beitrag 13), informelle Tests u.ä. eingesetzt. Standardisierte Verfahren und sozialwissenschaftliche Methoden wie zum Beispiel standardisierte Tests und empirische Untersuchungen werden dagegen seltener eingesetzt.

Beispiel: Verwendung eines „Stimmungsbarometers" im Rahmen der Tele-Akademie „Neue Bildungsmedien" der Fachhochschule Furtwangen zur Erhebung von Daten über Stärken und Schwächen des Kurses bzw. einzelner seiner Komponenten sowie bezüglich der allgemeinen Zufriedenheit der Kursteilnehmer.

Kriterienkataloge (Checklisten) erfreuen sich vor allem bei der Evaluation von Bildungssoftware (vgl. Meier 1995; Gräber 1996) einer großen Beliebtheit. Hier werden sie bevorzugt zur Qualitätsanalyse durch Experten eingesetzt. Vor- und Nachteile der Verwendung von Kriterienkatalogen sowie methodische Probleme werden von Fricke (1995; siehe auch Beitrag 3) sowie Tergan (1998) dargestellt.

5 Evaluation als Herausforderung

Die systematische und zielgerichtete Einschätzung von Qualität, Wirkungen und Nutzen von Bildungsangeboten ist eine Herausforderung, die Entwickler, Bildungsverantwortliche und Evaluatoren gleichermaßen betrifft.

Für *Bildungsverantwortliche* und *Entwickler* bedeutet diese Herausforderung beispielsweise, die eigenen Entscheidungen bezüglich Planung, Entwicklung und Einsatz eines Bildungsangebotes einer kritischen Überprüfung, ggf. durch fremde Personen, zu unterziehen. Sie bedeutet ferner, daß ein zeitlicher, finanzieller und personaler Aufwand nicht gescheut werden darf, um zu angemessenen Evaluationsergebnissen zu gelangen. So erweist es sich vielfach als sinnvoll, Wirkung und Nutzen einer Bildungsmaßnahme im Anwendungskontext zu erheben, weil nur hier die Rahmenbedingungen zum Tragen kommen. Die Herausforderung an Entwicklung und Bildungsverantwortliche besteht darin, Situationen zu schaffen und Vorgehensweisen zu planen, die Evaluatoren eine angemessene Evaluation ermöglichen. Eine Herausforderung für Bildungsverantwortliche und Entwickler besteht schließlich auch darin, Ergebnisse der Evaluation durch die Revision eigener Entscheidungen bei der Realisierung von Bildungsmaßnahmen tatsächlich in die Praxis umzusetzen.

Für *Evaluatoren* besteht die Herausforderung häufig darin, daß – bezogen auf die jeweiligen Zielsetzungen und Funktionen der Evaluation – ein geeigneter eigener Evaluationansatz sowie problemadäquate Erhebungsmethoden zu entwickeln sind. Eine Herausforderung ist Evaluation immer auch, weil Kreativität gefragt ist und gleichzeitig gewisse Standards der Durchführung einzuhalten sind, um Fehlerquellen möglichst gering zu halten. Wissenschaftliche Evaluation von Bildungsangeboten unterliegt dabei eigenen wissenschaftlichen Kriterien, auf die hier nicht weiter eingegangen wird. Für pragmatisch orientierte Ansätze gilt jedoch: Entscheidend ist, überhaupt einen Schritt in Richtung Evaluation zu tun, sich gegebenenfalls mit ad hoc gewonnenen Daten – zum Beispiel mittels Interview, Fragebogen oder Kriterienkatalogen (Checklisten) – zur Beantwortung aktueller Fragen zu begnügen, wenn keine systematische Evaluation möglich ist, sowie die Qualität des eigenen Vorgehens kritisch zu hinterfragen.

Angesichts der Vielfalt bestehender Bildungsangebote, insbesondere multimedialer Anwendungen, ist zu wünschen, daß Entwickler ihre Produkte verstärkt einer Evaluation unterziehen, um ein Mindestmaß an pädagogischer Qualität und Effizienz sicherzustellen. Es ist ferner zu wünschen, daß Bildungsverantwortliche die Evaluation von Bildungsprodukten auch unter Praxisbedingungen ermöglichen und Mittel und Wege für mögliche Revisionen hinsichtlich Gestaltung und Einsatz eröffnen. Und nicht zuletzt ist zu wünschen, daß Initiativen ergriffen bzw. fortgeführt werden, um Anwendern die Möglichkeit zu eröffnen, eigene Erfahrungen in der Nutzung von Bildungsangeboten zu dokumentieren – zum Beispiel in eigens dafür entwickelten Datenbanken (ein Beispiel wäre: die SODIS-Datenbank, vgl. Beitrag 9 von Korbmacher) – und so anderen Anwendern sowie Bildungsverantwortlichen und Entwicklern eine Rückmeldung zu geben.

Literatur

Ballstaedt, S.-P. (1982). Dokumentenanalyse. In G.L. Huber & H. Mandl (Hrsg.), Verbale Daten. Eine Einführung in die Grundlagen und Methoden der Erhebung und Auswertung (S. 164–175). Weinheim/Basel: Beltz.

Behrendt, E. & Kromrey, H. (1995). Qualitätssicherung in Modellversuchen zur beruflichen Bildung: Die Rolle der wissenschaftlichen Begleitforschung. In P. Schenkel & H. Holz (Hrsg.), Evaluation multimedialer Lernprogramme und Lernkonzepte. Berichte aus der Berufsbildungspraxis (S. 23–38). Nürnberg: BW Bildung und Wissen.

Deutsches Institut für Fernstudienforschung an der Universität Tübingen (1995). Planung, Entwicklung und Durchführung von Fernstudienangeboten. Handreichung. Tübingen: Deutsches Institut für Fernstudienforschung.

Freibichler, H., Mönch, T. & Schenkel, P. (1991). Computerunterstützte Aus- und Weiterbildung in der Warenwirtschaft. Band 2 der Reihe „Multimediales Lernen in der Berufsbildung". Nürnberg: BW Bildung und Wissen.

Fricke, R. (1995). Über den richtigen Umgang mit Qualitätskriterien von Lernsoftware. Arbeiten aus dem Institut für Empirische Pädagogik und Instruktionspsychologie. Bericht Nr. 14 (3/95).

Friedrich, H.F., Eigler, H., Mandl, H., Schnotz, W., Schott, F. & Seel, N.M. (Hrsg.) (1997). Multimediale Lernumgebungen in der betrieblichen Weiterbildung. Gestaltung, Lernstrategien und Qualitätssicherung. Neuwied: Luchterhand.

Glowalla, U. (1992). Evaluation computerunterstützten Lernens. In U. Glowalla & E. Schoop (Hrsg.), Hypertext und Multimedia: Neue Wege in der computerunterstützten Aus- und Weiterbildung, S. 39–40. Berlin/Heidelberg: Springer.

Gräber, W. (1996). Kriterien und Verfahren zur Sicherung der Qualität von Lernsoftware in der beruflichen Weiterbildung. Forschungsprojekt 4.905. Berlin: Bundesinstitut für Berufsbildung.

Hesse, F.W. & Giovis, C. (1996). Struktur und Verlauf aktiver und passiver Partizipation beim netzbasierten Lernen in virtuellen Seminaren. Unterrichtswissenschaft 1997, Heft 1, 35–55.

Klauer, K.J. (1987). Kriteriumsorientierte Tests. Göttingen: Hogrefe.

Maurus, A. & Brater, M. (1995). Evaluationskonzept im Modellversuch IKTH – Informations- und Kommunikationstechniken im Handwerk. In P. Schenkel & H. Holz (Hrsg.), Evaluation multimedialer Lernprogramme und Lernkonzepte. Berichte aus der Berufsbildungspraxis (S. 57–72). Nürnberg: BW Bildung und Wissen.

Meier, A. (1995). Qualitätsbeurteilung von Lernsoftware durch Kriterienkataloge. In P. Schenkel & H. Holz (Hrsg.), Evaluation multimedialer Lernprogramme und Lernkonzepte. Berichte aus der Berufsbildungspraxis (S. 149–191). Nürnberg: BW Bildung und Wissen.

Rowntree, D. (1992). Exploring open and distance learning. London: Kogan Page.

Tergan, S.-O. (1998). Checklists for the evaluation of educational software: critical review and prospects. *Innovations in Education and Training International*, 35(1), 9–20.

Tergan, S.-O., Hron, A. & Mandl, H. (1992). Computer-based systems for open learning: State of the art. In S.-O. Tergan, J.J. Sparkes, C. Hitchcock, A.R. Keye, A. Hron & H. Mandl. G. Zimmer & H. Blume (Eds.), Open learning and distance education with computer support. Multimediales Lernen in der Berufsbildung, Vol. 4 (pp. 97–182). Nürnberg: BW Bildung und Wissen.

Will, H., Winteler, A. & Krapp, A. (1987). Von der Erfolgskontrolle zur Evaluation. In H. Will, A. Winteler &. A. Krapp. (Hrsg.), Evaluation in der beruflichen Aus- und Weiterbildung (S. 11 ff.). Heidelberg: Sauer.

Wottawa, H. & Thierau, H. (1990). Evaluation. Bern: Huber.

Peter Schenkel   Ebenen und Prozesse der
Evaluation

1 Ausgangspunkte

1.1 Die formative Evaluation des Lernprogramms

Lebensbegleitendes Lernen ist die Antwort auf die dynamische Veränderung aller gesellschaftlichen Bereiche. Die Stichworte sind bekannt: In allen Regionen, allen Wirtschaftszweigen, allen Betrieben verschärft sich der wirtschaftliche Wettbewerb, neue Produkte werden in immer kürzeren Zyklen entwickelt und auf den Markt gebracht, vorhandenes Wissen veraltet immer schneller und neues Wissen entsteht unaufhaltsam.

Dies gilt auch für das Handwerk. Lokale Wettbewerbsnischen und spezialisierte Angebote können nur für kurze Zeit eine trügerische wirtschaftliche Sicherheit verheißen. Meister und Mitarbeiter müssen sich ständig weiterbilden, wenn sie die Existenz des Betriebes und ihr eigenes berufliches Fortkommen langfristig sichern wollen.

Eine zentrale Innovation, auch im Handwerk, ist die EDV. Ohne Datenverarbeitung ist eine wirtschaftliche Gestaltung der Betriebsabläufe kaum möglich. EDV leistet weit mehr als eine intelligente Schreibmaschine. Richtig eingesetzt, kann sie wichtige Daten zur wirtschaftlichen Steuerung des Betriebes und zur Unterstützung der Betriebsabläufe in nahezu allen Funktionsbereichen eines Betriebes liefern.

Genau dieser umfassende Einsatz der EDV ist jedoch für den durchschnittlichen Handwerker ungewohnt. Das damit verbundene Denken überschreitet tradiertes Verhalten. Handwerkliches Verständnis eines erfolgreichen Betriebes beruht häufig auf einer fachlich einwandfreien Arbeit und einer groben Aufschlagskalkulation. Daß dies die Wettbewerbsposition des Betriebes und die beruflichen Perspektiven der Mitarbeiter langfristig nicht mehr sichern wird, ist offenbar. Eine Qualifizierung für den umfassenden Einsatz der EDV im Handwerk kann Innovationspotentiale freisetzen, die den wirtschaftlichen Erfolg des Betriebes und die Karrieren der Mitarbeiter fördern.

Dies war die Ausgangssituation, aus der die Idee des Modellversuchs geboren wurde. Und nichts lag näher, als die EDV als Lernmedium einzusetzen, um die Mitarbeiter für den Einsatz der EDV zu qualifizieren. Die EDV kann Arbeitsmittel und Lernmedium zugleich sein. Eine computergestützte Weiterbildung versprach motivierend, kostengünstig, zeitnah, individualisiert, problemadäquat und praxisorientiert zu sein. Lernerfolge, Transfer und positive Auswirkungen auf das betriebliche Handeln und ein leichterer Zugang zu neuen Zielgruppen waren zu erhoffen. Zugleich würden Mitarbeiter an technologiegestützte Qualifizierungskonzepte herangeführt, die auch im Handwerk zunehmende Bedeutung erlangen.

Diese Vision des Projektes war an den Ergebnissen zu überprüfen. Dabei war von vornherein deutlich, daß mit einem Pilotprojekt nur erste Schritte in diese Richtung eingeschlagen werden können. Ziele, wie sie in den voranstehenden Sätzen formuliert wurden, können nur mit langfristigen Strategien erreicht werden. Auch die beste Weiterbildung kann restriktive betriebliche Bedingungen nur sehr partiell außer Kraft setzen. Zudem können nicht alle betrieblichen Probleme durch Qualifizierungsmaßnahmen gelöst werden. Auch setzen die nach wie vor nicht vollständig befriedigende Lerntechnologie und die eher konservative Lernkultur des Handwerks enge Grenzen.

Der Modellversuch wurde von Beginn an wissenschaftlich begleitet. Michael Brater und Anna Maurus haben ihre Erfahrungen mit der formativen und summativen Evaluation in einem Artikel „Über einige Grenzen multimedialen Lernens – Erfahrungen mit dem Modellversuch IKTH" zusammengefaßt (Brater & Maurus 1997):

Positiv ist aus ihrer Sicht, daß sich bei dem Thema EDV für das Handwerk die Anwendungssituation weitgehend mit der Lernsituation deckt. Immer wenn es darum geht, etwas über die EDV-Nutzung zu lernen, bietet sich das computergestützte Lernen nahezu unabweisbar an. Auch bewerten die Lernenden das Programm als interessant und lebendig. Offen bleibt allerdings, ob multimediale Angebote von Text, Grafik, Animationen, Fotos und Video tatsächlich Lernerfolge begünstigen oder ob sie eher Showeffekte sind, die ihre hohen Kosten nicht rechtfertigen.

Potentiell liegt in der Interaktion des Lernenden mit den gespeicherten Wissensinhalten ein entscheidender Vorteil des multimedialen Lernens. Tatsächlich aber handelt es sich aus Sicht von Brater & Maurus nicht um eine wirkliche Interaktion, bei der ein Subjekt auf ein anderes eingeht, sondern um die Auswahl aus vorgefertigten Elementen. Anspruchsvolle Interaktionen würden dagegen so differenzierte Lernwege voraussetzen, daß nur sehr qualifizierte Lernende damit zurechtkämen.

Auch den Beitrag des Programms zu einer Organisationsentwicklung sehen Brater & Maurus kritisch. Letztlich kann es sich nur um eine überschaubare Kombination von Faktoren, eine strukturelle Simplifizierung der Wirklichkeit handeln. Sie begünstigt eher eine Flucht vor der Komplexität der Wirklichkeit als ihre Bewältigung. Lernprogramme reduzieren die Ambivalenz und Unbestimmtheit des beruflichen Handelns und unterlaufen damit den angemessenen Umgang mit der Realität. Zudem besteht die Gefahr, daß vereinzelte „Lernbrocken" vergegenständlicht werden, wo doch eine interpretierende Handlung des/der Lernenden erforderlich wäre.

Zudem geht in dem Programm der Überblick leicht verloren. Aus den kurzen Texten einer Bildschirmseite kann der/die Lernende den Gesamtüberblick nicht gewinnen. Die Orientierungsübersicht eines Buches ist dagegen weitaus griffiger und handlicher.

Zusammengefaßt sehen Brater & Maurus die Gefahr, daß das Medium eher ein „Lernverhinderungsmedium" als ein Lernmedium ist, weil es müheloses Lernen verheißt, wo eigene Lernanstrengungen erforderlich wären. Ein Tutor oder Berater müsse über das Netz erreichbar sein. Der Einsatz des Lernprogramms müsse in einen sozialen Kontext eingebettet werden. Es fehle an Untersuchungen, ob die Nachteile die Vorteile des Mediums ausglichen. Über der Frage, was gelernt wurde, solle man die Frage nicht vergessen, was durch den intensiven Einsatz von Lernsoftware verlernt wird.

Es waren die kritischen Anmerkungen von Brater & Maurus, die eine Reihe von Fragen zu dem theoretischen Verständnis und dem methodische Vorgehen bei der Evaluation von Lernprogrammen auslösten. In der betrieblichen Praxis beruht die Evaluation von Weiterbildungsmaßnahmen und erst recht von Lernprogrammen selten auf wissenschaftlichen Theorien und Methoden und umfassenden empirischen Analysen. Es überwiegt ein punktuelles und sehr pragmatisches Vorgehen.

In der Wissenschaft und in der Praxis fehlt die dringend notwendige Auseinandersetzung über die Optimierung von Lernarchitekturen und Lernprozessen. Nur zu häufig wird sie durch Glaubensdebatten über die Vor- und Nacheile des computergestützten Lernens geprägt. Technologiegläubigkeit steht fundamentalistischer Skepsis gegenüber.

So entstand der Plan, ein identisches Lernprogramm von einer Reihe führender Evaluatoren mehrfach evaluieren zu lassen und ihnen dabei jede Freiheit über die eingesetzte Methode einzuräumen. Evaluationsmethoden und theoretische Ansätze sollten sich im praktischen Einsatz beweisen. Die Ergebnisse der durchgeführten Evaluationen würden nicht allein eine Aussage über das Lernprogramm IKTH, sondern auch über die Evaluationsmethode und die mit ihnen erreichbaren Ergebnisse erlauben.[1]

---

1   Siehe dazu auch den Beitrag 6 von Lottmann in diesem Band.

Der wissenschaftliche Wert läge in der Darstellung der Methoden und der damit erreichbaren Ergebnisse. Der praktische Wert würde in einer Entscheidungshilfe für Manager, Ausbilder, Lernende und Käufer bei der Bewertung von Lernprogrammen liegen.

In den Beiträgen dieses Buches sind neben grundlegenden Beiträgen unterschiedliche Evaluationen eines identischen Lernprogramms mit verschiedenen Evaluationsinstrumenten versammelt. Sie dokumentieren, wie sehr das Ergebnis der Evaluation von der verwendeten Evaluationsmethode abhängt. Alle Urteile über Lernprogramme sind nur im Hinblick auf die ausgewählten Ziele, in der gegebenen Lernarchitektur und für eine bestimmte Zielgruppe zutreffend.

Während der Planung der Evaluationen, aber auch nachdem die Ergebnisse vorlagen, wurde deutlich, daß die Vielfalt der Evaluationsansätze eine Systematisierung erfordert, die Wissenschaft und Praxis eine Orientierung über die einzusetzenden Methoden und die möglichen Ergebnisse gibt. Sie erlaubt es, Evaluationsmethoden einzuschätzen und ist zugleich Forschungsprogramm für ihre Weiterentwicklung. Der folgende Beitrag ist eine derartige Systematisierung, die Wissenschaftlern und Praktikern ermöglichen soll, Ziele, Methoden und Ergebnisse in einen Zusammenhang zu bringen.

1.2 Lernsoftware in Weiterbildungsarchitekturen

In der Anfangsphase des computergestützten Lernens konzentrierten sich Evaluationen zumeist auf die Akzeptanz eines Programms bei den Lernenden. Evaluation diente vor allem dem Nachweis, daß Lernende überhaupt bereit waren, sich mit dieser neuen Lernmethode zu befreunden. Eine hohe Akzeptanz legitimierte die neue Lernmethode. (Freibichler, Mönch, Schenkel 1991)

Evaluationen des Lernerfolgs waren erforderlich, um nachzuweisen, daß Lernende das computergestützte Lernen nicht nur akzeptierten, sondern dabei auch etwas lernten. Fricke (1989) verglich die Lernerfolge des computergestützten Unterrichts mit den Lernerfolgen eines traditionellen Unterrichts und konnte signifikante Vorteile des computergestützten Lernens feststellen. Diese Befunde waren ebenfalls nicht allein Indiz für die Qualität eines bestimmten Programms, sondern auch Hinweis auf die Lernmöglichkeiten des computergestützten Lernens an sich.

Heute sind generelle Fragestellungen und grundsätzliche Bedenken gegenüber dem computergestützten Lernen weitgehend überwunden. Auf dem Markt angebotene Lernprogramme sind durch den gezielten Einsatz von Bild,

Ton, Film interessant und lernerfreundlich. Und so bedarf es nicht mehr des Nachweises, daß Lernende auch mit dem Computer lernen wollen. Der angestrebte Nachweis einer generellen Überlegenheit des Computerlernens wurde von neuen Fragestellungen abgelöst. Die ursprünglich erwarteten Vergleiche eines konventionellen Unterrichts mit dem computergestützten Lernen haben sich als wenig aussagekräftig erwiesen. Weder gibt es einen eindeutigen Typus des konventionellen, personenzentrierten Unterrichts noch den Typus eines computergestützten Unterrichts ohne Trainer, Ausbilder oder Lehrer. Es geht nicht um die generelle Überlegenheit einer ausschließlich eingesetzten Methode, sondern um die Optimierung von Lernarchitekturen, in denen personale und apersonale Komponenten ihren Platz haben (z.B. Achtenhagen & John 1992).

Lerntechnologie kann als ein methodisches Instrument angesehen werden, das neue Optionen für die Gestaltung von Lernarchitekturen und Lernprozessen öffnet. Lernsoftware erzwingt keine bestimmte Lernarchitektur, sondern erweitert die Möglichkeiten für unterschiedliche Lernarchitekturen am Arbeitsplatz, im Unterricht, in der Wohnung, für Einzellernende und Lerngruppen. Inhalte, didaktische Konzeptionen, Ziele, Zielgruppen und Rahmenbedingungen können sehr unterschiedlich sein. Nur in seltenen Fällen wird Lernsoftware allein eingesetzt, ohne jede Unterstützung durch einen Tutor, für einzelne Lernende, außerhalb jeder Lerngruppe.

Lernsoftware ist immer ein Teil einer Lernarchitektur. In der Regel interessieren die Wirkungen der gesamten Architektur und weniger die Wirkung ihrer einzelnen Teile.

Dennoch ist die Evaluation von Lernprogrammen notwendig. Dafür gibt es viele Gründe:

– Wenn sie personale Lernangebot weitgehend ersetzt oder die Lernarchitektur weitgehend gestaltet, erhält Lernsoftware eine so große Bedeutung, daß die Qualität bekannt sein muß.

– Wenn Lernprogramme bereits eingesetzt werden, will man Aussagen über die Wirkungen haben, um das eingesetzte Programm beizubehalten, zu verändern oder gegen ein anderes auszutauschen.

– Wenn die Wahl zwischen verschiedenen Softwarepaketen besteht, muß eine Entscheidung über den Kauf eines Produktes getroffen werden.

– Wenn zwischen zwei Lernangeboten entschieden werden muß, ist es sinnvoll, den Beitrag der Lerntechnologie zur Zielerreichung zu erkennen.

– Wenn Lernarchitekturen gestaltet werden, ist es notwendig, das passende Programm auszuwählen.

– Wenn Weiterbildungskosten optimiert werden sollen, muß abgewogen werden, ob der Einsatz von Lernprogrammen Kostenvorteile (verringerte Lernzeiten, höherer Lernerfolg, geringere Tutoren- oder Reisekosten) bringt.

– Wenn ein Lernender bestimmte Lern- oder Handlungsziele erreichen will, sollte er Lernprogramme in seine Entscheidung einbeziehen.

– Wenn räumliche oder zeitliche Restriktionen ein Lernarrangement mit Lernprogrammen nahelegen, sollte die Auswahl der eingesetzten Programme optimiert werden.

– Wenn ein rein personales Lernangebot nicht möglich ist, muß das optimale Lernprogramm in die Lernarchitektur integriert werden.

1.3 Die Evaluationsfragen

Die in der Praxis immer wieder gestellte Frage „Wie kann ich schnell und einfach gute von schlechter Lernsoftware unterscheiden?" ist zwar berechtigt, erlaubt jedoch keine kurze und allgemeingültige Anwort.

Die Antwort darauf hängt u.a. ab von folgenden Parametern:

1. Was ist das Ziel der Evaluation?
   Sollen z.B. Entscheidungen über den Kauf eines Programmes vorbereitet, die Reorganisation des Unternehmens durch Weiterbildung eingeleitet werden oder geht es vorwiegend um die Gewinnung unspezifischer Erkenntnisse?

2. Welche Bedingungen hat die Evaluation zu berücksichtigen?
   Welche finanziellen Mittel stehen zur Verfügung, welche personellen Ressourcen sind vorhanden, wie ist der Zeithorizont der Evaluation und welche betrieblichen Bedingungen sind zu berücksichtigen?

3. Was soll überhaupt evaluiert werden?
   Geht es z.B. um die Absturzsicherheit eines Programms, um die Reaktion der Lernenden oder um den Lernerfolg?

4. Welche Zielgruppe soll mit dem Programm lernen?
   Soll das Programm z.B. in Hochschulen, für benachteiligte Gruppen oder für Mitarbeiter in einem bestimmten Bereich eingesetzt werden?

5. Welche Inhalte sollen vermittelt werden?
   Sollen z.B. Programme für das Managementtraining oder für Grundrechenarten evaluiert werden?

6. Wie sieht das Lernarrangement aus?
   Können die Lernenden z.B. tutorielle Unterstützung in Anspruch nehmen, lernen sie am Arbeitsplatz, im Unterricht oder zu Hause?

7. Welche didaktische Konzeption bietet sich in der gegebenen Situation
   an?
   Geht es z.B. um das Erlernen von Fakten in einem drill and practice-
   Programm, oder soll die Entscheidungsfähigkeit in einer konstruktivistischen Lernumgebung entwickelt werden?

8. Welche zentralen Fragen sollen im Detail beantwortet werden?
   Interessiert es z.B., den Lernerfolg in unterschiedlichen Lernarrangements zu kennen, oder sollen Lernprogramme im Reorganisations-
   prozeß eines Unternehmens eingesetzt werden?

9. Wie kann die Neutralität und Professionalität der Evaluatoren gesichert werden?
   Hier wäre u.a. nach Standards für Evaluatoren zu fragen.

Stellt man die Frage nach der Qualität eines Lernprogramms in dieser De-
tailliertheit, so wird deutlich, daß es keine absolute Qualität von Lernsoftware,
sondern nur eine relative Qualität im Rahmen gegebener Bedingungen, für
eine bestimmte Zielgruppe und im Hinblick auf ausgewählte Ziele gibt. Deshalb kann es auch keine einzige Methode zur Evaluation von Lernsoftware,
sondern nur Methoden geben, die gegebenen Situationen angemessen und
ausgewählten Zielen besser oder schlechter dienen. Eine ähnliche
Auffassung vertreten Mandl und Reinmann-Rothmeier in ihrem Beitrag „Vom
Qualitätsbewußtsein über Selbstevaluation und maßgeschneidertes
Vorgehen zur Transfersicherung" (vgl. Beitrag 4 in diesem Band).

Dabei werden die Evaluationsergebnisse um so eindeutiger und aussage-
kräftiger sein, je deutlicher die Situation analysiert, je eindeutiger die Ziele formuliert, je eindeutiger die Zielgruppe definiert, je elaborierter die ausgewählten Methoden und je klarer das Qualitätsmodell ist. Offensichtlich ist jedoch,
daß mit zunehmendem Aufwand die Neigung zu Evaluationen abnehmen
wird. Es gibt eine kritische Grenze, an der die Kosten der Evaluation den
möglichen Nutzen übersteigen oder die Kompetenz für die Durchführung
einer sehr anspruchsvollen Evaluation nicht mehr vorhanden ist.

Die kritische Relation von Evaluationsaufwand und Evaluationsergebnis liegt
zwar in jeder Situation anders, aber in jedem Falle müssen Aufwand und
Ertrag in einem angemessenen Verhältnis stehen. Dieses Verhältnis kann
jedoch nur bestimmt werden, wenn eine Evaluation umfassend geplant ist.

In diesem systematischen Beitrag wird auf Grundzüge der Durchführung von Evaluationen von Bildungssoftware eingegangen und ein für unterschiedliche Problemlagen geeignetes Evaluationsmodell dargestellt. Es besteht aus einem *Rahmenmodell der Evaluation:*

- Qualitätsmodell, das Ausgangsbedingungen, Ziele und Inhalte der Evaluation klären hilft,

- Prozeßmodell, das Methoden für die Durchführung von Evaluation anbietet,

- Evaluationsnetz, das konkrete Hilfen für die Durchführung von Evaluationen bereitstellt.

In Verbindung mit dem Beitrag von Tergan (vgl. Beitrag 1 in diesem Band) zu den Grundlagen der Evaluation wird damit ein umfassendes Orientierungssystem für die Evaluation der Qualität von Bildungssoftware angeboten.

2 Die Ebenen der Evaluation

2.1 Kirkpatricks „Vier Ebenen der Evaluation"

Kirkpatrick hat in einer Artikelserie „Techniken zur Evaluation von Trainingsprogrammen" ein vierstufiges Modell der Evaluation von Trainingsprogrammen vorgestellt, das in den USA auch heute noch der „Standardansatz" von Evaluationen ist (Kirkpatrick, 1994).

Kirkpatrick unterscheidet:

Ebene 1   Reaktion (reaction)

Ebene 2   Lernen (learning)

Ebene 3   Verhalten (behavior)

Ebene 4   Ergebnisse (results)

Auf der *ersten Ebene* bezieht sich die Evaluation auf die Reaktion der Teilnehmer auf die Trainingsmaßnahme. Eine positive Reaktion auf eine Trainingsmaßnahme ist eine gute Voraussetzung für erfolgreiches Lernen. Negative Reaktionen machen erfolgreiches Lernen unwahrscheinlich, zumindest erschweren sie es.

Auf der *zweiten Ebene* geht es um die Evaluation des Lernens. Lernen findet nach Kirkpatrick statt, wenn Kenntnisse erweitert, Fertigkeiten erhöht, Einstellungen verändert werden. Bei Trainingsmaßnahmen, die ausschließlich auf die Vermittlung von Wissen angelegt sind, reicht bereits die Evaluation auf der zweiten Ebene aus. Dies ist z.B. bei allgemeinbildenden Schulen und Hochschulen der Fall.

In der beruflichen Bildung kommt es nicht nur auf die Vermittlung von Wissen, sondern auch auf die Änderung des Verhaltens an, die auf der *dritten Ebene* evaluiert wird. Die Veränderung des Verhaltens setzt nach Kirkpatrick den Wunsch nach einer Veränderung, das Wissen, was zu tun ist und wie es zu tun ist, das richtige Arbeitsklima und ein Belohnungssystem voraus. Aus- und Weiterbildung kann ein ungesundes Arbeitsklima, organisatorische Defizite und ein fehlendes Belohnungssystem nicht ersetzen. Wenn also trotz Weiterbildung keine Veränderung des Verhaltens der Mitarbeiter erfolgt, so müssen die Ursache nicht in den Qualifikationen der Beschäftigten und erst recht nicht in einer fehlgeschlagenen Weiterbildung liegen.

Auf der *vierten Ebene* geht es um die Wirkung des Trainings. Gedacht ist hier an die Evaluation der Ziele eines Trainings, z.B. Auswirkungen auf die betriebliche Kommunikation, auf den Entscheidungsprozeß, auf Produktivität, Qualität usw. Das Erreichen dieser Ziele hat zwar finanzielle Konsequenzen, die letztlich die Trainingsmaßnahme rechtfertigen, es werden jedoch nicht finanzielle Veränderungen, sondern betriebliche Kennzahlen herangezogen.

Diese Ebene ist für den Erfolg jeder betrieblichen Trainingsmaßnahme die wichtigste, wird jedoch selten erreicht, weil die Ergebnisse schwer festzustellen und noch schwerer einer bestimmten Aus- bzw. Weiterbildungsmaßnahme zuzurechnen sind. Der Vergleich zwischen Experimental- und Kontrollgruppen, Untersuchungen vor und nach dem Training, wiederholte Untersuchungen und Kostenbetrachtungen sind wichtige Methoden, die Aussagen über den Erfolg eines Trainings erlauben. Sind Beweise nicht möglich, reichen nach Kirkpatricks Auffassung Hinweise auf den Erfolg des Trainings aus.

Die Ebenen bauen aufeinander auf. Keine Evaluationsebene sollte übersprungen werden, um Informationen über höhere Ebenen zu erhalten.

2.2 Das Qualitätsmodell

Kirkpatricks Modell von Ebenen der Evaluation erleichtert den Zugang zu Evaluationen entscheidend. Nur zu häufig werden Aussagen über die Qualität von Weiterbildungsmaßnahmen getroffen oder verlangt, ohne daß deutlich wird, ob sie sich z.B. auf die Reaktion der Lernenden, auf die Handlungsfähigkeit der Absolventen, auf die Kosten oder auf den Erfolg der Weiterbildung beziehen.

Kirkpatricks Ansatz läßt sich in mehrere Richtungen ausbauen. Das Modell geht von einem bereits vorhandenen Bildungsangebot aus, dessen Wirkungen evaluiert werden. Die Reaktion der Lernenden auf dieses Angebot ist in seinem Modell die erste Ebene der Evaluation. Vor dem Einsatz eines Trainingsprogramms in der Praxis wird ein Weiterbildungsangebot jedoch häufig von Experten evaluiert, sei es während oder nach Abschluß der Entwicklung. Die Evaluationen werden vom Entwicklungsteam oder externen Experten durchgeführt. Bei Lernprogrammen werden z.B. Teile des Programms oder einzelne Merkmale, wie die Verständlichkeit von Texten und Grafiken, bereits während der Entwicklung von Mitarbeitern im Entwicklungsteam, Experten oder potentiellen Lernenden evaluiert.

Auf einer der Reaktion der Lernenden vorgelagerten „Produktebene" geht es um die Sicherung der Qualität während der Entwicklung bzw. um die Qualitätssicherung des Endproduktes.

Kirkpatricks höchste und abschließende Evaluationsebene ist die Ermittlung des Ergebnisses einer Weiterbildungsmaßnahme im Unternehmen. Zunehmend kommt es jedoch nicht auf das Ergebnis der Weiterbildung, sondern auf den wirtschaftlichen Erfolg einer Weiterbildung an. Deshalb wird nicht allein das Erfolg, sondern das monetäre Verhältnis zwischen Kosten und Ertrag beachtet.

In dieser Betrachtungsweise ist Weiterbildung eine Investition (in die Mitarbeiter), die sich genau wie alle anderen Investitionen wirtschaftlich rechtfertigen muß. Als höchste Evaluationsebene kann deshalb das „Return on Investment" angesehen werden.

Verfolgt man Weiterbildungsmaßnahmen nach diesem erweiterten Modell von der Entwicklung bis zur Ermittlung des Returns on Investment, so werden die unterschiedlichen Evaluationsfragen auf den folgenden sechs Evaluationsebenen (Abbildung 1) deutlich. Auf jeder Stufe kann das erwartete Ergebnis und der *Prozeß (kursiv gedruckt),* der zu diesem Ergebnis geführt hat, evaluiert werden.

Soweit Evaluationen nicht nur die Wirkungen feststellen, sondern die Ergebnisse auf die verursachenden Prozesse zurückführen wollen, wäre es erforderlich, die kritischen Erfolgsfaktoren der Prozesse zu identifizieren. Dies

Evaluationsebene / Evaluationsort	Zentrale Evaluationsfrage
E 1: Produktebene Entwicklungslabor/ Expertenstudio	Zu welchem Ergebnis kommen Experten bei der Bewertung des Angebots? *Wie kann die Qualität des Entwicklungsprozesses gesichert werden?*
E 2: Reaktionsebene Lernort	Wie reagiert der Lernende auf das Lernangebot? *Wie muß das Weiterbildungsangebot gestaltet werden, damit der Lernende positiv reagiert?*
E 3: Lernebene Lernort	Welche Lernerfolge werden erreicht? *Wie kann der Lernprozeß positiv beeinflußt werden?*
E 4: Handlungsebene Arbeitsplatz	Konnten die Lerninhalte auf die Abeitssituation übertragen werden? Hat sich die Handlungsfähigkeit erhöht? *Wie muß das Weiterbildungsangebot gestaltet werden, damit sich die Handlungsfähigkeit erhöht?*
E 5: Erfolgsebene Unternehmen	Welche Wirkungen hat die Weiterbildung im Unternehmen gehabt? *Wie kann die Weiterbildung zu einem positiven Bestandteil der Personalentwicklung gestaltet werden?*
E 6: Return-on-Investment-Ebene Unternehmen	Wie ist die Weiterbildungsinvestition zu beurteilen? *Welche Maßnahmen wären zu ergreifen, um den ROI zu erhöhen?*

Abb. 1: Evaluationsfragen auf den unterschiedlichen Evaluationsebenen

kann sich als außerordentlich schwierig erweisen und ist innerhalb eines pragmatischen Ansatzes kaum möglich. So läßt sich ein bestimmter Lernerfolg noch relativ leicht ermitteln, worauf er aber zurückzuführen ist, kann meist nur vermutet werden. Es könnte der Trainer, das Lernprogramm, die Ausgangsmotivation, das Belohnungssystem, die Zielgruppe, die Kontrolle durch den Betrieb usw. sein.

Auf den höheren Evaluationsebenen nimmt die Zahl der Einflußfaktoren und damit die Komplexität einer Evaluation der Prozesse zu. Ob z.B. Veränderungen der betriebliche Abläufe auf Weiterbildungsmaßnahmen oder auf andere Faktoren, z.B. eine Reorganisation betrieblicher Abläufe, oder auf beides zurückzuführen sind, kann nur mit einem Forschungsaufwand ermittelt werden, der i.d.R. nur im Rahmen wissenschaftlicher Grundlagenforschung und nicht in engen betriebswirtschaftlichen Kostenrechnungen zu rechtfertigen wäre. Allerdings, und darauf hat bereits Kirkpatrick hingewiesen, sollte auf Evaluationen nicht deshalb verzichtet werden, weil nur pragmatisch bewährte und nicht wissenschaftlich valide Evaluationsinstrumente zur Verfügung stehen.

Ein umfassendes Qualitätsmodell zur Evaluation von Weiterbildungsmaßnahmen würde die in Abbildung 2 dargestellten sechs Stufen oder Ebenen umfassen.

Evaluiert wird stets die Wirkung eines Weiterbildungsangebotes, nicht der Lernende. Herangezogen werden können verschiedene Indikatoren, die Aufschluß über die jeweiligen Prozesse auf den sechs Ebenen geben und damit die Konstruktion von Wirkungszusammenhängen erlauben.

2.3 Expertenevaluationen auf der Produktebene

Der Einsatz von Kriterienkatalogen bei der Evaluation von Lernsoftware ist häufig mit der Erwartung verbunden, daß es einige wenige „kritische Erfolgsfaktoren" gebe, die eine überzeugende Einschätzung von Lernprogrammen ermöglichen. Als Vorbild oder als Vergleich dient die Vorstellung eines Warentests, bei dem Forschungsinstitute auf nachprüfbarer Grundlage Konsumgüter testen und dann zu Aussagen wie „empfehlenswert" oder „weniger empfehlenswert" gelangen.

Diesen Erwartungen entsprechen auch die Tests von Anwendungssoftware, die in den meisten Computerzeitschriften regelmäßig erscheinen. In zusammenfassenden Aussagen wird die Software dann positiv beurteilt und mit Prädikaten wie z.B. Sternchen oder Noten versehen.

Auch für Lernsoftware werden derartige Tests durchgeführt. So hat die Stiftung Warentest im Test-Heft 11/1998 Sprachlernprogramme nach über 370 Aspekten getestet und Einzelnoten von sehr gut bis mangelhaft für die untersuchten Kriteriengruppen Handhabung, Inhalt, Didaktik vergeben. Die gewichteten Gruppennoten führten zu einer Gesamtnote.

Wettbewerbe beruhen auf einer ähnlichen Grundlage. Juroren wird ein Kriterienraster an die Hand gegeben, mit dem sie die eingereichte Lernsoftware testen und ggf. für einen Preis vorschlagen.

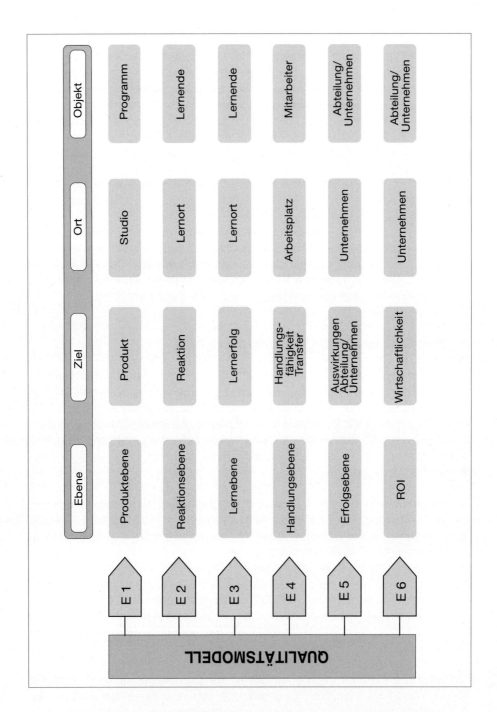

Abb. 2: Qualitätsmodell zur Evaluation von Weiterbildungsmaßnahmen

Deutlich ist, daß Qualitätsaussagen auf der Grundlage von Kriterienkatalogen mit zunehmendem Umfang der Kataloge immer genauer werden. Zugleich steigt der Aufwand, so daß eine Entscheidung zwischen der Genauigkeit der Aussagen und dem noch möglichen Aufwand erforderlich wird. Wo diese Grenze liegt, läßt sich nur am konkreten Fall entscheiden.

In diesem Band werden die Kataloge MEDA, AKAB und SODIS vorgestellt, die insgesamt einen guten Überblick über die Art der Kriterien und ihre Aussagekraft geben.

Fricke setzt sich in Beitrag 3 eingehend mit dem Einsatz von Kriterienkatalogen zur Qualitätssicherung auseinander. Er warnt vor der unkritischen Erwartung, einige wenige aussagekräftige Kriterien könnten Programme mit hohem Lernerfolg identifizieren.

In der Regel wird jede Art von Software durch Experten evaluiert. Expertenevaluationen sind kostengünstig, haben eine hohe Effizienz, führen zu sofortigen und konkreten Problemlösungsvorschlägen, sind kurzfristig zu planen und schnell durchzuführen. Je nach dem eingesetzten Instrument handelt es sich um eine mehr oder weniger umfangreiche diagnostische Methode. Folgende Methoden der Produktevaluation durch Experten lassen sich unterscheiden (siehe Abbildung 3):

Methode	Beschreibung
Screening	Eine Auswahl von Bildschirmseiten wird nach vorgegebenen Kriterien beurteilt
Cognitive Walkthrough	Typische Aufgaben werden gelöst, um Probleme zu antizipieren
Heuristische Evaluation	Einzelne Dialogelemente werden nach Usability-Kriterien getestet
Cooperative Walkthrough	Ein Team (Entwickler, Designer etc.) testet die Software gemeinsam
Eigenschaftsinspektion	Die relevanten und benötigten Eigenschaften einer Software werden beurteilt

Abb. 3: Methoden der Produktevaluation durch Experten

2.4 Evaluationen auf höheren Ebenen

Bereits Kirkpatrick hat darauf hingewiesen, daß die Wirkungen von Weiterbildung auf den höheren Ebenen selten evaluiert werden. Die Wirkungszusammenhänge sind nur schwer zu bestimmen. Ob z.B. ein höherer Erfolg des Unternehmens auf eine Weiterbildung oder auf eine Reorganisation zurückzuführen ist, läßt sich nur schwer entscheiden. Er rät, sich bei der Evaluation der Wirkungen von Weiterbildung auf Hinweise zu beschränken, wenn Beweise nicht zu erreichen sind.

Noch schwieriger ist es, die Wirkung von Teilen der Weiterbildungsarchitektur, z.B. von Lernsoftware, zu evaluieren. Je komplexer die Lernarchitektur, um so schwieriger wird es sein, die Wirkung einer Weiterbildungsmaßnahme auf den Einsatz von Lerntechnologie oder gar eines Lernprogramms zurückzuführen. Dabei werden sich die Schwierigkeiten mit zunehmender Stufe erhöhen. Experten werden in der Lage sein, die Merkmale eines Lernprogramms (z.B. Qualität der Grafik) zu evaluieren. Lernende können sich zu dem geschriebenen/gesprochenen Text oder den Inhalten eines Lernprogramms äußern. Dagegen wird es ganz außerordentlich schwer sein, die Wirtschaftlichkeit des Einsatzes von Lernprogrammen in einer komplexen Lernarchitektur einzuschätzen. Evaluationen erfordern auf jeder Stufe sehr genau herausgearbeitete Fragestellungen und den Einsatz sorgfältig ausgewählter Evaluationsmethoden (siehe dazu die Ausführungen zum Prozeßmodell).

2.5 Erweiterungen des Qualitätsmodells

Kirkpatricks vier Ebenen und das hier vorgestellte Qualitätsmodell sind ausschließlich an den Interessen des Unternehmens orientiert. Dies ist bei der Return-on-Investment-Ebene unmittelbar deutlich. Hier interessiert die Wirtschaftlichkeit der Weiterbildung für das Unternehmen. Aber auch die Evaluation der Wirkungen auf allen anderen Ebenen ist in diesem Modell aus unternehmerischer Perspektive gesehen. Wenn die Akzeptanz der Weiterbildung ermittelt werden soll, so nicht, um die Interessen der Mitarbeiter eigenständig zu berücksichtigen, sondern aus der Überlegung, daß eine Weiterbildung nur dann Erfolg haben kann, wenn sie von den Mitarbeitern auch angenommen wird.

Tatsächlich aber haben auch die an der Weiterbildung teilnehmenden Mitarbeiter/innen ein eigenständiges Interesse an der Weiterbildung. Weiterbildung kann ihre beruflichen Aufstiegschancen im Betrieb erhöhen und ihnen langfristige berufliche Karrieren auf dem Arbeitsmarkt eröffnen. Sie kann sich aber auch auf eine kurze Anleitung zur Bewältigung einer begrenzten Arbeitsaufgabe beschränken. Überdies kann Wissen und Handlungskompetenz Selbstsicherheit fördern und die Freude an der Arbeit ermöglichen.

Aus dem Interesse der Mitarbeiter an der Erweiterung ihrer Kompetenzen beziehen neuere Konzepte einer Verlagerung der Weiterbildung in die Freizeit

der Beschäftigten ihre Rechtfertigung. Das Unternehmen finanziert die Weiterbildung, der Mitarbeiter gibt seine Freizeit. Beim web-based-training, das
Lerninhalte, tutorielle Unterstützung und Kommunikation in der Lerngruppe
nahezu an jedem Ort und zu jeder Zeit erlaubt, spielen diese Weiterbildungs-
strategien eine zunehmende Rolle. Es erschiene deshalb gerechtfertigt,
neben den unternehmerischen Interessen auch die Interessen der Teilnehmer
in einem Ebenenmodell dezidiert zu berücksichtigen.

Beim Übergang in die Informationsgesellschaft wird Weiterbildung zunehmend aus gesellschaftlicher Perspektive gesehen. Weiterbildung soll die re-
gionale Entwicklung fördern, die Arbeitslosigkeit verringern, die Wettbewerbs-
fähigkeit von Volkswirtschaften in der globalen Konkurrenz erhöhen.

Nicht nur die Weiterbildungsmaßnahme und die Dozenten, sondern auch
Lehrer, Professoren, Schulen und Universitäten werden zunehmend evaluiert
und es wird nach ihrem Beitrag zum Erfolg des Bildungssystems gefragt. Der
Staat fragt nach den Wirkungen eingesetzter Finanz- und Fördermittel. Auch
die Weiterbildung in Unternehmen wird zunehmend als ein gesellschaftlich
positiver Beitrag gesehen.

Häufig gewinnen derartige Evaluationen ihre Bedeutung und Brisanz aus wirtschaftlichen Gründen. Sei es, daß die Kosten der Weiterbildung zu hoch
erscheinen, die Ergebnisse nicht befriedigend sind oder der Vergleich mit
anderen Institutionen/Regionen ungünstig ausfällt. Auf dieser Ebene entstehen Fragen nach den Wirkungen im Bildungssystem und der Gesellschaft
und nach den möglichen Maßnahmen zur Erhöhung dieses Beitrags.

In sehr vielen Fällen können sich die Interessen des Unternehmens, der
Mitarbeiter und die der Gesellschaft decken. Dennoch erscheint es angebracht, Ebenenmodelle zu entwickeln, die sich dezidiert an den Problemlagen
der an der Weiterbildung teilnehmenden Personen und an den gesellschaftlichen Interessen orientieren. Diese Perspektive wird hier nur angedeutet, nicht
jedoch ausgefüllt.

3 Das Prozeßmodell

3.1 Prozeßmodelle bei der Entwicklung von Weiterbildungsmaßnahmen

Immer wenn ein Prozeß aus verschiedenen Teilstufen besteht, sehr unübersichtlich ist, hohe Kosten erfordert, arbeitsteilig durchgeführt wird, lange Zeit

andauert oder zu einem klar definierten Ergebnis führen muß, bietet es sich an, den Gesamtprozeß in einzelne Stufen zu gliedern und jede Stufe gesondert zu betrachten.

Insbesondere in der amerikanischen Literatur gibt es eine Vielzahl von pragmatischen Modellen, die den Prozeß der Entwicklung von Curricula und von Lernprogrammen in einzelne Phasen gliedern und Hilfen für jede Prozeßstufe anbieten. In der Regel beginnen diese Prozeßmodelle bei einer Analyse des Bedarfs und führen über die Planung, Entwicklung und Einführung bis zur Evaluation eines Curriculums bzw. einer Weiterbildungsmaßnahme.

Kirkpatrick gliedert z.B. die Entwicklung von Trainingsprogrammen in zehn Prozeßphasen, von denen die Evaluation der abschließende Teil ist:

1. Bedarfsanalyse

2. Zielsetzung

3. Bestimmung der Inhalte

4. Festlegung der Teilnehmer

5. Bestimmung des Zeitplanes

6. Auswahl angemessener Ausstattung

7. Auswahl des angemessenen Trainers

8. Auswahl und Vorbereitung audiovisueller Hilfen

9. Koordination der Weiterbildung

10. Evaluation der Weiterbildung

Auf jeder Stufe müssen die Problemlagen herausgearbeitet und methodische Hilfen zur Durchführung der einzelnen Prozeßstufen angeboten bzw. herangezogen werden. Dies gilt auch dann, wenn einzelne Entscheidungen offensichtlich erscheinen und keine Planungsprozesse erforderlich scheinen. Nur in Kenntnis der Probleme und der Möglichkeiten können Weiterbildungsmaßnahmen auf allen Stufen erfolgreich durchgeführt werden. Wenn eine Weiterbildung in allen Phasen sorgfältig geplant und durchgeführt wird, ist die Wahrscheinlichkeit groß, daß die Evaluation auch zu positiven Ergebnissen führt.

Tergan (vgl. Beitrag 1 in diesem Band) stellt in seinem Beitrag zu den Grundlagen der Evaluation ein Prozeßmodell vor. Er unterscheidet zwischen Evaluationen in der Entwicklungs- und Evaluationen in der Einsatzphase. Zu jeder dieser Phasen werden die Ziele, die Gegenstände und die Methoden dargestellt. In Verbindung mit den im dritten Abschnitt beschriebenen

Methoden der Evaluation werden die Zusammenhänge zwischen Evaluationsphasen und Evaluationsmethoden hergestellt.

Prozeßmodelle können als einfache Checklisten, aber auch als wichtige Hilfen für die Gewinnung tragender Fragestellungen oder methodischer Anregungen konzipiert werden. Sie können während des Entwicklungsprozesses einer Weiterbildungsmaßnahme oder während der Entwicklung eines Lernprogramms oder nach Abschluß der Entwicklung eingesetzt werden.

3.2 Prozeßmodell zur Evaluation von Lernprogrammen

Prozeßmodelle sind nicht allein für die Strukturierung einer gesamten Weiterbildungsmaßnahme sinnvoll. Auch Evaluationen können in Teilstufen gegliedert und prozessual betrachtet werden.

Basarap & Root (1994) haben ein derartiges Prozeßmodell für die Durchführung von Evaluationen vorgestellt. Es unterscheidet zwischen:

1. Planung,
2. Entwicklung von Evaluationsprozeduren,
3. Informationsbeschaffung,
4. Datenanalyse und
5. Bericht.

In leichter Abwandlung könnte der Prozeß der Evaluation in folgende fünf Phasen gegliedert werden (siehe Abbildung 4):

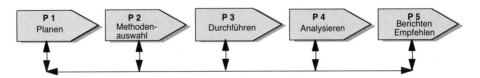

Abb. 4: Prozeßstufen der Evaluation

Die Evaluation von Weiterbildungsmaßnahmen und auch von Lernprogrammen kann während des Entwicklungsprozesses (formative Evaluation) oder nach Abschluß der Entwicklung (summative Evaluation) erfolgen.

Formative Evaluationen während der Entwicklung geben zeitnahe Informationen über den Entwicklungsprozeß und die bisher erreichten Ergebnisse. Richtig durchgeführt und genutzt, können sie zu einer ständigen Ver-

besserung der Prozesse und Ergebnisse, zu einer permanenten Qualitätssicherung führen.

Aber auch summative Evaluationen, die erst nach Abschluß einer Entwicklung einsetzen und das Ergebnis bewerten, haben große Bedeutung.
Zwar können sie Fehlentwicklungen nicht mehr korrigieren (es sei denn, ein
neuer Entwicklungszyklus setzt ein), Auftraggeber, Interessenten und Nach-
frager sowie fördernde Instanzen sind jedoch auf zusammenfassende Aussagen zur Qualität angewiesen. Sie erwarten ein Urteil über das fertige Produkt, z.B. ein Lernprogramm oder eine Weiterbildung.

Basarap & Root weisen darauf hin, daß nur auf Kirkpatricks Reaktions- und
Lernebenen formative Evaluationen durchgeführt werden können. Sobald die
Weiterbildungsmaßnahme aus einem Pilotbetrieb in den Normalbetrieb über-
gegangen ist, kann es nur noch summative Evaluationen geben. Eine formative Evaluation oder Qualitätssicherung bei einer bereits eingeführten Weiterbildungsmaßnahme ist nicht möglich, wohl aber können die Ergebnisse summativer Evaluationsberichte neue Entwicklungszyklen oder Verbesserungen
auslösen.

4 Das Evaluationsmodell

4.1 Information, Beratung und Kommunikation im Evaluationsmodell

Evaluationen leiden unter undeutlich formulierten Aufträgen, zu engen
Zeithorizonten, finanziellen und personellen Restriktionen und nicht ausreichenden Informationen über das zur Verfügung stehende Methodenrepertoire. Unter diesen Bedingungen hat man in der Vergangenheit nur zu häufig
auf eine sorgfältige Evaluation verzichtet. Die Ergebnisse kämen, so eine weit
verbreitete Ansicht, zu spät, seien nicht informativ, würden doch nichts ändern
und seien zu teuer. Wenn aber Weiterbildung als Wirtschaftsgut definiert wird,
so sind Evaluationen der Wirkungen, in welcher Form auch immer, unverzichtbar. Eine wirtschaftliche Betrachtung der Weiterbildung setzt eine Er-
folgsbewertung voraus.

Allerdings werden die Evaluationsziele nicht immer deutlich formuliert, die
Ausgangssituation nicht sorgfältig analysiert und die zur Verfügung stehenden Evaluationsmethoden nicht immer ausgeschöpft und oft nicht angemessen eingesetzt. Auch formulieren die Auftraggeber ihre Erwartungen nicht
nicht immer eindeutig und erhalten deshalb Ergebnisse, die informativer sein
könnten und/oder die ihren Erwartungen nicht entsprechen. Das in diesem
Abschnitt dargestellte Evaluationsmodell soll dazu beitragen, Evaluations-

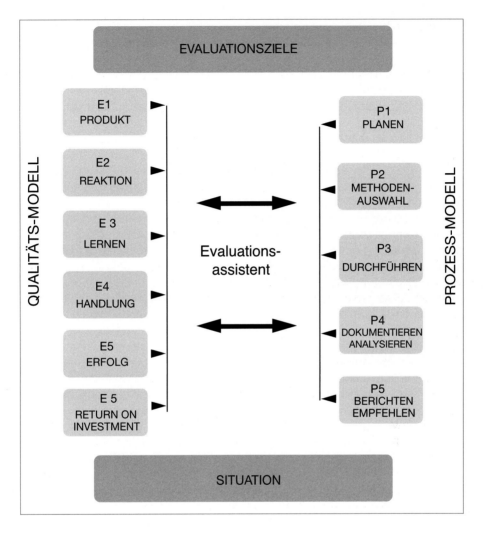

Abb. 5: Evaluationsmodell

defizite abzubauen und damit die Weiterbildung wirtschaftlicher zu gestalten und den Nutzen für die Teilnehmer zu erhöhen.

Wie in den voranstehenden Abschnitten dargelegt, durchläuft jede Evaluation mehr oder weniger explizit die Phasen der Planung, der Methodenauswahl, der Durchführung, der Analyse der Evaluationsinformationen und der bewertenden Zusammenfassung in einem Bericht. Und jede Evaluation wird auf einer der sechs Ebenen (Produkt, Reaktion der Lernenden, Lernen, Handlung, Erfolg und Return on Investment) stattfinden.

Es liegt nahe, das Qualitätsmodell mit seinen sechs Stufen und das Prozeßmodell mit seinen fünf Phasen in einem Evaluationsmodell zusammenzuführen (siehe Abbildung 5). Das Modell soll verdeutlichen, daß auf jeder Evaluationsebene die fünf Prozeßphasen durchlaufen werden. Aus einem umfassenden Methodenrepertoire können deshalb diejenigen Methoden zur Verfügung gestellt werden, die die Ausgangssituation analysieren, Zielformulierungen unterstützen, Datenerhebungen und Auswertungen erleichtern und zu einer übersichtlichen Darstellung der Ergebnisse führen.

Wenn es um eine erste Vorauswahl von Lernsoftware für einen privaten Käufer geht, könnte bereits ein sehr kurzer Kriterienkatalog ausreichend sein.

Für einen Großbetrieb wäre vielleicht eine methodische Unterstützung bei einer anspruchsvollen Evaluation auf wissenschaftlicher Grundlage notwendig, die die Wirkung der durchgeführten Integration von Multimedia in die Weiterbildung auf verschiedenen Ebenen evaluiert.

Angesichts der Unterschiede in den Zielen, den Ausgangssituationen, den Ressourcen und den Methoden könnte ein „Evaluationshandbuch" schnell unübersichtlich werden. Ein elektronisch gestütztes Hilfesystem für die Planung, Durchführung und Auswertung von Evaluationen könnte diese Defizite vermeiden, den Aufwand reduzieren und die Kompetenz der Evaluatoren erhöhen. In einem computergestützten Evaluationsmodell wäre es möglich, daß ein „Evaluationsassistent" auf der Grundlage situativer Ausgangsdaten und Evaluationsziele selbsttätig Fragen stellt, Informationen anbietet, Arbeitsblätter und Auswertungsbögen bereitstellt, Beispiele darlegt, Anregungen unterbreitet, Arbeitsschritte und Methoden vorschlägt und die Kommunikation unterstützt. Konzeptionell könnte ein derartiger Assistent als eine interaktive elektronische Evaluationshilfe, ähnlich den Hilfesystemen in Anwendungsprogrammen, gestaltet werden. Im Idealfall würde ein autodidaktischer Evaluator Schritt für Schritt durch die Evaluation geleitet werden, wobei ihm alle Informationen angeboten, jede Beratung zuteil und alle Kommunikationsmöglichkeiten eingeräumt würden, die er für die durchzuführende Evaluation benötigt. Aber bereits Teilangebote – wie z.B. Flußdiagramme, Entscheidungsvorschläge, wichtige Adressen – wären wertvoll. In jedem Falle würde jedoch der Evaluator auf der Grundlage der vom „Evaluationsassistenten" angebotenen Informationen über die Planung, Durchführung und Auswertung der Evaluation entscheiden.

Der Modellversuch „Evaluationsnetz: Information, Erfahrungsaustausch und Prozeßanleitung für die Qualitätsbewertung multimedialer Lernprogramme *(EVA)"* der Fachhochschule Brandenburg hat das Ziel, Informationen, Beratung und Kommunikationsangebote bereitzustellen, die bestehende Defizite bei der Evaluation von Lernsoftware verringern.

Evaluationsebene	Autor	Titel des Beitrags
E 1: Produktebene	R. Fricke	Qualitätsbeurteilung durch Kriterienkataloge
	A. Meier	MEDA und AKAB: Zwei Kriterienkataloge auf dem Prüfstand
	K. Korbmacher	Evaluation von Lernsoftware auf der Basis von SODIS
E 2: Reaktionsebene	G. Reinmann-Rothmeier & H. Mandl	Bedarfs- und implementationsorientierte Evaluation von Lernsoftware
E 3: Lernebene	G. Zimmer & E. Psaralidis	Der Lernerfolg bestimmt die Qualität einer Lernsoftware
	G. Reinmann-Rothmeier & H. Mandl	Bedarfs- und implementationsorientierte Evaluation von Lernsoftware
	H. Freibichler	Protokolle von Lernprozessen
E 4: Handlungsebene	G. Reinmann-Rothmeier & H. Mandl	Bedarfs- und implementationsorientierte Evaluation von Lernsoftware
	H. Mandl & G. Reinmann-Rothmeier	Vom Qualitätsbewußtsein über Selbstevaluation und maßgeschneidertes Vorgehen zur Transfersicherung
E 5: Erfolgsebene	–	–
E 6: Return-on-Investment-Ebene	–	–

Abb. 6: Zuordnung der Beiträge dieses Bandes zu Evaluationsebenen

Zentrales Modul des Evaluationsnetzes ist eine interaktive Arbeitshilfe (Evaluationsassistent), die dem Evaluator diejenigen Informationen anbietet, die er für seine Evaluation benötigt. Die interaktive Arbeitshilfe „E-Mod" wählt aus dem vorhandenen Methodenrepertoire einer umfassenden Datenbank situations- und zieladäquate Evaluationsmethoden aus und macht dem

Evaluator einen Vorschlag für die in der gegebenen Situation einzusetzende Methode. Das Angebot kann in einem konkreten und direkt anwendbaren Evaluationsvorschlag oder in einer interaktiven Evaluationshilfe, die den Evaluator Schritt für Schritt durch den Evaluationsprozeß leitet, bestehen.

Dazu gehören Fragen, um das Problembewußtsein des Evaluators zu fördern und die Bedingungen und Ziele der Evaluation zu klären, Hinweise auf wichtige Literatur, bereits durchgeführte Evaluationen, vergleichbare Projekte, Links zu relevanten Web-Sites, Hinweise auf Experten und die Erfahrungen anderer Evaluatoren.

4.2 Evaluationsmodelle in den Beiträgen dieses Bandes

Das oben dargelegte Evaluationsmodell vor Augen, ist es möglich, die in diesem Buch enthaltenen grundlagenorientierten Beiträge und die durchgeführten Evaluationen den Ebenen zuzuordnen, auf die sie sich überwiegend beziehen (siehe Abb. 6). Die beiden Beiträge von Tergan beziehen sich auf die Ebenen 1–5.

Wer Evaluationen plant oder durchführt, wird mit Hilfe dieser Übersicht auf Methoden verwiesen, die direkt oder modifiziert eingesetzt werden können und die Evaluation erleichtern.

Literatur

Basarap, D.J. & Root, D.K. (1994). The Training Evaluation Process. Boston: Kluwer.

Freibichler, H., Mönch, Chr. T. & Schenkel, P. (1991). Computergestützte Aus- und Weiterbildung in der Warenwirtschaft. Band 2 der Reihe Multimediales Lernen in der Berufsbildung, Nürnberg: BW Bildung und Wissen.

Fricke, R. (1989). Untersuchungen zur Lerneffektivität. Wissenschaftliche Begleitung des Feldversuches des Bundesministers für das Post-und Fernmeldewesen zur Einführug des computergestützten Unterrichts. Bericht der Forschungsgrupe Braunschweig: Seminar für Pädagogik der TU Braunschweig.

Kirkpatrick, D.L. (1994). Evaluating Training Programs. The Four Levels. San Francisco: Berrett-Koehler.

Maurus, A. & Brater, M. (1995). Evaluationskonzept im Modellversuch IKTH – Informations- und Kommunikationstechniken im Handwerk. In: P. Schenkel & H. Holz (Hrsg.), Evaluation multimedialer Lernprogramme und Lernkonzepte. Berichte aus der Berufsbildungspraxis (S. 57–72). Nürnberg: BW Bildung und Wissen.

Maurus, A. & Brater, M. (1997). Über einige Grenzen multimedialen Lernens – Erfahrungen mit dem Modellversuch „IKTH". In: *Berufsbildung in Wissenschaft und Praxis (BWP)*, 26/1997. S. 36–41.

Reiner Fricke

Qualitätsbeurteilung durch Kriterienkataloge

Auf der Suche nach validen
Vorhersagemodellen

1 Einleitung

Qualitativ „gute" Lernsoftware sollte im Vergleich zu „herkömmlichen" Lernformen zumindest gleiche oder höhere Lerneffekte aufweisen. Ob diese ge-
wünschte Lerneffektivität tatsächlich vorliegt, läßt sich jedoch nur empirisch mittels gründlicher Evaluationsstudien unter Verwendung ausgewählter Lerner-
gruppen nachprüfen. Da dieses für den Praktiker, der täglich über den Einsatz
neuer Lernprogramme zu entscheiden hat, zu aufwendig und damit kaum
praktikabel ist, wird versucht, die Evaluationsstudie durch die Verwendung
von Qualitätskriterien zu ersetzen. Qualitätskriterien sind dabei allgemeine
Merkmale einer Lernsoftware, deren Lernwirksamkeit in einer Validitätsstudie
wissenschaftlich nachgewiesen wurden. Den Begriff „Qualitätskriterium" verwendet man in der Praxis allerdings schon dann, wenn lediglich Vermutungen
über die Lernwirksamkeit eines Programmmerkmals vorliegen. Qualitätskriterien sind somit entweder valide Merkmale einer Lernsoftware oder solche
Merkmale, von denen man aufgrund Erfahrung, plausibler Schlüsse etc. vermutet, daß sie das Lernen positiv beeinflussen, d.h. valide sind. Leider über-
wiegen in den bekannten Katalogen (vgl. Meier 1995) empirisch nicht überprüfte Kriterien hauptsächlich aus dem Bereich „Gestaltung der Bildschirm-
oberflächen" und „Technik des Programmablaufs". Seltener anzutreffen sind
dagegen aus Lehr-Lerntheorien abgeleitete didaktische Kriterien.

Der Wunsch des Praktikers nach einer schnellen Inspektion eines Lernprogramms mittels einer Liste von Qualitätskriterien anstelle einer empirischen Überprüfung ist verständlich. Der Wissenschaftler wird wiederum bezweifeln, ob es überhaupt valide Merkmale gibt, d.h. Merkmale, die unabhängig vom Lehrstoff, der Personengruppe und der Lernumgebung immer in gleicher Weise lernwirksam sind. Er wird argumentieren, daß aus wissenschaftli-

cher Sicht folgende Argumente gegen die Verwendung von Kriterienkatalogen sprechen:

- mangelnde Beurteilerübereinstimmung bei der Quantifizierung von Qualitätskriterien,
- geringe praktische Signifikanz der Qualitätskriterien,
- differentielle Methodeneffekte bei Qualitätskriterien,
- Nichtberücksichtigung des Verwertungszusammenhanges einer Bildungssoftware.

2 Argumente gegen die Verwendung von Kriterienkatalogen

2.1 Mangelnde Beurteilerübereinstimmung bei der Quantifizierung von Qualitätskriterien

Ein Merkmal eines Lernprogramms wird dann als valide, d.h. als lernwirksam, angesehen, wenn zumindest eine Korrelation zwischen dem Ausprägungsgrad des Merkmals und dem Lernergebnis vorhanden ist. Die Validität eines Merkmals reduziert sich jedoch dann, wenn die Messung der Merkmale unzuverlässig ist. Mangelnde Zuverlässigkeit kommt u.a. dadurch zustande, daß die Beurteilerübereinstimmung bei der Quantifizierung von Qualitätsmerkmalen, d.h. die Objektivität, zu gering ist. Hierfür ein Beispiel:

Zur Vorbereitung eines vom Verfasser organisierten Arbeitstreffens über Qualitätskriterien im Bildungswesen der Volkswagen AG am 22.4.1994 wurden sechs Experten aus verschiedenen Unternehmen gebeten, das Programm „Teams erfolgreich führen" der Firma NETG Applied Learning GmbH anhand des Instrumentes MEDA (Gräber 1990; Meier 1995) zu bewerten. Die Experten hatten das Lernprogramm in ihrem Betrieb zur Verfügung und konnten ohne Zeitnot vorher das Programm begutachten. Das Lernprogramm mußte mittels 20 verschiedener Hauptkriterien bewertet werden, die wir aus dem Instrument MEDA vorher ausgewählt hatten, wie z.B. „Voraussetzungen", „Lehrstrategien", „Lernertätigkeiten" oder „Bildschirmwiedergabe". Jedes Kriterium mußte in bezug auf das vorliegende Lernprogramm als „hinreichend" bzw. als „nicht hinreichend" beurteilt werden. Zusätzlich mußte jedes Kriterium als primäres oder als sekundäres Kriterium bewertet werden.

Es stellte sich zunächst heraus, daß die sechs Experten die 20 von uns ausgewählten Hauptkriterien nicht immer einheitlich als primäres bzw. sekundäres Kriterium einstuften. Bei sieben Kriterien, z.B. bei den Kriterien „Rolle der Lernenden" oder „Raumaufteilung auf dem Monitor", lag die Übereinstimmung der Experten unter 80%, einem Wert, den die APA (American Psychological Association) als Mindestwert empfiehlt.

Ob die 20 Hauptkriterien bei diesem Lernprogramm hinreichend gegeben waren, darüber waren sich die Experten auch nicht immer einig. Bei ebenfalls sieben Kriterien ergab sich eine nicht ausreichende Beurteilerübereinstimmung von unter 80%, z.B. bei den Kriterien „Lehrstrategien", „Lernertätigkeit", Interaktivität" oder „Rolle der Lernenden".

Jedes Hauptkriterium mußte weiterhin mittels einer Reihe von Ja-Nein-Fragen beurteilt werden. Bei 33% aller Einzelfragen ergab sich eine unzureichende Beurteilerübereinstimmung, z.B. bei den Fragen „Kann der Lerner die Anzahl der vorgegebenen Beispiele ändern?" oder „Kann der Anwender den Ablauf des Lernprogramms anhalten und das Programm verlassen, wann er will?".

Es ist selbstverständlich, daß derartige Kriterien bzw. Merkmale eines Lernprogramms, die nicht objektiv gemessen werden können, auch die Zuverlässigkeit der Messung reduzieren, denn Objektivität ist ein Teilaspekt der Zuverlässigkeit. Mangelnde Zuverlässigkeit reduziert wiederum die Validität, z.B. die prognostische Validität der ausgewählten Merkmale. „Wer auf Objektivität verzichtet, gibt auch Zuverlässigkeit und Gültigkeit auf" (Ingenkamp 1995, S. 37). In welchem Ausmaß die prognostische Validität eines Qualitätsmerkmals durch mangelnde Zuverlässigkeit dieses Merkmals und durch mangelnde Zuverlässigkeit des vorherzusagenden Lernergebnisses reduziert wird, verdeutlichen die Formeln zur Minderungskorrektur (Lienert 1961, S. 290 ff.). Nach Anwendung dieser Formeln wird sich die prognostische Validität der nicht objektiv meßbaren Programmerkmale drastisch reduzieren, weshalb diese Merkmale dann als Vorhersagekriterien nicht mehr brauchbar sind und somit nicht mehr als Qualitätskriterium bezeichnet werden können.

2.2 Geringe praktische Signifikanz der Qualitätskriterien

Unabhängig vom Problem mangelnder Objektivitäts- und Zuverlässigkeitsmaße einzelner Merkmale wird man auf der Suche nach lernwirksamen Kriterien feststellen müssen, daß die Höhe der Korrelation zwischen Ausprägungsgrad des Qualitätskriteriums und dem Lernerfolg in der Regel sehr gering ist. Der Korrelationskoeffizient mag statistisch signifikant, d.h. von Null verschieden sein, wegen seiner geringen Höhe weist er jedoch eine geringe praktische Signifikanz und damit eine geringe Bedeutsamkeit für die Praxis auf. Dies ist verständlich, da der Lernerfolg des Programms nicht nur von diesem einen Kriterium, sondern von einer Reihe von Kriterien und den Wechselwirkungen dieser Kriterien abhängig ist. Der prozentuale Anteil eines einzelnen Kriteriums am Gesamtlernerfolg kann also nur sehr gering sein.

Weiterhin hat man in der Lehrmethodenforschung folgendes paradoxe Ergebnis erhalten: Niedriginferente Merkmale, d.h. die Merkmale, die besonders gut operationalisierbar sind und damit eine hohe Meßgenauigkeit (Zuverlässigkeit/Beurteilerübereinstimmung) aufweisen und somit die notwendige Voraussetzung für ausreichende Validitäten mitbringen, weisen in der Regel nur geringe Validitäten (Korrelation zum Lernergebnis) auf. Mit hochinferenten Variablen, meistens quantifiziert durch Einschätzskalen, beispielsweise mit dem hochinferenten Lehrermerkmal „Enthusiasmus", konnte der Lernerfolg der Schüler besser vorhergesagt werden. Trotz der allgemein bekannten geringeren Beurteilerübereinstimmung bei der Verwendung von Ratingskalen ergaben sich für das hochinferente Merkmal „Lehrerenthusiasmus" im Vergleich zu gut operationalisierbaren niedriginferenten Variablen höhere Vorhersagekoeffizienten und damit höhere Validitäten (Rosenshine & Furst, 1971; Fricke, 1978).

Dieses Ergebnis führt uns die Wichtigkeit von erklärenden Lehr-Lerntheorien vor Augen. Bestimmte hypothetische Konstrukte wie z.B. Enthusiasmus haben offensichtlich unterschiedliche und qualitativ andere Erklärungswerte als gut meßbare Merkmale aufzuweisen. Da empirisch überprüfte Lehr-Lerntheorien das Verhalten der Lerner mit möglichst wenigen Konstrukten vorhersagen und weiterhin hochinferente Konstrukte durch eine Reihe leicht meßbarer Merkmale operationalisieren können, geben sie einen brauchbaren Leitfaden auf der Suche nach validen Qualitätsmerkmalen ab. Nur durch Rückbesinnung auf diese erklärenden Theorien kann die unbefriedigende Zusammenstellung von Merkmalen mit augenscheinlicher, aber unbewiesener Validität (face validity) zu sog. „Qualitätskriterien" vermieden werden. Wenn jedoch nicht bekannt ist oder wenn keine Hypothesen darüber vorliegen, wie der Lehr-Lernprozeß beim Arbeiten mit Lernsoftware funktioniert, führt die Suche nach Qualitätskriterien leicht zu einer unstrukturierten Anhäufung von niedrig- und hochinferenten Merkmalen.

2.3 Differentielle Methodeneffekte bei Qualitätskriterien

Aus der Lehrmethodenforschung ist bekannt, daß die Effektivität einer Lehrmethode je nach verschiedenen Rahmenbedingungen (Lehrstoff, Personengruppe, Lernumgebung usw.) in der Regel sehr unterschiedlich ist. Cronbach & Snow (1977) sprechen von differentiellen Methodeneffekten. Das Prinzip differentieller Lerneffekte läßt sich auch auf die Merkmale eines Lernprogramms übertragen und empirisch nachweisen.

Hilfreich für das Verständnis von differentiellen Methodeneffekten ist das in Abbildung 1 dargestellte Paradigma zur Konstruktion und Evaluation von multimedialen Lehr-Lernumgebungen, das nach den Vorschlägen von Reigeluth (1983, S. 22) und Fricke (1991, S. 15) entwickelt wurde (vgl. Fricke 1995, S. 405).

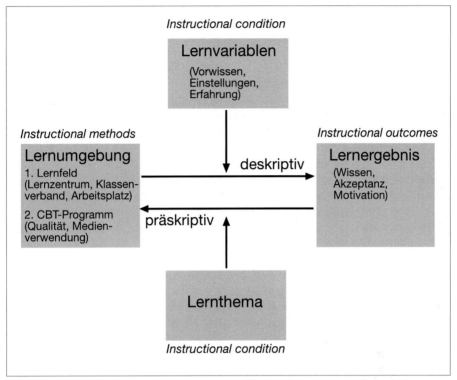

Abb. 1: Paradigma zur Konstruktion und Evaluation multimedialer Lehr-Lernumgebungen (vgl. Fricke 1995, S. 405).

Das Paradigma unterscheidet insgesamt vier Hauptfaktoren, die bei der Evaluation und Konstruktion von Lernsoftware zu berücksichtigen sind:

1. die multimediale Lehr-Lernumgebung

2. die Lernervariablen (der Lerner)

3. das Lernthema (der Lehrstoff)

4. das Lernergebnis

Beim präskriptiven Ansatz sind die Variablen Lernergebnis, Lehrstoff und Lerner die unabhängigen Eingangsvariablen, die Lehr-Lernumgebung resultiert als davon abhängige Variable. Dieser Konstruktionsprozeß, auch als Instruktionsdesign bezeichnet, sollte nach Reigeluth (1983) (siehe auch

Schott, Beitrag 5) auf allen Stufen des Instruktionsdesigns evaluiert werden. Die Qualität des konstruktionsbegleitenden Evaluationsprozesses kann selbstverständlich durch die Verwendung von Kriterienkatalogen erhöht werden. Diese Kriterienkataloge haben mehr die Funktion einer Richtlinie und wachen darüber, daß der Konstruktions-/Evaluationsprozeß entsprechend dem Instruktionsdesign abläuft.

Die Bedeutung des Begriffs „Kriterienkatalog" wird jedoch eher mit dem deskriptiven Forschungsansatz verbunden, dem Paradigma, das der traditionellen Lehrmethoden- bzw. Medienwirkungsforschung zugrunde liegt. Hier fungieren die Variablen 1 bis 3 als unabhängige und die Variable 4, das Lernergebnis, als abhängige Variable. Erforscht bzw. evaluiert werden bei diesem Ansatz lernwirksame Methoden (Lehr-Lernumgebungen, Lernprogramme etc.) bzw. lernwirksame Merkmale dieser Methoden. Ein Kriterienkatalog ist in diesem und hier verstandenen Sinne eine Zusammenstellung von solchen Merkmalen einer Lehr-Lernumgebung, die lernwirksam und gleichzeitig allgemeingültig sind. Ziel dieser Kataloge ist die Vorhersage der Lernwirksamkeit neuer Programme durch einen Vergleich der Lernprogrammerkmale mit den Merkmalen des Kriterienkataloges.

Die Erwartung stabiler Zusammenhänge zwischen Merkmalen der Lehr-Lernumgebung und dem Lernergebnis als Grundlage für die Konstruktion von Krierienkatalogen wird allerdings durch das Vorhandensein differentieller Methodeneffekte getrübt. Selbst wenn die Variablen 2 und 3 fehlen würden, hätten wir keine konstanten Zusamenhänge zu erwarten, da Merkmale der Lernumgebung untereinander in Wechselwirkung treten können. Die prognostischen Validitäten der Lernumgebungsmerkmale würden sich somit je nach Merkmalskonstellation der Lernumgebung ändern.

Durch die weitere Einbeziehung unterschiedlicher Lernervariablen und unterschiedlicher Lehrstoffe werden die Lernwirksamkeitskoeffizienten noch weiter modifiziert. Je nach Art des Lehrstoffs und nach Art der Lernervariable kann es zu unterschiedlichen Auswirkungen auf das Lernergebnis kommen.

Folgende Untersuchungsergebnisse für differentielle Methodeneffekte im Zusammenhang mit der Evaluation von Multimedia-Programmen lassen sich anführen:

– Jung (1994) fand, daß in einem Lernprogramm zur Schulung der Software WORD eingesetzte Videofilme zwar allgemein die Akzeptanz erhöhen, aber nur dann Lernwirksamkeit aufweisen, wenn sehr komplexe Befehlsabfolgen zu lernen sind (Wechselwirkung „Lernumgebung x Lehrstoff").

– In der Studie zur Effektivität von Lernprogrammen der Deutschen Bundespost (Fricke, 1989) ergaben sich größere Lerneffekte bei positiverer Einstellung zum Computer und geringere Lerneffekte bei zunehmendem Alter der Lerner (Wechselwirkung „Lernervariablen x Lehrstoff").

– Das Merkmal „Verwendung eines Videofilms" zeigte beispielsweise unterschiedliche Effekte in unterschiedlichen Lernprogrammen und bei unterschiedlichen Lehrstoffen. In den Studien von Fricke (1989) und Meier & Baratelli (1991) zeigte sich, daß der Einsatz eines Videofilms nur dann effektiv ist, wenn die Inhalte des Videofilms vom Lernprogramm nach dem Betrachten des Films nochmals aufgegriffen werden (Wechselwirkung „Merkmal 1 einer Lernumgebung x Merkmal 2 einer Lernumgebung").

Die aufgeführten Beispiele zu differentiellen Methodeneffekten verdeutlichen, daß die Bewertung einer Bildungssoftware nur aus ganzheitlicher Sicht erfolgen kann, einer Sichtweise, die gleichzeitig die wesentlichen Faktoren für den Erfolg einer Bildungssoftware berücksichtigt. Auf diesen Punkt hat Schott (siehe Beitrag 5) mit dem aus dem UCIT-Modell abgeleiteten Dresdner Ei und dem Bewertungsinstrument ELISE hingewiesen. Diese Sichtweise beinhaltet selbstverständlich auch die Berücksichtigung sämtlicher Wechselwirkungen der im Modell vorhandenen Faktoren.

Ebenso wie es niemals „die" Effektivität eines Lernprogramms geben kann (vgl. Fricke 1991), wird es auch nicht „die" Validität eines einzelnen Programmerkmals geben. Diese Merkmale werden je nach Rahmenbedingung unterschiedliche Validitäten aufweisen, was zur Folge hat, daß ein Merkmal einer Lernsoftware in dem einen Fall ein Qualitätskriterium sein kann und in einem anderen Fall nicht.

2.4 Nichtberücksichtigung des Verwertungszusammenhanges einer Bildungssoftware

Qualitätskriterien können etwas über die Effektivität und Qualität einer Lernsoftware aussagen, sie können jedoch nicht allein über den betrieblichen Einsatz eines Programms entscheiden. Denkbar sind beispielsweise Lernprogramme, die gegenüber einer herkömmlichen Schulung keinen größeren Lernzuwachs aufzuweisen haben, die aber deshalb eingesetzt werden, weil sie eine kostensparende dezentrale Ausbildung ermöglichen.

Diesen Tatbestand konnte z.B. Brinker (1991) in ihrer Studie zur Effektivität und Effizienz von computer- und videounterstützten Trainingsprogrammen für Manager nachweisen: Trotz gleicher Lerneffekte bei herkömmlichen und computerunterstützten Vorbereitungskursen führte das neue Programm zu anderen Organisationen des Lehr-Lernprozesses und damit zu Kosteneinsparungen für den Betrieb.

Dies bedeutet, daß je nach Einsatzfeld bzw. Verwertungszusammenhang der Bildungssoftware die prognostischen Validitäten der einzelnen „Qualitätsmerkmale" zusätzlich variieren. Es handelt sich in diesem Fall um eine weitere Wechselwirkung, die dadurch entsteht, daß die unabhängige Variable „Lernergebnis" durch eine Liste weiterer betriebsrelevanter Variablen (Kosten, Lerntransfer, Betriebsorganisation und Betriebsklima) erweitert wird.

Durch die zusätzliche Berücksichtigung des speziellen Einsatzfalles einer Bildungssoftware und die von Betrieb zu Betrieb unterschiedlichen Kosten-Nutzen-Analysen verändern sich die prognostischen Validitäten der Programmerkmale weiterhin, und es ist unwahrscheinlich, daß bei Berücksichtigung aller dieser Wechselwirkungen konstant hochlernwirksame Merkmale übrigbleiben, die sich zu einem Kriterienkatalog von Qualitätsmerkmalen zusammenfassen lassen.

2.5 Fazit und Ausblick

Von den aufgeführten Argumenten, die gegen die Verwendung von Qualitätskriterien sprechen, ist das der mangelnden Beurteilerübereinstimmung weniger gravierend, denn die Beurteilerübereinstimmung läßt sich wie auch bei anderen Beurteilungsinstrumenten, z.B. in der Unterrichtsforschung beim Training des Beobachtungssystems nach Flanders (1970), durch ein gezieltes Beurteilertraining erhöhen.

Auch dem Argument, daß unterschiedliche Kosten-Nutzen-Analysen in verschiedenen Betrieben durchgeführt werden, könnte man begegnen, indem man die für eine bestimmte Outputvariable verantwortlichen Qualitätsmerkmale genauso gewichtet wie die betreffende Outputvariable in der betrieblichen Kosten-Nutzen-Analysen gewichtet wird. Entsprechende Gewichtungen unterschiedlicher Outputvariablen (Lernerfolg, Motivation/Einstellung zum Lerngegenstand etc.) haben beispielsweise Fletcher, Hawley & Piele (1990) in ihren Kosten-Nutzen-Analysen zum Vergleich des herkömmlichen und des computerunterstützten Mathematikunterrichts durchgeführt. Hierzu mußten Experten Schätzungen abgeben.

Die restlichen Argumente gegen die Verwendung von Kriterienkatalogen sind dagegen schwerwiegend, da erstens das Wissen über alle erforderlichen Wechselwirkungen noch zu gering ist und zweitens unbekannt ist, welche von den ausgewählten (d.h. statistisch signifikanten) Qualitätsmerkmalen auch eine praktische Signifikanz besitzen.

Wegen des noch nicht ausreichenden theoretischen und empirischen Forschungsstandes im Bereich des Lernens mit neuen Medien und der somit geringen Möglichkeit, valide Qualitätskriterien aufzustellen, ergeben sich für den Wissenschaftler und den Praktiker unterschiedliche Aufgaben bzw. Probleme:

Für den Wissenschaftler stellt sich das Problem, wie neue Lehr-Lerntheorien für das Arbeiten mit Bildungssoftware zu entwickeln und zu überprüfen sind; für den Praktiker stellt sich das Problem, wie er angesichts der Unvollständigkeiten wissenschaftlicher Erkenntnis handeln soll.

Das Problem ist genereller Art und nicht neu. Die jetzige Diskussion um Qualitätskriterien erinnert an die in der empirischen Unterrichtsforschung schon vor einigen Jahren geführte Diskussion um den „idealen Lehrer". Im Zusammenhang mit der Entwicklung eines Lehr-Lernmodell beschäftigte sich beispielsweise Stolurow (1965) mit der Frage „Model the master teacher or master the teaching model", und Gage (1979) versuchte, die praktische Frage „Unterrichten – Kunst oder Wissenschaft?" zu beantworten. Da die damals geführte Diskussion auch fruchtbar für das heutige Bemühen um Qualitätskriterien und eine „ideale Lernsoftware" ist, soll sie im folgenden ausführlicher dargestellt werden.

3 Anregungen aus der Lehrmethoden-Forschung

3.1 Auf der Suche nach validen Vorhersagemodellen

Stolurow (1965) stellte auf der Suche nach optimalen Lehr-Lernmethoden mit dem Wortspiel „Model the master teacher or master the teaching model" die Frage des wissenschaftlichen Vorgehens: Soll man einem Meisterlehrer nacheifern, oder soll man versuchen, sein eigenes Lehr-Lernmodell zu beherrschen? Im ersten Fall würde man die Existenz eines optimalen/idealen unterrichtlichen Vorgehens behaupten, und die Wissenschaft hätte dann die Aufgabe, durch Unterrichtsbeobachtung die Merkmale dieser „idealen" Lehrer herauszufinden. Diesen passiven Ansatz hält Stolurow für sehr unbrauchbar, da erstens Unterrichtsverhalten von verschiedenen Beobachtern sehr unterschiedlich beurteilt wird, man zweitens häufiger ineffektive als effektive Lehrer antreffen wird und drittens auch „Meisterlehrer" ineffektive Verhaltensweisen zeigen können. Er plädiert deshalb für den zweiten, d.h. den aktiven Ansatz, bei dem der Anwender, der sich um eine Verbesserung der Unterrichtspraxis bemühen möchte, nicht darauf warten muß, bis die Wissenschaft alle Kriterien eines idealen Lehrers herausgefunden hat. Stolurow ruft statt dessen dazu auf, von selbstentwickelten Lehr-Lernmodellen auszugehen und zu versuchen, sie fortlaufend besser zu beherrschen. Dieser aktive Ansatz bedeutet ein fortlaufendes empirisches Überprüfen und Verbessern der zugrundeliegenden Unterrichtstheorie und führt letztendlich dahin, daß die Übereinstimmung zwischen Theorie und praktischem Handeln immer größer wird.

Übertragen auf die heutige Diskussion um ideale Lernsoftware und deren Qualitätskriterien, würde Stolurow heute formulieren: „Model the master instructor or master the instruction model?", und er würde sich auch hier für den aktiven Ansatz entscheiden. Für die Diskussion um Qualitätskriterien bedeutet dies konkret, daß nicht starre Kataloge mit festen Qualitätskriterien ausschlaggebend sein dürfen, sondern nur die individuellen Lehr-Lernmodelle, die man bei einem bestimmten Lehrstoff für bestimmte Lerner entwickelt hat. Aus diesen Modellen sind dann individuelle Kriterienkataloge abzuleiten. Da mitunter verschiedene gleichberechtigte Lehr-Lernmodelle entwickelt werden können, lassen sich auch unterschiedliche Kriterienkataloge theoretisch begründen. Diese können sich auch mit wachsendem Erkenntnisfortschritt verändern.

Für das praktische Arbeiten mit Kriterienkatalogen folgt aus diesem Ansatz die Forderung, nicht relativ blind sogenannten „wissenschaftlich abgesegneten" Kriterienkatalogen zu vertrauen und sie in mehr oder weniger passiver Weise einzusetzen, sondern zunächst die vorgegebenen Lehrziele/Lehrstoffe, die schon vorhandenen Fähigkeiten der zukünftigen Adressaten und die Lernumgebungen genau zu analysieren, Hypothesen über den Lernprozeß aufzustellen und in aktiver Weise sich Gedanken darüber zu machen, wie die Lernsoftware beschaffen sein muß, damit der Lernprozeß wie gewünscht ablaufen kann.

3.2 Zum praktischen Umgang mit validen Vorhersagemodellen

Eine zweite Anregung aus der Lehrmethodenforschung ergibt sich aus den Überlegungen von Gage (1979) zu der Frage, ob Unterrichten eher eine (angeborene) Kunst oder eine erlernbare, durch Wissenschaft begründbare Technik sei. Er nimmt in dieser Frage eine Mittelposition ein:

Einerseits hält er ein wissenschaftliches Fundament für die Unterrichtspraxis und damit ein Ausgehen von wissenschaftlich überprüften Vorhersagemodellen für unbedingt notwendig, andererseits sieht er in der Unterrichtstätigkeit viele künstlerische Elemente, insbesondere beim Fehlen wissenschaftlich gesicherter Handlungsempfehlungen. Unterrichten ist ein Prozeß,

„... der Intuition, Kreativität, Improvisation und Mitteilungsfähigkeit verlangt, ein Prozeß, der Raum läßt für ein Abweichen von den durch Regeln, Formeln und festgelegte Prozeduren vorgegebenen Schemata" (Gage 1979, S. 3).

Formeln und Regeln, d.h. Erkenntnisse aus empirisch überprüften Instruktionsmodellen, sind zwar wichtig, aber man muß auch wissen, wann man diese Formeln vergessen muß:

„Als Lehrer müssen Sie wissen, wann Sie Ihre Formeln vergessen können; aber Sie müssen sie erst gelernt haben, ehe Sie sie vergessen können" (Gage 1979, S. 11).

Für Gage stellt sich somit die Frage des Umgangs mit wissenschaftlichen Unterrichtsmodellen bzw. Vorhersagemodellen. Besteht Unterrichten daraus, daß Vorhersagemodelle strikt angewandt und befolgt werden (Unterrichten als Wissenschaft), daß diese Modelle nicht befolgt werden (Unterrichten als Kunst) oder daß ein individueller Umgang mit Vorhersagemodellen gewählt wird (Wissenschaft als Fundament für die Unterrichtskunst)? Aus den genannten Gründen entscheidet sich Gage für den Mittelweg.

4 Konsequenzen für die Erforschung und Verwendung von Qualitätskriterien

Welche Konsequenzen lassen sich aus den Ansätzen von Gage und Stolurow für die heutige Diskussion um Qualitätskriterien von Lernsoftware ziehen?

Anregungen ergeben sich sowohl für den Wissenschaftler, der Vorhersagemodelle konstruiert und validiert und daraus Qualitätskriterien ableitet, als auch den Praktiker, der im Einzelfall auch dann über den Einsatz einer Lernsoftware entscheiden muß, wenn valide Vorhersagemodelle fehlen oder unvollständig sind.

Abbildung 2 verdeutlicht zunächst, daß der Prozeß der Konstruktion von Vorhersagemodellen ein aktiver Prozeß sein muß, bei dem nicht nur Wissenschaftler, sondern auch Praktiker eigene Vorstellungen über den Lernprozeß anzustellen und zu überprüfen haben. Durch die passive Beobachtung und Analyse von erfolgreichen Lernprogrammen wird man wie in der bisherigen Lehrmethodenforschung nicht weiterkommen. Für den Praktiker sind die Überlegungen von Stolurow auch als Appell aufzufassen, Kriterienkataloge nicht blindlings zu übernehmen, sondern sie zunächst daraufhin zu überprüfen, ob sie von ähnlichen Instruktionstheorien ausgehen, denn maßgebend können nur die Instruktionstheorien des Bewerters/Anwenders sein und nicht die implizit in Kriterienkatalogen enthaltenen theoretischen Vorstellungen über Lehr-Lernprozesse. Kriterienkataloge können den von Stolurow als „Mythos der einen Methode" bezeichneten Glauben an eine einzige richtige Methode befördern. Der „master the teaching model"-Ansatz hat dagegen

	A. Verwendung von Vorhersagemodellen		
	1. Exaktes Befolgen	2. Individueller Umgang	3. Nichtbefolgen
B. Konstruktion von Vorhersagemodellen	Instruktion als Wissenschaft	Wissenschaft als Fundament für die Instruktionskunst	Instruktion als Kunst
1. aktive Konstruktion: (Master the instruction model)	–	+	–
2. passive Konstruktion: (Model the master instructor)	–	–	–

Abb. 2: Zur Konstruktion und Verwendung von Vorhersagemodellen als Grundlage von Qualitätskriterien

den Vorteil der Flexibilität, indem er mehrere Modelle gleichberechtigt zuläßt und die Veränderbarkeit dieser Modelle nicht ausschließt.

Für den Umgang mit Vorhersagemodellen und den daraus abgeleiteten Qualitätskriterien lassen sich entsprechend den Überlegungen von Gage weitere Empfehlungen ableiten: Nicht alle Qualitätskriterien müssen exakt angewandt werden. Derjenige, der für den Einsatz und die Qualitätsprüfung von Lernprogrammen verantwortlich ist, muß die Freiheit haben, entsprechend unterschiedlichen Einsatzmöglichkeiten des Lernprogramms verschiedene Qualitätskriterien unterschiedlich zu gewichten. Möglich ist dies beispielsweise im Bewertungsinstrument MEDA von Gräber (1990), bei dem man zunächst die zu verwendenden Kriterien selbst auswählt und dann entweder als primäres oder als sekundäres Kriterium bewertet.

Durch Anwendung des MEDA-Instruments wird der Anwender zusätzlich gezwungen, sich Gedanken über die anzustrebenden Lehrziele (Lernergebnisse) zu machen und die evtl. dafür verantwortlichen Qualitätskriterien auszuwählen. Das MEDA-Instrument leitet somit in eine andere Gruppe von Kriterienkatalogen über. Damit meinen wir Kriterienkataloge nicht im Sinne einer Sammlung von lernwirksamen Programmerkmalen, sondern als eine Liste von Empfehlungen zur

– evaluationsbegleitenden Konstruktion von Lehr-Lernumgebungen im Sinne von Reigeluth (1983) oder zur

– nachträglichen Evaluation des Konstruktionsprozesses im Sinne des Dresdner Eies von Schott, Sachse, Krien & Schubert (s. Beiträge 5 und 10).

Derart definierte Kriterienkataloge sind eher dazu geeignet, die Qualität einer multimedialen Lehr-Lernumgebung bzw. einer Bildungssoftware zu garantieren. Herkömmliche Kataloge im Sinne einer Zusammenstellung von angeblich lernwirksamen Merkmalen sind jedoch dann abzulehnen, wenn sie lediglich als (kostengünstiger) Ersatz für empirische Lernwirksamkeitsstudien angesehen werden. Ihre praktische Berechtigung haben diese Kataloge allerdings in einem anderen Sinne:

- Sie eignen sich durch die Aufstellung von sog. k.o.-Kriterien (z.B. Absturzsicherheit eines Lernprogramms) für eine schnelle und kostengünstige Vorselektion von Programmen,

- sie führen dem Praktiker die Komplexität der Wirkungsfaktoren bei multimedialen Lehr-Lernumgebungen vor Augen, und

- sie helfen dem Praktiker bei der Aufstellung von eigenen Hypothesen über den Lehr-Lernprozeß und befähigen ihn vermutlich, im Sinne des „master the teaching-model-Ansatzes" von Stolurow (1965) ein eigenes Lehr-Lernmodell zu konstruieren, zu beherrschen und zu evaluieren.

Literatur

Brinker, T. (1991). Dialogvideo im Führungskräfte-Training. Eine Studie zur Effektivität und Akzeptanz. Frankfurt am Main: Peter Lang.

Cronbach, L.J. & Snow, R.E. (1977). Aptitudes and Instructional Methods. New York: Wiley.

Flanders, N.A. (1970). Analyzing Classroom Behavior. New York: Addison-Wesley.

Fletcher, J.D., Hawley, D.E. & Piele, P.K. (1990). Costs, effects, and utility of microcomputer-assisted instruction in the classroom. *American Educational Research Journal,* 27, pp. 783–806.

Fricke, R. (1978). Zusammenhänge zwischen Lehrerverhalten und Schülerleistung. *Zeitschrift für erziehungswissenschaftliche Forschung,* 12, S. 85–94.

Fricke, R. (1989). Untersuchungen zur Lerneffektivität. Wissenschaftliche Begleitung des Feldversuches des Bundesministers für das Post- und Fernmeldewesen zur Einführung des computerunterstützten Unterrichts. Bericht der Forschungsgruppe Braunschweig. Braunschweig: Seminar für Pädagogik der TU Braunschweig. (Teilweise Veröffentlichung in Fricke 1991).

Fricke, R. (1991). Zur Effektivität computer- und videounterstützter Lernprogramme. In R.S. Jäger u.a. (Hrsg.), Computerunterstütztes Lernen (Beiheft 2 zur Zeitschrift Empirische Pädagogik, S. 167–204.) Landau: Empirische Pädagogik e.V., Im Fort 7, 76829 Landau. Ebenfalls erschienen in der Reihe „Arbeiten aus dem Seminar für Pädagogik" der TU Braunschweig, Bericht Nr. 1/91.

Fricke, R. (1995). Evaluation von Multimedia. In L.J. Issing, & P. Klimsa (Hrsg.), Information und Lernen mit Multimedia (S. 400–413). Weinheim: Beltz.

Gage, N.L. (1979). Unterrichten – Kunst oder Wissenschaft?. München: Urban & Schwarzenberg.

Gräber, W. (Hrsg.) (1990). Das Instrument MEDA. Kiel: IPN (Institut für die Pädagogik der Naturwissenschaften, Olshausenstr. 62, 24098 Kiel).

Ingenkamp, K. (1995). Lehrbuch der pädagogischen Diagnostik. (Studienausgabe). Weinheim: Beltz.

Jung, H.M. (1994). Multimedia in der Softwareschulung. Frankfurt a. Main: Peter Lang.

Lienert, G.A. (1961). Testaufbau und Testanalyse.Weinheim: Beltz.

Meier, A. (1995). Qualitätsbeurteilung von Lernsoftware durch Kriterienkataloge. (Arbeiten aus dem Seminar für Pädagogik der TU Braunschweig, Bericht Nr. 2/95). Abdruck in P. Schenkel & H. Holz (Hrsg.), Evaluation multimedialer Lernprogramme und Lernkonzepte. Berichte aus der Berufsbildungspraxis (S. 149–191). Nürnberg: BW Bildung und Wissen.

Meier, F. & Baratelli, S. (1991). Wissenspsychologische Evaluation selbstgesteuerten Lernens mit modernen Medien und rechnergestützten Instruktionen. *Medienpsychologie*, 3, 109–123.

Reigeluth, Ch.M. (1983). Instructional design: What is it and why is it? In Ch.M. Reigeluth (Ed.), Instructional Theories and Models: An Overview of Their Current Status (pp. 3–36). Hillsdale, NJ: Lawrence Erlbaum Associates.

Reigeluth, Ch.M. (Ed.) (1987). Instructional Theories in Action. Hillsdale, NJ: Lawrence Erlbaum Associates.

Rosenshine, B. & Furst, N. (1971). Research on teacher performance criteria. In B.O. Smith (Ed.), Research in teacher education. A symposium. Englewood Cliffs, NJ: Prentice-Hall.

Stolurow, L.M. (1965). Model the master teacher or master the teaching model. In J.D. Krumboltz (Ed.) (1965), Learning and the educational process (pp. 223–247). Chicago: Rand McNally & Company.

**Heinz Mandl und
Gabi Reinmann-
Rothmeier**

Vom Qualitätsbewußtsein über Selbstevaluation und maßgeschneidertes Vorgehen zur Transfersicherung

1 Einleitung

Evaluation von Lernsoftware ist mehr als die Kontrolle unmittelbarer Lerneffekte. Evaluation beginnt beim Qualitätsbewußtsein aller Beteiligten und
endet bei der Sicherung der Transferleistungen, um die es letztlich bei jeder
Weiterbildungsmaßnahme – computerunterstützt oder traditionell – geht. Dabei kommt der Selbstevaluation wachsende Bedeutung zu, wenn man den
Nutzer von Lernsoftware als „Lernexperten" anerkennt. Entscheidend aber ist
ein maßgeschneidertes Vorgehen bei der Evaluation, denn nur mit einer auf
die jeweilige Weiterbildungssituation abgestimmten Planung und Durchführung der Qualitätssicherung sind Ergebnisse zu erwarten, die zur Optimierung
der in Frage stehenden Lernsoftware beitragen können.

Unter Evaluation wird im allgemeinen die systematische Anwendung wissenschaftlicher Methoden und Techniken zum Nachweis der Nützlichkeit einer
Maßnahme verstanden (vgl. Wittmann 1985; Wottawa & Thierau 1990;
Tergan, Beitrag 1 in diesem Band). Wenn von Evaluation die Rede ist, denken daher viele vorrangig an Maßnahmen der Erfolgskontrolle und des quan-
titativen Bildungscontrolling. Die Erfolgskontrolle der Mehrzahl von
Weiterbildungsmaßnahmen beschränkt sich nach wie vor auf die Befragung
von Teilnehmern nach ihrer Zufriedenheit, bestenfalls auf die Überprüfung der
unmittelbaren Lernergebnisse (Bliesener 1997). Mit dem sog. Bildungscontrolling wird die Strategie verfolgt, Art und Umfang von Weiterbildungsmaßnahmen über Kosten und Nutzenabwägungen zu steuern (Gerlach &
Weinmann 1997). Beides ist wichtig, aber sicher nicht ausreichend, um die
Qualität von Weiterbildungsaktivitäten zu bewerten – seien es umfangreiche
Personalentwicklungsmaßnahmen, seien es Seminare oder seien es Com-
puterlernprogramme (Lernsoftware), die in den folgenden Ausführungen im
Mittelpunkt des Interesses stehen.

Eine Evaluation im Sinne einer umfassenden Qualitätssicherung schließt eine sorgfältige Präzisierung der Ziele ebenso ein wie eine Kosten-Nutzen-Abwägung, beschäftigt sich mit Fragen des Qualitätsbewußtseins ebenso wie mit den Möglichkeiten der Selbstevaluation und richtet ihr Augenmerk auf ein maßgeschneidertes Vorgehen ebenso wie auf die Sicherstellung desjenigen Ziels, das sich jede Weiterbildung auf die Fahne schreiben muß, um überhaupt legitimiert zu sein: den Transfer. Abbildung 1 zeigt nochmals die verschiedenen Aspekte der Qualitätssicherung, auf die in diesem Beitrag näher eingegangen werden soll.

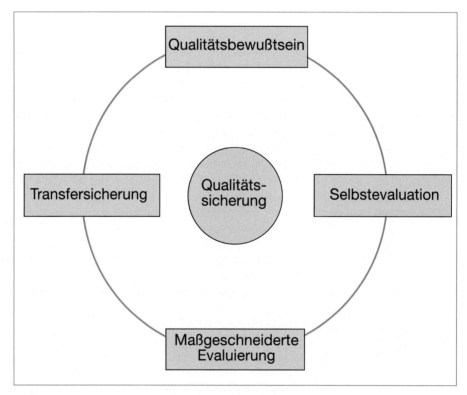

Abb. 1: Aspekte der Qualitätssicherung

Analysiert und bewertet werden im Rahmen einer Evaluation von Lernsoftware im allgemeinen zunächst deren Qualität, genauer deren Inhalt, deren didaktische Gestaltung sowie deren Ergonomie (Qualitätsanalyse). Untersucht werden zusätzlich die Wirkungen der Lernsoftware, vor allem deren Akzeptanz bei den Nutzern, die von der Lernsoftware bewirkten Lernprozesse und Lernerfolge sowie der Transfer (Wirkungsanalyse). Daran schließt sich

meist eine Kosten-Nutzen-Analyse an. Wenn es speziell um die Qualitäts-
sicherung von Computerlernprogrammen geht, so darf allerdings auch die
Analyse der Implementation nicht fehlen: Wie wird die Lernsoftware in den
gesamten Lernkontext integriert, und wie bewährt sich die gewählte Form der
Implementation? (Zur Implementationsanalyse siehe Beitrag 11 von
Reinmann-Rothmeier & Mandl in diesem Band.)

2 Qualitätsbewußtsein

2.1 Warum die Schaffung von Qualitätsbewußtsein so wichtig ist

Worum geht es beim Aspekt des Qualitätsbewußtseins? Zum einen ist es von
nicht zu unterschätzender Bedeutung, Bewußtsein für Qualität bei allen
Beteiligten zu schaffen. Zum anderen ist es notwendig, Bedarf und Interesse
an Qualitätssicherung bei allen Beteiligten zu wecken.

Daß eine Lernsoftware von hoher inhaltlicher und didaktischer Qualität ist und
darüber hinaus hohe praktische Relevanz besitzt, liegt im Interesse aller
Beteiligten:

– bei denjenigen, die die Software entwickeln, denn nur eine qualitativ hochwertige Software wird sich am Markt auch behaupten können,

– bei denjenigen, die über den Einsatz der Software entscheiden, denn nur
  eine qualitativ hochwertige Software läßt auch nutzbringende Wirkungen
  erwarten,

– bei denjenigen, die die Software in der Praxis anwenden, denn nur eine
  qualitativ hochwertige Software kann die Entwicklung anwendungsorientierter Kenntnisse und Fertigkeiten fördern, und

– bei denjenigen, die die Software nutzen, denn nur mit einer qualitativ hoch-
  wertigen Software läßt sich motiviert und effektiv lernen.

Ein erster wichtiger Schritt bei der Evaluation von Lernprogrammen besteht
demnach darin, bei allen Beteiligten ein Bewußtsein dafür zu wecken, wie
wichtig eine qualitativ hochwertige Software für das Lernen ist. Entwickler,
Entscheider, Anwender, Nutzer und alle anderen Beteiligten müssen den
Bedarf und den Nutzen einer Evaluation erkennen und ein persönliches
Interesse an einer fundierten Qualitätssicherung entwickeln. Nur über ein sol-
chermaßen ausgebildetes Qualitätsbewußtsein kann auch gewährleistet werden, daß eine geplante Evaluation von allen Beteiligten getragen und unterstützt wird.

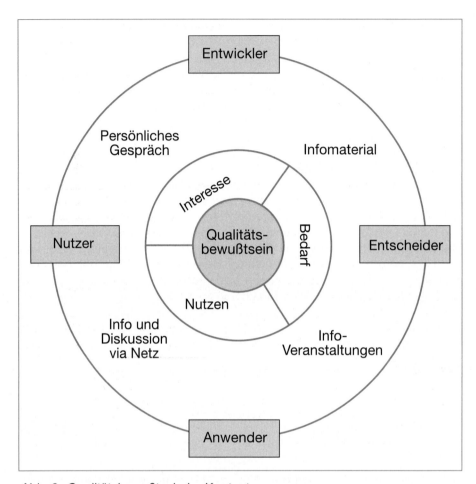

Abb. 2: Qualitätsbewußtsein im Kontext

2.2 Wie man Qualitätsbewußtsein fördern kann

Zur Förderung von Qualitätsbewußtsein bieten sich zahlreiche Möglichkeiten an. Entscheidend für die Wahl des Vorgehens ist deren Passung in den Kontext. Die folgenden Beispiele veranschaulichen, wie man vorgehen kann, um Qualitätsbewußtsein bei allen an der Evaluation Beteiligten zu fördern:

– Die Beteiligten persönlich ansprechen und Infomaterial verteilen: Das Thema Qualitätssicherung muß überhaupt erst einmal zur Sprache kommen; zusätzliches Infomaterial kann die Beteiligten darüber informieren, was wozu womit evaluiert wird.

– Informationsveranstaltungen durchführen: Auf kurzen Informationsveranstaltungen können die Beteiligten dazu motiviert werden, bei der Evaluation
aktiv mitzuwirken.

– Informationen und Diskussionsforen im Inter- oder Intranet anbieten: Via
Datennetz kann über Qualitätssicherung diskutiert und informiert werden.

Die obenstehende Abbildung 2 zeigt nochmals, was unter den Begriff des
Qualitätsbewußtseins subsumiert werden kann, wer davon betroffen ist und
mit welchen (exemplarischen) Möglichkeiten Qualitätsbewußtsein gefördert
werden kann.

3 Selbstevaluation

3.1 Wie Selbstevaluation die Qualitätssicherung bereichern kann

Worum geht es beim Aspekt der Selbstevaluation? Zum einen wird angestrebt, den Nutzer als Lernexperten anzuerkennen. Zum anderen soll der (kooperativen) Selbstevaluation im Rahmen der Qualitätssicherung mehr Raum
gewährt werden.

Alle Beteiligten sind für die Qualitätssicherung einer Lernsoftware in unterschiedlicher Form verantwortlich. Nur durch ihre aktive Teilnahme am Prozeß
der Bewertung und Veränderung von Lernprogrammen wird deren Optimierung letztlich möglich. Dabei kommt den Nutzern eine zentrale Rolle zu:

Sie sind es, die mit der Software umgehen und damit lernen müssen; sie sind
der Maßstab für eine Bewertung der Lernförderlichkeit eines Programms. Mit
anderen Worten, die Nutzer müssen als Experten in Sachen Lernen erkannt
und entsprechend in die Qualitätssicherung, insbesondere in ihrer formativen
Phase, einbezogen werden.

Der inzwischen weitverbreitete Gedanke, dem erwachsenen Lernenden mehr
Selbstbestimmung und Selbststeuerung einzuräumen (vgl. Friedrich &
Ballstaedt 1997), läßt sich wirkungsvoll unterstützen durch das Plädoyer,
Selbststeuerung auch im Rahmen der Evaluation zuzulassen, zu fördern und
zu nutzen. Die Selbstevaluation kann die Evaluation durch Trainer oder ande-
re Experten ergänzen und bereichern. Eine ausgewogene Kombination von
„objektiven" Daten (z.B. Ergebnisse aus Fremdbeobachtungen oder aus
Analysen bestehender Fakten) und subjektiven Einschätzungen erscheint

sinnvoll, um der Tatsache Rechnung zu tragen, daß es auch im Rahmen einer Qualitätssicherung unterschiedliche Perspektiven gibt.

Eine Selbstevaluation ist auch in Gruppen durchführbar. Dies ist vor allem dann empfehlenswert, wenn bereits der Prozeß des Lernens interaktiv in kooperativen Lernarrangements erfolgt. Die Gruppenmitglieder können sich gegenseitig Feedback über ihre Aktivitäten und Resultate geben, sie können eigenständig nach Wegen suchen, etwa sowohl die Qualität der benutzten Lernsoftware als auch die damit verbundenen „Wirkungen" (die angestoßenen Lernprozesse, die resultierenden Lernergebnisse und/oder die Transferleistungen) gemeinsam zu beurteilen. In diesem Sinne könnte man von einer kooperativen Selbstevaluation als Pendant zu selbstorganisierten Gruppen sprechen.

3.2 Wie man Selbstevaluation fördern kann

Die wichtigsten Methoden im Rahmen einer Evaluation sind die Beobachtung, die (mündliche und schriftliche) Befragung sowie „Testverfahren" in unterschiedlichster Form (siehe hierzu im weiteren auch Abbildung 4.2). Im Prinzip lassen sich all diese grundlegenden methodischen Vorgehensweisen auch in einer selbstgesteuerten Variante realisieren. Damit ergeben sich für die Durchführung der Selbstevaluation folgende Möglichkeiten:

– Man kann Selbstbeobachtungen durchführen: Die Nutzer können dazu aufgefordert werden, während der Programmbearbeitung auf bestimmte Dinge beim Lernen (z.B. Probleme, Erfolgserlebnisse, Gefühle etc.) zu achten und diese bewußt wahrzunehmen.

– Man kann Selbstprotokollierung durchführen: Die Nutzer können dazu aufgefordert werden, die Ergebnisse ihrer Selbstbeobachtung schriftlich festzuhalten, entweder unstrukturiert oder anhand vorgegebenen Materials teilstrukturiert oder strukturiert.

– Man kann Selbstkontrolle durchführen: Die Nutzer können dazu aufgefordert werden, allein oder in Kooperation mit anderen die Anwendung des Gelernten selbst zu beobachten, zu bewerten und entsprechend der Beobachtungs- und Bewertungsergebnisse einzelne Aktivitäten zu verändern, ungewünschten Prozessen „gegenzusteuern", erwünschte Prozesse zu verstärken etc.

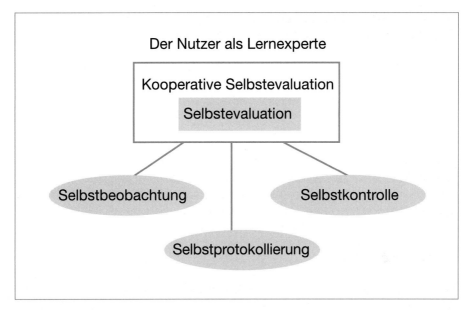

Abb. 3: Selbstevaluation

4 Maßgeschneidertes Vorgehen

4.1 Wozu ein maßgeschneidertes Vorgehen gut ist

Worum geht es bei der Idee, in der Qualitätssicherung „maßgeschneidert" vorzugehen? Zum einen wird das Ziel verfolgt, von universal anwendbaren „Rezepten" Abschied zu nehmen und statt dessen stärker auf die Besonderheiten der gegebenen Situation einzugehen. Zum anderen sollen Maßnahmen zur Qualitätssicherung zielgerichtet und Kosten-Nutzen-orientiert geplant und durchgeführt werden.

Von der Flexibilisierung der Weiterbildung, vom Outsourcing einzelner Bildungsaufgaben, vom learning on demand u.ä. ist derzeit viel die Rede. Dahinter steckt die Idee, statt standardisierter Seminare und routinemäßiger Weiterbildungsaktivitäten ein maßgeschneidertes Lernen zu fördern, d.h. ein Lernen, das sowohl den aktuellen Anforderungen des Arbeitsplatzes als auch den individuellen Bedürfnissen des Einzelnen besser gerecht wird.

Maßgeschneidertes Lernen erfordert auch ein maßgeschneidertes Vorgehen in der Qualitätsssicherung. Gemeint ist damit nicht der Verzicht auf standardisierte Instrumente. Gemeint ist vielmehr

– eine auf die jeweilige Software und den jeweiligen Kontext genau abgestimmte Gesamtplanung der Qualitätssicherung und

– eine damit einhergehende flexible Methodenauswahl.

Mit anderen Worten: Es gibt nicht das zu empfehlende Evaluationsdesign; auch kann man nicht einen ganz bestimmten Methodenpool als optimal darstellen. Vielmehr geht es darum, ausgehend von den Zielen während und nach der Entwicklung einer Weiterbildungsmaßnahme (z.B. einer Lernsoftware), immer wieder neu zu entscheiden (und sich dabei gegebenenfalls auch zu revidieren), wie man entsprechend den bestehenden situativen Faktoren bei der Evaluation fortfährt.

Die Qualitätssicherung beginnt bereits bei der Planung und Zielpräzisierung, denn erst die Zielpräzisierung liefert Leitlinien für die maßgeschneiderte Entwicklung von Programmen sowie Kriterien für die Bewertung von Qualität und Erfolg. Diese Zielpräzisierung erfolgt in der Planungs- bzw. Vorbereitungsphase der Qualitätssicherung, bei der Lern- und Transferziele, aber auch Unternehmensziele einbezogen werden. In der Entwicklungs- bzw. formativen Phase der Qualitätssicherung geht es um die Verbesserung der Weiterbildungsmaßnahme (z.B. der Lernsoftware) während ihres Entstehungsprozesses. In der Einsatz- bzw. summativen Phase der Qualitätssicherung steht die abschließende Bewertung der Weiterbildungsmaßnahme im Vordergrund. Hier geht es um die letztlich erzielte Wirkung (der Lernsoftware) und um deren Effizienz. Ebenfalls wichtig ist in diesem Zusammenhang die Kosten-Nutzen-Analyse, an die allerdings auch im Vorfeld schon zu denken ist; zu fragen ist dabei vor allem, mit welchen Kosten man welchen, u.U. nicht quantifizierbaren Nutzen erreichen will.

Die folgenden Abbildungen 4.1 und 4.2 geben nochmals einen detaillierteren Überblick über die verschiedenen Phasen der Qualitätssicherung einschließlich der unterschiedlich möglichen methodischen Vorgehensweisen innerhalb der einzelnen Phasen (vgl. auch Tergan, Beitrag 1). Die gezielte Auswahl und Akzentuierung einzelner Schritte und Methoden in Abhängigkeit von den Zielen, den verfügbaren Ressourcen und anderen situativen Gegebenheiten machen den maßgeschneiderten Charakter der Evaluation aus.

Vorbereitungsphase

Zielkategorien:

– Unmittelbare Trainingsziele → Lernerfolgsanalyse
– Ziele am Arbeitsplatz → Transferanalyse
– Unternehmensziele → Kosten-Nutzen- und
　　　　　　　　　　　　　　　Effizienzanalyse

Wichtig:
Vor der Qualitätssicherung Kriterien für die
Zielerreichung festlegen.

Formative Phase

Qualitätsanalyse

Experten beurteilen das
Training nach
– inhaltlichen Aspekten
– didaktischen Aspekten
– medienspezifischen Aspekten

Wirkungsanalyse

Untersucht werden in der Ziel-
gruppe die Aspekte
– Akzeptanz
– Lernprozeß/Lernerfolg
– Transfer

Ziel: Verbesserung bzw. Optimierung des Trainings
Merkmal: prozeßorientiertes Vorgehen
Design: kleine Stichproben oder Fallstudien
Auswertung: vor allem qualitativ

Summative Phase

Wirkungsanalyse

– Akzeptanzanalyse
– Lernprozeß-/Lern-
　erfolgsanalyse
– Transferanalyse

Kosten-Nutzen-Analyse

– unmittelbarer,
　mittelfristiger, lang-
　fristiger Nutzen
– finanzieller, zeit-
　licher, personeller
　und sonstiger
　Aufwand

Effizienzanalyse

– Verbesserung
　des Weiter-
　bildungssystems
　und der
　Ressourcen-
　verteilung

Ziel: Informationssammlung zur Anwendung und Legitimation
　　　　des Trainings
Merkmal: ergebnisorientiertes Vorgehen
Design: größere Stichproben; Kontrollgruppen-Untersuchungen
Auswertung: vor allem quantitativ

Abb. 4.1: Phasen der Qualitätssicherung

97

Phase	Ziel der Erhebung	Empfohlene Erhebungsmethoden
Vorbereitungsphase	Präzisierung von Unternehmenszielen	Dokumentenanalyse (z.B. Analyse schriftlicher Unterlagen zur Unternehmenspolitik) Offenes oder halbstrukturiertes Interview z.B. mit Vertretern der Unternehmensleitung
	Präzisierung von Transferzielen	Unstrukturierte Beobachtung von Arbeitsabläufen Befragung z.B. von Stelleninhabern und deren Vorgesetzte – Offenes oder halbstrukturiertes Interview – Fragebogen mit offenen Fragen Dokumentenanalyse (z.B. Analyse vorhandener Trainingsunterlagen)
	Präzisierung von Lernzielen	Befragung der Weiterbildner oder sonstiger Experten – Offenes oder halbstrukturiertes Interview – Fragebogen mit offenen Fragen Dokumentenanalyse (z.B. Analyse vorhandener Trainingsunterlagen)
Formative Phase	Qualitätsanalyse durch Experten	Befragung von Experten – Offenes oder halbstrukturiertes Interview – Fragebogen mit offenen Fragen
	Analyse der Akzeptanz und des Lernprozesses	Befragung von Adressaten der Maßnahme – Offenes oder halbstrukturiertes Interview – Fragebogen mit offenen Fragen Eventuell auch unstrukturierte oder strukturierte Beobachtung
	Analyse des Lernerfolgs	Situative Tests Eventuell auch: Befragung von Adressaten der Maßnahme mit Fragebogen (offene Fragen), halbstrukturiertem Interview oder strukturierter Beobachtung
	Analyse des Lerntransfers	Beobachtung von Adressaten der Maßnahme – Fragebogen mit offenen Fragen – Eventuell auch offenes oder halbstrukturiertes Interview Beobachtung am Arbeitsplatz
Summative Phase	Analyse des Lernerfolgs	Situative Tests Befragung von Adressaten der Maßnahme mit Fragebogen (geschlossene Fragen) Beobachtung
	Analyse des Lerntransfers	Strukturierte Beobachtung am Arbeitsplatz Befragung von Adressaten der Maßnahme und/oder deren Vorgesetzte mit Fragebogen (geschlossene Fragen) Analyse objektivierbarer Daten (z.B. Fehlerraten, Arbeitsproben)
	Analyse von Kosten-Nutzen und Effizienz	Befragung von Experten mit Fragebogen (offene und/oder geschlossene Fragen) Einsatz spezieller Berechnungsmodelle

Abb. 4.2: Erhebungsmethoden

4.2 Wie man maßgeschneiderte Lösungen fördern kann

Entsprechend den vorangegangenen Ausführungen gibt es keinen „Fahrplan"
für das maßgeschneiderte Vorgehen bei einer Evaluation. Beispielhaft seien
im folgenden einige Leitprinzipien genannt, die dabei helfen können, individuelle und damit maßgeschneiderte Lösungen zu finden (siehe auch Abb. 5):

– Ein Evaluationskonzept mit Modulcharakter gestalten: Das Konzept zur
  Qualitätssicherung kann so gestaltet werden, daß einzelne „Bausteine"
  je nach aktuellem Bedarf herausgenommen, ersetzt, vertauscht oder
  ergänzt werden können, um flexibel auf situative Bedingungen zu reagieren – mit anderen Worten: Statt starrer Ablaufpläne für eine standardisierte Evaluation flexible Strategien für eine maßgeschneiderte Qualitätssicherung.

– Die Präzisierung von Lern-, Transfer- und Unternehmenszielen forcie-
  ren: Die Vorbereitungsphase der Evaluation kann bewußt sehr intensiv
  angelegt sein, um sich möglichst große Klarheit über die angestrebten
  Ziele zu verschaffen. Dazu bieten sich vor allem Befragungen bei der
  Unternehmensleitung, bei Führungskräften, Trainern und Mitarbeitern
  sowie Analysen relevanter Dokumente an.

– Die Kosten-Nutzen-Analyse bereits im Vorfeld beginnen: Schon in der
  Vorbereitungsphase kann man sich Gedanken machen über den kurz-,
  mittel- und langfristigen Nutzen. Dabei ist zu bedenken, daß sich dieser
  nicht immer quantitativ bestimmen läßt; auch qualitative Vorteile (z.B.
  Entwicklung einer Lernkultur) sind zu berücksichtigen. Zur Kostenbe-
  stimmung stehen quantitative Maßnahmen des Bildungscontrolling zur
  Verfügung (s.o.).

5 Transfersicherung

5.1 Warum die Transfersicherung so entscheidend ist

Worum geht es beim Aspekt der Transfersicherung? Zum einen wird schlicht
empfohlen, dem Transfer Priorität einzuräumen. Zum anderen sollte die
Transfer-Analyse zum Dreh- und Angelpunkt der Qualitätssicherung gemacht
werden.

Der Einsatz von Lernsoftware ist kein Selbstzweck, sondern zielt immer darauf ab, daß die Nutzer das Gelernte in der realen Praxis auch anwenden kön-

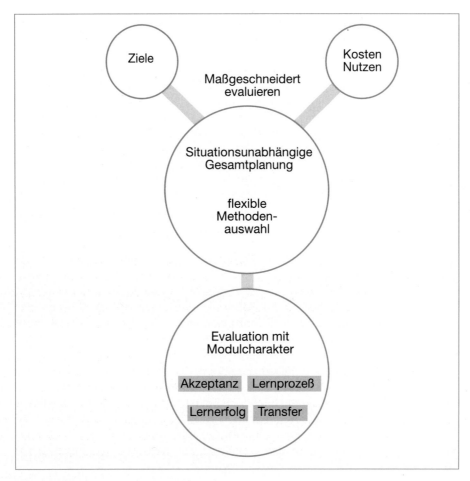

Abb. 5: Maßgeschneidertes Vorgehen

nen – und das möglichst flexibel. Dem Transfer als Ziel des Einsatzes von Lernprogrammen ist daher oberste Priorität einzuräumen.

Transfer meint nicht einfach „Transport" von Inhalten von der Lern- in die Anwendungssituation. Transfer geht darüber hinaus und umfaßt neben der Übertragung von Routinefertigkeiten und Regelwissen auch die Re-Konstruktion von Wissen und Kompetenzen unter den realen Bedingungen der Arbeitssituation.

Die Analyse des Transfers in diesem Sinne ist eine schwierige, aber herausfordernde Aufgabe. Geeignete Instrumente hierzu gibt es kaum; um so wichtiger ist es, diesem Aspekt mehr Aufmerksamkeit und Forschungsarbeit als bisher zu widmen. Akzeptanz seitens der Nutzer, adäquate Lernprozesse und Lernerfolge sind notwendige, aber keine hinreichenden Bedingungen für einen Transfer im Sinne einer flexiblen Anwendung des Gelernten in der Praxis. Daher ist der Transfer-Analyse eine entscheidende Funktion in jeder Qualitätssicherung zuzuweisen. Indem der Transfer als wesentlicher Evaluationsinhalt anerkannt wird, wird auch ein entscheidender Beitrag zur Transfersicherung insgesamt geleistet.

5.2 Wie man den Transfer über die Qualitätssicherung fördern kann

Zur Förderung des Transfers im Rahmen der Evaluation von Lernsoftware bieten sich folgende exemplarische Möglichkeiten an:

- Analyse der Lernsoftware hinsichtlich problemorientierter Aspekte: Die Lernsoftware kann danach analysiert werden (Qualitätsanalyse), inwieweit sie ein aktiv-konstruktives, kontextbezogenes (fallbasiertes) Lernen und damit die Anwendung des Gelernten bereits beim Wissenserwerb fördert.

- Analyse der Implementation der Lernsoftware hinsichtlich flankierender Maßnahmen und Einbindung in die Arbeitstätigkeit:

  - Flankierende Maßnahmen bei der Nutzung der Lernsoftware: Der Einsatz der Lernsoftware kann unterstützt werden, indem vor und nach der Nutzung sowie am Arbeitsplatz Maßnahmen ergriffen werden, durch die die Nutzer Beratung und/oder aktive Hilfe erfahren.

  - Einbindung der Lernsoftware in die Arbeitstätigkeit: Der Transfer des Gelernten kann erhöht werden, wenn das Lernen mit der Lernsoftware unmittelbar am Arbeitsplatz beim Auftreten relevanter Problem- und Fragestellungen möglich ist und entsprechend gefördert wird.

Bei der Transferanalyse kann untersucht werden, ob die getroffenen Maßnahmen sowie die Einbindung der Lernsoftware in die Arbeitstätigkeit erfolgreich waren.

Zu diesen Aspekten haben wir eine Reihe von Checklisten entwickelt, die auch in der Qualitätssicherung herangezogen werden können. Die Abbildungen 6.1 bis 6.3 stellen diese Checklisten vor.

Checkliste 1

Wie stelle ich sicher, daß multimediale Lernumgebungen problemorientiert sind?

1. Ich setze Neue Medien im Zusammenhang mit relevanten Problemstellungen ein.

2. Ich achte darauf, daß die eingesetzte Software arbeitsrelevante Probleme und authentische Situationen enthält.

3. Ich setze Neue Medien ein, um verschiedene Anwendungskontexte zu realisieren.

4. Ich achte darauf, daß die eingesetzte Software verschiedene Kontexte und Blickwinkel berücksichtigt.

5. Ich übernehme beim Einsatz Neuer Medien eine Beratungs- und Unterstützungsfunktion.

6. Ich achte darauf, daß die eingesetzte Software Anleitungs- und Unterstützungskomponenten enthält.

Abb. 6.1: Checkliste 1 (Sicherstellung der Problemorientierung multimedialer Lernumgebungen)

Checkliste 2

Welche flankierenden Maßnahmen ergreife ich bei der Weiterbildung mit Neuen Medien?

1. **Vor** der Weiterbildung:

   - spreche ich mit den Mitarbeitern die Ziele der Weiterbildung ab

   - motiviere ich die Mitarbeiter zu einem anwendungsbezogenen Lernen

   - plane ich mit den Mitarbeitern die spätere Anwendung des Gelernten

2. **Nach** der Weiterbildung:

   - verdeutliche ich den Mitarbeitern nochmals die Anwendungsmöglichkeiten des Gelernten

   - lege ich den Mitarbeitern direkten oder elektronischen Erfahrungsaustausch nahe

   - stelle ich Vertiefungs- und Erweiterungsmöglichkeiten zur Verfügung

3. **Am Arbeitsplatz:**

   - gebe ich den Mitarbeitern Hinweise zur Nutzung von Freiräumen

   - liefere ich Rückmeldung

   - biete ich aktive Hilfe bei Problemen an

   - rege ich zur Selbstbeobachtung an

Abb. 6.2: Checkliste 2 (Sicherstellung flankierender Maßnahmen bei der Weiterbildung mit Neuen Medien)

Checkiste 3

Wie binde ich Lernen mit Neuen Medien wirkungsvoll in die Arbeitstätigkeit ein?

1. Ich biete den Mitarbeitern Experten als „Modell" an, die die geforderten Tätigkeiten und inneren Denkvorgänge deutlich machen.

2. Ich setze Neue Medien zur Präsentation beispielhafter Aktivitäten und Modellösungen für anstehende Problemsituationen ein.

3. Ich stelle den Mitarbeitern Neue Medien zur Verfügung, die das selbstgesteuerte Lernen fördern und unterstützen.

4. Ich ermuntere die Mitarbeiter zu selbstgesteuertem Lernen am Arbeitsplatz mit und ohne Neue Medien und biete hierzu meine Hilfe und Beratung an.

5. Ich stelle den Mitarbeitern den Zugang zu Datennetzen und geeigneter Software zur Verfügung, die kooperatives Lernen fördern und unterstützen.

6. Ich ermutige die Mitarbeiter zu kooperativem Lernen am Arbeitsplatz mit und ohne Neue Medien und sorge für die hierzu erforderlichen Bedingungen.

Abb. 6.3: *Checkliste 3 (Sicherstellung der Einbindung Neuer Medien in die Arbeitstätigkeit)*

An dieser Stelle wird deutlich, wie sehr Strategien zur Transferförderung und Maßnahmen der Qualitätssicherung miteinander verknüpft sind. Das Ineinanderübergehen dieser beiden Ebenen ist nicht als mangelnde Präzision zu verstehen, sondern als Hinweis dafür zu betrachten, daß Instruktion und Assessment tatsächlich integrierbar sind. Aus einer gemäßigt konstruktivistischen Sicht ist eine solche Integration anzustreben und zu fördern, denn die traditionelle Trennung von Lernen und Lernerfolgskontrolle ist einem aktiv-konstruktiven, selbstgesteuerten und kooperativen sowie situativen Lernen abträglich.

Literatur

Bliesener, T. (1997). Evaluation betrieblicher Weiterbildung. In K. Schwuchow & J. Gutmann (Hrsg.), Weiterbildung Jahrbuch 1997 (S. 163–167). Düsseldorf: Verlagsgruppe Handelsblatt.

Friedrich, H.F. & Ballstaedt, S.-P. (1997). Strategien für das Lernen mit Medien. In F.H. Friedrich, G. Eigler, H. Mandl, W. Schnotz, F. Schott & N.M. Seel (Hrsg.), Multimediale Lernumgebungen in der betrieblichen Weiterbildung. Gestaltung, Lernstrategien und Qualitatssicherung (S. 165–265). Neuwied: Luchterhand.

Gerlach, S. & Weinmann, S. (1997). Prozeßorientierung im Personalcontrolling. In K. Schwuchow & J. Gutmann (Hrsg.), Weiterbildung Jahrbuch 1997 (S. 168–170). Düsseldorf: Verlagsgruppe Handelsblatt.

Reinmann-Rothmeier, G. & Mandl, H. (1995). Qualitätssicherung in der Weiterbildung. Handbuch für Personalentwicklung. 25. Erg.-Lfg., 5.2.5.0.

Reinmann-Rothmeier, G. & Mandl, H. (1997). Transfer als instruktionspsychologisches Qualitätskriterium für Weiterbildung mit Neuen Medien (Praxisbericht Nr. 7). München: Ludwig-Maximilians-Universität, Lehrstuhl für Empirische Pädagogik und Pädagogische Psychologie.

Reinmann-Rothmeier, G., Mandl, H. & Prenzel, M. (1994). Computerunterstützte Lernumgebungen: Planung, Gestaltung und Bewertung. Hrsg. von H. Arzberger & K.H. Brehm. Erlangen: Publicis-MCD-Verlag.

Reinmann-Rothmeier, G., Mandl, H. & Prenzel, M. (1997). Qualitätssicherung bei multimedialen Lernumgebungen. In F.H. Friedrich, G. Eigler, H. Mandl, W. Schnotz, F. Schott & N.M. Seel (Hrsg.), Multimediale Lernumgebungen in der betrieblichen Weiterbildung. Gestaltung, Lernstrategien und Qualitätssicherung (S. 267–332). Neuwied: Luchterhand.

Wittmann, W.W. (1985). Evaluationsforschung. Berlin: Springer.

Wottawa, H. & Thierau, H. (1990). Evaluation. Bern: Huber.

Franz Schott

Evaluation aus theoriegeleiteter, ganzheitlicher Sicht

Vorbemerkung

Da bei vorhandenen Evaluationsverfahren eine theoriegeleitete, ganzheitliche Vorgehensweise in der Regel vernachlässigt wird, aber gerade dieser Mangel zu unbefriedigenden Evaluationsergebnissen führen kann, wird im folgenden zunächst die Notwendigkeit einer solchen Vorgehensweise bei der Evaluation von Bildung im allgemeinen und von Bildungssoftware im besonderen aufgezeigt. Es schließen sich Überlegungen dazu an, welchen Forderungen eine theoriegeleitete, ganzheitliche Evaluationsmethode genügen sollte. Um diesen Forderungen gerecht zu werden, wird der instruktionstheoretische Ansatz „UCIT" (**U**niversal **C**onstructive **I**nstructional **T**heory) herangezogen. Dieser Ansatz dient als Grundlage, eine Evaluationsmethode – ELISE genannt – zu konstruieren, die den aufgestellten Forderungen gerecht werden soll. Mit einem Ausblick auf ELISE endet das Kapitel.

Ziel dieses Beitrages ist es also, eine theoriegeleitete, ganzheitliche Sicht für die Evaluation von Bildungssoftware nicht nur zu fordern, sondern auch einen konkreten konzeptuellen Vorschlag dazu zur Diskussion zu stellen.

1 Notwendig, aber vernachlässigt: eine theoriegeleitete, ganzheitliche Vorgehensweise bei der Evaluation von Bildung(ssoftware)

Von einer Bildungsmaßnahme erhoffen wir wie von jedem anderen angewandten Vorgehen in Technik, Wirtschaft oder Medizin, daß sie – so gut es entsprechend unseren Erkenntnissen geht – effizient erstrebenswerte Ziele realisiert. Das heißt, wir erwarten, daß eine bestimmte Maßnahme möglichst in einem günstigen Kosten-Nutzen-Verhältnis ein erstrebenswertes Ziel ohne schädliche Nebenwirkungen erreicht. Das macht die Qualität einer Maßnahme aus. Qualitätssicherung versucht die Güte der Maßnahme zu erhalten und zu verbessern. Die Bewertung der Maßnahme, ihre Evaluation, ist dazu Voraussetzung.

Die sachgerechte Evaluation von Bildungssoftware erfordert ebenso wie die Evaluation von Bildung allgemein eine theoriegeleitete, ganzheitliche Sicht. Wenden wir uns zunächst dem Aspekt der *Ganzheitlichkeit* zu. Eine ganzheitliche Sicht ist notwendig, weil die Güte einer Bildungsmaßnahme, etwa die Effizienz der Zielerreichung, die durch die Maßnahme erreichbare Lebensqualität etc., von dem Gesamtzusammenhang der sie beeinflussenden Faktoren abhängt. Solche Faktoren sind unterschiedliche Eigenschaften der Lernenden, des Lehrstoffes, der Lehrmethoden und Medien sowie des Umfeldes, in dem die Bildungsmaßnahme stattfindet. Weiterhin ist zu fragen, inwieweit das Bildungsziel, sofern es erreicht wird, überhaupt die Probleme lösen kann, die es lösen soll, ob z.B. das Erreichen von Unterrichtszielen in bestimmten Schulfächern die Lebenstüchtigkeit oder Lebensqualität wirklich fördert.

Wird einer der Faktoren, die den Erfolg einer Bildungsmaßnahme beeinflussen, nicht beachtet oder falsch eingeschätzt, dann kann eine ansonsten kunstgerecht konzipierte und hinsichtlich anderer Faktoren als hervorragend bewertete Bildungsmaßnahme unbefriedigende Ergebnisse bringen oder gar scheitern. Eine ganzheitliche Sicht wiederum erfordert ein begründetes Vorgehen, das ausweist, welche Aspekte wie zu berücksichtigen sind, mit anderen Worten: Sie sollte *theoriegeleitet* sein. Eine Theorie als eine der Evaluation und Qualitätssicherung zugrundeliegende Konzeption kann durch Erfahrungen mit neuen Evaluationsaufgaben systematisch verbessert werden, weil die Richtlinien der Vorgehensweise so explizit vorliegen, daß man sie ändern kann. Liegt der Evaluation keine Konzeption zugrunde, können neue Erfahrungen den betreffenden Evaluator allenfalls persönlich intuitiv bereichern, die Verbesserung ist der interessierten Fachwelt nicht zu vermitteln. Insofern ist die Forderung: „Evaluation von Bildungssoftware erfordert eine theoriegeleitete, ganzheitliche Sicht" selbstverständlich – wenn sie nur berücksichtigt würde, was aber oft nicht der Fall ist, wie auch die kritische Diskussion von vorliegenden Instrumenten in diesem Buch zeigt. Der Aspekt der Theoriegeleitetheit bezieht sich nicht allein darauf, daß bei der praktischen Durchführung von Evaluation auf grundlagenwissenschaftliche Theorien und Erkenntnisse zurückgegriffen wird. Vielmehr benötigt die Technologie der Anwendung selbst eine theoretische Grundlage. Eine solche präskriptive, theoretische Grundlage wird später mit UCIT vorgestellt.

Die *Effizienz* als weiterer wichtiger Aspekt der Evaluation wird ebenfalls zu wenig beachtet. Auch hier ist zu fragen: Effizienz von was? Effizienz bezeichnet die Wirksamkeit, d.h. das Kosten-Nutzen-Verhältnis, mit dem ein angestrebtes Ziel erreicht wird. Die Kosten können unmittelbar betrachtet relativ gering, unter Beachtung langfristiger Nebenwirkungen aber relativ hoch sein (wie etwa bei der Produktion von Atomstrom oder dem Gebrauch des Autos argumentiert wird). Der Nutzen eines Zieles hängt ab vom Grad der Zielerreichung und von der Bewertung des Zieles in Relation zu neben-, über- und untergeordneten Zielen. Oft ist ein Kompromiß zwischen nicht voll miteinander zu vereinenden Zielen zu finden. Ein sehr sicheres Auto ist in der Regel kein sehr sparsames. Ein sehr vielseitig gebildeter „Generalist" ist in der Regel kein sehr ausgeprägter Spezialist eines Faches. Wenn das Trainingsziel die Minimierung von Fehlern bei einer bestimmten Tätigkeit ist, dann wird man keine Geschwindigkeitsoptimierung erreichen. Offensichtlich kommt es auf die jeweils zu erfüllende Funktion der anzustrebenden Ziele an. Die Qualität eines Teilzieles ist im Gesamtzusammenhang der angestrebten Ziele zu bewerten bzw. zu evaluieren. Eine ganzheitliche Sicht erweist sich also auch für die Effizienzsicherung und -steigerung von Maßnahmen und ihren Evaluationen als unverzichtbar.

Bei der Evaluation von Bildungssoftware werden häufig Kriterienlisten zur Bewertung herangezogen. (Solche Kriterienlisten werden auch in diesem Buch dargestellt.) Diese Kriterienlisten erscheinen teilweise ad hoc und wenig theoriebezogen zusammengestellt zu sein. Es besteht die Gefahr, daß die Urteile zu den einzelnen Kriterien additiv zusammengetragen werden und eine ganzheitliche Sicht behindern. Auch fällt ein Übergewicht an hard- und softwaretechnischen Gesichtspunkten auf. Daher ist es nicht sicher, daß die Evaluatoren, wenn sie sich im wesentlichen auf solch eine Kriterienliste stützen, gute Anwälte der Adressaten der Lernsoftware sein können. Dies wird auch von Untersuchungen bestätigt: So wurde nach solchen Kriterienlisten (von anerkannten Institutionen stammend!) als hervorragend bewertete Lernsoftware an Schülern erprobt. Es stellte sich heraus, daß die Lernerfolge der Schüler in keiner Weise dieser hervorragenden Bewertung entsprachen (Reiser & Dick 1990; vgl. auch die Ausführungen zu Qualität von Kriterienlisten und Problemen ihrer Anwendung u.a. bei Tergan 1998, Fricke 1998 sowie Beitrag 3 in diesem Band).

Ein professioneller Programmentwickler, der u.a. mit der Gestaltung von Bildungssoftware unternehmerisch tätig ist, meinte mir gegenüber, man solle sich über die Evaluation von Bildungssoftware nicht zuviel den Kopf zerbrechen, sondern den Markt entscheiden lassen. So sei es schließlich auch bei Büchern, und da rufe niemand nach Evaluation. Wenngleich Wettbewerb Verbesserungen hervorbringen kann – auch im Bildungswesen – so ist doch zu fragen, ob Marktmechanismen für eine Qualitätssicherung in der Bildung ausreichen. Der ökonomische Erfolg oder Mißerfolg eines Lehrbuches hängt nicht nur von der Güte seines Inhaltes ab. Bei einer multimedialen Bildungssoftware dürften die Produktionskosten in der Regel sehr viel höher sein als bei einem Lehrbuch. Schon deshalb ist eine Evaluation angezeigt. Auch der potentielle Nutzer sollte die Möglichkeit haben, möglichst verläßliche Informationen darüber zu bekommen, ob sich die notwendige Investition von Zeit und Geld in eine Bildungssoftware lohnt. Dazu muß er in der Lage sein, die Eigenschaften der Bildungssoftware in seinem Verwendungszusammenhang einzuschätzen: Auch hier ist eine ganzheitliche Sichtweise nützlich.

Eine ganzheitliche Sicht zeigt schließlich die Diskrepanz auf zwischen der Bedeutung der Evaluation für die Qualitätssicherung von Bildung im großen wie im kleinen und dem geringen Ausmaß, in dem Evaluation tatsächlich durchgeführt wird. Im großen werden viele Milliarden DM für unser Bildungswesen ausgegeben, aber kaum Geld für seine Evaluation. Im kleinen einer einzelnen Trainingsmaßnahme oder einer Bildungssoftware gilt in der Regel Entsprechendes.

Warum fällt es uns so schwer, eine ganzheitliche Sicht einzunehmen? Warum sehen wir oft den Wald vor lauter Bäumen nicht? Weil wir meistens damit beschäftigt sind, uns unmittelbar um die Bäume zu kümmern und darüber den Wald vergessen. Daher ist es nützlich, wenn wir eine theoriebasierte Unterstützung haben, die eine ganzheitliche Sicht fördert. Im folgenden wird versucht, einige Konzepte zur Förderung einer theoriegeleiteten, ganzheitlichen Sicht bei der Evaluation von Bildungssoftware bereitzustellen.

2 Forderungen an eine theoriegeleitete, ganzheitliche Evaluationsmethode

Welche Forderungen sollte man an eine effiziente Evaluationsmethode stellen, und zwar unabhängig von den Problemen bestehender Verfahren? Mit „effizient" meinen wir, daß eine Evaluationsmethode nicht nur zu einer angemessenen Bewertung ihres Bewertungsgegenstandes verhelfen sollte, sondern daß die Durchführung der Methode zusätzlich in einem vertretbaren Kosten-Nutzen-Verhältnis steht.

Wir befassen uns hier nicht mit allen wichtigen Forderungen, die man – und natürlich auch wir – an eine Evaluationsmethode stellen sollte, wie z.B.

Reliabilität und Validität der Urteile. Vielmehr arbeiten wir nur einige Aspekte heraus, die unserer Ansicht nach im Zusammenhang mit unserer Entwicklung einer neuen, ganzheitlichen und theoriegeleiteten Evaluationsmethode erwähnenswert sind.[1]

In einem ersten Zugang analysieren wir die Aufgabe, multimediale Lern- und Informationssysteme zu evaluieren. Entsprechend fragten wir: Was wird von der Aufgabenstellung einer Evaluation erwartet; wie kann die Aufgabe angemessen gelöst werden, und welche wichtigen Aspekte sind bei der Aufgabenlösung zu beachten?

Was wird von einer Evaluation erwartet?

Als Ergebnis der Evaluation eines multimedialen Lern- und Informationssystems dürfte in der Regel eine *Vorhersage* erwartet werden, ob der Einsatz der Software bei der beabsichtigten Anwendung hinreichend nützlich sein wird. Worin der Nutzen im einzelnen besteht, kann bei jedem Bewertungsfall eine unterschiedliche Gewichtung erfahren. Verschiedene Aspekte können Beachtung finden: ökonomische Aspekte, psychologische oder programmgestalterische Vorgehensweisen, die gerade für zeitgemäß gehalten werden usw. Die Hauptfrage dürfte in der Regel darin bestehen, ob die von dem betreffenden multimedialen Lern- und Informationssystem angestrebten Lernziele effizient erreicht werden, d.h. in einem günstigen Kosten-Nutzen-Verhältnis und ohne schädliche Nebenwirkungen. Darüber hinaus sollte Effizienz nicht nur von der Software erwartet werden, sondern auch von der Evaluation der Software. Auch diese sollte in einem günstigen Kosten-Nutzen-Verhältnis zu einem Urteil kommen. Das heißt u.a., daß für ein Evaluationsverfahren nachzuweisen ist, ob es den Evaluator unterstützt – möglichst besser als konkurrierende Verfahren.

Einige wichtige Eigenschaften einer Evaluationsmethode

Folgt man den diesen Überlegungen, so sind u.a. folgende fünf wichtigen Eigenschaften einer Evaluationsmethode zu berücksichtigen:

1) Eine Evaluationsmethode soll *flexibel* sein, d.h. folgenden Variationen der Anwendung gerecht werden:

---

1 Viele Aspekte zur Konstruktion und Evaluation multimedialer Bildungssoftware werden in diesem Buch angesprochen oder in der Literatur ausführlich behandelt (vgl. z.B. Dijkstra et al. 1997, Friedrich et al. 1997, Jarz 1997, Issing & Klimsa 1995, Tennyson et al. 1997, Wottawa 1998, Tergan 1998 sowie Beitrag 1).

a) Variation der Software
Dieselbe Evaluationsmethode sollte prognostisch für verschiedene Software anwendbar sein.

b) Variation der Adressaten der Software
Die Prognose sollte sich auf eine hinreichend repräsentative Stichprobe von möglichen Adressaten stützen. Mit „Adressaten" sind hier die Lernenden im Instruktionsprozeß gemeint. Wenn eine solche Stichprobe nicht zur Verfügung steht, sollte der Evaluator zumindest die Variationsbreite der Adressaten beachten. Dies ist sehr wichtig, weil eine Zielerreichung abhängt von der Diskrepanz zwischen Ausgangszustand und Zielzustand der jeweiligen Adressaten in bezug auf Wissen, Motivation, Emotion usw. Im Extremfall kann eine Nichtbeachtung dieser Forderung eine Zielerreichung verhindern.

c) Variation der Evaluatoren bzw. Evaluatorinnen der Software
bezüglich des jeweilig eingebrachten Ausmaßes von Wissen, Motivation, Emotion etc. Dieselbe Evaluationsmethode sollte handhabbar sein für verschiedene Evaluatoren. Daher gehen wir bei der Entwicklung unserer Evaluationsmethode ELISE davon aus, daß in der Regel Evaluatoren von Lern- und Informationssoftware zuallererst Inhaltsexperten (subject matter experts – SMEs) und weniger Vermittlungsexperten (Psychologen, Pädagogen, Instruktionsdesigner) sind.

d) Variation der Umstände, in denen die Software den Adressaten vermittelt wird
Dieselbe Lern- und Informationssoftware kann in verschiedenen Vermittlungsbedingungen (Settings) angeboten werden (z.B. kann ein Lehrer oder Tutor die Nutzung der Software unterstützen, oder der Lernende ist auf sich allein angewiesen). Eine entsprechende Evaluationsmethode sollte dies berücksichtigen.

e) Variation des möglichen Aufwandes zur Evaluation der Software
Der Aufwand zur Evaluation kann durch die zur Verfügung gestellten Ressourcen aber auch von der Sache her verschieden sein. Sollen z.B. sowohl ein umfangreiches, vielbenutztes Lernprogramm als auch ein kurzes, wenig benutztes Übungsprogramm evaluiert werden, dann würde man den größten Teil des Aufwandes nicht auf das Übungsprogramm konzentrieren. Daher sollte die Anwendbarkeit der Evaluationsmethode flexibel sein innerhalb der Spannbreite einer groben, kurzen Bewertung bis hin zu einer detaillierten, aufwendigen Evaluation.

f) Variation der Sichtweise der Bewertung
Schließlich können an die Bewertung von Lern- und Informationssyste-

men verschiedene Gesichtspunkte herangetragen werden, wie unterschiedliche Konzepte zum Instruktionsdesign, zur Lernpsychologie, zur organisatorischen Entwicklung. Daher liegt ein modularer Aufbau der Evaluationsmethode nahe, bei dem einzelne Module ausgewechselt werden können, ohne daß die Rahmenkonzeption aufgehoben wird.

Ein Evaluationsverfahren kann den Evaluator nicht ersetzen, sondern ihn nur unterstützen. Zu komplex sind die bei einer Evaluation zu berücksichtigenden Gesichtspunkte, als daß die Evaluation einem automatisierten Verfahren überlassen werden könnte. Hier gelten dieselben Überlegungen wie für ein automatisiertes Instruktionsdesign (M. Latzina & F. Schott 1995). Damit die Unterstützung des Evaluators effizient ist, sollte eine Evaluationsmethode adressaten-, evaluator- und theorieorientiert sein:

2) Eine Evaluationsmethode soll *adressatenorientiert* sein:
Die Evaluationsmethode sollte dem Evaluator helfen, Anwalt der Adressaten der Bildungssoftware zu sein. Dies bedeutet u.a., die psychologischen Prozesse der Adressaten beim Umgang mit der Software hinreichend zu berücksichtigen. Solche relevanten Prozesse beziehen sich beispielsweise auf Lernen, Problemlösen, Motivation und Emotion.

3) Eine Evaluationsmethode soll *evaluatorenorientiert* sein:
Evaluatorenorientiert heißt, den Evaluator bzw. die Evaluatorin der Software wirksam dort zu unterstützen, wo eine Unterstützung hilfreich ist. Evaluatorenorientiert heißt auch, daß Evaluatoren kognitiv und motivational bei ihrer Bewertungsarbeit nicht überfordert werden dürfen und daß Evaluatoren oft keine Fachleute für Lehr-Lernprozesse, also z.B. keine Psychologen sind. Kurzum, die Evaluationsmethode soll Evaluatoren nicht nur unterstützen, sie soll darüber hinaus für sie auch leicht handhabbar sein.

4) Eine Evaluationsmethode soll *theorieorientiert* sein:
Die Evaluationsmethode sollte eine theoretisch fundierte konzeptuelle Grundlage haben. Bei einem theorieorientierten Verfahren ist es möglich, aufgrund von Erfahrungen die Evaluationsmethode gezielt zu verbessern, weil die Struktur des Verfahrens und die Konzepte, die seiner Wirkung zugrunde liegen, offengelegt sind.

5) Eine Evaluationsmethode sollte schließlich *ganzheitlich* sein:
Ganzheitlich heißt, die Evaluationsmethode sollte die Evaluatoren darin unterstützen, nicht nur einzelne Bewertungsaspekte isoliert zu bearbeiten, sondern das zu evaluierende Bildungsvorhaben auch in seiner jeweiligen Gesamtheit zu betrachten und zu bewerten; denn nur unter Beach-

tung des Verwendungszusammenhangs, des gesamten Settings, in dem die Software angewandt wird, und aller Eigenschaften der Lernenden sowie der Lernsoftware selbst kann eine Evaluationsmethode möglichst effizient den Evaluator unterstützen.

Wir gehen davon aus, daß eine zweckmäßige Theorie über die Analyse und Gestaltung von Lernumgebungen, die wir auch „Instruktionstheorie" nennen, die Aspekte des Punktes (1) *Flexibilität* und des Punktes (5) *Ganzheitlichkeit* berücksichtigt. Dann kann man zusammenfassen: Eine Evaluationsmethode sollte adressaten-, evaluatoren- und theorieorientiert sein. Im folgenden Kapitel stellen wir eine solche Instruktionstheorie namens UCIT vor, die Grundlage eines theoriegeleiteten, ganzheitlichen Vorgehens bei einer Evaluation sein kann. UCIT ist auch die theoretische Basis des von uns entwickelten Evaluationsverfahrens ELISE.

3 Ein Ansatz zur Fundierung einer theoriegeleiteten, ganzheitlichen Evaluation

Im folgenden werden zunächst die Begriffe „Instruktion", „Instruktionsdesign" und „Instruktionstheorie" definiert. Davon ausgehend wird UCIT, ein ganzheitlicher Ansatz zu einer Instruktionstheorie, vorgestellt und darauf aufbauend ein UCIT-basiertes Instruktionsdesign als Werkzeug für eine theoriegeleitete, ganzheitliche Konstruktion und Evaluation von Bildungssoftware entwickelt. Der Beitrag schließt mit einem Ausblick auf ELISE, eine UCIT-basierte Methode zur Evaluation aus theoriegeleiteter, ganzheitlicher Sicht.

3.1 Die Begriffe Instruktion, Instruktionsdesign und Instruktionstheorie

Für die verschiedenen Formen von „Unterricht", „Erziehung", „Bildung", Lehre", „Training", „Unterweisung", „Fortbildung", „Weiterbildung", „Persönlichkeitsförderung", „Personalentwicklung" usw. gibt es im Deutschen keinen einheitlich verwendeten Sammelbegriff. Diese verschiedenen Bezeichnungen können unterschiedliche Assoziationen hervorrufen und werden teilweise in verschiedenen Kontexten verwendet. Wir wählen als Sammelbegriff „Instruktion". „Instruktion" nennen wir die geplante Bereitstellung von Lernmöglichkeiten, um es bestimmten Personen zu ermöglichen, mehr oder weniger festgelegte Ziele zu erreichen (vgl. Schott, Kemter & Seidl 1995).

Instruktion ist empfehlenswert, wenn eine Person sich bestimmtes Wissen oder bestimmte Fertigkeiten ohne Hilfe gar nicht oder nur mit unnötigem Aufwand aneignen kann. Instruktion beinhaltet zusätzlich, daß jemand die Intention hat, bestimmten Personen zu ermöglichen, bestimmte Ziele zu erreichen. Diese Ziele können verschiedene Namen tragen, wie z.B. Lehr-, Lern-, Unterrichts-, Erziehungs-, Trainings- oder Bildungsziele.

Bei der Analyse von Instruktion lassen sich drei Ebenen unterscheiden (vgl. Schott & Driscoll 1997). Die erste Ebene bezieht sich auf beobachtbare, vorfindbare Ereignisse während einer Instruktion. Beispielsweise fragt ein Ausbilder die Lehrlinge nach der Begründung für eine bestimmte Unfallschutzmaßnahme.

Die zweite Ebene bezieht sich auf die Regeln und Strategien, die der unmittelbar beobachtbaren Instruktion zugrunde liegen. In unserem Beispiel geht der Ausbilder im Sinne eines fragend-entwickelnden Lehrer-Schüler-Gesprächs vor. Manchmal sind diese Vorgehensweisen sorgfältig ausgearbeitet. Sie stellen dann das Ergebnis von Methoden der Instruktionsplanung dar und realisieren bestimmte Lehrmethoden. Die Instruktionsplanung wie auch ihr Ergebnis, eine bestimmte Instruktionskonzeption, wird auch als „Instruktionsdesign" (Schott 1991, 1992) bezeichnet. In den spezifischen Bereichen von Instruktion für Kinder und Erwachsene, für verschiedene Disziplinen, für verschiedene Medien usw. läßt sich eine Mannigfaltigkeit von Gestaltungsvorschlägen finden. Andrews und Goodson (1980) haben vierzig Modelle des Instruktionsdesigns analysiert und immer wieder auftretende typische Teilschritte identifiziert.

Die dritte Ebene schließlich betrifft die theoretischen Konzepte, die den verschiedenen Methoden und Modellen der Gestaltung von Instruktion zugrunde gelegt werden können bzw. sollen. Eine solche Theorie enthält Prinzipien, die für alle solchen Methoden und Modelle gelten sollen, und wird hier „Instruktionstheorie" genannt. Instruktionstheorie dient so gesehen als Theorie der Technologie zur Bereitstellung von Lernmöglichkeiten, kurz als Theorie der Instruktionstechnologie. Dabei bezieht sich der Begriff Instruktionstechnologie auf *alle* Vorkehrungen für diese Bereitstellung – nicht nur auf Geräte und Programme zu deren Betrieb. Die immer wieder anzutreffende Verkürzung des Begriffs Instruktionstechnologie auf elektronische Hardware samt dazugehöriger Software auf einschlägigen Messen, in den Massenmedien und leider auch in manchen wissenschaftlichen Fachdiskussionen und -publikationen schafft unnötige Aversionen gegen Technologie. Diese Betrachtungsweise ist abzulehnen, da – wie schon ausgeführt – letztlich doch über die unmittelbare Technik der „Neuen Medien" hinaus jeweils die gesamte Lernumgebung ganzheitlich betrachtet werden muß, wenn Instruktion nachhaltig erfolgreich sein soll. Neben und mit der Instruktionstheorie sollten natürlich andere Wissenschaftszweige ihren Beitrag zur Gestaltung von Instruktion leisten, wie z.B. Pädagogische Psychologie, Erziehungswissenschaft, Philosophie, Soziologie.

3.2 UCIT, ein ganzheitlicher Ansatz zu einer Instruktionstheorie

UCIT ist die Abkürzung von **U**niversal **C**onstructive **I**nstructional **T**heory.[2] UCIT findet bereits Verwendung bei der Analyse, Planung und Konstruktion von multimedialen Lern- und Informationssystemen (vgl. Jarz 1997) sowie bei multimedialem „TeleLearning" (vgl. Schwarzer 1998).

UCIT kann hier nur kurz skizziert werden, eine ausführlichere Darstellung findet sich bei Schott & Driscoll (1997). Um ihre Aufgabe als präskriptive, d.h. anwendungsorientierte Instruktionstheorie zu erfüllen, soll UCIT folgende Eigenschaften besitzen: universell, ganzeitlich, systemisch, konstruktiv, präskriptiv, human, psychologisch und effizient:

– *universell* in dem Sinne, daß es für alle multimedialen Instruktionssysteme geeignet ist (Instruktion hier in dem weiter oben erläuterten, allgemeinen Sinne);

– *ganzheitlich* in dem Sinne, daß alle relevanten Bestandteile eines Instruktionssystems als Teil eines Ganzen betrachtet werden können;

– *systemisch* in dem Sinne, daß die Interaktionen zwischen den einzelnen Komponenten des Instruktionssystems beachtet werden;

– *konstruktiv* in dem Sinne, daß es sich sowohl bei den Lernenden als auch bei den Designern um konstruktive Akte handelt, wenn sie neues Wissen erwerben bzw. wenn sie Instruktion gestalten;

– *präskriptiv* in dem Sinne, daß UCIT eine anwendungsorientierte Theorie sein will, deren oberstes Ziel die Nützlichkeit ist;

– *human* in dem Sinne, daß es den Menschen in seinen psychologischen Eigenarten und in seiner Würde respektiert;

---

2   UCIT wird seit 1991 entwickelt, als Sanne Dijkstra von der Twente Universität in den Niederlanden, Robert Tennyson von der University of Minnesota in den USA, Norbert Seel und der Autor dieses Beitrages, die beiden letztgenannten damals am Deutschen Institut für Fernstudienforschung (DIFF) in Tübingen, ein zweibändiges Buch zum Thema „Instructional Design: International Perspectives" konzipierten und später herausgaben (Dijkstra et al. 1997 bzw. Tennyson et al. 1997). Natürlich sollte dieses Buch auch einen Beitrag über Instruktionstheorie enthalten, eine Thematik, die zur Zeit trotz ihrer Bedeutung wenig Beachtung findet. Der Artikel von Schott und Driscoll „On the Architectonics of Instructional Theory" (1997) zeigte einen Rahmen für solch eine Theorie auf, und UCIT ist ein Ansatz dazu. Über die Verwendung von UCIT bei Multimedia veröffentlichten Schott, Kemter und Seidl einen kurzen Beitrag (1995).

– *psychologisch,* indem die psychologischen Lernprozesse beachtet werden; und

– *effizient* in dem Sinne, daß gute Kosten-Nutzen-Relationen angestrebt werden.

UCIT besteht aus drei Arten von Bestandteilen, nämlich:

1) drei Prozessen
2) vier Komponenten
3) Möglichkeiten-Grenzen-Systemen.

Diese Bestandteile können vom Aspekt der Analyse und der Synthese betrachtet werden. Zunächst zur Unterscheidung der drei Arten von Bestandteilen:

1) Drei Prozesse von UCIT:

Die drei Prozesse sind: Wissensnutzung, Wissenserwerb und Wissensspeicherung. Wissen ist dabei sehr breit gefaßt und umfaßt nicht nur Faktenwissen, sondern jedwede Information, die ein Mensch für seine Auseinandersetzung mit der Umwelt gespeichert hat, also dasjenige, was man in der Psychologie oft „Weltwissen" nennt. Solches Wissen enthält Faktenwissen, Problemlösestrategien, Motivationen, Emotionen, Absichten. Wissen sollte dafür dasein, daß es genutzt wird. Viele Wissensbestandteile müssen über einen Wissenserwerb angeeignet und über eine Wissensspeicherung abgelegt werden, sei es intern „im Kopf" oder extern gespeichert wie auf Papier oder auf elektronischen Medien.

2) Vier Komponenten von UCIT:

Die vier Komponenten von UCIT sind: Lernende, Lernaufgaben, Lernumgebungen und Bezugsrahmen. Lernende sind die Adressaten der Instruktion. Die Lernaufgabe betrifft dasjenige, was einem bestimmten Adressaten mit einem bestimmten Vorwissen bezüglich eines bestimmten Lernzieles noch zu vermitteln ist (also verkürzt gesagt: „Lernziel minus Vorwissen"). Die Lernumgebung betrifft all jene Maßnahmen und Materialien, die zum Zwecke der Vermittlung der Lernaufgabe an die Lernenden arrangiert werden, also nicht nur den Computer oder das Buch, sondern auch das „Setting", in dem diese Medien benutzt werden (z.B. auch die Lehrmethoden und die Zeiteinteilung). Der Bezugsrahmen schließlich betrifft solche Aspekte der Vermittlung der Lernaufgabe, die nicht beeinflußt, sehr wohl aber beachtet werden müssen. Die vier Komponenten hängen zusammen, wie in Abbildung 1 gezeigt wird. Wissensnutzung, -speicherung und -erwerb spielen bei der Vermittlung eine

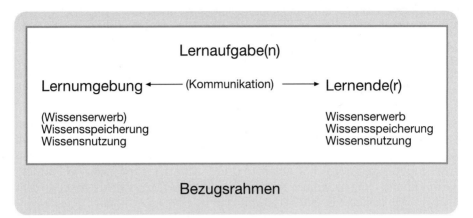

Abb. 1: Vier Komponenten und drei Prozesse eines Lehr-Lern-Systems

Rolle. Auch bei der Lernumgebung spielen Wissensspeicherung (z.B. im Buch oder auf der Festplatte) und Wissensnutzung (z.B. durch den Computer) eine Rolle, Wissenserwerb nur insofern, als das System lernfähig ist (z.B. bei intelligenten tutoriellen Systemen).

3) Möglichkeiten-Grenzen-Systeme von UCIT:

Die vier Komponenten (Lernende/r, Lernaufgaben, Lernumgebung und Bezugsrahmen) einer bestimmten Instruktion sollten als Ganzes in ihrem Zusammenwirken betrachtet werden. Sie bilden ein situatives Möglichkeiten-Grenzen-System (SPC-System, als Abkürzung von **s**ituated **p**ossibility **c**onstraint system). Die Quellen der Möglichkeiten und der Grenzen für diese Instruktion sind bei den vier Komponenten (und damit auch bei den drei Prozessen) von UCIT situationsspezifisch (daher „situativ") zu finden.

Die Bestandteile von UCIT können vom Aspekt der Analyse und Synthese betrachtet werden. Wird eine bestimmte Instruktion geplant, so ist zunächst zu *analysieren*, in welchen Rahmenbedingungen sie realisiert werden kann, also welche Möglichkeiten und Grenzen zu beachten sind. Entsprechend werden die vier Komponenten von UCIT (Lernende/r, Lernaufgaben, Lernumgebung und Bezugsrahmen) und ihr Zusammenwirken als SPC-System analysiert. Das Ergebnis ist ein bestimmtes analytisches situatives Möglichkeiten-Grenzen-System (ein bestimmtes analytisches SPC-System), also die Rahmenbedingungen, innerhalb deren diese Instruktion realisiert werden kann.

Ausgehend von diesen Rahmenbedingungen lassen sich nun zur Realisation der angestrebten Instruktion verschiedene Lernaufgaben und Lernumgebungen gestalten. Hier gibt es in der Regel nicht die eine gute Lösung. Man kann das Instruktionsdesign mit dem Konstruieren von Ingenieuren oder dem Gestalten von Architekten vergleichen. Bei gegebenen Randbedingungen gibt es unterschiedliche geeignete Lösungen. So gesehen ist das Instruktionsdesign ein Zusammenfügen (eine Synthese) von unterschiedlichen, entsprechend den Rahmenbedingung zu beachtenden Aspekten. Diese konstruktive, kreative Arbeit ist das eigentliche Gestalten beim Instruktionsdesign. Das Ergebnis dieser Synthese sind die synthethischen Bestandteile von UCIT, die situativen, rekonstruierten Lernaufgaben (RLTs als Abkürzung von situated, reconstructed learning tasks) und die situativen, rekonstruierten Lernumgebungen (RLE als Abkürzung von situated, reconstructed learning environment), die zusammen das synthetische Möglichkeiten-Grenzen-System (synthetisches SPC-System) der so und nicht anders gestalteten, angestrebten Instruktion bilden.

3.3 UCIT-basiertes Instruktionsdesign als Werkzeug für eine theoriegeleitete, ganzheitliche Konstruktion und Evaluation von Bildungssoftware

Um ein theoriegeleitetes, ganzheitliches Werkzeug für eine theoriegeleitete, ganzheitliche Konstruktion und Evaluation von Bildungssoftware zu entwickeln, kombinierten wir die Konstruktionskomponenten von UCIT mit Aspekten des Instruktionsdesigns (zum Instruktionsdesign vgl. Schott 1991, 1992; Dijkstra et al. 1997 sowie Tennyson et al. 1997). Als Ergebnis kann der Designprozeß bzw. der Evaluationsprozeß für multimediale Lern- und Informationssysteme in Form des „Dresdner Eis" gesehen werden (Abbildung 2).

Zunächst ist zu prüfen, welchem Bedarf die Bildungssoftware gerecht werden soll, d.h. ob mit Erreichen des Gesamtziels der beabsichtigten Instruktion tatsächlich das zu bewältigende Problem gelöst wird. Dazu ist eine Analyse des Handlungsbedarf durchzuführen, kurz Bedarfsanalyse (needs assessment).

So kann z.B. in der Abteilung eines Betriebs eine erhöhte Unfallrate Gegenmaßnahmen erfordern. Die Verantwortlichen beschließen, die Beschäftigten dieser Abteilung an einem Lernprogramm zur Unfallverhütung teilnehmen zu lassen. Die Beschäftigten erreichen das Gesamtziel dieses Programms, trotzdem sinkt die Unfallrate nicht. Nähere Untersuchungen zeigen dann, daß nicht mangelndes Wissen die Ursache der hohen Unfallrate war, sondern geringe Motivation. Eine sorgfältige Bedarfsanalyse hätte den unnötigen und nur vordergründig erfolgreichen Einsatz des Lernprogrammes (die Lernziele wurden erreicht) vermeiden können.

Dann wird, abgestimmt auf die Bedarfsanalyse, das Gesamtziel des Instruktionsvorhabens festgelegt.

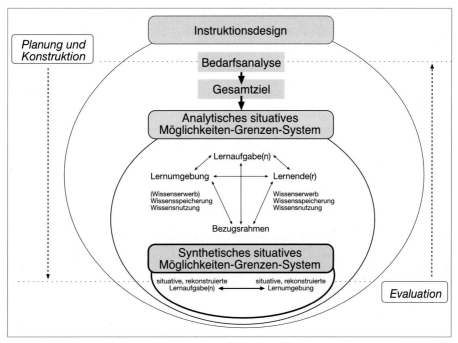

Abb. 2: Das Dresdner Ei (Version 1.5):
Eine Kombination von Aspekten des Instruktionsdesigns und der Instruktionstheorie UCIT: Die Planung und Konstruktion beim Instruktionsdesign geht von einer Bedarfsanalyse aus, formuliert ein Gesamtziel, prüft die Rahmenbedingungen, die durch das analytische situative Möglichkeiten-Grenzen-System über die Komponenten Lernaufgabe(n), mögliche Lernumgebung(en), Lernende(r) und Bezugsrahmen bestimmt werden und realisiert ein konkretes Instruktionsvorhaben in Form eines konkreten synthetischen situativen Möglichkeiten-Grenzen-Systems, gebildet durch situative, rekonstruierte Lernaufgaben und eine situative, rekonstruierte Lernumgebung. Die Evaluation geht den umgekehrten Weg.

Nach der Bestimmung des Gesamtzieles werden die Rahmenbedingungen der geplanten Instruktion erkundet, als analytisches situatives Möglichkeiten-Grenzen-System, gebildet durch die vier UCIT-Komponenten Lernende(r), Lernaufgabe(n), mögliche Lernumgebung(en) und Bezugsrahmen.

Sind die Rahmenbedingungen analysiert, wird die Instruktionsplanung und -konstruktion realisiert: Ein synthetisches situatives Möglichkeiten-Grenzen-System wird gestaltet, indem die rekonstruierten, situativen Lernaufgaben und die rekonstruierte, situative Lernumgebung entwickelt werden.

Der Evaluationsprozeß durchläuft den Planungs- und Konstruktionsprozeß gleichsam vom Endprodukt beginnend. Zunächst ist die Evaluation konfrontiert mit einem fertigen multimedialen Lern- und Informationssystem, d.h. in der Sprache von UCIT: mit situativen rekonstruierten Lernaufgaben, vermittelt durch eine situative rekonstruierte Lernumgebung. Diese gilt es zunächst zu analysieren. Danach ist zu fragen, welche Alternativen es gegeben hätte. Es ist also das analytische situative Möglichkeiten-Grenzen-System (SPC-System) zu reanalysieren. So kann nach möglichen Alternativen unter den Randbedingungen der Erstellung der betreffenden Software gefragt werden. Dann ist zu fragen, ob mit der vorhandenen Software das angestrebte Gesamtziel erreicht wird. Falls das Gesamtziel erreicht wird, ist schließlich durch eine Bedarfsanalyse (im Sinne von needs assessment) zu prüfen, ob auch die Probleme gelöst werden, derentwegen die Software entwickelt wurde.

Soweit der konzeptuelle Hintergrund für eine theoriegeleitete, ganzheitliche Evaluation, vom Blickpunkt des Instruktionsdesigns und der Instruktionstheorie aus betrachtet. Da die Vorgehensweisen zur Evaluation von Bildungssoftware meistens kaum theoretisch begründet werden, lohnt es sich, zunächst theoretisch begründete Forderungen an eine Evaluationsmethode für Bildung(ssoftware) zu entwickeln.

3.4 ELISE: Eine UCIT-basierte Methode zur Evaluation aus theoriegeleiteter, ganzheitlicher Sicht

Ausgehend von den in diesem Beitrag vorgestellten Überlegungen

1) zur Notwendigkeit einer theoriegeleiteten, ganzheitlichen Sicht bei der Evaluation von Bildungssoftware,

2) zu Forderungen, die eine theoriegeleitete, ganzheitliche Evaluationsmethode erfüllen sollte, und

3) zu konzeptuellen Grundlagen betreffend Instruktion, Instruktionsdesign und insbesonders Instruktionstheorie, welche helfen sollen, die in Kapitel 2 aufgestellten Forderungen einzulösen,

wurde ein Evaluationsverfahren für multimediale Lern- und Informationssoftware mit dem Namen „ELISE" entwickelt. ELISE ist die Abkürzung von: **e**ffiziente **L**ern- und **I**nformations-**S**ystem-**E**valuation. ELISE soll den hier genannten Kriterien genügen. Ein erster Prototyp – ELISE Version 1.0 – wurde während der Evaluation der multimedialen Lernsoftware „EDV im Handwerk" entwickelt. Die Anwendung dieses Evaluationsinstrumentes wird in Teil B, Beitrag 10, näher beschrieben. (Eine aktuelle Version von ELISE ist auf Anfrage beim Autor erhältlich.)

Bis zur Drucklegung dieses Buches hat sich ELISE weiter entwickelt, obwohl sie den Kinderschuhen noch nicht entwachsen ist.

Mit zwei Studenten (Silvio Sachse und Thomas Schubert), die auch am Beitrag 10 in diesem Buch beteiligt waren, wurde der Prototyp ELISE, Version 1.0, weiterentwickelt. Dabei wurden die bisher gemachten Erfahrungen ausgewertet (vgl. Beitrag 10). Die so entstandene Version 1.1 gliedert sich wie folgt:

A   Einführung

B   Theoretischer Hintergrund

C   Evaluieren mit ELISE

    1. Teilaufgabe: Bestimmung von Umfang und Auflösungsgrad der Evaluation

    2. Teilaufgabe: Sechs Schritte zur Analyse eines Programm-Moduls oder Submoduls
        1. Schritt: Analyse der Programmstruktur
        2. Schritt: Feinanalyse (optional)
        3. Schritt: Analyse des Lehr-Lern-Systems
        4. Schritt: Analyse des Lernprozesses
        5. Schritt: Analyse möglicher Alternativen
        6. Schritt: Gesamteinschätzung des untersuchten Moduls/Submoduls

    3. Teilaufgabe: Empirische Erprobungen (optional)

    4. Teilaufgabe: Revisionen (optional)

    5. Teilaufgabe: Zusammenfügen der Teilevaluationen

    6. Teilaufgabe: Bedarfsanalyse

    7. Teilaufgabe: Kritischer Rückblick und Gesamtbewertung

D   Literaturhinweise

E   Anlagen (Formblätter zu Unterstützung der Evaluation mit ELISE)

Nach einer kurzen Einführung (Teil A) wird dem Anwender von ELISE der theoretische Hintergrund erläutert. Es folgt das eigentliche Evaluationsverfahren (Teil C), aufgeteilt in 7 Teilaufgaben, die im einzelnen dem Anwender erläutert werden. Dabei gehen wir davon aus, daß der Anwender ein Inhaltsexperte bezüglich der zu bewertenden Software ist, nicht aber unbedingt ein Vermittlungsexperte (Psychologe oder Pädagoge). Bei der 1. Teilaufgabe werden die Evaluatoren bei der Abschätzung des Aufwandes der beabsichtigten Evaluation durch einen „Evaluationsplan" (ein Formblatt) unterstützt.

Ausgehend von dieser Version 1.1 von ELISE entwickeln wir z. Zt. mit Studenten eine Version für Lehrer. Wir gehen davon aus, daß Lehrer in Zukunft stärker gefordert sind, Lernsoftware kritisch einzuschätzen.

Zur Verbesserung der Lernprozeßanalyse untersuchen wir derzeit in einem Kooperationsprojekt mit einem Institut für Elektrotechnik ein komplexes Praktikum für Elektrotechnikingenieure, die Prozeßautomatisierung (von großen Industrieanlagen wie Raffinerien oder Atomkraftwerken) erlernen sollen. An sogenannten Kleinversuchsanlagen, die konkret als Modelle Steuerungsprobleme repräsentieren, und daran angeschlossenen Computern, die mit professioneller Steuersoftware arbeiten, lernen Studenten am Ende ihres Studiums mit Problemen der Prozeßsteuerung und Automatisierung umzugehen. Dabei müssen sie viel Wissen aus ihrem bisherigen Studium integriert anwenden. Es geht also um ein sehr komplexes, multimediales Lehr-Lern-Vorhaben, bestehend aus konkreten Prozeßmodellen, Sensoren und Aktoren, die von Computern gesteuert werden, Handbüchern, Veranstaltungsleiter und Mitstudenten. Wir sind z. Zt. dabei, eine neue Methode zur Analyse, Konstruktion und Evaluation multimedialer Lernumgebungen zu entwickeln (Schott, 1999a). Dabei werden die hier dargestellten Ansätze einer theoriegeleiteten, ganzheitlichen Vorgehensweise weiter ausgebaut. Dies wiederum hat Konsequenzen für die theoretischen Grundlegungen unseres ganzheitlichen Ansatzes (Schott, 1999b).

Die Vorgehensweise von ELISE kann auch nützlich sein zur Abschätzung, ob sich die Planung und Konstruktion eines bestimmten multimedialen Lern- und Informationssystems lohnt. Da solche Entwicklungen sehr kostenintensiv sind, ist es ratsam, vor Beginn der eigentlichen Feinplanung und Konstruktion eine Kosten-Nutzen-Analyse durchzuführen. Dazu kann ELISE eine Schwester bekommen, die wir als mögliches Projekt „ELISA" nennen, wobei der letzte Buchstabe von ELISE durch ein „A" ersetzt wird, welches sich auf die **A**nalyse des Nutzens eines beabsichtigten Multimedia-Entwicklungsprojektes verweist. ELISA wäre somit die Abkürzung für **e**ffiziente **L**ern- und **I**nformations-**S**ystem-Nutzen**a**nalyse.

Wie die meisten Väter ihren Töchtern wünsche ich ELISE eine gute Entwicklung und ein langes Leben. Vielleicht werden Leser dieses Buches als unsere Kooperationspartner ELISE fördern.

Literatur

Andrews, D.H. & Goodson, L.A. (1980). A comparative analysis of models of instructional design. *Journal of Instructional Development,* 3(4), 2–16.

Baker, E. & O'Neil, H. (Eds.) (1994). Technology Assessment in Education and Training. Hillsdale, NJ: Lawrence Erlbaum Associates.

Basarab, D. & Root, D. (1994). The Training Evaluation Process. Boston, Dordrecht, London: Kluwer Academic Publishers.

Briggs, L.J., Gustafson, K.L. & Tillman, M.H. (Eds.) (1991). Instructional Design: Principles and Applications. 2nd ed. Englewood Cliffs, NJ: Educational Technology Publications.

Dijkstra, S., Seel, N., Schott F. & Tennyson, R. (Eds.) (1997). Instructional Design: International Perspectives. Volume II: Solving Instructional Design Problems. Hillsdale, NJ: Lawrence Erlbaum Associates.

Friedrich, H.F., Eigler, E., Mandl, H., Schnotz, W., Schott, F. & Seel, N.M. (Hrsg.) (1997). Multimediale Lernumgebungen in der Betrieblichen Weiterbildung. Neuwied, Kriftel, Berlin: Luchterhand.

Gagné, R.M. (1977). The Conditions of Learning. 3rd ed. New York: Holt, Rinehart & Winston

Gagné, R.M., Briggs, L.J. & Wager, W.W. (1988). Principles of Instructional Design. 3rd ed. Fort Worth, FL: Holt, Rinehart and Winston.

Issing, L. & Klimsa, P. (Hrsg.) (1995). Information und Lernen mit Multimedia. Weinheim: Psychologie Verlags Union.

Jarz, E. (1997). Entwicklung multimedialer Systeme. Planung von Lern- und Masseninformationssystemen. Wiesbaden: Deutscher Universitätsverlag.

Latzina, M. & Schott, F. (1995). Psychological Processes of Planning in Instructional Design Teams: Some Implications for Automating Instructional Design. In R. Tennyson & A. Barron (Eds.), Automating Instructional Design: Computer-Based Development and Delivery Tools (pp. 131–147). Berlin, Heidelberg, New York: Springer.

O'Neil, H. & Baker, E. (Eds.) (1994). Technology Assessment in Software Applications. Hillsdale, New Jersey: Lawrence Erlbaum Associates.

Reiser, R.A. & Dick, W. (1990). Evaluation instructional software. *Educational Technology: Research and Development*, 38(3), 43–50.

Schott, F. (1991). Instruktionsdesign, Instruktionstheorie und Wissensdesign: Aufgabenstellung, gegenwärtiger Stand und zukünftige Herausforderungen. *Unterrichtswissenschaft,* 19, 195–217.

Schott, F. (1992). Instruktionsdesign. Auf dem Weg zur Lernkultur bei der Erwachsenenbildung. *Education permanente. Schweiz. Zeitschrift für Erwachsenenbildung,* 2, 70–77.

Schott, F. & Driscoll, M. (1997). On the Architectonics of Instructional Theory. In: S. Dijkstra, F. Schott, N. Seel & R. Tennyson (Eds.), Instructional Design: International Perspectives. Hillsdale, New Jersey: Lawrence Erlbaum Associates. Volume I: R. Tennyson & F. Schott (Eds.), Theory and Research, Part A: Theoretical Foundations of Instructional Design, Chapter 7.

Schott, F., Kemter, S. & Seidl, P. (1997). Instruktionstheoretische Aspekte multimedialer Lernumgebungen (Theoretical aspects of instruction of multimedia learning environments). In L. Issing & P. Klimsa (Hrsg.), Information und Lernen mit Multimedia. Weinheim: Psychologie Verlags Union. S. 179–192.

Schott, F., Sachse, S. & Schubert, T. (1998). ELISE – ein theorie-, adressaten- und evaluatoren-orientiertes Verfahren zur ganzheitlichen Evaluation von multimedialen Lern- und Informationssystemen (Version 1.1). Diskussionspapier 61 der Abt. Pädagogische Psychologie I am Institut für Pädagogische Psychologie und Entwicklungspsychologie an der Technischen Universität Dresden.

Schott, F., Herrmann, U., Grzondziel, H. & Hillebrandt, D. (1999a). ELIS-ID and ELIS-E: First steps developing an approach of wholistic and theory-oriented instructional design and evaluation. Vortrag gehalten auf der 8th European Conference for Research on Learning and Instruction, 24.–28. August, 1999, Göteborg, Schweden. Diskussionspapier 62 der Abt. Pädagogische Psychologie I am Institut für Pädagogische Psychologie und Entwicklungspsychologie an der Technischen Universität Dresden.

Schott, F. (1999b). Instruktionstheorie als benutzerfreundlicher, präskriptiver Ansatz. Vortrag gehalten auf der 7. Tagung Pädagogische Psychologie in Freiburg/Schweiz, 13.–16. September, 1999. Diskussionspapier Nr. 63 der Abt. Pädagogische Psychologie I am Institut für Pädagogische Psychologie und Entwicklungspsychologie an der Technischen Universität Dresden.

Schwarzer, R. (Hrsg.) (1998). MultiMedia und TeleLearning. Frankfurt/Main, New York: Campus.

Tennyson, R., Schott, F., Seel, N. & Dijkstra, S. (Eds.) (1997). Instructional Design – International Perspectives. Volume I: Theory, Research, and Models. Hillsdale, NJ: Lawrence Erlbaum Associates.

Tergan, S.-O. (1998). Checklists for the evaluation of educational software: critical review and prospects. *Innovations in Education and Training International (IETI),* 35(1), 9–20.

Walberg, H. & Haertel, G. (Eds.) (1990). The International Encyclopedia of Educational Evaluation. Oxford: Pergamon Press.

Wottawa, H. & Thierau H. (1998). Lehrbuch Evaluation. 2. überarb. Aufl. Bern: Huber.

Teil B
Methoden
der
Qualitäts-
evaluation

Alfred Lottmann Die multimediale Bildungs-
software „Informations- und
Kommunikationstechniken im
Handwerk – IKTH"

Ein Modellversuch zur beruflichen
Bildung

1 Problemskizze

Die gegenwärtige Marktsituation zwingt Handwerksbetriebe, immer schärfer
zu kalkulieren. Dazu ist es notwendig, über die gesamten Kostenstrukturen im
Betrieb genaue Kenntnisse zu haben. Auch kleinere Handwerksbetriebe planen deshalb, ihre Büroarbeiten, aber auch ihre Konstruktions- und Ferti-
gungsaufgaben mit EDV effektiver zu organisieren. Sie verbinden damit die
Hoffnung, Zeit zu sparen und flexibler als bisher auf Kundenwünsche eingehen zu können und die Kosten in den Griff zu bekommen. Ein Problem
scheint für den Handwerker allerdings fast unüberwindbar: das Problem der
Zeit. Der Betriebsinhaber muß sich um seinen Betrieb von morgens bis
abends kümmern und dabei neue Aufträge heranschaffen, um den Betrieb am
Laufen zu halten. Dabei gerät die Weiterbildung des Betriebsinhabers, seiner
Frau, seiner Meister ins Hintertreffen.

Dies war – auf einen Nenner gebracht – das Ergebnis eines von der Münchner Volkshochschule im Frühjahr 1990 durchgeführten Expertengesprächs
zum Thema „Weiterbildungsbedarf im Handwerk". Bei diesem Experten-
gespräch wurden die nachstehende Problempunkte herausgearbeitet:

– Es gibt einen generell hohen Bedarf, aber auch eine wachsende
  Bereitschaft bei den Handwerksbetrieben, mit Hilfe des Einsatzes von
  EDV, insbesondere PC-Lösungen, vor allem im kaufmännischen Bereich
  die Betriebsführung zu unterstützen. Neben der kaufmännischen Unterstützung der Betriebsführung gab es auch das Problem der CNC- und
  CAD-Unterstützung, die die Produktion rationalisieren und verbessern können, ohne von der gewohnten handwerklichen Qualität wegzuführen.

– Es wurde von den Handwerksbetrieben darüber geklagt, daß jeder Unternehmer Gefahr läuft, zu große Anlagen mit viel zu komplexen Programmen zu kaufen, die nicht nur teuer sind, sondern vor allem zu kompliziert. Das heißt, es besteht dort ein großer Bedarf an Entscheidungsinformation, wenn es darum geht, im eigenen Betrieb den Einsatz von EDV zu planen und durchzusetzen. Neben der Kaufentscheidung sind auch die Anforderungen an die Mitarbeiter zu klären.

– Ein weiterer Qualifizierungsbedarf ergab sich dort, wo bereits gekaufte Hard- oder Software in den betrieblichen Prozeß einzuführen war. (Es wurden Beispiele genannt, wo man mit der Bedienung nicht zurechtkam und die gekauften Systeme ungenutzt blieben.)

– Unsicherheit und Unwissenheit bestand in der Beurteilung der Leistungsfähigkeit von Software, die logischen Abfolgen in der Produktion zu überwachen und zu steuern.

– Übereinstimmend wurde von den an dem Gespräch beteiligten Experten betont, wie wenig Zeit Handwerksmeister und ihre Mitarbeiter für Weiterbildung einsetzen.

2 Konzeption des Modellversuchs

Als Antwort wurde ein Modellversuch „Arbeitsplatznahe, zeitlich und örtlich unabhängige Qualifizierung" mittels eines computerbasierten Lern- und Informationsprogramms vorgeschlagen. Der Vorschlag, ein solches Programm zu entwickeln, wurde vom BIBB aufgegriffen. Ende 1991 bekam die „Arge IKTH" den Auftrag, im Rahmen eines Modellversuchs ein flexibles Weiterbildungsangebot im Handwerk zu entwickeln, das bei den geschilderten Problemen und Defiziten ansetzt und Lösungsmöglichkeiten nahelegt. Hierzu wurde bereits bei der Antragstellung zwischen der Münchner Volkshochschule und der Handwerkskammer für München und Oberbayern eine BGB-Gesellschaft gegründet, die „Arge IKTH". Federführend für die Arge war die Münchner Volkshochschule GmbH, Abteilung Berufliche Bildung. Neben dieser „Arge IKTH" wurde die Gesellschaft für Ausbildungsforschung und Berufsentwicklung (GAB), München, mit der wissenschaftlichen Beratung und Begleitung dieses Projektes beauftragt.

Nach einer Reihe von Diskussionen im Team wurde die strategische Entscheidung getroffen, zunächst im Handwerksbereich die Grundlagen der EDV-Ausstattung zu erforschen. Die Ergebnisse der Studie wurden von Brater & Maurus (1992) zusammengefaßt.

Auf der Grundlage dieser für die weitere Entwicklung grundlegenden Untersuchung über Computer im Handwerk bzw. der Zusammenstellung einiger Hindernisse für den EDV-Einsatz im Betrieb wurde das Feld für das zu entwickelnde Lernprogramm abgesteckt. Der nächste Schritt war, geeignete Autoren zu definierten Themenkreisen zu gewinnen, mit dem Auftrag, nach dem Prinzip der *handlungsorientierten Unterrichtung* Fachkonzepte zu erstellen.

3 Konzeption der Lernsoftware

3.1 Allgemeine Zielsetzung

Ziel des Lern- und Informationsprogramms „Informations- und Kommunikationstechniken im Handwerk – IKTH" ist es, Handwerkern Weiterbildung zur freien Verfügung ins Haus zu liefern. Der inhaltliche Anspruch des Programms geht dabei über die technischen Möglichkeiten und Vorteile der EDV hinaus und informiert auch darüber, welche Bedingungen und Voraussetzungen im Betrieb gegeben sein müssen, um mit EDV erfolgreich die Betriebsabläufe zu organisieren. Das Programm soll Verständnis wecken für Organisationsvorteile und Arbeitserleichterungen, die mit dem EDV-Einsatz im Handwerksbetrieb verbunden sind, aber auch für die jeweiligen Grenzen des Einsatzes. Die multimediale Lernsoftware sollte selbsterklärend sein. Text, Bild, Ton und Videos sowie zahlreiche interaktive Übungen und Simulationen sollen das Lernen erleichtern. Viele Seiten des Programms sind mit Bildern und verschiedensten Dokumenten unterlegt, die allesamt aus der Praxis herausgegriffen wurden.

Das gesamte Lern- und Informationsprogramm ist praxisorientiert aufgebaut. Es ist gewerbeübergreifend und modular konzipiert, d.h. man kann jederzeit auf ein einzelnes Modul des Lernpakets zugreifen, kann es bearbeiten, kann es vertiefen, kann die Ergebnisse über den direkt verbundenen Drucker ausdrucken und sie für sich somit langfristig sichern. Neben diesen Funktionen wird das CBT ergänzt durch Hypertexte zur Erklärung von Begriffen, durch einen Notizblock und einen Taschenrechner, der jederzeit durch Anklicken zur Verfügung steht. Am Ende seiner Arbeit am Lern- und Informationsprogramm kann der Teilnehmer durch Anklicken der installierten Uhr abfragen, wie lange er am Computer gearbeitet hat. Die Bearbeitungszeit für alle Module beträgt insgesamt ca. 30 bis knapp 50 Stunden, je nach individuellem Lerntempo.

Das inhaltliche Ziel des IKTH-Programms bestand darin, Handwerker durch
eine lebendig und interessant gestaltete Multimedia-CD-ROM mit dem Computer als Arbeitsgerät vertraut zu machen. Die wichtigsten Fragen bei der
Auswahl und Einführung von EDV sollten dabei vom Programm beantwortet
werden. Darüber hinaus sollte der Handwerksmeister befähigt werden, seinen eigenen Betrieb unter EDV-Gesichtspunkten zu analysieren.

*Abb. 1: Das Social-Interface ermöglicht einen intuitiven Einstieg in das
Lernprogramm*

Natürlich wäre es für viele Handwerker besser, sich zusammen mit einem
kompetenten Lehrer über die Betriebsstrukturen und Betriebsprobleme auseinanderzusetzen. Aber wie schon eingangs erwähnt, haben Handwerker
häufig keine Zeit, um sich solchen komplexen Lernprozessen auszusetzen.
Sie sind es ferner nicht gewohnt, den Faktor Weiterbildung zur Verbesserung
des Betriebsalltags einzusetzen. Das entwickelte multimediale Lern- und
Informationsprogramm sollte auch den Anreiz bieten, sich mit den aufgewor-
fenen Fragen, soweit sie nicht durch das Programm beantwortbar sind, weiter zu beschäftigen und eine systematische Weiterbildung einzuplanen.

Das IKTH-Projekt wurde in Abständen durch zwei betriebswirtschaftliche Berater und einen EDV-Berater der HWK begleitet. Aufgrund ihrer Beratungserfahrung und der dadurch gewährleisteten Nähe zur Zielgruppe (selbständige Handwerker, Führungskräfte und künftige Meister) konnte dieses Wissen auf verschiedenen Ebenen der Projektentwicklung eingebracht werden.

3.2 Zielgruppenorientierung

Bei der Umsetzung der Fachkonzepte in die einzelnen Module des Lern- und Informationsprogramms mußte auf inhaltliche Verständlichkeit großen Wert gelegt werden, da hier immer wieder die Zielgruppe mit ihrer Vorbildungssituation, ihrem Kenntnisstand und ihrer Ausdrucksfähigkeit im Auge behalten werden mußte. Es fand insofern eine permanente Evaluation des Produkts in bezug auf die Zielgruppe statt. Hierbei ging es immer wieder um die drei Kernfragen:

- Wie denkt der Handwerker?
- Was erwartet er an Hilfestellungen bzw. Informationen?
- In welcher Form und Sprache sollen diese Hilfen und Informationen weitergegeben werden?

Diese drei Leitfragen, die immer wieder bei der Erarbeitung von einzelnen Kapiteln gestellt wurden, dienten dazu, eine praxisbezogene Qualität der multimedialen Lernunterstützung sicherzustellen. Im folgenden Abschnitt wird auf diese Bemühungen anhand dreier Beispiele näher eingegangen.

4 Beispiele zur Sicherstellung praxisbezogener multimedialer Lernunterstützung

Die folgenden Beispiele sollten Handwerkern die sinnvolle Nutzung der EDV im Handwerk auf multimedial eindrucksvolle Weise verdeutlichen.

Beispiel 1: Kalkulation bzw. Stundenverrechnungssatz

Gerade kleinere Handwerksbetriebe (gemessen an der Mitarbeiterzahl) verbinden häufig mit einem geringen Stundenverrechnungssatz die Hoffnung, eher einen Auftrag zu erhalten. Diese Hoffnung basiert auf der Tatsache, daß man billiger als ein Mitbewerber anbietet. Vielen Betriebsinhabern ist allerdings nicht bewußt, daß eine solche Kampfpreispolitik langfristig die finanzielle Substanz des Betriebes aushöhlt und dadurch oftmals die Existenz des Betriebes auf das Spiel gesetzt wird. Es hat sich daher in der Praxis gezeigt, daß oft nicht die eigenen Kostenstrukturen als Kalkulationsbasis verwendet werden, sondern vielmehr die Konkurrenzpreise dafür herangezogen werden.

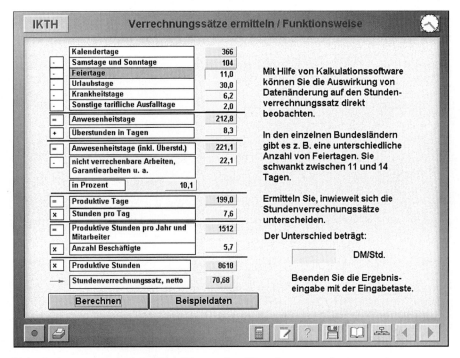

Abb. 2: Lernsequenz zur Ermittlung des Stundenverrechnungssatzes

Die Ermittlung der eigenen Kalkulationsdaten, insbesondere die Produktionsstundenermittlung und die Festlegung der kalkulatorischen Kosten, wird häufig als zu mühsam empfunden bzw. ist nicht verfügbar. Dies führt in letzter Konsequenz zu falschen Stundenverrechnungssätzen. Eine EDV-gestützte Kalkulation bringt hier oft eine Vereinfachung und Transparenz. Um diese Vorteile leichter und praxisnah kennenzulernen und um Schwellenängste in bezug auf EDV-Anwendungen abzubauen, sollte die IKTH-Lernsoftware eine gute Hilfestellung bieten.

Beispiel 2: Marketing – Kunden gewinnen

Im Bereich Marketing wird häufig auf altbewährte Methoden und Strategien gesetzt. Der Computer bietet für den Unternehmer auch auf diesen, scheinbar nicht im Zusammenhang stehenden Feldern gute Ansatzmöglichkeiten, Eigeninitiative zu wecken, Ideen umzusetzen und den Kunden miteinzube- ziehen. In einer Videosequenz wird augenfällig gezeigt, wie kundennah EDV eingesetzt werden kann, wie der Unternehmer seine Fachkompetenz dadurch unter Beweis stellen und wie flexibel er auf Kundenwünsche reagieren kann. Den Computer als Arbeitsmittel bzw. „Werkzeug" und als Chance zugleich begreifen ist der Leitgedanke, der sich hinter den Praxisbeispielen verbirgt.

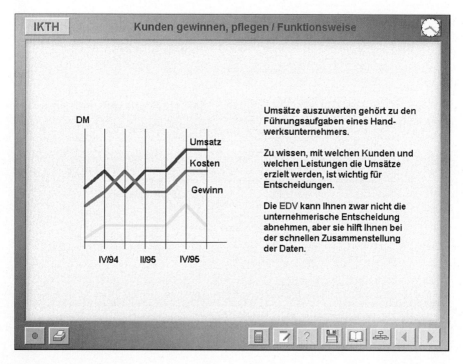

Abb. 3: Beispielseite aus dem Modul „Kunden gewinnen und pflegen"

Beispiel 3: Betriebswirtschaftlicher Programmteil

Dieser Programmteil enthält kein Fachbuchwissen, sondern es werden moderne Führungsinstrumente aufgezeigt. In der Praxis können des öfteren Schwächen bei kleineren und mittleren Handwerksunternehmern festgestellt werden. Eine Lerneinheit des Programms bietet deshalb beispielsweise die Möglichkeit, organisatorische Schwachstellen im eigenen Betrieb aufzuspü- ren und Wechselwirkungen dieser Schwachstellen aufzudecken. Dies soll dem Unternehmer in erster Linie – neben der Analyse des eigenen Betriebes

– dazu dienen, den Wirkungsgrad einer entsprechenden EDV-Anwendung zu erkennen und die Vorteile für sich daraus abschätzen zu lernen.

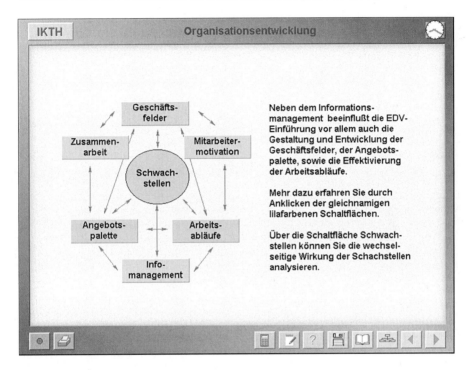

Abb. 4: Rechnergestützte Schwachstellenanalyse

5 Inhalt und Struktur des Lernprogramms

Insgesamt beinhaltet dieses Informations- und Lernprogramm 50 Lerneinheiten, die in neun Lernmodulen organisiert sind. Sie befassen sich mit den wichtigsten EDV-Anwendungen im Handwerksbetrieb. Der Lernende kommt über die Eröffnungsseite in ein Social-Interface, die Schnittstelle zwischen Computer und Person, das einem Büro entsprechend gestaltet wurde. Auf einem Tisch stehen sechs Ordner des täglichen Gebrauchs, und drei Ordner über EDV-Organisation stehen abgesetzt auf einem Regal. Der Lernende kann die jeweiligen Ordner anklicken und öffnen. Diese Form des Zugangs in die einzelnen Lernmodule wurde gewählt, um beim Teilnehmer nicht den Eindruck aufkommen zu lassen, das Lernprogramm sei nach einer gewissen Hierarchie, die auch eine Wertigkeit unterstellt, aufgebaut.

In den Aufgabenbereichen des Handwerksbetriebs und der möglichen EDV-Anwendungen ist das Lernprogramm in folgende „Ordner" als Module aufgegliedert:

Aufgabenbereiche im Handwerksbetrieb	EDV-Anwendungsmöglichkeiten
Kunden gewinnen und pflegen	— Serienbriefe erstellen — Wartungs- und Servicetermine verwalten — Umsätze auswerten — Neue Prospekte und Serviceangebote entwickeln
Angebote erstellen	— Ausschreibungen bearbeiten — Angebotskonstruktion — Aufmaße nehmen
Verrechnungssätze ermitteln	— Gemeinkosten zusammenstellen — Lohn und Produktivkosten ermitteln — Betriebsspezifische Werte ermitteln
Aufträge durchführen	— Aufträge bestätigen — Arbeitsvorbereitung — Personal und Material — Arbeitsüberwachung (Soll-/Ist-Vergleich)
Aufträge abrechnen	— Abrechnungsdaten zusammenstellen — Rechnungen ausfertigen — Offene Posten, Zahlungseingänge kontrollieren _ Außenstände anmahnen
Konstruieren und Fertigen	— Technische Zeichnungen erstellen — Fertigungsmaschinen steuern

Neben den sechs formalen Aufgabenbereichen im Handwerksbetrieb stellen die folgenden drei Lernmodule Problemfelder dar, mit möglichen Lösungsansätzen, die durch den Rechner unterstützt werden.

Problem	Lösungsansatz
Unsere Betriebsstruktur: Zum Problem der Entscheidung über Einsatz und Auswahl der EDV.	Analysekonzept zur aktuellen Situation des eigenen Handwerksbetriebes. Zudem kann der Handwerker mit Hilfe dieses Moduls eine individuelle Übersicht über zu erwartende Zeit- und Kostenersparnis erstellen.
Organisationsentwicklung	Die Rolle der EDV bei der Planung von Innovationsprozessen und bei der Beseitigung von organisatorischen Schwachstellen. Möglichkeiten zur Verbesserung des Produktmanagements.
EDV-Einführung	Bewährte Vorgehensweise bei der Einführung neuer Techniken in Handwerksbetrieben. Wichtige Auswahlkriterien für EDV-Berater und -Händler. Entscheidungshilfen bei der Soft- und Hardwareauswahl.

Neben diesen neun Lernmodulen steht dem Handwerker auch ein Software-
katalog, den verschiedenen Gewerken zugeordnet, zur Verfügung. Dieser
Softwarekatalog ist so gestaltet, daß man anhand der getroffenen Auswahl
gleich eine Information von dem Hersteller einholen kann.

6 Zur Evaluation der IKTH-Programms

Die Ergebnisse einer eigenen, eher informellen Produktevaluation am Ende
der Projektphase haben uns ermutigt, eine umfangreiche Evaluation des
IKTH-Programms unter Einbeziehung unterschiedlicher wissenschaftlicher
Evaluationsmethoden vorzuschlagen. Durch dieses Vorgehen sollten zum
einen differenziertere Erkenntnisse über die Qualität des IKTH-Programms
gewonnen werden. Es sollte aber auch an diesem Beispiel der Versuch unternommen werden, Erkenntnisse zu gewinnen, die Rückschlüsse auf die
Handhabbarkeit unterschiedlicher Evaluationsverfahren sowie die Gültigkeit
der mittels dieser Evaluationsverfahren gewonnenen Ergebnisse zulassen
sollten. Hierdurch sollte ein Beitrag zur allgemeinen Einschätzung der Anwendbarkeit bestehender Verfahren für die Evaluation multimedialer

Bildungssoftware geleistet sowie Erkenntnisse für die Durchführung zukünftiger Lernsoftware-Evaluationen gewonnen werden. Die beteiligten Ansprech-
partner im Bundesinstitut für Berufsbildung griffen den Vorschlag, das Produkt
IKTH zu evaluieren, auf und unterstützten finanziell dieses ergänzende
Projekt, dessen Ergebnisse im vorliegenden Buch dokumentiert werden.

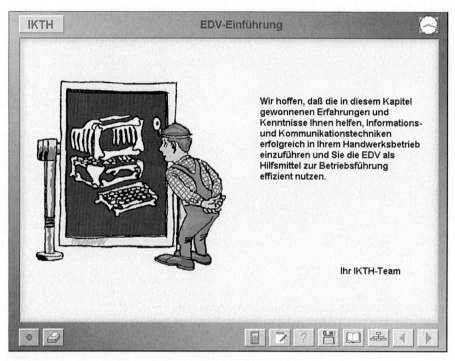

Abb. 5: Auflockernde Grafiken im Lernablauf

Literatur

Brater, M. & Maurus, A. (1992). Informations- und Kommunikationstechniken im Hand-
    werk. Modellversuche zur Beruflichen Bildung. Bundesinstitut für Berufsbildung
    (Hrsg.), Schriftenreihe des BIBB (Nr. 35).

Sigmar-Olaf Tergan

Bildungssoftware im Urteil von Experten

10 + 1 Leitfragen zur Evaluation

1 Einleitung

Evaluation von Bildungssoftware erfolgt innerhalb des Prozesses der Qualitätssicherung im Rahmen der Planungs- und Entwicklungsphase als formative Evaluation, im Rahmen der Einsatzphase als summative Evaluation (vgl. Friedrich et al. 1997). Gegenstand der formativen Evaluation im Rahmen des Entwicklungsprozesses sind vor allem Fragen, die die Produktqualität unter technischen, didaktischen, inhaltlichen und nutzerbezogenen Gesichtspunkten betreffen. Unter dem Aspekt einer globalen Qualitätssicherung (Total Quality Management) geraten dabei zunehmend auch kontextuelle Rahmenbedingungen der Planung, Entwicklung und des Einsatzes von Bildungssoftware ins Blickfeld formativer und summativer Evaluation (Behrendt & Kromrey 1995; Friedrich et al. 1997). Dabei geht es u.a. um Fragen der Einschätzung der Funktionalität, des Stellenwertes und der Wirkungen von Bildungssoftware sowie spezifischer Einsatzformen in bestimmten Anwendungskontexten.

2 Problemstellung: Qualitätsbeurteilung durch Experten

Ein häufig verwendetes Verfahren zur Evaluation der Qualität von Softwaremerkmalen sowie zur Prognose der Softwarewirkungen unter den jeweils spezifischen Bedingungen des Softwareeinsatzes ist die Einholung von Expertenurteilen. Von Experten eines Sachgebietes wird implizit angenommen, daß sich ihre Einschätzungen auf weitgehend vergleichbare Kenntnisse und Erfahrungen stützen, daß sie sich an objektiven bzw. objektivierbaren Kriterien orientieren und zu vergleichbaren Urteilen gelangen. Es wird dabei häufig verkannt, daß empirische Befunde selten eindeutig sind und daß Merkmale und Bedingungen von Bildungssoftware für Evaluatoren selten eindeutig wahrnehmbar und beurteilbar, zum Teil komplex und mehrdimensional sind und ein hohes Maß an Expertise und eine darauf gründende Interpretationsleistung verlangen (vgl. Tergan 1998).

Bei der Einschätzung von Evaluationsergebnissen bleibt in der Regel unberücksichtigt, daß auch Experten über einen unterschiedlichen theoretisch-empirischen Wissensstand und Erfahrungshintergrund sowie über implizite individuelle Theorien bezüglich der Bedeutsamkeit von Softwaremerkmalen und Bedingungen des Softwareeinsatzes verfügen, die das individuelle Urteilsverhalten beeinflussen. Unterschiede in Wissensstand, Erfahrungshintergrund und impliziten Theorien von Softwareevaluatoren sind wesentliche Ursachen für mangelnde Urteilsübereinstimmung und verweisen auf die (Hinter-)Fragwürdigkeit von Softwarebewertungen auf der Grundlage von Expertenurteilen (vgl. Joliceur & Berger 1986; Tergan 1998; Fricke, Beitrag 3 in diesem Band).

Bei der Evaluation des IKTH-Programms „EDV im Handwerk" wurden im Rahmen der Qualitätsanalyse durch Experten vor allem Kriteriumskataloge als Instrumente zur Qualitätsbeurteilung benutzt. Bei den Kriterienkatalogen handelte es sich um Kataloge, die in der derzeitigen Praxis der Softwarebewertung erfolgreich eingesetzt werden. Die Experten – ein fachlich qualifizierter Kreis von Evaluatoren – waren im Umgang mit entsprechenden Evaluationsverfahren vertraut.

Wie in der zusammenfassenden Bewertung des Evaluationsergebnisses deutlich wird (vgl. Tergan, Beitrag 14 in diesem Band), gelangten die Evaluatoren auf der Grundlage der Kataloge zwar im wesentlichen zu vergleichbaren Aussagen über die Softwarequalität. Eine mangelnde Übereinstimmung bei einer Reihe einzelner Beurteilungsaspekte läßt jedoch vermuten, daß möglicherweise unterschiedliche implizite Annahmen über die Bedeutsamkeit dieser Beurteilungsaspekte sowie unterschiedliche Einschätzungen der Funktionalität bestimmter Softwaremerkmale eine Rolle gespielt haben.

Es stellt sich die prinzipielle Frage, welche impliziten allgemeinen Annahmen über die Bedeutsamkeit bestimmter Eigenschaften für die pädagogische Qualität von Bildungssoftware der Einschätzung der Wirkungen von Bildungssoftware bei Experten zugrundeliegen und welche Übereinstimmung zwischen verschiedenen Experten bezüglich der Annahmen über die Bedeutsamkeit dieser Eigenschaften besteht. Es stellt sich generell die Frage, welche Bedeutung bzw. welchen Stellenwert Experten bestimmten Eigenschaften, Funktionalitäten und Nutzungsformen moderner Bildungssoftware sowie

Kommunikationstechniken im Kontext der Weiterbildung, vor allem der beruflichen Weiterbildung, beimessen. Diese Fragen waren Gegenstand einer empirischen Studie, auf die im folgenden näher eingegangen wird.

3 Empirische Studie

3.1 Ziele

Ziel der empirischen Studie war zum einen, Hinweise darüber zu erhalten, welche Beurteilungsaspekte von Experten für die Beurteilung der Qualität bestimmter Formen von Bildungssoftware zugrundegelegt werden und welche impliziten Annahmen das Urteilsverhalten bestimmen. Die Untersuchung sollte zum anderen Aufschluß über Art und Übereinstimmung von Grundannahmen und impliziter Theorien der Experten geben, die eine Rolle bei möglichen Erklärungen zur Frage der Übereinstimmung von Evaluationsurteilen bei der Softwarebewertung spielen können.

3.2 Methode

Zur Erhebung entsprechender Daten wurde vom Verfasser ein Fragebogen mit sog. Leitfragen zur Evaluation von Bildungssoftware entwickelt. Die darin enthaltenen elf offenen Fragen bezogen sich auf allgemeine Aspekte der Evaluation von Bildungssoftware sowie auf Einschätzungen der Bedeutung und des Nutzungspotentials von Bildungssoftware im Bereich der beruflichen Weiterbildung. Der Fragebogen wurde allen Teilnehmern der für die abschließende Evaluation des IKTH-Programms zusammengestellten Expertenrunde sowie einzelnen Evaluationsexperten am Deutschen Institut für Fernstudienforschung mit der Bitte um Beantwortung zugeschickt. Von insgesamt 13 verschickten Fragebögen wurden 10 zurückgeschickt. Dies entspricht einer Rücksendequote von 77%. Jede der elf Fragen wurde von jedem Befragungsteilnehmer beantwortet.

Entsprechend dem Ziel der Studie, Aufschluß über grundlegende Annahmen über die Bewertung von Qualität und Funktionalität von Bildungssoftware sowie Hinweise auf möglicherweise bestehende interindividuelle Unterschiede im Antwortverhalten der befragten Experten zu erhalten, wurden die Antworten auf die gestellten Fragen qualitativ ausgewertet.

Die Antworten der Experten wurden hinsichtlich der in ihnen zum Ausdruck kommenden impliziten Annahmen sowie bezüglich Qualität und Nutzen von

Bildungssoftware analysiert, einander vergleichend gegenübergestellt und hinsichtlich ihrer Grundaussage interpretativ bewertet. Dabei wurde versucht, Gemeinsamkeiten und Unterschiede in den zugrundeliegenden Auffassungen verschiedener Experten herauszuarbeiten. Um die Aussagen überschaubarer darzustellen, wurden die häufig stichwortartig formulierten Antworten wortwörtlich Antwortkategorien zugeordnet. Die Kategorien wurden vom Verfasser in Anlehnung an entsprechende Kriterien des Software-Beurteilungsinstruments MEDA (vgl. Meier, Beitrag 8) aus den Antworten der Befragungsteilnehmer interpretativ gewonnen. Sie dienten dazu, ein grobes Raster bereitzustellen, um die Vielzahl unterschiedlicher Aussagen sinnvoll zu ordnen und eine Gegenüberstellung zu erleichtern. Sie erheben weder Anspruch auf Allgemeingültigkeit noch auf statistische Absicherung.

3.3 Ergebnisse

Im folgenden werden die in diesem Sinne geordneten Antworten auf jede der gestellten Fragen in der Regel in originalgetreuer Formulierung, teilweise in stichwortartig verkürzter Form dargestellt und unter dem Gesichtspunkt ihrer inhaltlichen Aussage sowie ihrer inhaltlichen Übereinstimmung bzw. Unterschiedlichkeit kommentiert. Einzelne Fragen mit einem vergleichbaren Hintergrund wurden in Themengruppen zusammengefaßt.

Die zusammenfassende Ergebnisdarstellung betrifft typische Antworten auf die gestellten Fragen, die sich folgenden Themengruppen und Beurteilungsaspekten zuordnen lassen (eine detaillierte Ergebnisdarstellung kann beim Autor angefordert werden):

1. Einschätzung der Bedeutsamkeit von Qualitätsmerkmalen für Akzeptanz, Lernerfolg und Praxistransfer (Fragen 1, 2, 3)

2. Einschätzung von Maßnahmen der Interaktionsgestaltung (Frage 4)

3. Einschätzung der Funktion von Checklisten in der Qualitätssicherung (Frage 5)

4. Einschätzung der Relevanz von Software-Design und Lernstrategien (Fragen 6, 7)

5. Einschätzung des Stellenwerts offener, flexibler Bildungssoftware (Fragen 8, 9)

6. Einschätzung der Bedeutung des Internet für berufliche Weiterbildung (Frage 10)

7. Einschätzung der Bedeutung traditioneller Medien für die berufliche Weiterbildung (Frage 11)

Die ersten drei der „10 + 1 Leitfragen zur Evaluation von Bildungssoftware" betreffen die Erfassung impliziter Annahmen der befragten Experten zur Bedeutsamkeit von Eigenschaften der pädagogischen Qualität von Bildungssoftware bezüglich der Effektivitätsaspekte *Akzeptanz, Lernerfolg, Praxistransfer.* Diese Aspekte werden von Glowalla (1992) und Glowalla & Schoop (1992) sowie Friedrich et al. (1997) als allgemein bedeutsame Kriterien für die Wirkungsanalyse von Lernumgebungen herausgestellt.

■ Beurteilungsaspekt: Akzeptanz

Glowalla & Schoop (1992) stellen im Hinblick auf das Kriterium der Akzeptanz mit Hinweis auf Reeves fest: „Auf Seiten der Teilnehmer gilt, daß sie ein Lehrsystem dann akzeptieren, wenn es für sie relevanten Stoff in verständlicher Weise vermittelt, verschiedene Darstellungsformen gezielt und angemessen einsetzt, eine einfache und intuitive Benutzeroberfläche aufweist, gute Orientierungs- und Navigationsmöglichkeiten bereithält und eine Selbstkontrolle der Lernfortschritte ermöglicht" (S. 26). Inwieweit unter Experten eine ähnliche Auffassung besteht, sollte mittels Frage 1 erfaßt werden:

Frage 1:
Welche Eigenschaften der pädagogischen Qualität einer Bildungssoftware schätzen Sie als die für die Akzeptanz entscheidenden Eigenschaften ein?

Die Frage wurde von allen zehn Befragungsteilnehmern beantwortet. Die Antworten zeigen im Grundmuster eine weitgehende Übereinstimmung mit den von Glowalla & Schoop (1992) herausgestellten Merkmalen. Es werden jedoch andere Präferenzen gesetzt: So wird vor allem die „wahrgenommene Funktionalität" von Bildungssoftware als ein bedeutsames Merkmal für Akzeptanzbeurteilungen gesehen. Praxisbezug, Problemrelevanz und Übertragbarkeit der Lerninhalte auf die eigene Situation stehen dabei im Vordergrund. Eine gute „Ergonomie und Handhabbarkeit" der Benutzeroberfäche wird von vier Befragungsteilnehmern als bedeutsam herausgestellt. In den Antworten wird dabei auf Merkmale wie zum Beispiel auf die Einhaltung softwareergonomischer Benutzerstandards, möglichst geringe Einarbeitungszeit, konstante, intuitive Benutzerführung und schnelle Response-Zeiten hingewiesen.

Indem zwischen der Bedeutsamkeit von Aspekten wie „wahrgenommene Funktionalität" und „Ergonomie und Handhabbarkeit" abgewogen wird, lautet eine der Expertenantworten: „Entscheidend für die Akzeptanz ist, daß die Bildungssoftware Antworten gibt auf praktisch relevante Fragen des Nutzers, daß sie einen gewissen Bedarf beim Nutzer deckt und einen entsprechenden Praxisbezug erkennen läßt. Eine benutzerfreundliche und ansprechende

Oberfläche kann dazu beitragen, ist aber in keinem Fall das entscheidende Kriterium". Das bei Glowalla & Schoop (1992) herausgestellte Merkmal „gute Orientierungs- und Navigationsmöglichkeiten" wird von den befragten Experten zwar nicht genannt. Es kann jedoch vermutet werden, daß gute Orientierungs- und Navigationsmöglichkeiten als Aspekt der globaleren Kategorie „Ergonomie und Handhabbarkeit" wahrgenommen werden.

Aspekte der Softwaregestaltung wie „gute Inhaltspräsentation" (adressatengerechte Aufbereitung des Lernstoffs, sprachliche Angemessenheit, einsichtige Metaphern), „motivierende Gestaltung" und „multimediale Qualität" (gute Qualität der audiovisuellen Medien, themenbezogene Veranschaulichung (Multimedia)) werden zwar ebenfalls als relevante Merkmale der Akzeptanzeinschätzung herausgestellt. Nimmt man die geringere Anzahl der Nennungen als Indikator der wahrgenommenen Bedeutsamkeit, so haben diese Aspekte gegenüber der wahrgenommenen Funktionalität und Ergonomie der Benutzeroberfläche jedoch eine eher nebengeordnete Bedeutung für die Akzeptanzeinschätzung von Bildungssoftware.

Interessant ist, daß der von Glowalla & Schoop (1992) herausgestellte Aspekt „Selbstkontrolle der Lernfortschritte" von keinem der befragten Experten als bedeutsames Merkmal der Akzeptanzbeurteilung genannt wird. Möglicherweise kann hier die von verschiedenen Experten geäußerte Erfahrung, daß für Lernende in der beruflichen Weiterbildung häufig ein eher tutoriell gestütztes Vorgehen angezeigt ist, als Erklärung herangezogen werden.

Die Antworten auf Frage 1 zeigen einerseits eine weitgehende Übereinstimmung hinsichtlich der Einschätzung der Bedeutung des zentralen Akzeptanzkriteriums „wahrgenommene Funktionalität". Sie zeigen andererseits Unterschiede in den Expertenurteilen sowie eine hohe Differenziertheit in der Art der Merkmale, die für Akzeptanzbeurteilungen als bedeutsam herausgestellt werden. Die Verteilung der Antworten auf diese Kategorien zeigt dabei, daß unterschiedliche Experten unterschiedliche Präferenzen setzen. So wird beispielsweise von einem Experten die wahrgenommene Funktionalität als ein zentrales Merkmal betont. Herausgestellt werden: „Problemrelevanz: Übertragbarkeit auf eigene, reale Situation" und „Möglichkeiten eigenen Handelns". Ein anderer Experte betont demgegenüber eher den Aspekt „Gute Ergonomie und Handhabbarkeit" und stellt Merkmale wie „geeignete Oberflächengestaltung", „konstante, intuitive Benutzerführung" sowie „schnelle Response-Zeiten" als entscheidende Aspekte hoher Akzeptanz heraus.

■ Beurteilungsaspekt: Lernerfolg

Zentrales Kriterium der pädagogischen Effektivität von Bildungssoftware ist der erzielte Lernerfolg. Im Lehr-/Lernkontext wird Lernerfolg gemessen als Umfang des durch Teilnahme an einer Bildungsmaßnahme erworbenen Wissens (Glowalla & Schoop 1992). Dabei können unterschiedliche Wissensaspekte im Vordergrund stehen, zum Beispiel deklaratives Wissen im Hinblick auf das Verstehen, Behalten und die Wiedergabe von Lerninhalten, mentale Modelle beim Verstehen systemischer Zusammenhänge, prozedurales sowie heuristisches Wissen beim Lösen von Aufgaben- und Problemstellungen.

Unter pädagogisch-didaktischen Aspekten werden vor allem die Qualität der Gestaltung einer Bildungsmaßnahme sowie Möglichkeiten zur Unterstützung der Lernenden als entscheidende Voraussetzungen für die Förderung des Lernerfolgs angesehen. Je nach zugrundeliegender Lehr-/Lerntheorie werden dabei eher systemgesteuerte Maßnahmen favorisiert bzw. Prozesse der Selbststeuerung in den Vordergrund gerückt.

In Kriterienkatalogen erfolgt die Einschätzung der pädagogischen Qualität einer Software üblicherweise pauschal im Hinblick auf deren Eignung zur Förderung des Lernerfolgs, ohne daß eine Differenzierung nach Lernzielen, Lernerfolgskriterien sowie kriterienbezogenen pädagogisch-didaktischen Maßnahmen vorgenommen wird. Evaluatoren urteilen in diesen Fällen entsprechend jeweils impliziten eigenen Annahmen. Frage 2 sollte Aufschluß darüber geben, welche Eigenschaften Experten als die für den Lernerfolg entscheidenden einschätzen und welche impliziten Annahmen über lernerfolgsunterstützende Maßnahmen diesen Einschätzungen zugrundeliegen.

Frage 2:
Welche Eigenschaften der pädagogischen Qualität einer Bildungssoftware schätzen Sie als die für den <u>*Lernerfolg*</u> *entscheidenden Eigenschaften ein?*

Frage 2 wurde von 9 Befragungsteilnehmern beantwortet. Die Antworten lassen erkennen, daß die Befragungsteilnehmer in einer guten didaktischen Aufbereitung der Lerninhalte sowie in einer möglichst adressatengerechten Lernunterstützung entscheidende Eigenschaften der pädagogischen Qualität von Bildungssoftware für die Unterstützung des Lernerfolgs sehen. Als entscheidende Eigenschaften der Inhaltsgestaltung werden vor allem „klarer Aufbau, gute Strukturierung/Präsentation der Lerninhalte, Transparenz der kognitiven Stuktur (Thema-Zusammenhänge)" genannt. Als wichtige Eigenschaften der Lernunterstützung zur Förderung des Lernerfolgs werden vor allem „Selbstkontrollaufgaben", „keine stereotypen Antworten, differenzierte Fehlermeldungen", „Advanced Organizer, attraktive Tests, angemessenes Feedback", „klare Lernerführung", „Übungsaufgaben, Lernerfolgskontrolle" sowie „Lernsicherung" herausgestellt. Lernunterstützung sollte dabei „an individuelle Vorkenntnisse anknüpfen" und möglichst „paßgenau" erfolgen.

Der Mehrzahl der Antworten scheint implizit ein kognitivistisches Lehr-/Lernmodell zugrundezuliegen (Reinmann-Rothmeier & Mandl 1998). Nach diesem Modell ergibt sich dann ein hoher Lernerfolg, wenn der Prozeß der Informationsverarbeitung möglichst reibungslos erfolgt. Maßnahmen der Lernunterstützung dienen dem Ziel, Lernschwierigkeiten durch Anpassung der Lerninhalte an bestehende Vorkenntnisse sowie systemgesteuerte adaptive Instruktion, Kontrollen und Hilfen zu vermeiden und den Erfolg des Lernens dadurch sicherzustellen. Nur selten wird demgegenüber auf Software-Eigenschaften wie „Unterstützung aktiven, produktiven Lernens" sowie die Bereitstellung von „Handlungsangeboten" verwiesen, die Kennzeichen eines eher konstruktivistischen Lehr-/Lernmodells sind.

■ Beurteilungsaspekt: Praxistransfer

Befunde empirischer Untersuchungen zeigen, daß erworbenes Wissen kein Garant für einen erfolgreichen Transfer dieses Wissens in die Praxis darstellt. Wissen erweist sich häufig als „träge" (Whitehead 1929), wenn es nicht auf aktive und konstruktive Weise bereits während der Phase des Wissenserwerbs in möglichst authentischen Situationen und den Kontexten erworben wird, in denen es angewendet werden soll (Collins, Brown & Newman 1989; Mandl, Gruber & Renkl 1996, 1997). In sogenannten problemorientierten Lernumgebungen wird versucht, günstige Voraussetzungen für den Praxistransfer zu schaffen (Mandl, Gruber & Renkl 1996, 1997; Reinmann-Rothmeier & Mandl 1998). Optimale Voraussetzungen liegen im Bereich der beruflichen Weiterbildung dann vor, wenn die Gestaltung von Bildungssoftware den spezifischen Bedingungen am Arbeitsplatz gerecht wird.

Die Einbindung moderner multimedialer Bildungssoftware in situierte Lernkontexte sowie eine adressatengerechte Lernunterstützung stellen Voraussetzungen dar, die den Praxistransfer erleichtern.

Im Hinblick auf die Evaluation der pädagogischen Qualität von Bildungssoftware stellt sich die Frage, inwieweit Experten in ihren Einschätzungen die genannten Gesichtspunkte berücksichtigen:

Frage 3:
Welche Eigenschaften der pädagogischen Qualität einer Bildungssoftware schätzen Sie als die für den <u>*Praxistransfer*</u> *entscheidenden Eigenschaften ein?*

Frage 3 wurde von acht Befragungsteilnehmern beatwortet. Die Antworten zeigen, daß Praxisrelevanz von Inhalten und deren Darstellung sowie praxisrelevante Aktivitäten der Lernenden während des Lernens von der Mehrzahl der Befragten übereinstimmend als entscheidende Eigenschaften von Bildungssoftware zur Unterstützung des Praxistransfers angesehen werden. Sie zeigen ferner, daß zwischen Merkmalen zur Förderung des Lernerfolgs und Merkmalen zur Unterstützung des Praxistransfers deutlich unterschieden wird. Die den Einschätzungen zugrundeliegenden Auffassungen von Merkmalen zur Unterstützung des Praxistransfers entsprechen insgesamt jenen Merkmalen, die von Mandl, Gruber & Renkl (1996) als kennzeichnend für einen konstruktivistisch und problemorientierten Ansatz der Gestaltung von Bildungssoftware herausgestellt wurden.

Bezeichnend für die von den Befragungsteilnehmern genannten Merkmale zur Förderung des Praxistransfers sind Äußerungen wie: „Praxisnahe Darstellung, Praxisrelevanz der Inhalte, situatives Lernen, Bezug zur Praxis muß gegeben sein", „Lernen mit praxisrelevanten Problemsimulationen". In anderen Äußerungen wird auf Anwendungssoftware und Simulationen sowie auf „angemessene Veranschaulichung durch audiovisuelle Medien" als konkrete Möglichkeiten der softwaretechnischen Realisierung praxisnahen Arbeitens hingewiesen.

Bedeutsam für die Einschätzung von Bedingungen, die geeignet sind, eine Transferierbarkeit von Wissen zu unterstützen, ist der Hinweis eines Befragungsteilnehmers, daß Praxisrelevanz von Inhalten und deren Darstellung sowie praxisrelevante Aktivitäten der Lernenden während des Lernens häufig nicht ausreichen, um Wissen erfolgreich in die Praxis zu übertragen. Lernende sollten daher bereits während der Bearbeitung dazu geführt werden, das Gelernte zu übertragen. Der Hinweis eines anderen Befragungsteilnehmers, daß „Eigenschaften zur Erhöhung der Akzeptanz ... und zur Verbesserung des Lernerfolgs ... gleichzeitig auch jene Eigenschaften einer Bildungssoftware (sind), die Praxistransfer fördern", erscheint in diesem Zusammenhang wesentlich. „Denn nur wenn der Nutzer auf eine Bildungssoftware überhaupt anspricht (Akzeptanz), engagiert er sich entsprechend, und die aktive Auseinandersetzung mit den Lerninhalten (Lernerfolg) setzt den Grundstein für deren praktische Anwendung".

Dieser Auffassung ist zuzustimmen. Die Gefahr einer derartigen Auffassung ist nur die, daß wie bisher Eigenschaften, die als bedeutsam für die Akzeptanz und den Lernerfolg herausgestellt wurden, auch für den Praxistransfer als hinreichend erachtet werden. Wissenschaftliche Befunde belegen die Unzulänglichkeit einer derartigen Annahme. Sie zeigen, daß die für die Akzeptanz und den Lernerfolg als entscheidend bezeichneten Bedingungen im

Hinblick auf den Praxistransfer nur notwendige, nicht aber hinreichende Bedingungen darstellen (vgl. hierzu Mandl, Gruber & Renkl 1996, 1997; Tergan, Beitrag 14 in diesem Band).

■ Beurteilungsaspekt: Interaktionsgestaltung

Interaktion des Lernenden mit dem Computer (Lerner-System-Interaktion) ist Voraussetzung für die Initiierung, Aufrechterhaltung und Unterstützung von Lernprozessen. Bei der Qualitätssicherung von Bildungssoftware kommt daher dem Aspekt der Interaktionsgestaltung eine zentrale Bedeutung zu. Die Gestaltung der Interaktionsmöglichkeiten variiert bei unterschiedlichen Formen von Bildungssoftware erheblich. So gründet die Interaktion in der Mehrzahl von Übungsprogrammen und tutoriellen Systemen auf dem Paradigma des Behaviorismus und des systemgesteuerten Lernens. Lernende werden vom System zu bestimmten Aktionen bzw. Eingaben aufgefordert (z.B. Beantworten von Fragen). Diese Eingaben werden üblicherweise vom System bewertet. Es erfolgt ggf. eine korrektive bzw. motivierende Rückmeldung, auf die der Lernende erneut mit einer bestimmten, in der Regel vorgegebenen Eingabe reagiert (vgl. hierzu Tergan, Hron & Mandl 1992).

Multimediale und hypermediale Lernumgebungen sind durch eine Vielfalt unterschiedlicher Möglichkeiten zur Lerner-System-Interaktion gekennzeichnet. Dies sind zum einen dialogische Interaktionen, die auf seiten des Systems Elemente einer Lernermodellierung erfordern, um lerner- und lernprozeßgerechte Rückmeldungen bereitzustellen. Interaktionsgestaltung in konstruktivistisch orientierten multimedialen und hypermedialen Lernumgebungen bezieht sich vor allem auf die vielfältigen Handlungsmöglichkeiten des Lernenden im konstruktiven Umgang und bei der Nutzung von Informationen bzw. dem freien Zugriff des Lernenden auf Informationen, die in der Datenbasis von Systemen zur Unterstützung sog. offenen Lernens verfügbar sind (Tergan 1992; 1997a, b; 1998; Wedekind, Lechner & Tergan 1998). Interaktionsgestaltung betrifft dabei sowohl die Gestaltung dialogischer Formen der Lerner-System-Interaktion als auch Navigationsgestaltung und die systemgestützte funktionale Nutzung von Softwarewerkzeugen.

Je nach Art der Anforderungssituation, Anwendungskontexten sowie Interessen und Voraussetzungen auf seiten der Lernenden erweisen sich unterschiedliche Formen der Interaktionsgestaltung als sinnvoll. Im Rahmen des Entwicklungsprozesses multimedialer Bildungssoftware für die berufliche Weiterbildung stellt sich die Frage nach adäquaten Konzepten und Möglichkeiten der Interaktionsgestaltung, die in diesem Kontext von besonderer Bedeutung sind.

Frage 4:
Welche Mittel der Interaktionsgestaltung bzw. Möglichkeiten der Lerner-System-Interaktion halten Sie für den Einsatz einer multimedialen Bildungssoftware in der beruflichen Weiterbildung für unverzichtbar?

Die Antworten der Befragungsteilnehmer auf Frage 4 orientieren sich einerseits an Anforderungen einer gemäßigt konstruktivistischen Design-Konzeption (vgl. Reinmann-Rothmeier & Mandl 1998). Nach dieser Konzeption ist Lernen ein aktiver, konstruktiver, situativer und sozialer Prozeß, der zwar weitgehend selbstgesteuert verläuft, jedoch Anleitung und Unterstützung durch Lehrende keineswegs ausschließt.

Die Antworten zeigen jedoch andererseits, daß zwischen den befragten Experten Unterschiede in der Beurteilung der Bedeutsamkeit von Mitteln der Interaktionsgestaltung bestehen, die auf grundsätzlich unterschiedlichen Auffassungen beruhen. So hält beispielsweise einer der Befragten analog der konstruktivistischen Konzeption der Gestaltung von Lernumgebungen „Funktionen, die verhindern, daß CBTs reine ‚Blättermaschinen' sind" sowie „arbeitsplatznahe Interaktionen (z.B. Informationen beschaffen, Hypothesen aufstellen, Entscheidungen treffen)" für unverzichtbare Aspekte der Interaktionsgestaltung. Andere Befragungsteilnehmer weisen darauf hin, daß die Interaktivität dabei „kontext- und inhaltsspezifisch" gewählt werden und die „Interaktionsgestaltung möglichst durch den Lerner adaptierbar" sein sollte.

Zwei Befragte verweisen hingegen im Sinne einer Konzeption traditionell behavioristischer Interaktionsgestaltung auf die Notwendigkeit der Berücksichtigung „angemessener Lernschrittgrößen" sowie „korrektiver Rückmeldung bei der Fragenbeantwortung" und „sinnvoller Rückmeldungen der Software auf Aktionen der Lernenden, und zwar auf jede, auch wenn es falsche Aktionen sind!".

Eine flexible Konzeption wird von einem weiteren Befragten vertreten, der zu Recht feststellt: „Die Beurteilung verschiedener Mittel der Interaktionsgestaltung ist abhängig vom Typ der Bildungssoftware und der Situation, in der Bildungssoftware zum Einsatz kommt, und damit von Zielen, Zielgruppe, Rahmenbedingungen (Ort, Zeitbudget, Ressourcen etc.)".

■ Beurteilungsaspekt: Nützlichkeit von Checklisten

Kriteriumskataloge zur Evaluation von Bildungssoftware erfreuen sich nach wie vor einer großen Beliebtheit. Sie sind zeit- und kostensparend, nehmen dem Evaluator Arbeit und Verantwortung für die Generierung eigener

Evaluationsinstrumente ab und können ferner prinzipiell in allen Phasen des Prozesses der Qualitätssicherung eingesetzt werden. Auf Vor- und Nachteile, insbesondere auf Probleme des Einsatzes von Checklisten (Kriteriumskataloge) wird u.a. von Tergan (1998; vgl. auch Fricke 1995; Beitrag 3 in diesem Band) hingewiesen.

Aufgrund der Tatsache, daß Checklistenverfahren ausschließlich auf dem Prinzip der Befragung beruhen und vorwiegend qualitative Daten liefern, jedoch für die Evaluation des Lernerfolgs, des Lerntransfers und die Evaluation der Auswirkungen des Einsatzes auf das Unternehmen die Erfassung quantitativer Daten in der Regel bedeutsamer ist, stellt sich die Frage nach dem Sinn der Anwendung von Checklisten in unterschiedlichen Phasen der Qualitätssicherung.

Frage 5:
Für wie sinnvoll halten Sie den Einsatz von Checklisten zur Evaluation von Bildungssoftware in unterschiedlichen Phasen des Prozesses der Qualitätssicherung (vgl. Q0 bis Q5 nach Schenkel 1997, vgl. auch Beitrag 2)?

Q0 Formative Evaluation (Qualitätssicherung während der Entwicklung)
Q1 Evaluation durch Experten im Labor
Q2 Evaluation der Akzeptanz durch die Lernenden
Q3 Evaluation des Lernerfolgs
Q4 Evaluation des Transfers, der Handlungsfähigkeit
Q5 Evaluation der Auswirkungen des Einsatzes auf das Unternehmen

Die befragten Teilnehmer gaben ihr Urteil auf einer fünfstufigen Skala ab mit den Polen (1) sehr sinnvoll und (5) wenig sinnvoll. Die erhaltenen Antworthäufigkeiten sowie die Mittelwerte der Einschätzungen werden in Tabelle 1 dargestellt.

Wie aus den Mittelwerten der Einschätzungen deutlich wird, werden Checklisten vor allem in den Phasen Q1 bis Q3, d.h. vor allem während der Entwicklungsphase im Rahmen der Qualitätsanalyse durch Experten sowie als Bestandteil der Wirkungsanalyse bei der Einschätzung der Akzeptanz einer Bildungssoftware durch die Lernenden als sinnvoll angesehen. Die Einschätzungen lassen jedoch erkennen, daß Checklisten in begrenztem Maße auch für die Evaluation des Transfers, d.h. der Handlungsfähigkeit, und bei der Evaluation der Auswirkungen des Einsatzes auf das Unternehmen als sinnvoll erachtet werden. Einer der Befragungsteilnehmer kommentiert die Checklisten-Anwendung wie folgt: „Das hängt von der Qualität der Checklisten ab. Grundsätzlich sind sie sinnvoll; wenn sie jedoch nicht alle wesentlichen Aspekte erfassen, sind sie kontraproduktiv!"

	(1)	(2)	(3)	(4)	(5)	n	X
Q0	4	2	1	1		8	1,9
Q1	3	3	1	1	1	9	2,3
Q2	1	4	1	2	1	9	2,8
Q3	2	1	2	3	1	9	3,0
Q4	2		1	3	3	9	3,6
Q5		1	3	3	2	9	3,7

Tab. 1: Häufigkeiten und Mittelwerte der Einschätzungen zur Nützlichkeit
von Checklisten in unterschiedlichen Phasen der Qualitätssicherung
(Erläuterungen im Text)

Insgesamt zeigen die Einschätzungen eine Heterogenität der Auffassungen zwischen verschiedenen Experten. Als Beispiel mögen hierzu die Urteile zweier Experten dienen: Für die Phasen Q0 bis Q5 wertete Experte A mit (4)–(4)–(3)–(5)–(5)–(5), Experte B mit (1)–(3)–(2)–(1)–(1)–(2).

■ **Beurteilungsaspekt: Art der Benutzerunterstützung**

Unterstützung beim Lernen mit Bildungssoftware wird zum einen durch implementierte tutorielle Maßnahmen realisiert (vgl. tutorielle Systeme), zum anderen durch Bereitstellung vielfältiger Tools (vgl. Simulationsumgebungen und Multimedia/Hypermedia-Systeme). Grundlagen der Entscheidung für die Art der Unterstützung sind zum einen lerntheoretisch begründete Auffassungen. Bei Zugrundeliegen einer eher behavioristischen und kognitiven Auffassung wird im Hinblick auf Design-Entscheidungen vor allem systemgesteuerten Maßnahmen zur Förderung und Kontrolle von Lernprozessen der Vorzug gegeben. Im Falle einer eher konstruktivistischen Auffassung liegt der Akzent auf der Bereitstellung von Tools zur konstruktiven Nutzung innerhalb selbstgesteuerter Lernprozesse (Reinmann-Rothmeier & Mandl 1997).

Beide Formen der Benutzerunterstützung können sich je nach vorliegenden Lehr-/Lernbedingungen (z.B. Lernvoraussetzungen, Art der Aufgabensituation, Lernziele) als unterschiedlich sinnvoll erweisen. Pädagogisch-didaktische Entscheidungen sind dabei üblicherweise auch vor dem Hintergrund von Bedingungen zu treffen, die sich aus dem jeweiligen Bildungskontext ergeben, in dem ein Softwareprodukt eingesetzt werden soll (Tergan 1992; Fricke, Beitrag 3; Schott, Beitrag 5). Für die Zwecke der vorliegenden Untersuchung bestand das Ziel darin, zu klären, welche Auffassungen bei Experten bezüglich der für unterschiedliche Bildungskontexte (Schule, allgemeine Weiterbildung, berufliche Weiterbildung) zu bevorzugenden Form der Benutzerunterstützung bestehen.

Frage 6:
Unterstützung beim Lernen mit Bildungssoftware wird zum einen durch implementierte tutorielle Maßnahmen realisiert (vgl. tutorielle Systeme), zum anderen durch Bereitstellung vielfältiger Tools (vgl. Hypermedia-Systeme). Welche konkreten Formen der Benutzerunterstützung sollten in welchen Bildungskontexten (Schule, allgemeine Weiterbildung, berufliche Weiterbildung) bevorzugt verwendet werden?

Die Frage wurde von acht Befragungsteilnehmern beantwortet. Die Antworten zeigen große Unterschiede in der Auffassung bezüglich der Art der Benutzerunterstützung, die in den genannten Bildungskontexten verwendet werden sollte. Das Spektrum der Antworten reicht von einer eindeutigen Favorisierung tutorieller Systeme für den Bereich der Schule sowie der zu bevorzugenden Verwendung von tutoriellen und hypermedialen Systemen für den Bereich der allgemeinen und beruflichen Weiterbildung über eine differenzierte Sichtweise bis zur eindeutigen Bevorzugung von Hypermedia-Systemen in allen genannten Bildungskontexten.

Als Begründung für die Bevorzugung von Hypermedia-Systemen wird eine theoretische Auffassung von der lernfördernden Wirksamkeit hypermedialer Systeme deutlich, die die Euphorie der Nutzung von Hypertext/Hypermedia-Systemen vor allem in den ersten Jahren der Einführung der Hypertext-Technologie bestimmt hat (vgl. Jonassen 1990, 1993). Die Auffassung, daß durch Hypermedia-Systeme ein „der Netzstruktur des Wissens entsprechendes Lernen" und damit eine Lernförderung möglich ist, konnte jedoch durch empirische Befunde nicht bestätigt werden und wurde auch aus theoretischen Überlegungen inzwischen vielfach kritisiert (u.a. Whalley 1990, 1993; Tergan 1997a, e). Eine kritisch-distanzierte Auffassung zu Hypermedia-Systemen zeigt sich auch in den Äußerungen einzelner Befragungsteilnehmer. So wird festgestellt: „Hypermedia überfordert viele (lernungewohnte) Lerner, Hypermedia sichert nicht die Elaboration von Inhalten". Diese Auffassung entspricht empirischen Befunden, wie sie u.a. von Rouet (1992) mitgeteilt werden.

Im Hinblick auf die Art der in verschiedenen Bildungskontexten als sinnvoll erachteten Benutzerführung äußern sich verschiedene Befragungsteilnehmer kritisch-differenziert, indem sie darauf verweisen, daß unterschiedliche Arten der Benutzerführung unter unterschiedlichen Bedingungen sinnvoll sein können. Kennzeichnend hierfür sind folgende Äußerungen: „Dies ist nicht generell zu beantworten. Nicht die Tools sind hier wesentlich, sondern daß der Lehr-/Lernprozeß zielführend gestaltet wird. Dies ist systemisch, ganzheitlich und adressatenorientiert zu sehen"; „Das läßt sich nicht nach Bildungskontexten unterscheiden, sondern nur nach Zielen und Inhalten! Zum Beispiel ist für das Erlernen einer mathematischen Regel ein tutorielles System sinnvoll; für das Erlernen der Anwendung/Nutzung eines CAD-Systems ist dagegen ein Hypermedia-System sinnvoll".

■ Beurteilungsaspekt: Design-Optimierung vs. Strategievermittlung

Aus der Sicht von Softwareentwicklern kommt Bemühungen um eine möglichst optimale Gestaltung von Bildungssoftware ein hoher Stellenwert zu. Eine derartige Auffassung liegt insbesondere Design-Modellen zur Softwaregestaltung zugrunde, die sich an behavioristischen Prinzipien der Lernunterstützung sowie kognitiven Prinzipien der Unterstützung von Lernprozessen durch Instruktionsgestaltung orientieren. Konstruktivistisch orientierte Design-Modelle favorisieren demgegenüber die Bereitstellung von Softwarewerkzeugen, in der Erwartung, daß diese von Lernenden selbstgesteuert zur Unterstützung des Lernens genutzt werden (Reinmann-Rothmeier & Mandl 1997) (vgl. hierzu Frage 6).

Die empirische Forschung hat gezeigt, daß eine optimale Gestaltung von Software im Sinne behavioristischer und kognitiver Prinzipien zwar zur Förderung des Erwerbs von Faktenwissen, zur Unterstützung von Verstehensprozessen und zum Erwerb kognitiver Fertigkeiten bei der Bewältigung vorwiegend algorithmisch lösbarer Aufgabenstellungen beitragen kann (u.a. Freibichler, Mönch & Schenkel 1991). Derartig erworbenes Wissen erweist sich jedoch häufig als „träges Wissen", das sich nur schwer auf neue Anwendungssituationen übertragen läßt (vgl. Reinmann-Rothmeier & Mandl 1997). Von hypermedialen Formen der Softwaregestaltung wird demgegenüber erwartet, daß sie durch die Ermöglichung selbstgesteuerten Lernens auch zum Erwerb kognitiver Lernkompetenz beitragen können (u.a. Spiro & Jehng 1990). Wie empirische Befunde belegen, mußte inzwischen auch diese Erwartung relativiert werden. Für ein erfolgreiches Lernen mit hypertextbasierten Lernumgebungen erweist sich u.a. eine adäquate Lernkompetenz als entscheidende Voraussetzung (Rouet 1992; Jacobson & Spiro 1995; Jacobson, Maouri, Mishra, & Kolar 1995; vgl. Tergan 1997f).

Befunde wie diese lenken das Augenmerk auf die Nutzung und Förderung des Erwerbs adäquater Lernstrategien beim Lernen mit neuen Bildungsmedien (Astleitner & Leutner 1995; Friedrich et al. 1997). Im Hinblick auf die Evaluation von Bildungssoftware stellt sich die Frage, welchen Stellenwert Experten einer möglichst optimalen Gestaltung im Vergleich zu Bemühungen bezüglich der Vermittlung adäquater Strategien in der Nutzung von Bildungssoftware beimessen:

Frage 7:
Wie beurteilen Sie im Hinblick auf die Förderung des individuellen Lernerfolgs Bemühungen nach einer möglichst optimalen Gestaltung von Bildungssoftware, im Vergleich zu Bemühungen bezüglich der Vermittlung adäquater Strategien in der Nutzung entsprechender Systeme ?

Frage 7 wurde von neun Befragungsteilnehmern beantwortet. Die Antworten lassen erneut ein Spektrum unterschiedlicher Auffassungen erkennen, die sich den Kategorien „Wichtiger ist optimale Gestaltung", „Wichtiger sind Strategien", „Wichtig sind Gestaltung *und* Strategieförderung" zuordnen lassen. Während zwei der Befragungsteilnehmer Bemühungen nach einer möglichst optimalen Gestaltung von Bildungssoftware den Vorrang geben und einer dieser Teilnehmer darauf verweist, daß vorhandene Strategien nur schwer zu verändern sind, sind zwei andere Befragungsteilnehmer der Auffassung, daß Strategien zentraler sind als eine optimale Gestaltung.

Die Mehrzahl der befragten Experten meint, daß optimale Gestaltung und Strategievermittlung gleichermaßen bedeutsam sind und eine optimale Gestaltung von Bildungssoftware mit der Unterstützung zum Erwerb adäquater Strategien einhergehen sollte. Kennzeichnend für diese Auffassung sind beispielsweise folgende Äußerungen: „Software sollte so gestaltet werden, daß Personen implizit zum Gebrauch sinnvoller Strategien angeregt werden"; „Es kommt darauf an, Lehren und Lernen in den verschiedenen Bildungskontexten unter Nutzung beider Maßnahmengruppen zu fördern. Ideal ist eine Gestaltung von Bildungssoftware, die nicht nur den Wissenserwerb unterstützt, sondern gleichzeitig den Erwerb praktikabler Strategien fördert".

Bemerkenswert ist dabei der Kommentar eines Befragungsteilnehmers, der feststellt, daß derzeit gegenüber der Gestaltung die Entwicklung adäquater Lehr-/Lernstrategien vernachlässigt werde. Hier wird ein offenkundiges Defizit benannt, dem sowohl in der Entwicklung als auch in der Anwendung von Bildungssoftware zuwenig Beachtung geschenkt wird. Auch bestehende Kriteriumskataloge beziehen sich weitgehend auf Aspekte der Softwaregestaltung, während Aspekte wie Lernvoraussetzungen sowie Maßnahmen zur Unterstützung und Förderung adäquater Lernstrategien und Softwarenutzung entweder überhaupt nicht berücksichtigt werden oder von untergeordneter Bedeutung sind (u.a. Tergan 1998; Fricke, Beitrag 3 in diesem Band).

In Anbetracht dieser Tatsache kommt man nicht umhin festzustellen, daß die derzeitige Praxis der Evaluation der pädagogischen Effektivität von Bildungssoftware letztlich zu kurz greift, weil wesentliche Aspekte des Lehr-/Lernprozesses unberücksichtigt bleiben (vgl. Zimmer & Psaralidis, Beitrag 12). Es wäre dringend notwendig, hier eine Korrektur vorzunehmen. Künftige Qualitätsevaluation müßte verstärkt auch bezüglich des Beitrags der Bildungssoftware zur Unterstützung von Lernstrategien und Nutzungsformen erfolgen, die für die Bewältigung jener Aufgabenstellungen funktional sind, für die die Software entwickelt wurde (vgl. Schott et al., Beitrag 10).

■ Beurteilungsaspekt: Stellenwert offener Bildungssoftware

Moderne multimediale Systeme, insbesondere hypertextbasierte PC- oder netzgestützte Systeme, sind durch ein hohes Maß an „Offenheit" gekennzeichnet (Wedekind, Lechner & Tergan 1998). „Offenheit" äußert sich unter anderem darin, daß sie den Benutzern ein Höchstmaß an Entscheidungsfreiheit über Lerninhalte, Benutzungsstrategien und Lernwege ermöglichen. In der Weiterbildung ermöglichen offene Lernsysteme potentiellen Lernenden eine Nutzung entsprechend den jeweils gegebenen Zielen, Interessen und Aufgabenanforderungen. Vorteile können ferner im Hinblick auf den Erwerb von Kompetenz zum selbstgesteuerten Lernen als einer der Schlüsselqualifikationen individueller Weiterbildung erwartet werden (vgl. Tergan 1992; Tergan, Hron & Mandl 1992).

Offene Lehr-/Lernsysteme stehen Lehr-/Lernsystemen traditioneller Art mit häufig ausgeprägter tutorieller Komponente gegenüber. In bezug auf die vermutete Eignung von Systemen mit tutorieller Benutzerunterstützung im Vergleich zu hypertextbasierten Systemen und der Bereitstellung von Werkzeugen zur selbstgesteuerten Nutzung in unterschiedlichen Bildungskontexten wurden bereits in den Antworten zu Frage 6 heterogene Auffassungen der befragten Experten deutlich. Frage 8 zielte darauf ab, ergänzend zu den bereits dort deutlich gewordenen differenzierten Auffassungen Hinweise auf die Einschätzung des prinzipiellen Stellenwertes offener Systeme für den Bereich der beruflichen Weiterbildung zu erhalten.

Frage 8:
Der Stand der Technik ermöglicht die Entwicklung sog. offener Systeme. Diese bieten Nutzern u.a. ein Höchstmaß an Entscheidungsfreiheit über Lerninhalte, Benutzungsstrategien und Lernwege. Wie beurteilen Sie den Stellenwert entsprechender Systeme für die berufliche Weiterbildung?

Frage 8 wurde von allen Befragungsteilnehmern beantwortet. Die Antworten lassen erkennen, daß sehr unterschiedliche Auffassungen über den Stellenwert offener Systeme für die berufliche Weiterbildung bestehen. Eindeutig positive, kritische und negative Auffassungen lassen sich unterscheiden. Eindeutig positive Einschätzungen werden mit den durch offene Systeme gegebenen Möglichkeiten der „Herstellung eines individuellen Aufgabenbezugs" und der Ergänzung traditioneller Lehr-/Lernumgebungen begründet. Kritische Äußerungen heben einerseits den potentiellen Nutzen entsprechender Systeme in der beruflichen Weiterbildung, andererseits die Gefahr zu hoher Anforderungen an die Lernkompetenz der Nutzer hervor. Typisch für eine kritische Stellungnahme ist die folgende Äußerung: „Offene Systeme haben den Vorteil des bedarfsorientierten und selbstbestimmten Lernens, das in Zukunft immer wichtiger wird. Offene Systeme dürften jedoch für die meisten Nutzer in der beruflichen Weiterbildung problematisch sein". Es wird darauf verwiesen, daß bei Bedarf tutorielle Führung – zum Beispiel durch guided tours, (Tele-)Tutor u.ä. – und „Diskussion in der Lerngruppe" notwendig sind. Die kritischen Äußerungen entsprechen einer Auffassung, die bei Tergan, Hron & Mandl (1992) als Kennzeichen einer Konzeption „offenen Lernens" mit computerbasierten Lernumgebungen herausgearbeitet wird. Entsprechend dieser Konzeption kann effektives offenes Lernen nur in optimaler Aufeinanderabstimmung dreier Dimensionen des Lernens erfolgen: „Selbstregulation des Lernens", „Individualisierung/Adaptierung von Instruktion an individuelle Lernvoraussetzungen" und „Lerner-System-Interaktion". Die Autoren erläutern in ihrem Beitrag ein Evaluationsmodell zur Beschreibung und Beurteilung entsprechender Systeme, das maßgeblich auf den genannten Dimensionen gründet.

In einer negativen Einschätzung des Stellenwerts sog. offener Systeme für die berufliche Weiterbildung hebt einer der befragten Experten hervor: „Selbststudium beim Lernen – viel Ideologie; für die meisten Lernenden ist ein instructor-paced-Vorgehen willkommen, wenn das Ziel wichtig erscheint". Eine Begründung für diese äußerst kritische Auffassung könnte in folgender Stellungnahme eines anderen Befragungsteilnehmers gesehen werden: „... offene Systeme erfordern ein Höchstmaß an Selbststeuerung und Lernfähigkeiten, die nicht als selbstverständlich vorausgesetzt werden können. Unterstützungskomponenten sind daher sehr empfehlenswert. ... Entscheidend ist es, den Einsatz offener Systeme genauestens mit den Zielen der Zielgruppe und deren Voraussetzungen abzustimmen".

■ Beurteilungsaspekt: Stellenwert flexibel nutzbarer Bildungssoftware

Ein Merkmal sog. offener Systeme ist häufig ihre Flexibilität für unterschiedliche Arten der Nutzung. Bereitgestellte Softwarewerkzeuge in Multimedia- und

Hypermedia-Systemen dienen der Unterstützung flexibler Nutzungsformen im Rahmen eines selbstgesteuerten, den eigenen Interessen, Zielsetzungen und spezifischen Aufgabenanforderungen entsprechenden Lernens (vgl. Tergan, Harms, Lechner & Wedekind 1998) (siehe Frage 6). Moderne Bildungssoftware bietet durch die Bereitstellung softwaretechnischer Mittel Möglichkeiten, Inhalte umzustrukturieren, neu zu gestalten oder mittels Internet-Anbindung externe Ressourcen einzubinden. Eine derartige Software erscheint insbesondere im Bereich der Weiterbildung Erwachsener geeignet, Lerninhalte den eigenen Wünschen und Bedürfnissen anzupassen. Um Hinweise darüber zu erhalten, wie Experten den Stellenwert entsprechender Systeme für die berufliche Weiterbildung einschätzen, wurde eine weitere, Frage 6 und Frage 8 ergänzende Frage gestellt:

Frage 9:
Wie beurteilen Sie den Stellenwert von Bildungssoftware für die berufliche Weiterbildung, die es Nutzern ermöglicht, Inhalte umzustrukturieren bzw. neu zu gestalten bzw. mittels Internet-Anbindung externe Ressourcen einzubinden?

Frage 9 wurde von neun Befragungsteilnehmern beantwortet. Die Antworten zeigen, daß offenen Systemen ein potentiell hoher Stellenwert beigemessen wird, um bedarfsorientierte Bildungsformen, ggf. in Ergänzung zu traditionellen Seminaren, zu ermöglichen. Die Bedeutung, auf die einer der Befragungsteilnehmer hinweist, ergibt sich dadurch, daß „die Zukunft … immer mehr solcher bedarfsorientierter Weiterbildungsformen fordern" werde und daß „durch den schnellen Wandel heutiger Berufsbilder … und die sehr unterschiedlichen Eingangsvoraussetzungen der Lerner eine finanzierbare (automatisierbare) Aktualisierung und Anpassung erfolgen" müsse. Eine Eignung dieser Systeme wird vor allem dort gesehen, „wo sich Lerninhalte aufgrund betrieblicher Eigenarten sehr schnell ändern und relativ schnell angepaßt werden müssen".

Allgemein kritisch wird jedoch die Kompetenz der Adressaten beurteilt, das Potential entsprechender Systeme im Rahmen der beruflichen Weiterbildung adäquat zu nutzen. Herausgestellt wird, daß eine adäquate Nutzung „Selbststeuerungskompetenzen sowie Kompetenz zum Wissensmanagement" voraussetze und es „auf die Fähigkeiten der Nutzer ankomme". Zum gegenwärtigen Zeitpunkt wird diese Kompetenz eher skeptisch beurteilt. Es wird festgestellt, daß Umstrukturierung bzw. Neugestaltung „viele Lerner und auch Lehrkräfte (die letzteren müßten darin erst geschult werden) überfordere". Der Tenor der Äußerungen der Befragungsteilnehmer wird recht gut durch die Kommentare zweier Teilnehmer beschrieben, die feststellen: „Vielleicht später einmal, wenn es eine größere *computer-literacy* gibt". „Die Zukunft wird immer mehr solcher bedarfsorientierten Weiterbildungsformen fordern, setzt aber Selbststeuerungskompetenzen sowie Kompetenz zum Wissensmanagement voraus. Deshalb ist es von großer Bedeutung, diese Kompetenzen zu fördern und bei mangelnden oder fehlenden Voraussetzungen seitens der Nutzer direkte oder indirekte Gegenmaßnahmen zu ergreifen".

■ Beurteilungsaspekt: Zukunftsperspektiven durch Nutzung des Internet

Das Internet als das derzeit komplexeste offene System (vgl. Frage 9) bietet die Möglichkeit des freien Zugriffs auf weltweit verfügbare Informationen und Wissensbestände. Es bietet ferner Möglichkeiten der Realisierung neuer Formen des Lehrens und Lernens und der flexiblen Bereitstellung von Bildungsangeboten. Diese Möglichkeiten werden bereits im Kontext schulischer und universitärer Bildungskontexte erfolgreich genutzt (z.B. Held & Kugemann 1995; Schwan & Hesse 1998; Astleitner 1997). Aufgrund des schnellen Wandels heutiger Berufsbilder und der Notwendigkeit der flexiblen Anpassung von Lehr-/Lerninhalten könnten Internet-gestützte Bildungsangebote auch und insbesondere für die zukünftige berufliche Weiterbildung bedeutsam sein.

Um Aufschluß über die Einschätzung der an der Befragung teilnehmenden Experten bezüglich der Bedeutung des Internet für die zukünftige berufliche Weiterbildung zu erhalten, wurden die Befragungsteilnehmer um eine kurze Stellungnahme zu folgender Frage gebeten:

Frage 10:
Welche Zukunftsperspektiven sehen Sie durch die Nutzung des Internet für die Realisierung und Bereitstellung von Bildungssoftware für die berufliche Weiterbildung?

Frage 10 wurde von acht Befragungsteilnehmern beantwortet. Die Antworten verweisen auf die große Bedeutung, die der Nutzung des Internet für die Realisierung und Bereitstellung von Bildungssoftware im Bereich der beruflichen Weiterbildung zugemessen wird. Sie resultiert nach Auffassung eines der Beurteiler aus dem Sachverhalt, daß „das Internet heute von jedem finanzierbar ist und damit das Problem der Bereitstellung von Software für breite Kreise gelöst ist". Die Antworten zeigen weiter eine Einhelligkeit der Einschätzungen, die bei der Beantwortung der übrigen Fragen zur Nutzung von Bildungssoftware nicht gegeben war.

Im Hinblick auf die Zukunftsperspektiven des Internet für die berufliche Weiterbildung werden von verschiedenen Befragungsteilnehmern „langfristig sehr gute Perspektiven" und deshalb eine „enorm große Bedeutung" gesehen. Besonders hervorgehoben wird, daß die Nutzung des Internet für Bildungs-anbieter „verbesserte Möglichkeiten der Aktualisierung und Anpassung von Lerninhalten" biete. Es wird ferner herausgestellt, daß „vor allem mittlere und Kleinunternehmungen, die z.B. große Entwicklungskosten für komplexe CBT nicht aufbringen können", unter ökonomischen Gesichtspunkten von einer Nutzung des Internet profitieren können, weil von diesen Unternehmungen „nur so kostengünstig die Aktualität der Inhalte gehalten werden kann".

Kritisch-positive Einschätzungen betreffen die Kompetenz der Lernenden zur effektiven Nutzung Internet-basierter Bildungsangebote. Als zentrales Pro-blem wird die „Bereitschaft und Kompetenz zum selbstgesteuertem Lernen" gesehen sowie das Problem, daß eine entsprechende „Computer-literacy" hierfür noch entwickelt werden müsse.

Kritisch äußern sich verschiedene Befragte zum Stand der Technik. Es wird herausgestellt, daß gute Perspektiven der Nutzung des Internet für die Bereit-stellung von Bildungsangeboten nur dann wahrscheinlich seien, „falls der technische Standard und die Qualität multimedialer Darstellung verbessert (würden)". Einer der Teilnehmer stellt hierzu fest: „Im Moment verhindern EDV-technische Probleme eine sinnvolle Nutzung (Geschwindigkeit, Sicher-heit, Abstürze); ich kann mir nicht vorstellen, daß diese Probleme innerhalb der nächsten 5–10 Jahre beseitigt werden".

Auch die didaktische Qualität entprechender Angebote sei zur Zeit noch sub-optimal. So seien „die meisten Internet-Anwendungen ‚nur' Hypertext-typisch aufgebaut (links)", es fehlten jedoch „sonstige Interaktionen und differenzier-te Feedbacks". Als wichtig herausgestellt wird in diesem Zusammenhang, „über Tele-Learning der Unterstützung über einen Tutor und der Kooperation sowohl zwischen Lernenden als auch zwischen Lehrenden und Lernenden einen größeren Stellenwert als bisher einzuräumen".

■ **Beurteilungsaspekt: Stellenwert traditioneller Medien und Lehr-methoden**

Multimediale Bildungssoftware wird zunehmend häufiger in Lehr-/Lernpro-zessen eingesetzt. Dies trifft auch für die berufliche Weiterbildung zu. An mul-timediale Lernumgebungen richtet sich nicht selten die Erwartung, daß diese besser als traditionelle Medien zur Darstellung und Förderung der kognitiven Verarbeitung komplexer und miteinander vernetzter Sachverhalte geeignet seien und sich besser zur integrativen Darstellung unterschiedlich kodierter Informationen und damit zur Förderung von Verstehensprozessen eignen würden. Es besteht ferner die Erwartung, daß durch Verwendung multimedialer Bildungssoftware selbstgesteuertes Lernen sowie aktive und konstruktive Prozesse der Informationsverarbeitung gefördert werden. Entsprechende Annahmen werden von Hasebrook (1995), Schulmeister (1996), Tergan (1997a, b, e, f), Kerres (1998) mit Hinweis auf vorliegende Befunde empirischer Untersuchungen kritisch diskutiert.

Vor dem Hintergrund der Bemühungen um die Einführung multimedialer Bildungssoftware in den Bereich der beruflichen Weiterbildung sowie enttäuschter Erwartungen hinsichtlich des Lernens mit Multimedia und Hypermedia wurden die an der Befragung teilnehmenden Experten nach ihrer Einschätzung des Stellenwerts traditioneller Medien und Lehr-/Lernmethoden für die berufliche Weiterbildung befragt:

Frage 11:
Multimediale Bildungssoftware wird zunehmend häufiger eingesetzt. Welchen Stellenwert haben für Sie traditionelle Medien und Lehr-/Lernmethoden für die berufliche Weiterbildung?

Frage 11 wurde von allen zehn Befragungsteilnehmern beantwortet. Die Antworten zeigen eine weitgehende Übereinstimmung der Teilnehmer. Der zukünftige Stellenwert traditioneller Medien und Methoden wird mehrfach als „sehr hoch" eingeschätzt. Herausgestellt wird einerseits die Bedeutung des persönlichen Umgangs mit Lernenden und der Aspekt der zwischenmenschlichen Kommunikation. Betont wird andererseits von der Mehrzahl der Befragungsteilnehmer, daß multimediale Bildungssoftware traditionelle Lehrangebote nicht ersetzen, sondern nur ergänzen könne. Wichtig sei die „richtige ,Verzahnung' von traditionellen und Neuen Medien" sowie der „Aufbau einer Lernumgebung" und „die Betreuung durch geschultes Personal". Für die Zukunft wird ein zunehmender Einsatz multimedialer Bildungssoftware prophezeit.

Die Gesamteinschätzung der Befragungsteilnehmer spiegelt sich recht gut in der Stellungnahme eines der Teilnehmer wider: „Multimediale Bildungssoftware ist für die berufliche Weiterbildung eine erfolgversprechende Ergänzung, sicher aber kein vollkommener Ersatz für traditionelle Medien und Methoden. Präsenzphasen sind und bleiben in multimedialen Lernumgebungen ein unverzichtbarer Bestandteil, wenn es darum geht, mehr als nur neue Informationen oder eine eingegrenzte Fertigkeit in kurzer Zeit zu erwerben. Die Zukunft liegt aber wohl weniger bei den multimedialen Offline-Lösungen als vielmehr bei der Nutzung der Netze, die neue Wege der Kommunikation und Kooperation im Lehr-/Lerngeschehen eröffnen".

4 Fazit

Ausgangspunkt dieses Beitrages war die Feststellung, daß die Qualitätsbeurteilung von Bildungssoftware durch Experten in aller Regel unter der
impliziten Annahme erfolgt, daß die Beurteiler identische Beurteilungsmaß-
stäbe anlegen. Empirische Untersuchungen zur Frage der Beurteilerübereinstimmung bei der Evaluation von Bildungssoftware mittels Kriteriumskatalogen zeigen jedoch nur eine geringe Übereinstimmung (vgl. Joliceur &
Berger 1986; Fricke, Beitrag 3 in diesem Band). Dies kann zum Teil auf
Schwächen des Beurteilungsinstruments zurückgeführt werden (vgl. Tergan
1998; Beitrag 14). Untersuchungen wie die von Prichard, Micceri & Barrett
(1989), in denen Beurteiler erst nach einem langdauerndem Training zu einer
hinreichenden Übereinstimmung ihrer Urteile gelangten, verweisen jedoch
auch auf Unterschiede zwischen Beurteilern. Es konnte vermutet werden,
daß unterschiedliche implizite Annahmen der Experten über die Bedeutsamkeit bestimmter Beurteilungsaspekte bezüglich Qualität, Funktionalität und Nutzen von Bildungssoftware Ursachen mangelnder Urteilsübereinstimmung darstellen.

Die Ergebnisse der vorliegenden Studie stützen diese Vermutung. Es konnte
gezeigt werden, daß sich Experten hinsichtlich der Einschätzung von Qualität,
Funktionalität und Nutzen von Bildungssoftware sowie einzelner Software-
merkmale zum Teil erheblich voneinander unterscheiden. Die unterschiedlichen Bewertungen einzelner Softwareaspekte durch verschiedene Experten
legen nahe, daß Unterschiede bezüglich impliziter individueller Annahmen
über die Bedeutung des Einflusses einzelner Softwaremerkmale auf die pädagogische Effektivität einer Lern- bzw. Informationssoftware bei Verwendung
von Experten-Beurteilungsverfahren wie z.B. Kriteriumskatalogen zur mangelnden Beurteilerübereinstimmung beitragen können.

Für eine Verbesserung der Evaluation von Bildungssoftware erscheinen verschiedene, sowohl die Validität als auch die Reliabilität von Urteilen erhöhen-
de Konsequenzen sinnvoll:

– Eine Verbesserung der Validität der Urteile läßt sich entscheidend durch
  eine Verbesserung des Hintergrundwissens erzielen. Bangert-Drowns &
  Kozma (1989) verweisen in diesem Zusammenhang zum einen auf die
  Möglichkeit der Vermittlung entsprechenden Hintergrundwissens im
  Rahmen einer Beurteilerschulung. Hintergrundwissen, das die Validität von
  Evaluationsaussagen erhöhen kann, steht ferner dann zur Verfügung,
  wenn auch Informationen aus anderen Quellen, zum Beispiel Infor-
  mationen über die Design-Konzeption der Softwareentwickler oder vorläu-
  fige empirische Daten bezüglich Akzeptanz und Lernverhalten potentieller
  Adressaten berücksichtigt werden.

– Auch zu einer Reliabilitätserhöhung kann neben Vermeidung methodischer Probleme bei der Ermittlung von Evaluationsurteilen auf der Basis von Kriteriumskatalogen ein gezieltes Beurteilertraining beitragen. Hier gilt es, die Kriterien der Softwarebeurteilung offenzulegen und möglichst eindeutig zu beschreiben, so daß Unterschiede in der Beurteilung, die auf Unstimmigkeiten in der Interpretation der Kriterien zurückzuführen sind, vermieden werden.

Letztlich gilt jedoch für jede Analyse von Qualität, Funktionalität und Nutzen von Bildungssoftware, die mittels Bewertungsinstrumenten durch Experten vorgenommen wird, daß diese von der Expertise und der Vergleichbarkeit impliziter Annahmen der Beurteiler abhängen. Dies gilt umso mehr, je komplexer Bildungssoftware einerseits und Lehr-Lern-Arrangements (vgl. Achtenhagen & John 1992) andererseits werden, in denen Bildungssoftware eingesetzt wird. Kontextuelle, situative und soziale Rahmenbedingungen des Softwareeinsatzes lassen sich in ihrer Wirkung nur unzureichend am grünen Tisch einschätzen. Die Einbeziehung empirischer Daten als Ergänzung und Stützung evaluativer Urteile über die Qualität von Lern- und Informationssoftware wird zunehmend unerläßlich (vgl. hierzu Tergan 1998; Beitrag 14 in diesem Band).

Literatur

Achtenhagen, F. & John, E.G. (Hrsg.) (1992), Multimediale Lehr-Lern-Arrangements. Wiesbaden: Gabler.

Astleitner, H. & Leutner, D. (1995). Learning strategies for unstructured hypermedia – a framework for theory, research and practice. *Journal of Educational Computing Research*, 13(4), 387–400.

Bangert-Drowns, R.L. & Kozma, R.B. (1989). Assessing the design of instructional software. *Journal of Research on Computing in Education,* 3(21), 241–262.

Behrendt, E. & Kromrey, H. (1995). Qualitätssicherung in Modellversuchen zur beruflichen Bildung: Die Rolle der wissenschaftlichen Begleitforschung. In P. Schenkel & H. Holz (Hrsg.). Evaluation multimedialer Lernprogramme und Lernkonzepte. Berichte aus der Berufsbildungspraxis (S. 23–38). Nürnberg: BW Bildung und Wissen.

Collins, A., Brown, J.S., & Newman, S.E. (1989). Cognitive apprenticeship: Teaching the crafts of reading, writing, and mathematics. In L.B. Resnick (Ed.), Knowing, learning, and instruction. Essays in honor of Robert Glaser (pp. 453–494). Hillsdale, NJ: Erlbaum.

Freibichler, H., Mönch, T. & Schenkel, P. (1991). Computerunterstützte Aus- und Weiterbildung in der Warenwirtschaft. Nürnberg: BW Bildung und Wissen.

Fricke, R. (1995). Über den richtigen Umgang mit Qualitätskriterien von Lernsoftware. Arbeiten aus dem Institut für Empirische Pädagogik und Instruktionspsychologie. Bericht Nr. 14 (3/95).

Friedrich, H.F., Eigler, H., Mandl, H., Schnotz, W., Schott, F. & Seel, N.M. (Hrsg.) (1997). Multimediale Lernumgebungen in der betrieblichen Weiterbildung. Gestaltung, Lernstrategien und Qualitätssicherung. Neuwied: Luchterhand.

Glowalla, U. & Schoop, E. (1992). Entwicklung und Evaluation computerunterstützter Lehrsysteme. In U. Glowalla & E. Schoop (Hrsg.), Hypertext und Multimedia: Neue Wege in der computerunterstützten Aus- und Weiterbildung (S. 21–38). Berlin/Heidelberg: Springer.

Glowalla, U. (1992). Evaluation computerunterstützten Lernens. In U. Glowalla & E. Schoop (Hrsg.), Hypertext und Multimedia: Neue Wege in der computerunterstützten Aus- und Weiterbildung (S. 39–40). Berlin/Heidelberg: Springer.

Hasebrook, J.P. (1995). Lernen mit Multimedia. *Zeitschrift für Pädagogische Psychologie/German Journal of Educational Psychology,* 9(2), 95–103.

Held, P. & Kugemann, W.F. (Eds.) (1995). Telematics for education and training. Proceedings of the Telematics for Education and Training Conference, Düsseldorf/Neuss, 24–26 November 1994, Amsterdam/Oxford/Washington DC: IOS Press.

Jacobson, M.J. & Spiro, R.J. (1995). Hypertext learning environments, cognitive flexibility, and the transfer of complex knowledge: An empirical investigation. *Journal of Educational Computing Research,* 12(4), 301–333.

Jacobson, M.J., Maouri, C., Mishra, P. & Kolar, C. (1995). Learning with hypertext learning environments: theory, design, and research. *Journal of Educational Multimedia and Hypermedia,* 4(4), 321–364.

Jolicoer, K. & Berger, D. (1986). Do we really know what makes educational software effective? A call for empirical research. *Educational Technology,* 6(25), 7–11.

Jonassen, D.H. (1990). Semantic network elicitation: tools for structuring hypertext. In C. Green & R. McAleese (Eds.), Hypertext: State of the art. Oxford: Intellect Books Ltd.

Jonassen, D.H. (1993). Effects of semantically structured hypertext knowledge bases on user's knowledge structures. In C. McKnight, A. Dillon & J. Richardson (Eds.), Hypertext. A psychological perspective (pp. 153–168). Chichester, England: Horwood.

Kerres, M. (1998). Multimediale und telemediale Lernumgebungen. Konzeption und Entwicklung. München: Oldenburg.

Mandl, H., Gruber, H. & Renkl, A. (1996). Neue Wege des Lernens mit Multimedia. Probleme mit den alten Wegen des Lernens: Fehlende Wissenschaftsanwendung. *Grundlagen der Weiterbildung,* 7(5), 285–287.

Mandl, H., Gruber, H. & Renkl, A. (1997). Situiertes Lernen in multimedialen Lernumgebungen. In L.J. Issing & P. Klimsa (Hrsg.), Information und Lernen mit Multimedia. 2. überarb. Auflage (S. 167–178). Weinheim: Psychologie Verlags Union.

Prichard, W.H. Jr., Micceri, Th. & Barrett, A.J. (1989). A review of computer-based training materials: Current state of the art (instruction and interaction). *Educational Technology*, 16–22 July 1989.

Reinmann-Rothmeier, G. & Mandl, H. (1998). Wissensvermittlung. Ansätze zur Förderung des Wissenserwerbs. In F. Klix & H. Spada (Hrsg.), Enzyklopädie der Psychologie. Wissen. (Band 6, S. 457–500). Göttingen/Bern/Toronto/Seattle: Hogrefe.

Rouet, J.-F. (1992) Cognitive processing of hyperdocuments: When does non-linearity help? In D. Lucarella, J. Nanard, M. Nanard & P. Paolini (Eds.), Proceedings of the 4th ACM Conference on Hypertext (pp. 131–140). New York: Academic Press.

Schenkel, P. (1997). Q1 bis Q5 – Qualität und Evaluation von Lernsoftware. Vortrag anläßlich einer Tagung der Expertengruppe „IKTH – EDV im Handwerk" am Bundesinstitut für Berufsbildung, Berlin, 30.6.–1.7.1997.

Schwan, S. & Hesse, F.W. (1998). Lernen mit neuen Medien – Vom Medienverbund zum Verbundmedium. In H. Kubicek, H.J. Braczyk, D. Klumpp, G. Müller, W. Neu, E. Raubold & A. Roßnagel (Hrsg.), *Lernort Multimedia. Jahrbuch Telekommunikation und Gesellschaft 1998* (S. 45–54). Heidelberg: R. v. Decker.

Schulmeister, R. (1996). Grundlagen hypermedialer Lernsysteme. Theorie, Didaktik, Design. Bonn/Paris: Addison-Wesley.

Spiro, R.J. & Jehng, J.C. (1990). Cognitive flexibility and hypertext. Theory and technology for the nonlinear and multidimensional traversal of complex subject matter. In D. Nix & J.R. Spiro (Eds.), Cognition, education, and multimedia. Exploring ideas in high technology (pp. 163–205). Hillsdale, NJ: Erlbaum.

Tergan, S.-O. (1992). Wie geeignet sind computerbasierte Lernsysteme für das offene Lernen in der beruflichen Weiterbildung? In F. Achtenhagen & E.G. John (Hrsg.), Multimediale Lehr-Lern-Arrangements (S. 460–477). Wiesbaden: Gabler.

Tergan, S.-O. (1997a). Lernen mit Texten, Hypertexten und Hypermedien. In H. Mandl (Hrsg.), Bericht über den 40. Kongreß der Deutschen Gesellschaft für Psychologie in München 1996 (S. 915–920). Göttingen: Hogrefe.

Tergan, S.-O. (1997b). Hypertext und Hypermedia: Konzeption, Lernmöglichkeiten, Lernprobleme. In L.J. Issing & P. Klimsa (Hrsg.), Information und Lernen mit Multimedia. 2. überarb. Auflage. (S. 122–137). Weinheim: Beltz Psychologie Verlags Union.

Tergan, S.-O. (1997c). Lernen mit Texten, Hypertexten und Hypermedien. Retrospektive und State of the Art. In H. Gruber & A. Renkl (Hrsg.), Wege zum Können – Determinanten des Kompetenzerwerbs (S. 236–249). Bern: Verlag Hans Huber.

Tergan, S.-O. (1997d). Multiple views, contexts and symbol systems in learning with hypertext/hypermedia: A critical review of research. *Educational Technology*, 37(4), 5–18.

Tergan, S.-O. (1997e). Misleading theoretical assumptions in hypertext/hypermedia research. *Journal of Educational Multimedia and Hypermedia*, 6(3/4), 257–283.

Tergan, S.-O. (1997f). Conceptual and methodological shortcomings in hypertext/ hypermedia design and research. *Journal of Educational Computing Research*, 16(3), 209–235.

Tergan, S.-O. (1998). Checklists for the evaluation of educational software. Critical review and prospects. *Innovations in Education and Training International (IETI)*, 35(1), 9–20.

Tergan, S.-O. (1998). Checklists for the evaluation of educational software. Critical review and prospects. *Innovations in Education and Training International (IETI)*, 35(1), 9–20.

Tergan, S.-O., Harms, U. Lechner, M. & Wedekind, J. (1998). Concept and design of a hypermedia environment for open learning. In G. Davies (Ed.), Teleteaching '98 – Distance Learning, Teaching and Education. Schriftenreihe der Österreichischen Computer Gesellschaft, Bd. 120 (Part 2, pp. 1003–1009). Wien: OCG.

Tergan, S.-O., Hron, A. & Mandl, H. (1992). Computer-based systems for open learning. In S.-O. Tergan, J.J. Sparkes, C. Hitchcock, A.R. Kaye, A. Hron & H. Mandl (G. Zimmer & D. Blume, Eds.). Open learning and distance education with computer support (pp. 97–195). Band 4 der Reihe „Multimediales Lernen in der Berufsbildung". Nürnberg: BW Bildung und Wissen.

Wedekind, J., Lechner, M. & Tergan, S.-O. (1998). Teaching and learning with flexible hypermedia learning environments. In T. Ottmann & I. Tomek (Eds.), Proceedings of the ED-Media – ED-Telecom '98 (Vol. 2, pp. 1464–1469), Charlottesville, USA: Association of the Advancement of Computing in Education (AACE).

Whalley, P. (1990). Models of hypertext structure and learning. In D.H. Jonassen & H. Mandl (Eds.), Designing hypermedia for learning (pp. 61–67). Berlin: Springer.

Whalley, P. (1993). An alternative rhetoric for hypertext. In C. McKnight, A. Dillon, & J. Richardson (Eds.), Hypertext. A psychological perspective (pp. 7–17). New York: Ellis Horwood.

Whitehead, A.N. (1929). The aims of education. New York: Macmillan.

Anne Meier　　　MEDA und AKAB:
Zwei Kriterienkataloge auf
dem Prüfstand

1 Beschreibung der Evaluationsansätze

1.1 Das Beurteilungsinstrument MEDA

Das zur Qualitätsbeurteilung ausgewählte Analysewerkzeug MEDA (Gräber 1990) ist ein Beurteilungsinstrument für pädagogische Software aus dem Bereich der Erwachsenenbildung, das von Wissenschaftlern aus fünf europäischen Ländern gemeinsam entwickelt wurde. Ziele des Projekts MEDA, das durch eine Anfrage der Generaldirektion für Beschäftigung, soziale Angelegenheiten und Bildung der Kommission der Europäischen Gemeinschaft initiiert worden war, waren folgende:

– In Hinblick auf den ständig an Bedeutung gewinnenden Einsatz von interaktiven Lernprogrammen in der Aus- und Weiterbildung sollte ein Instrument zur Evaluation von Bildungssoftware erarbeitet werden, das sich den verschiedenen Vorstellungen der Beurteiler anpassen läßt;

– Bewertern von Bildungssoftware sollte ein methodischer Rahmen geschaffen werden, der es ihnen ermöglicht, ihre eigene Evaluationspraxis in die Bewertung mit einzubringen.

Die Entwicklung MEDAs fand in vier Stufen statt:

1. Empirische Erhebung von Evaluationspraktiken:

In der ersten Stufe wurden Grundmuster bei der Evaluation von Lernprogrammen ermittelt, indem in unterschiedlichen Unternehmen, Bildungs- und Forschungseinrichtungen europäischer Länder Erhebungen über Bewertungspraktiken von Lernsoftware vorgenommen wurden. Zielvorstellungen und

Probleme, die die Entwicklung solcher Raster leiteten, wurden dokumentiert und die Meinungen der Anwender solcher Software erhoben. Zu diesem Zweck interviewte man 30 Experten. In einer zweiten Untersuchung wurden 37 europäische Ausbilder aus der Erwachsenenbildung befragt.

2. Erstellung einer Typologie der wesentlichen Evaluationsstrategien:

Es ergaben sich folgende Problemstellungen:

- Bei der Bewertung didaktischer Software ergeben sich drei grundsätzliche Anwendungsbereiche: Produktentwicklung, Produktanwendung und Vertrieb;

- Die Bewertung didaktischer Software setzt sich grundsätzlich aus drei Aspekten zusammen: Dokumentation, Analyse und der eigentlichen Bewertung;

- Bewertung bezieht zum einen das Produkt selbst, die Kaufentscheidung und die Wirkung ein, zum anderen die Bewertung durch beteiligte Personen hinsichtlich Entwicklung, Anwendung und Vertrieb des Produktes.

3. Die Konzeption des Evaluationsinstruments:

Das MEDA zugrundeliegende Konzept beruht auf drei Hypothesen:

a) Der Bewerter befindet sich bei seiner Evaluation in einer individuellen Situation und hat spezifische Ziele vor Augen. Von daher benötigt er ein eigenes Bewertungsraster.

b) Das zur Bewertung angewandte Instrument erfordert vom Benutzer, sich mit ihm bekannt zu machen, ein individuelles Durchführungsverfahren zu entwickeln und dieses anzuwenden.

c) Bei der Gestaltung eines solchen individuellen Instruments muß die Terminologie potentieller Benutzer berücksichtigt werden.

4. Die Erprobung:

Während einer Validierungsphase in Unternehmen innerhalb der am Projekt beteiligten Länder erhielt MEDA seine endgültige Form. Der zugrundeliegende methodische Ansatz wurde weitgehend bestätigt.

In seiner endgültigen Form zeichnet sich MEDA durch eine hierarchische Struktur mit Bewertungskriterien aus, durch die der Anwender geführt wird, um

eine eigenes, spezielles Bewertungsraster zu entwerfen (siehe Abbildung 1).
Der Katalog besteht aus rund 300 Ja/Nein-Fragen an das Produkt, die jedoch
nicht alle zu beantworten und, je nach Intention des Bewerters, unterschiedlich kombinierbar sind. „Die MEDA zugrundeliegende Idee ist, daß man die für
den eigenen Bedarf relevanten Fragen selbst auswählt und dabei durch einen
dreistufigen Filter von MEDA unterstützt wird." (Gräber 1990, S. 235)

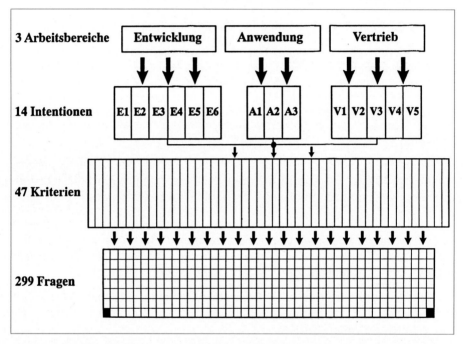

*Abb. 1: Aufbau des Bewertungsinstrumentes MEDA (Quelle: Gräber 1990,
S. 232)*

1.2 Das Beurteilungsinstrument MEDA '97

Vom 300-Kriterien-Analyse- und Bewertungsinstrument in Buchform wurde
MEDA 1997 von den Entwicklern weiterentwickelt zum „Multimediawerkzeug,
das als Bewertungshilfe für Ausbildungsprodukte eingesetzt werden kann."[1]
Das bereits in Abschnitt 1.1 dargestellte Arbeitsprinzip des Vorläufermodells
MEDA wurde prinzipiell beibehalten. Allerdings änderten sich terminologisch
folgende Gestaltungsmerkmale:

---

1 Sämtliche hier kurz dargestellten Informationen zu MEDA '97 sind entnommen der elektronischen
   Hilfefunktion der MEDA '97-CD-ROM. Bezugsmöglichkeiten sind zu erfragen bei: Institut für die Pädagogik
   der Naturwissenschaften (IPN), Herr Gräber, Olshausenstr. 62, 24098 Kiel.

- Die früher „Arbeitsbereiche" titulierten drei „Eingangsfilter" heißen jetzt „Interessenbereiche" und sind inhaltlich identisch: PI1 Erstellung (ehemals Entwicklung), PI2 Verwendung (ehemals Anwendung) und PI3 Vertrieb.

- Die 14 früher „Intentionen" benannten weiterführenden Stufen heißen jetzt „Interessenschwerpunkt". Ihre Anzahl und inhaltliche Dimension sind vergleichbar der ursprünglichen Fassung.

- Die danach vorgeschlagenen 47 „Kriterien" sind in „Aspekte" umformuliert, ihre Anzahl auf 70 erweitert.

- Die Anzahl der ursprünglich 299 den Aspekten zugeordneten Fragen wurde auf 500 erhöht. Diese Erweiterung ergibt sich aus neu hinzugekommenen Fragen, die die Qualität multimedialer Komponenten bestimmen, neu formulierten Fragen, die in MEDA berücksichtigte Kriterien exakter beschreiben, sowie völlig neuen Fragen.

Der Evaluator gestaltet sich – entsprechend der traditionellen MEDA-Philosophie – programmgeführt oder frei sein individuelles Bewertungsraster. Er hat die Möglichkeit, unterschiedlich gestaltete Raster für eine spätere Wiederverwendung sozusagen als „Layout" oder auch bereits erarbeitete Evaluationen für Vergleichsanalysen zu speichern, einzelne Aspekte wie auch eine Gesamtauswertung auszudrucken. Zusätzlich gestattet ihm MEDA '97, neue Kriterien in den Katalog aufzunehmen. Die Abbildungen 2–6 vermitteln einen Eindruck von der Bedienung der Software.

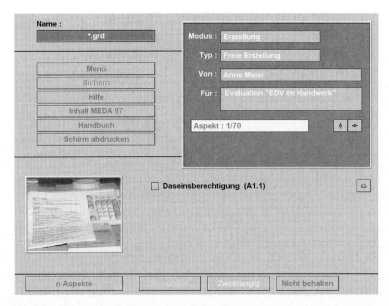

Abb. 2: Auswahlbildschirm von MEDA '97, mit dessen Hilfe der Bewerter sein individuelles Bewertungsraster erstellt. Zunächst wird er gefragt, ob er den Aspekt
„Daseinsberechtigung" als Bestandteil seiner Analyse aufzunehmen wünscht und
welche Priorität der Aspekt erhält: „Nicht behalten" – „Wesentlich" – „Zweitrangig"

Abb. 3: Beispiel für
kontextsensitive Hilfe
in MEDA '97:
Bei Bedarf kann der
Bewerter durch
Anklicken des
„Buchsymbols" eine
Definition oder
Erklärung zum in
Frage kommenden
Aspekt erhalten

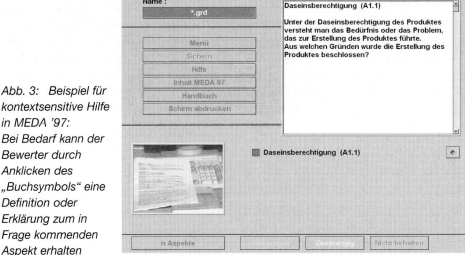

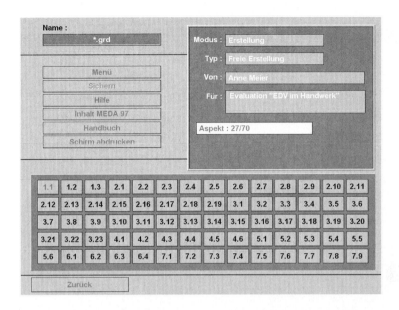

Abb. 4: Beispiel für Orientierungshilfe in MEDA '97: Bei Bedarf erhält der Benutzer diese Übersicht über sämtliche dem ausgewählten Aspekt zugeordneten Fragen. Zusätzlich wird farbig markiert, welche dieser Fragen er ausgewählt und auf welche er verzichtet hat

Abb. 5: Weiterer Aufbau eines individuellen Bewertungsrasters in MEDA '97: Hat der Bewerter einen Aspekt ausgewählt, liefert MEDA '97 unmittelbar sämtliche dem Aspekt zugeordneten Fragen. Der Bewerter kann nun entscheiden, ob die Frage in sein individuelles Raster paßt oder nicht: „Behalten" – „Nicht behalten".

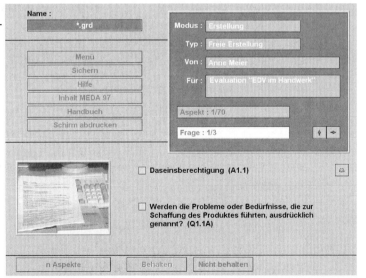

MEDA 97

Modus : Erstellung

Name : IKTH.grd

Von : Anne Meier

Für : Evaluation "EDV im Handwerk"

WESENTLICHE ASPEKTE ZWEITRANGIGE ASPEKTE :

| -- | - | + |++| **Daseinsberechtigung (A1.1)**

| 0 | 0 | 0 | 0 | Werden die Probleme oder Bedürfnisse, die zur Schaffung des Produktes führten, ausdrücklich genannt? (Q1.1A)

| 0 | 0 | 0 | 0 | Ist das Erkennen der Schwierigkeiten der Auszubildenden am Ursprung des Produktes? (Q1.1B)

| 0 | 0 | 0 | 0 | Sind die festgestellten Schwierigkeiten verfügbar? (Q1.1C)

| -- | - | + |++| **Eigenschaften der zu formenden Zielgruppe (A1.2)**

| 0 | 0 | 0 | 0 | Sind die Altersgruppen der Zielgruppe bekannt? (Q1.2A)

| 0 | 0 | 0 | 0 | Ist das Bildungsniveau der Zielgruppe bekannt? (Q1.2B)

| 0 | 0 | 0 | 0 | Ist der Aufgabenbereich der Zielgruppe innerhalb der Organisation (Unternehmen, Institution usw.) bekannt? (Q1.2C)

| 0 | 0 | 0 | 0 | Sind die Vorbedingungen (Vorkenntnisse, Abstraktionsniveau usw.) der Zielgruppe bekannt? (Q1.2D)

| 0 | 0 | 0 | 0 | Sind geschlechtsbedingte Informationen über die Zielgruppe bekannt? (Q1.2E)

| 0 | 0 | 0 | 0 | Sind gesellschaftsbedingte Informationen über die Zielgruppe bekannt? (Q1.2F)

| 0 | 0 | 0 | 0 | Sind die Ausbildungsziele der Zielgruppe bekannt? (Q1.2G)

| 0 | 0 | 0 | 0 | Sind die vorgezogenen Lernweisen (Art, Zeit usw.) der Zielgruppe bekannt? (Q1.2H)

| 0 | 0 | 0 | 0 | Ist die gebräuchliche Arbeitszeiteinteilung der Zielgruppe bekannt? (Q1.2.I)

| 0 | 0 | 0 | 0 | Ist die gebräuchliche Arbeitszeiteinteilung der Zielgruppe mit der Zugangsplanung zu den Geräten vereinbar? (Q1.2J)

| -- | - | + |++| **Definition der Zielsetzung (A2.1)**

| 0 | 0 | 0 | 0 | Ist die Zielsetzung in den Begleittexten und im Vorfeld der Ausbildungssoftware eindeutig aufgeführt? (Q2.1A)

| 0 | 0 | 0 | 0 | Ist die Zielsetzung für die Auszubildenden schon vor der Ausbildung verständlich? (Q2.1B)

| 0 | 0 | 0 | 0 | Ist die Zielsetzung ausdrücklich an die beruflichen Vorteile des Auszubildenden gebunden? (Q2.1C)

| 0 | 0 | 0 | 0 | Gewährleistet die Ausbildungssoftware, daß die Zielsetzung gut verstanden wird? (Q2.1D)

| 0 | 0 | 0 | 0 | Ist das angestrebte Verhalten nach der Ausbildung wahrnehmbar? (Q2.1E)

| 0 | 0 | 0 | 0 | Sind die Erfolgskriterien genau angegeben? (Q2.1F)

| 0 | 0 | 0 | 0 | Stimmt die Zielsetzung der Software mit der Organisation überein? (Q2.1G)

| 0 | 0 | 0 | 0 | Stimmt die Zielsetzung der Software mit den Zielen der Mitglieder der Zielgruppe überein? (Q2.1H)

Abb. 6: Beispiel: Ausdruck eines Bewertungsformulars

1.3 Der CBT-Kriterienkatalog AKAB

Der elektronische AKAB-CBT-Kriterienkatalog – entwickelt auf Initiative eines Arbeitskreises der Automobilindustrie – wurde als weiteres Analyseinstrument zur Evaluation des Programms „EDV im Handwerk" eingesetzt.

Ursprung der Idee, einen einheitlichen Kriterienkatalog zur Prüfung von Lernsoftware für die Automobilindustrie zu entwickeln, war es, Selbstlernen in den Unternehmen und somit das Bewußtsein bei den Mitarbeitern zu fördern, daß Lernen ein lebenslanger und lebensnotwendiger Prozeß ist. Die Mitglieds-firmen des Arbeitskreises Automobilindustrie – Audi AG, BMW AG, Robert Bosch GmbH, Ford Werke AG, Mercedes Benz AG, Adam Opel AG, Dr. Ing. h.c. F. Porsche AG und die Volkswagen AG – verfügen z.T. über multimediale Selbst-lernzentren und entwickelten das Analyseinstrument aus der Notwendigkeit, Lernsoftware vergleichbar zu prüfen sowie die Qualität von zu erwerbender und selbst produzierter Lernsoftware zu halten und weiterzuentwickeln.[2]

Die 74 Kriterien, die die Qualität von Lernsoftware überprüfen sollen, sind in folgende 13 Kriteriengruppen unterteilt, die sich auch in anderen vergleichba-ren Analysewerkzeugen finden:

Kurzbeurteilung – Fachliche Beurteilung – Interaktion – Rückmeldung – Hilfen – Lernzielkontrollen – Motivation – Ablaufsteuerung – Dokumentation – Text-gestaltung – Bildschirmgestaltung – Multimediaeinsatz – Inhalt.

Zunächst werden Stammdaten zur zu prüfenden Software (Hersteller, techni-sche Voraussetzungen, Preis etc.) und Angaben zum Bewerter erhoben. Diese Informationen werden in einer internen Datenbank gesammelt.

Bewertet werden sämtliche Kriterien einheitlich innerhalb einer Viererskala (++ / + / – / – – mit der Bedeutung: ja / eher ja / eher nein / nein) mit maximal 3 Punkten. Für jeden Abschnitt werden die Punkte summiert und der Mittelwert berechnet. Die Programmautoren empfehlen, lediglich Programme, die besser als „2" abschneiden, anzuschaffen.

Nicht beantwortete Fragen fließen nicht in die Bewertung ein, das Verhältnis beantwortete/nicht beantwortete Fragen kann in der Endbewertung ersehen werden.

Eine Besonderheit zeichnet den AKAB CBT-Kriterienkatalog aus: Jede Frage wird einer internen Benotung mit Gewichtungsfaktoren – von den Programm-

---

2   Weitere Informationen zum Kriterienkatalog AKAB bzw. zur Nachfolgeversion sind erhältlich bei: Volkswagen Coaching GmbH, Zentrale Planung und Koordination, Multimedia-Strategie, -Lerntechnologie und -Projekte, Brieffach 10 55/5, 38436 Wolfsburg, Tel. 0 53 61/9-2 23 80.

autoren festgeschrieben – unterworfen.[3] Diese Benotung mit Gewichtungsfaktoren ermöglicht eine weitere differenzierte Programmbewertung. Dafür
sind zusätzlich Gewichtungsfaktoren von 1 bis 4 für jedes Beurteilungs-
kriterium in Abhängigkeit vom gewählten Themengebiet („Verhalten", „Sprache", „PC-Anwendungen", „Wirtschaft", „Technik" und „Sonstiges") festgelegt
worden, die vom Bewerter nicht verändert werden können.

Für jede Frage wird das Produkt „P" aus Benotung und Gewichtung gebildet
und rechts am Bildschirm angezeigt. Es wird jeweils eine Benotung der einzelnen Kategorien sowie eine gesamte Programmbewertung vorgenommen.
Beide Werte sind im Bildschirmbereich sichtbar.

Mit Hilfe der Option „Grafische Auswertung" erhält der Bewerter ein Balken-
diagramm mit dem Bewertungsergebnis. Die Gesamtbewertung kann zusammen mit den wichtigsten CBT-Daten auf einer Seite ausgedruckt werden (siehe Abbildungen 7 und 8).

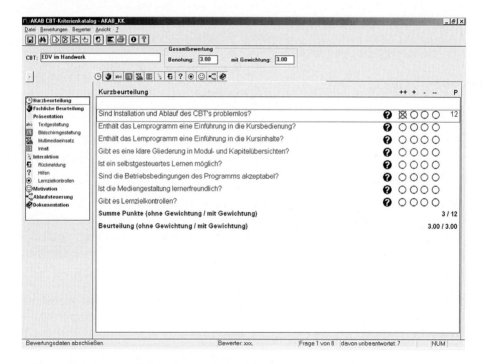

Abb. 7: Bewertungsbildschirm von AKAB

---

3   Die hier gegebenen Informationen zur internen Errechnung der Programmbewertung sind der elektroni-
    schen Hilfe des AKAB-CBT-Kriterienkatalogs entnommen.

EDV im Handwerk

Untertitel: Ein multimediales Informations- und Lernprogramm

Hersteller: IKTH München

Version:	Datum:	1996
Lerndauer:	Preis:	299,00 DM DM
ISBN:	Zielgruppe:	Handwerker/-meister

Gesamtbewertung

Benotung: 2.01   mit Gewichtung: 2.07

		Anz	Bew	Max	Err
Kurzbeurteilung	62%	8	8	128	60
Fachliche Beurteilung		3	3	40	33
Textgestaltung		5	5	68	48
Bildschirmgestaltung	5%	4	4	56	36
Multimediaeinsatz		6	5	48	39
Inhalt	53%	8	8	104	42
Interaktion	66%	12	12	160	80
Rückmeldung	%	3	3	36	24
Hilfen	76%	4	4	52	30
Lernzielkontrollen	0%	3	3	28	0
Motivation	68%	5	5	64	33
Ablaufsteuerung	55%	11	11	136	57
Dokumentation	53%	2	2	20	8

Bewerter: Meier, Anne   gedruckt am: 14.10.1997
          Technische Universität Braunschweig

Legende

Anz: Anzahl Fragen	Bew: bewertete Fragen
Max: maximale Bewertungspunkte	Err: erreichte Punkte

Abb. 8: Ausdruck des Bewertungsformulars von AKAB

2 Qualitätsanalyse

2.1 Qualitätsanalyse nach MEDA und MEDA '97

Zielsetzungen der Analyse des IKTH-Informations- und Lernprogramms „EDV im Handwerk" waren vorrangig

- zu prüfen, ob das Produkt für die durch die Auftraggeber ausgewiesenen Ziele eingesetzt werden kann;

- zu aufgedeckten „Schwachstellen" des Programms Verbesserungsvorschläge einzubringen;

- am praktischen Beispiel zu überprüfen, inwieweit das Instrument MEDA bzw. die Weiterentwicklung MEDA '97 geeignet ist, nicht nur reine Lern-, sondern – wie im vorliegenden Fall – sogenannte „Mischprogramme" (Lern- und Informationsprogramme) auf ihre Wirkung und Tauglichkeit hin fundiert beurteilen zu können.

2.1.1 Ausgewählte Intentionen und Kriterien von MEDA

Ausgehend von dieser Aufgabenstellung, wurden aus den von MEDA vorgeschlagenen Intentionen der Beurteilung die folgenden fünf (denen jeweils eine Vielzahl von Kriterien zugeordnet sind) für die Analyse ausgewählt:

Intention E2: Technische Prüfung eines Produktes

Diese Intention wird von Gräber (1990) folgendermaßen definiert: „Sie möchten

- das technische Funktionieren eines Produktes und dessen Anwendungsbedingungen überprüfen;

- sich vergewissern, ob das Produkt zuverlässig, verständlich und leicht anwendbar ist usw."

Intention E3: Pädagogische Validierung eines Produktes

„Diese Intention betrifft den Inhalt und die Lehr- und Lernstrategien. Sie möchten

- überprüfen, ob das Produkt die pädagogischen Absichten verwirklichen hilft und inwieweit pädagogische Strategien und informationstechnische Umsetzung in Einklang stehen;

- wissen, ob das Produkt sinnvoll geprüft wurde." (a.a.O.)

Intention A2: Analyse eines Produktes, seiner Anwendung und seiner Wirkung zum Beispiel zur Ausbilderschulung

„Sie möchten

– die innere Konsistenz eines Produktes prüfen und feststellen, wie gut es in eine Schulungsmaßnahme paßt;

– aus dem Produkt diejenigen Elemente auswählen, die auf ähnliche pädagogische Situationen übertragbar sind;

– herausfinden, ob die Produkteigenschaften, seine Anwendungsbedingungen und die festgestellten Wirkungen zueinander passen;

– herausfinden, ob es zwischen den festgestellten und den erwünschten Wirkungen eine Abweichung gibt, und wenn ja, weshalb (Kurz- und Langzeitwirkungen)." (a.a.O.)

Dieser Intention – wie auch der folgenden – sind Kriterien auf der Ebene der Produktanalyse, der Anwendungsanalyse und der Wirkungs-/Ergebnisanalyse zugeordnet.

Intention A3: Analyse eines Produktes, seiner Anwendung und seiner Wirkung zum Beispiel in Hinblick auf einen Kaufentscheid

„Sie wollen beurteilen, ob sich das Produkt, seine Anwendung oder seine Wirkung mit Ihren Zielen und Bedürfnissen zur Deckung bringen lassen." (a.a.O.)

Intention V4: Produktverbesserung

„Sie möchten ein Produkt in technischer, didaktischer oder gestalterischer Hinsicht verbessern." (a.a.O.)

2.1.2 Ausgewählte Interessenbereiche, Interessenschwerpunkte und Aspekte von MEDA '97

Die exakte Definition der in der tatsächlichen Analyse des Produktes „EDV im Handwerk" verwendeten Aspekte nach MEDA '97 sowie die Gesamtauflistung der den jeweiligen Aspekten zugeordneten Fragen würde den Rahmen dieser Darstellung sprengen. Der Großteil der in MEDA '97 verwendeten Aspekte entspricht den MEDA zugrundeliegenden Kriterien. Zudem nutzte die Evaluatorin die von MEDA '97 vorgesehene Möglichkeit, Aspekte den drei vorgegebenen Stufen wesentlich – zweitrangig – irrelevant zuzuordnen. An dieser Stelle sollen lediglich *Interessenbereiche* und *Interessenschwerpunkte* zusammenfassend dargestellt werden:

Interessenbereich PI1: Erstellung

■ Interessenschwerpunkt C2: Technischer Produkttest:

„Sie wollen:
die technische Leistung und die Anwendungsbedingungen überprüfen; z.B. wissen, ob das Produkt verläßlich, zugänglich und anwenderfreundlich ist."

■ Interessenschwerpunkt C3: Pädagogische Wertbestätigung eines Produktes

„Darunter versteht man den Inhalt der Lehr- und Lernstrategien: Sie wollen

– überprüfen, ob das Produkt den ursprünglichen erzieherischen Zielen entspricht, ob sich pädagogische Strategien und Verfahren mit der Programmausarbeitung decken;

– wissen, ob das Produkt wirklich gültig erklärt wurde."

Interessenbereich PI2: Verwendung

■ Interessenschwerpunkt U2: Analyse eines Produktes, seiner Verwendung und Wirkung (z.B. bei der Ausbildung von Ausbildern)

„Sie wollen:

– die Logik, die Kohärenz und den möglichen Einsatzbereich des Produktes feststellen;

– aus dem Anwendungsbereich des Produktes diejenigen Elemente aussondern, die auf andere Ausbildungssituationen übertragbar sind;

– ein Beziehungsnetz zwischen den Produkteigenschaften, den Anwendungsbedingungen und den festgestellten Wirkungen aufbauen;

– erkennen, daß die festgestellten nicht mit den angestrebten Wirkungen übereinstimmen und warum (unmittelbare und zeitlich verschobene Wirkungen)."

■ Interessenschwerpunkt U2: Analyse eines Produktes, seiner Verwendung und Wirkung (z.B. hinsichtlich einer Kaufentscheidung)

„Man kann entweder das Produkt, seine Verwendung oder Wirkung beurteilen, und dies unter Berücksichtigung jeweiliger Zielsetzungen und Möglichkeiten."

Interessenbereich PI3: Vertrieb

■ Interessenschwerpunkt D4: Produktverbesserung

„Sie wollen das Produkt technisch, pädagogisch oder in der Gestaltung verbessern."

2.1.3 Die Analyseergebnisse nach MEDA und MEDA '97

2.1.3.1 Technischer Produkttest

Bei der Analyse hinsichtlich des technischen Produkttestes schneidet „EDV im Handwerk" zufriedenstellend ab. Zum Aspekt „Technische Merkmale (Gerät)" muß allerdings bemerkt werden, daß sämtliche Informationen zu erforderlichen Geräteeigenschaften zwar in dem Informationsfolder, den die IKTH herausgeben hat, aber weder auf der CD-ROM selbst noch im Begleitheftchen vermerkt sind. Wenn man davon ausgeht, daß der Folder nicht immer jedem Anwender zur Verfügung steht, ist dieser Aspekt nicht erfüllt.

Das Einsatzkonzept dieses Lern- und Informationsprogramms sieht keinerlei begleitendes pädagogisches Material vor. Das Heftchen, das der CD-ROM als Umschlag beigefügt ist, beschränkt sich lediglich auf mehr oder weniger oberflächliche technische und inhaltliche Aspekte. Weiterhin bezeichnen die Hersteller das Produkt als „Selbstlernprogramm", das auch in keinen wie immer konzipierten Unterricht eingebunden werden soll. Fragen nach beratenden Ausbildern und weitergehendem pädagogischem Begleitmaterial wurden nach MEDA '97 als irrelevant herausgefiltert. Geht man von der geschilderten Gesamtkonzeption des Programmes aus, kann der Aspekt 5.4 „Autonomie" als vollständig erfüllt betrachtet werden.

Bei der Überprüfung der Programmzuverlässigkeit erwies sich, daß das Programm im „Härtetest" labil reagierte: Gerade das extrem häufige Hin- und Herspringen mit Hilfe der Tasten „➜" und „←" führte sehr häufig zum Absturz. Geht man jedoch davon aus, daß der „normale" Benutzer behutsamer mit dem Programm umgeht, erweist sich das Produkt als relativ robust.

Die Analyse unter dem Gesichtspunkt des technischen Produkttestes will zeigen, ob ein Softwareprodukt funktioniert, ob die Anwendungsbedingungen korrekt sind und ob es zuverlässig, verständlich und leicht anwendbar ist. Die vorliegende Analyse hat ergeben, daß dies auf das Produkt „EDV im Handwerk" zutrifft, allerdings unter Berücksichtigung der in diesen Analysekommentaren vermerkten Einschränkungen und Bemerkungen.

2.1.3.2 Pädagogische Wertbestätigung des Produktes

Insgesamt fällt die Beurteilung dieses Interessenschwerpunktes noch zufriedenstellend aus. Folgende Aspekte bedürfen dabei einer gesonderten Betrachtung:

■ **Aspekt 3.2: Interaktivität (anwenderbedingt):**

Bei der Bewertung dieses Aspektes mußten unverhältnismäßig viele Fragen mit „Nein" beantwortet werden. Insgesamt mangelhaft sind die Möglichkeiten, die das Programm dem Benutzer anbietet, seinen eigenen Lernweg nachzuvollziehen. Zudem verfügt das Programm über keinerlei „Lesezeichenfunktion": Der Benutzer hat so keine Möglichkeit, die Bearbeitung zu unterbrechen und später an derselben Stelle wieder einzusteigen, um weiterzuarbeiten. Darüber hinaus markiert das Programm nicht bereits bearbeitete Kapitel und Lernabschnitte. Insgesamt fallen die wenig gelungenen Orientierungsmöglichkeiten für den Benutzer im Gesamtprogramm auf.

Auch hat er fast keinerlei Auswahlmöglichkeiten auf die Programminhalte. Weder kann er individuell die Menge an Informationen und Übungen bestimmen, die er erarbeiten möchte, noch hat er Einfluß auf die Darstellungsgeschwindigkeit.

■ **Aspekt 3.3: Interaktivität (Ausbildungssoftware):**

Auch hier müssen Fragen nach Unterstützung durch den Ausbilder verneint werden. Insgesamt erscheint das Programm wenig interaktiv, soweit es auf unterschiedliche Lernstrategien, Lernrhythmen und unterschiedliche Zielpersonen, die differenzierter und individueller Rückmeldungen bedürfen, hin konzipiert ist. Hinsichtlich der Lernstrategien und -rhythmen unterscheidet das Programm überhaupt nicht. Zum fehlenden bzw. wenig variierenden Feedback und der nicht vorgesehenen schrittweisen Annäherung an richtige Lösungen der Übungsaufgaben kann jedoch bemerkt werden, daß es sich hier in erster Linie um ein Informations- und erst in zweiter Linie um ein Lernprogramm handelt. Der Anwender soll mit den Möglichkeiten der EDV-Anwendung im Handwerk vertraut gemacht werden, wobei die sogenannten „Übungsaufgaben" m.E. nach eher als Veranschaulichungen denn als echte Lernstrategien fungieren.

■ **Aspekt 3.10: Lesbarkeit:**

Prinzipiell kann dieses Kriterium als erfüllt bewertet werden, jedoch mit einer Einschränkung, die der MEDA-Fragenkatalog so differenziert nicht erfaßt: Die Beschriftungen der Aktenordner im Startbildschirm – immerhin das strukturierende und organisierende Eingangsmenue – sind sehr schlecht lesbar. Nicht nur, daß der Anwender, um sie zu entziffern, den Kopf in Schräglage halten muß, sie sind auch aufgrund sowohl der gewählten Schriftart als auch des Schriftgrades und der Schriftweite schwer zu entziffern.

■ **Aspekt 4.1 Pädagogische Anpassungsfähigkeit:**

Einige Fragen, die zu diesem Aspekt gestellt werden, betreffen erneut die Rolle des Ausbilders und die Art der Einbindung des Programms in einen herkömmlichen Unterricht. Dieser Gesichtspunkt ist angesichts der Konzeption des Produktes als autonomes Selbstlern- und Informationsprogrammes irrelevant. Bereits angesprochen wurde die Problematik der mangelhaften Benutzersteuerung im Bereich der individuellen Auswahl und Lernwegaufzeichnung.

2.1.3.3 Produktanalyse

Auf der Ebene der Produktanalyse kann das Produkt „EDV im Handwerk" als gut bezeichnet werden.

Der Verfasserin stehen keinerlei Informationen darüber zur Verfügung, inwieweit die Auftraggeber und Programmautoren aufgrund einer vorangegangenen Zielgruppen-analyse oder ihrer bisherigen eigenen Berufserfahrung das Produkt auf die Zielgruppe „Handwerker bzw. Handwerksmeister" zugeschnitten haben. Die Bewertung des Aspektes 3.4 „Zielgruppe des Produktes" erfolgte daher aufgrund subjektiver Ein-schätzung der äußeren Gestaltung und inneren Konzeption des Produktes. Die Analyse und nicht zuletzt der äußere Eindruck des Programms lassen den begründeten Eindruck entstehen, daß detaillierte Kenntnisse über die Zielgruppe vorab vorlagen und diese zufriedenstellende und nachdrückliche Berücksichtigung in Programmkonzeption und -realisation fanden. Hinsichtlich der Zieldefinition ist davon auszugehen, daß die Pro-grammautoren die Zielgruppe und ihre Bedürfnisse hinsichtlich der Programmintention genau analysiert und ihre Kenntnisse im Programm gut umgesetzt haben.

Zur Lehrstrategie kann bemerkt werden, daß das Programm zwar wenig flexibel und individuell auf den einzelnen Benutzer eingeht, das praktizierte „Lernen am Modell" aber durchaus der Lernrealität im Handwerk entspricht und somit den Lernprozeß des Benutzers fördern wird. Auch wird der Lernende in der Programmbearbeitung durch hinreichend häufige und komplexe Tätigkeiten gefordert. Die im Programm realisierte Motivationsstrategie, dem Benutzer Handwerker, die bereits EDV in ihrem Handwerks-betrieb einsetzen, im Video „live" und somit personifiziert vorzuführen, ist gelungen. Sie fördert im Benutzer sicherlich das Bestreben, es seinem Kollegen und Mitbewerber gleichzutun und sich der Herausforderung „EDV im Handwerk" ebenfalls zu stellen.

Auf der formalen und inhaltlichen Ebene erreicht die Analyse des Programms zufrie-denstellende Ergebnisse: Sowohl die interne Organisation als auch die Überprüfung der inhaltlichen Richtigkeit fällt positiv auf, bei der Überprüfung der Qualität von Text, Grafik, Farbe, Ton, Raumaufteilung und Lesbarkeit der Texte können die den entspre-chenden Kriterien zugeordneten Fragen mehrheitlich mit „Ja" beantwortet werden.

Die Kriterien „Interaktivität Anwender und Programm", „Rückmeldungen", „Lernfort-schritt" und „Adaptabilität" werden nicht bzw. unzureichend erfüllt, wie an anderer Stelle bereits ausführlich dargestellt wurde.

2.1.3.4 Anwendungsanalyse

Auf der Ebene der Anwendungsanalyse fällt die Bewertung überdurchschnittlich schlecht aus. Dies ist vor allem auf zwei Tatsachen zurückzuführen:

Die meisten der Fragen, die den Kriterien, die den hier formulierten Analyseaspekten zugewiesen sind, sind auf reine Lernprogramme zugeschnitten, die in herkömmlichen Unterricht zu integrieren sind und bei deren Bearbeitung ein Ausbilder zugegen ist. Da das vorliegende Produkt ausdrücklich als Selbstlern- und Informationsprogramm konzipiert ist, müssen die meisten der von MEDA bzw. MEDA '97 formulierten Fragen verneint werden.

Dasselbe Problem ergibt sich aus der Tatsache, daß für das vorliegende Produkt aus ersichtlichen Gründen keine weitergehenden Begleitmaterialien zur Verfügung gestellt werden.

Bei der Bewertung der Qualität von „EDV im Handwerk" in seiner Eigenschaft als Informations- und Lernprogramm ist dieses Ergebnis jedoch nicht relevant.[4]

2.1.3.5 Wirkungs-/Ergebnisanalyse

Auf dieser Analyseebene werden viele Kriterien, die einen Lerneffekt spezifizieren, überhaupt nicht erfüllt, legt man die durch MEDA zugeordneten Fragen als Maßstab an. Da innerhalb des Produktes „EDV im Handwerk" jedoch keinerlei Meßinstrument hinsichtlich des Lernerfolgs integriert ist und sich alle weiteren Fragen dieses Aspektes auf dieses Bewertungsverfahren beziehen, ist dieses Ergebnis nicht weiter überraschend.

Wertet man die mit dem Interessenschwerpunkt U2 korrespondierenden Aspekte aus, so erweist sich, daß das Produkt „EDV im Handwerk" entsprechend den von den Auftraggebern festgeschriebenen Zielsetzungen durchaus geeignet ist und zur Anschaffung empfohlen werden kann. Dies betrifft sowohl die Ebene der Produktbewertung als auch die der Anwendungs- und der Wirkungsbewertung. Die „Ausreißer" innerhalb der Qualitätsprüfung sind erneut die Aspekte:

– 3.2 Interaktivität (anwenderbedingt)
– 3.3 Interaktivität (Ausbildungssoftware)
– 3.15 Technische Merkmale (Gerät)
– 3.21 Aufzeichnungen des Anwenders
– 4.2 Technische Tragbarkeit
– 5.6 Anpassungsfähigkeit bei der Anwendung
– 6.1 Lernresultat.

Die Analyseergebnisse dieser Aspekte wurden an anderer Stelle bereits genauer untersucht und z.T. unter Berücksichtigung der speziellen Konzeption dieses Informations- und Lernprogramms relativiert.

Da der Verfasserin von seiten der Auftraggeber des Produktes „EDV im Handwerk" entsprechende Informationen fehlen, müssen die nachfolgend aufgeführten Aspekte gesondert ausgewertet werden:

■ **Aspekt 3.17 Technische Merkmale (Bedienung):**

Insgesamt ist das Programm gemäß den MEDA-Anforderung komfortabel zu bedienen. Frage E nach der Kompatibilität des Programms mit der im Handwerk üblichen Hard- und Softwarepraxis vermag die Autorin jedoch nicht zu beantworten.

---

4 Inwieweit MEDA bzw. MEDA '97 geeignet ist, „Mischprogramme" zu bewerten, soll in Abschnitt 3.2.1 „MEDA und MEDA '97: Ein Analyseinstrument entwickelt sich" dargestellt werden.

■ 4.3 Anwendungskosten:

Hinsichtlich der reinen Anschaffungs- und Unterhaltskosten des Programms entspricht „EDV im Handwerk" den von MEDA postulierten Kriterien und ist von daher anschaffenswert. Zu weitergehenden Fragen, z.B. zu benötigten Räumlichkeiten für die Schulung, mehrfach zu benutzendem Schulungsmaterial, Rahmenkosten etc., kann keine Aussage gemacht werden, da diese Kriterien auf das vorliegende Selbstlernprogramm nicht zutreffen.

Faßt man die mit Hilfe des Instrumentes MEDA '97 gewonnenen Analysedaten zusammen, erscheint das Produkt „EDV im Handwerk" vor allem hinsichtlich des Aspektes 4.1 „Pädagogische Anpassungsfähigkeit" als verbesserungswürdig. Die gesamte Analyse und Bewertung des Selbstlernprogramms eröffnete jedoch diverse Ansatzpunkte zur Produktverbesserung, die im nachfolgenden Kapitel dargestellt werden sollen.

2.2 Qualitätsprüfung mit dem AKAB-CBT-Kriterienkatalog

Die Ergebnisse, die das Programm „EDV im Handwerk" bei der Qualitätsprüfung mit Hilfe des AKAB-CBT-Katalogs erzielt hat (siehe auch Abbildung 8), weisen gewisse Entsprechungen zur Analyse mit MEDA auf, allerdings kann eine detaillierte „Fehleranalyse", wie sie mit Hilfe des ausführlicheren Kriterienkatalogs stattgefunden hat, nicht so ohne weiteres durchgeführt werden. Hier bietet der MEDA-Katalog mit Hilfe seiner sehr detaillierten, den Kriterien zugeordneten Fragen eine weitaus größere Hilfe. In Kapitel 3.2 „AKAB und MEDA '97: Inwieweit taugen diese Analyseinstrumente zur Qualitätsprüfung von Informations-und Selbstlernsoftware?" werden beide Analyseinstrumente vergleichend einander gegenübergestellt.

3 Zusammenfassung/Fazit

3.1 Das Produkt „EDV im Handwerk": Bewertung der Analyseergebnisse und mögliche Verbesserungen

Betrachtet man zusammenfassend die Ergebnisse der vorgestellten Analysen des Produkts „EDV im Handwerk", kommt man zu dem Ergebnis, daß dieses Informations- und Lernprogramm seine Ziele bei der entsprechenden Zielgruppe erreichen wird und auch von der äußeren Gestaltung und der inneren Konzeption zur Anschaffung empfohlen werden kann. Folgende Änderungen, die in einer zukünftigen Überarbeitung realisiert werden könnten, möchte die Verfasserin dennoch vorschlagen:

– Das Begleitheft der CD-ROM sollte auf jeden Fall all jene technischen und Konfigurationsinformationen enthalten, die im Reklamefolder, der „EDV im Handwerk" vorstellt, angegeben sind.

– Bereits eingangs wurde grundsätzliche Kritik an der z.T. inkonsistenten Benutzerführung innerhalb der Servicemodule geäußert. Gerade wenn sich das Produkt an weniger computererfahrene Benutzer wendet, sollte die Programmsteuerung durch den Anwender in *jedem* Programmteil einheitlich und unmißverständlich sein.

– Auch Details des grafisch gestalteten Eingangs-Menues sollten verändert werden: Die Schriftgestaltung auf den Aktenordnern muß besser lesbar sein. Die Aufschriften sollten auch lesbar sein, ohne daß der Benutzer den Kopf zur Seite neigen muß.

Die Möglichkeit, daß eine Auswahl nicht nur durch Anklicken des entsprechenden Aktenordners, sondern auch durch Aktivieren des ihm jeweils zugeordneten Gegenstandes erfolgen kann, birgt die Gefahr, den Anwender zu desorientieren. Die zukünftige Programmgestaltung sollte sich auf eine der beiden Möglichkeiten beschränken.

Der „Flackereffekt", der hervorgerufen wird durch optische Erhellung berührungssensitiver Stellen auf dem Hauptauswahl-Bildschirm, muß beseitigt werden. Er verstärkt den von der Grafik her sowieso schon unruhigen Bildschirmeindruck beträchtlich. Statt dessen sollte sich der Cursor vom Pfeil in ein eindeutiges Hinweiszeichen (z.B. eine Hand „☝") verändern, um auf eine mögliche inhaltliche Auswahl aufmerksam zu machen.

Die Analysedaten weisen als gravierende Schwachstelle des Programms die mangelhafte Interaktivität sowohl auf Anwender- als auch auf Programmseite auf. Das Programm bietet vor allem zuwenig Möglichkeiten der Benutzerorientierung. Folgende Möglichkeiten muß eine zukünftige Programmversion dem Benutzer mindestens zur Verfügung stellen:

1. Bessere Orientierung im Programm:
Die Idee der grafischen Hauptauswahl ist sicherlich ansprechend gestaltet. Dennoch erhält der Benutzer nirgends einen Überblick über die inhaltliche Gesamtkonzeption und den Gesamtaufbau des Programms. Eine solche Option sollte – an jedem Punkt des Programms erreichbar – zukünftig integriert werden.

2. Aufzeichnung des Lernwegs:
Für den Anwender ist nicht an jedem Punkt des Programms eindeutig klar, wo genau er sich im Programmganzen befindet. Er sollte auf einen Blick seinen

bisherigen Lernweg durch Lernhauptabschnitte und Unterkapitel nachvollziehen können.

3. „Lesezeichen":
Das Programm ist recht umfangreich, es enthält 50 Lerneinheiten. Der am Thema „EDV im Handwerk" interessierte Benutzer wird sicherlich bestrebt sein, möglichst viele der Informationen, die ihm die Software anbietet, zu erarbeiten bzw. sich kurz über den Inhalt zu informieren. Da er das Programm sicherlich nicht „am Stück" bearbeiten kann und möchte, wird er irgendwann pausieren. Leider ist es ihm im Anschluß nicht mehr möglich:

- nachzuvollziehen, welche Kapitel er bereits bearbeitet oder überflogen hat;
- an der Stelle wieder einzusteigen, an der er das Programm verlassen hat.

Die Möglichkeit, bereits bearbeitete Kapitel auch optisch sichtbar „abzuhaken" bzw. sich an einem Lesezeichen zu orientieren, sollte ihm eine zukünftige Programmversion anbieten.

3.2 AKAB und MEDA '97: Inwieweit taugen diese Analyseinstrumente zur Qualitätsprüfung von Informations- und Selbstlernsoftware?

3.2.1 MEDA und MEDA '97: Ein Analyseinstrument entwickelt sich

Das Analyseinstrument MEDA bzw. MEDA '97 wurde entwickelt, um Produzenten, Konsumenten und Vertreibern von pädagogischer Lernsoftware ein möglichst objektives und umfassendes Werkzeug an die Hand zu geben, diese oft multimedialen Programme auf individuelle Tauglichkeit für Schulungszwecke zu überprüfen. Die Entwickler von MEDA orientierten sich an Lernsoftware, die

- in Ergänzung zur konventionellen Schulung ganz oder modulweise im herkömmlichen Unterricht eingesetzt werden soll;
- von daher über Instrumente der Lernwegkontrolle und Lehrzielerreichung verfügt, z.B. Vor- und Nachtests;
- sich mehr oder weniger adaptiv auf Vorkenntnisse der Lernenden einstellt bzw. durch Ausbilder diesem Vorkenntnisstand angepaßt werden kann;
- pädagogisch aufbereitetes, begleitendes Schulungsmaterial zur Verfügung stellt;
- den Ausbilder als direktives Organ bzw. als Berater und Helfer voraussetzt.

Leider fehlen dem Instrument MEDA ausreichend Kriterien, die die vollständige Analyse gerade multimedialer Programme erlauben. Fragen zu

- Videoeinsatz und angemessener Spiellänge,

- Ton- und Bildqualität speziell von Videosequenzen,

- angemessenem Einsatz von Ton-/Bild-/Text-/Animationssequenzen bzw. ihrer Kombination,

- Beurteilung von Selbstlernprogrammen

sind nicht oder in nicht hinreichender Anzahl und Qualität vorhanden. Dieser Mangel ist bei der Weiterentwicklung MEDA '97 durch Hinzunahme weiterer bzw. Differenzierung bestehender Aspekte behoben worden.

Programme wie das vorliegende Produkt „EDV im Handwerk", das ausdrücklich als multimediales Informations- und Lernprogramm für das Selbststudium konzipiert ist, können durch die in MEDA '97 vorgenommenen Modifizierungen nicht sicher analysiert werden. Fehlt z.B., wie im vorliegenden Fall, ein Vor- bzw. Nachtest, der einen Lernerfolg festzuschreiben vermag, erweisen sich ganze Fragenlisten als irrelevant. Da MEDA '97 jedoch sehr flexibel ist und die Möglichkeit vorsieht, aus einem Fragenangebot relevante Aspekte auszuwählen bzw. fehlende hinzuzufügen, ist es dennoch ein geeignetes Werkzeug, bestimmte Schwachpunkte auch aus „Mischprogrammen" wie dem vorliegenden zu eliminieren und zu analysieren. Dem Beurteiler bleibt die Aufgabe, in der Analyse festgestellten „Ausreißern" gemessen an Intention und Konzeption der zu analysierenden Software eine Wertigkeit in der gesamten Beurteilung der Qualität zuzuweisen.

3.2.2 Der AKAB-CBT-Kriterienkatalog – ein geeignetes Analysewerkzeug?

Der elektronische Kriterienkatalog AKAB bietet im Vergleich zu ausführlicheren Prüfinstrumenten rein äußerlich eine Reihe von Vorteilen:

- Das Analysewerkzeug (mittels Diskette auf dem PC zu installieren) weist vergleichbar wenig Kriterien auf – nämlich 74. Die Arbeit mit diesem Werkzeug ist von daher schon vom Umfang her sehr benutzerfreundlich.

- Alle Analysedaten werden direkt in den Rechner eingegeben und von daher sofort ausgewertet. Diese elektronische Erfassung und Auswertung ist sehr unproblematisch und komfortabel. Die Auswertung ist – auch in Diagrammform – sofort, auch als Ausdruck, verfügbar. Unterschiedliche Bewerter-Ergebnisse können so leicht und anschaulich miteinander verglichen werden.

- Eine Kurzbeurteilung ist vorgesehen.

– Jedes einzelne Kriterium wurde von den Entwicklern des Analyseinstrumentes mit einer gesonderten Wichtung (von 1 bis 4) versehen. Dies ermöglicht eine differenzierte Berücksichtigung schwerer und leichterer Programmängel. Bei der Auswertung jedes Kriteriums wird das Produkt aus Benotung und Gewichtung gebildet und angezeigt. Die Auswertung ist von daher leichter nachzuvollziehen.

Aber diese eher formalen Vorteile, die AKAB aufweist, vermögen die folgenden schwerwiegenden, inhaltlichen Mängel nicht zu relativieren.

Der ganzheitliche Aspekt der hier zu prüfenden Lernsoftware kann nicht genügend berücksichtigt werden. Da keine weiteren Kriterien aufgenommen bzw. konzeptionell nichtrelevante nicht aussortiert werden können, kann der Beurteiler das Werkzeug nicht an innovative oder sogenannte „Mischprogramme" wie das vorliegende Informations- und Lernprogramm anpassen. Es ist nicht vorhersehbar, ob innerhalb einzelner Lernprogramme bestimmte Kriterien, die AKAB für die Bewertung zugrunde legt, konzeptionell nicht vorhanden bzw. nicht notwendig sind. In diesem Fall wertet AKAB nicht adäquat, da bei der Endbewertung nicht berücksichtigte Kriterien auf „– –" gesetzt werden. Hilfreich wäre aus diesem Grund die Integration eines Editors, der es ermöglicht, abweichende gute oder schlechte Aspekte der Lernsoftware mit in die Bewertung einzubeziehen.

Hierbei wären auch eingebaute „Filter" von Nutzen, die von vornherein die Bewertung hinsichtlich Thema, Intention und Benutzern in Bahnen lenken. Entsprechend nichtrelevante Kriterien, die die Beurteilung verzerren, könnten so zugunsten von entscheidenden Kriterien in der Bewertung „umgangen" werden.

Die Idee, unterschiedlichen Kriterien unterschiedliche Wichtungen zuzuweisen, ist im Ansatz gut. Da der Kriterienkatalog AKAB jedoch insgesamt zu starr auf eine bestimmte Art von Selbstlernprogrammen zugeschnitten ist, kann die Tatsache, daß diese Wichtung nicht veränderbar bzw. durch die o.g. Filter beeinflußbar ist, erneut die Bewertung verzerren. Ebenso wie je nach Filter unterschiedliche Kriteriumsfragen für die Bewertung zugeordnet werden, sollte sich auch die Wichtung dieser Fragen an den Filtern orientieren. Diese Veränderungen müssen jedoch durch das Analyseinstrument festgeschrieben und dürfen nicht durch den individuellen Bewerter zu beeinflussen sein, da sonst die Objektivität der Beurteilung nicht mehr gewährleistet ist.

AKAB ermöglicht lediglich den Ausdruck der Gesamtbewertung. Die Detailanalyse des Programms „EDV im Handwerk", die in diesem Beitrag mit Hilfe des Instruments MEDA durchgeführt wurde, wurde jedoch erst auf der Grundlage der Einzelanalyse von Kriterien und zugeordneten Leitfragen mög lich. Wünschenswert wäre von daher, wenn der Beurteiler auch die einzelnen Kriteriengruppen zur Dokumentation und Detailanalyse ausdrucken könnte.

Eingangs wurde als ein formaler Vorteil des Analyseinstrumentes AKAB die begrenzte Anzahl von Kriterien genannt. Sicherlich fällt dem Beurteiler die Berücksichtigung von lediglich 74 gegenüber 300 Kriterien – vgl. MEDA – zunächst leichter. Inhaltlich geht diese Begrenzung allerdings auf Kosten von Eindeutigkeit der Analysekriterien. Drei Beispiele sollen dies verdeutlichen.

Beispiel 1: Bildschirmgestaltung:

Eine der Fragen, die AKAB zur Kriteriengruppe „Bildschirmgestaltung" stellt, lautet: „Ist es möglich, sich Hilfen, Ergänzungen, Zusammenfassungen etc. einzublenden?" In der so gewählten knappen und zusammenfassenden Formulierung fällt die Beurteilung durch Zuordnung zu einer der vier Bewertungskategorien „++ , + , − , − −" zu pauschal aus, da nicht jede der genannten Funktionen in unterschiedlichen Programmen vorhanden bzw. notwendig ist. Dies kann, zumal bei einer Wichtung mit dem Faktor „3", zu einer der Software nicht angemessenen Endbewertung führen. Eine differenziertere Erfassung und Messung dieses Kriteriums ist von daher notwendig.

Beispiel 2: Interaktion:

Ähnlich wie in dem ersten Beispiel greift auch die Frage „Ermöglicht das Lernprogramm ein aktives Lernen?" für eine fundierte Programmanalyse zu kurz.

MEDA schlägt für die diesem Kriterium vergleichbaren Aspekte zahlreiche und detaillierter formulierte zugeordnete Fragen vor, die eine sehr viel fundiertere Analyse des Aspekts „Interaktion" erlauben.

Beispiel 3: Fachliche Beurteilung:

Auch zur Bewertung der fachlichen Korrektheit einer Lernsoftware greift die Frage „Orientiert sich das Programm am gesicherten, aktuellen Stand der Fachwissenschaft?" zu kurz. AKAB bietet hierzu keine inhaltliche Hilfe, und wie viele Aspekte bei der Bewertung fachlicher Richtigkeit zu berücksichtigen sind, zeigen die dem Kriterium „Inhalt" zugeordneten Fragen bei MEDA:

A Ist der Inhalt exakt, peinlich genau? B Ist der Inhalt in bezug auf den Unterrichtsgegenstand stichhaltig? C Ist der Inhalt auf dem neuesten Stand? D Ist der Inhalt erschöpfend? E Ist der Inhalt dem Niveau der Lernenden angemessen? F Ist der Inhalt progressiv? G Hat das Lernprogramm eine klare Struktur? H Enthält das Lern-

programm eine Einführung? I Liefert das Lernprogramm an verschiedenen Stellen Teilzusammenfassungen? J Werden die wichtigen Punkte gut kenntlich gemacht? K Enthält das Lernprogramm zutreffende Beispiele?

3.2.3 Vergleichende Bewertung von MEDA ('97) und AKAB

Bei allen festgestellten Mängeln erweist sich der AKAB-CBT-Kriterienkatalog vor allem für eine erste kurze Qualitätseinschätzung von Lernsoftware als sinnvoll:

– Die aufgeführten Kriterien sind weniger zahlreich als bei MEDA, der Katalog ist von daher auch ohne vorherige Evaluatorenschulung gut handhabbar;

– Lernsoftware, die sehr gravierende strukturelle, inhaltliche und didaktisch-methodische Mängel aufweist, kann nach kurzer Prüfung identifiziert werden.

– Es erweist sich als sinnvoll, daß die Qualitätsanalyse direkt am PC durch-geführt wird. Mit Hilfe von Multitasking können Beobachtungen und Analysedaten nach dem unmittelbaren Sinneseindruck eingegeben wer-den, der Rechner verarbeitet die Ergebnisse nach Eingabe direkt, und das Analyseergebnis liegt ohne Umweg per Ausdruck sofort vor.

Diese Vorteile wurden von Studenten der TU Braunschweig[5] im Vergleich zu umfangreicheren Analyseinstrumenten – wie beispielsweise MEDA – im Rahmen eines Seminars formuliert.

Die erste Version von MEDA in Buchform wurde in der vergleichenden Anwendung durch die Studenten aus den folgenden Gründen abgelehnt:

– Bereits die Definition der eigenen Intention – Entwicklung – Technische Prüfung – Pädagogische Validierung – fiel schwer. Die Studierenden ver-mißten eine ausreichende Trennschärfe der hinter diesen Intentionen for-mulierten Bedingungen: So wandten sie beispielsweise ein, daß ihres Erachtens zur Frage der pädagogischen Anwendbarkeit einer Lernsoftware durchaus die Frage gehöre, ob das betreffende Produkt zuverlässig, ver-ständlich und leicht anwendbar ist.[6]

– Das gesamte Instrument MEDA wurde in Buchform als zu unübersichtlich und von daher als schwer handhabbar eingestuft. Aufgrund der hohen An-

---

5 Im Sommersemester 1998 führte die Autorin das Seminar „Qualitätssicherung von Lernsystemen in der schulischen und außerschulischen Aus- und Weiterbildung" mit Lehramts-, Pädagogik-Magister- und Medienwissenschaften-Studierenden am Seminar für Empirische Pädagogik an der Technischen Universität Braunschweig durch. In seinem Verlauf wurden unterschiedliche Evaluationsmethoden und -instrumente diskutiert und an konkreten Beispielen erprobt, so z.B. AKAB, MEDA und MEDA '97.

6 Diese Frage wird bei MEDA innerhalb der Intention E2: Technische Prüfung, nicht aber bei Intention E3: Pädagogische Validierung, gestellt.

zahl von verwendeten Kriterien vermißten die Studenten eine unmittelbare Übersicht und Systematisierung der an die Software zu stellenden Fragen.

– Von daher fiel die Handhabung der von MEDA verwendeten Analyse- und Synthesebögen ausgesprochen schwer. So nahm letztlich kein Student für seine Endbewertung die Synthesebögen zu Hilfe. Sie erstellten sich eigene – z.T. rechnergestützte – Synthesehilfsmittel und bemängelten anschließend die mit diesem Verfahren einhergehende Mehrarbeit.

Im Vergleich zur Analysearbeit mittels MEDA wurde MEDA '97 in seiner elektronischen Umsetzung als sehr sinnvolle und hilfreiche Weiterentwicklung empfunden.

Die Anwendung beider Analyseinstrumente hat gezeigt, daß eine Mischung dieser Werkzeuge in modifizierter Form anzuraten wäre. Die erweiterte Filter- und Kriterienkonzeption von MEDAs elektronischer Realisation – MEDA '97 – in Kombination mit den bei AKAB festgestellten formalen Vorteilen würde sicherlich ein nahezu ideales Analyseinstrument für multimediale Lernprogramme im weitesten Sinne darstellen.

Als ideales Evaluationsarrangement empfanden die Studierenden folgende Kombination:

– In Anbetracht der enormen Menge von auf dem Markt befindlicher Lernsoftware wird der AKAB-CBT-Kriterienkatalog zu einer ersten wertenden Sichtung eingesetzt.

– MEDA '97 erlaubt eine tiefergehende Analyse. Sich eventuell aus der AKAB-Analyse andeutende Programmängel und Schwachpunkte können so genauer identifiziert werden.

– Multimediale Lernsoftware, die eine solche erste Vorprüfung mittels der Analyseinstrumente AKAB und MEDA '97 erfolgreich bestanden hat, sollte anschließend durch Benutzer der entsprechenden Zielgruppe getestet werden, deren Umgang mit dem Lernprogramm z.B. per Videoaufzeichnung dokumentiert und anschließend interpretiert wird.

Literatur

Cronbach, L.J. & Snow, R.E. (1977). Aptitudes and Instructional Methods. New York: Wiley.

Fletcher, J.D., Hawley, D.E. & Piele, P.K. (1990). Costs, effects, and utility of micro-computer-assisted instruction in the classroom. *American Educational Research Journal*, 27, 783–806.

Fricke, R. (1989). Untersuchungen zur Lerneffektivität. Wissenschaftliche Begleitung des Feldversuches des Bundesministers für das Post- und Fernmeldewesen zur Einführung des computerunterstützten Unterrichts. Bericht der Forschungsgruppe Braunschweig. Braunschweig: Seminar für Pädagogik der TU Braunschweig.

Fricke, R. (1991). Zur Effektivität computer- und videounterstützter Lernprogramme. In R.S. Jäger u.a. (Hrsg.), Computerunterstütztes Lernen (Beiheft 2 zur Zeitschrift *Empirische Pädagogik*, S. 167–204.) Landau: Empirische Pädagogik e.V., Im Fort 7, D-6740 Landau. Ebenfalls erschienen in der Reihe „Arbeiten aus dem Seminar für Pädagogik" der TU Braunschweig, Bericht Nr. 1/91.

Gage, N.L. (1978). The scientific basis of the art of teaching. New York: Teachers College Press. (Übersetzung 1979 unter dem Titel „Unterrichten – Kunst oder Wissenschaft? München: Urban & Schwarzenberg.)

Gräber, W. (Hrsg.) (1990). Das Instrument MEDA. Kiel: IPN

Jung, H.M. (1994). Multimedia in der Softwareschulung. Frankfurt a. M.: Peter Lang.

Reigeluth, C.M. (Ed.) (1987). Instructional theories in action. Hillsdale, NJ: Lawrence Erlbaum Associates.

Meier, A. (1995). Qualitätsbeurteilung von Lernsoftware durch Kriterienkataloge. (Arbeiten aus dem Seminar für Pädagogik der TU Braunschweig, Bericht Nr. 2/95)

Meier, F. & Baratelli, S. (1991). Wissenspsychologische Evaluation selbstgesteuerten Lernens mit modernen Medien und rechnergestützten Instruktionen. *Medien-psychologie,* 3, 109–123.

Rosenshine, B. & Furst, N. (1971). Research on teacher performance criteria. In B.O. Smith (Ed.), Research in teacher education. A symposium. Englewood Cliffs, NJ: Prentice-Hall.

Stolurow, L.M. (1965). Model the master teacher or master the teaching model. In J.D. Krumboltz (Ed.), (1965) Learning and the educational process (pp. 223–247). Chicago: Rand McNally & Company.

Karlheinz Korbmacher

Evaluation von Lernsoftware auf der Basis von SODIS

1 Vorstellung des Evaluationsansatzes

1.1 Ziel der SODIS-Evaluation

Ziel der Bewertung von Software für das Software-Dokumentations- und -Informationssystem (SODIS) ist es, allen am Lernprozeß Beteiligten (Lehrerinnen und Lehrern, Schülerinnen und Schülern, Eltern, Schulorganen und Schulträgern) eine Orientierung zu geben, inwieweit Software zur Qualitätssteigerung von Unterricht und Lernen beitragen kann. Deshalb werden für die SODIS-Datenbank

– unter Berücksichtigung der sich verändernden Rahmenbedingungen an Schulen Informationen über das Angebot an Software gesammelt und bereitgestellt, damit Lehrerinnen und Lehrer sich einen Überblick über dieses Angebot verschaffen können,

– diese Software bewertet, um aus dem vorhandenen Angebot diejenige ermitteln zu können, die das Lernen verbessert,

– Unterrichtsideen gesammelt und Erprobungen durchgeführt, die sich in Erfahrungsberichten niederschlagen,

– Beispiele sinnvoller Nutzung der neuen Medien dokumentiert und allen Interessierten als Handreichungen und im Arbeitsbereich „Lernen mit Neuen Medien" im NRW-Bildungsserver learn:line (http://www.learn-line.nrw.de) zugänglich gemacht.

1.2 Konstruktivistisches Lernparadigma

Die Bewertungen für die SODIS-Datenbank erfolgen auf der Basis eines Kriterienrasters und nach einem bestimmten Verständnis von Unterricht. Das zugrunde liegende Lernparadigma ist dem Konstruktivismus zuzurechnen. Lernen wird nach dieser Auffassung als ein zirkulärer mentaler Prozeß von Selbstorganisation und Konstruktion verstanden, der eigenaktiv, selbstverantwortet, entdeckend, kreativ und kommunikativ abläuft. Dieser Prozeß wandelt Informationen in Wissen. Medien enthalten nach dieser Vorstellung in multimedialen Zeichen kodierte Informationen, aber kein Wissen.

Wissen entsteht aus Informationen in den Köpfen der Lernenden. Lernen geschieht durch Interpretieren und Bewerten von Informationen auf der Basis des vorher Gelernten, also auf der Grundlage von Wissensnetzen, die sowohl evolutionär als auch individuell konstruiert worden sind. Informationen bzw. die Medien müssen deshalb für die verschiedenen Adressaten und Kontexte so aufbereitet und verfügbar gemacht werden, daß daraus der Lernende Wissen konstruieren kann.

Mit dieser Vorstellung vom Lernen wird nicht behauptet, daß nicht auch mittels operanter Konditionierung und Instruktion gelernt werden kann. Es wird lediglich behauptet, daß Probleme von globaler und gesellschaftlicher Relevanz nur dann einer Lösung näher gebracht werden können, wenn die handelnden Personen gelernt haben, in Sinn- und Sachzusammenhängen zu denken und zu handeln, also Wissen nicht in Form von struktur- und zusammenhanglosem Faktenwissen in ihren Köpfen gespeichert haben, sondern in Form von Wissensnetzen, die Ausschnitte der real vorfindlichen Sinn- und Sachzusammenhänge repräsentieren.

Für die Lernenden bedeutet dies: Sie sollten bedeutungsvolle und hinreichend komplexe Sinn- und Sachzusammenhänge eigenständig in Teilprobleme gliedern und dann bearbeiten können. Denn so entstehen in Kommunikation mit sich selbst und mit anderen die subjektiven oder gruppenbezogenen Fragen, die an bereits Bekanntes anknüpfen. Auf diese Weise entwickelt sich eine offene Situation, in die eigene und fremde Interessen und Gefühle eingebracht und bewertet und vorhandene Werthaltungen diskutiert werden können.

Für die Medien bedeutet dies: Sie müssen die Lernenden zum Fragen, Staunen und Verwundern anregen, dabei deren Interessen und Gefühle aufgreifen, an ihre persönlichen Erfahrungen und Beobachtungen anknüpfen und sinnliche Wahrnehmungen und authentische Begegnungen ermöglichen. Diese Medien müssen eigenaktive Tätigkeiten wie lesen, stöbern, schreiben, anordnen, strukturieren, umgestalten, modellieren, diskutieren, interpretieren, bewerten, befragen, beobachten und experimentieren anregen. Solche Medien zu finden und Ideen für ihren sinnvollen Unterrichtseinsatz zu sammeln ist die Aufgabe der SODIS-Evaluation.

1.3 Bewertungsverfahren

An der Prüfung von Software für den Unterricht sind beteiligt:

– die Beratungsstelle für Neue Technologien (BfNT) am Landesinstitut für Schule und Weiterbildung (LSW), Soest, und ihre Schwesterorganisationen in den beteiligten (Bundes-)Ländern, die verantwortlich für den gesamten Bewertungsprozeß sind,

– das Referat Dokumentation und Information im LSW, das die Datenbank zentral pflegt und im Internet unter der Adresse http://www.sodis.de anbietet,

– Lehrerinnen und Lehrer aller Schulformen in den beteiligten (Bundes-)Ländern, die die Bewertungen vornehmen.

Wie das Bewertungsverfahren in Nordrhein-Westfalen abläuft, soll im folgenden skizziert werden.

1. Schritt: Marktbeobachtung und Beschaffung

Die Mitarbeiterinnen und Mitarbeiter der BfNT beschaffen auf der Grundlage von Hinweisen durch die Lehrerinnen und Lehrer aus den Schulen, durch Fachleiterinnen und Fachleiter, durch eigene Marktbeobachtung, durch Messebesuche, durch Hinweise aus der (Fach-)Literatur, durch Kataloge usw. die Produkte in je einem Belegexemplar für die Präsenzbibliothek, sofern sie nicht von den Herstellern und Anbietern kostenlos zur Verfügung gestellt werden.

Aufgrund der Fülle der neu am Markt erscheinenden Software werden nur noch solche Produkte beschafft, die versprechen, Lernprozesse zu unterstützen, und die geeignet erscheinen, die Qualität des Lernens im Vergleich zu anderen Medien zu verbessern.

Nach der Beschaffung werden im LSW die Produkte inventarisiert, in die Präsenzbibliothek eingestellt und anschließend zur Vorprüfung weitergeleitet.

2. Schritt: Vorprüfung

Die Mitarbeiterinnen und Mitarbeiter der BfNT entscheiden im Rahmen der Vorprüfung, ob das jeweilige Produkt einer der Produktgruppen Datenbanken, Werkzeuge, Lern- und Arbeitsumgebungen zugeordnet werden kann. Wenn ja, entscheiden sie anschließend darüber hinaus, ob eine Einzelbewertung (Gutachten), eine Ergänzung einer vorhandenen Bewertung oder ein Erfahrungsbericht verfaßt werden soll. Für die Vorprüfung werden alle Bestandteile der Software herangezogen; die vorliegenden Daten werden kontrolliert und gegebenenfalls korrigiert bzw. ergänzt.

3. Schritt: Bewertung

Ergibt die Vorprüfung, daß das Produkt einer eingehenden Prüfung zu unterziehen ist, so wird ein entsprechendes Gutachten bzw. eine Ergänzung einer vorhandenen Bewertung erstellt. Grundlage der Bewertung ist das im folgenden ausführlich dargestellte Kriterienraster.

Die Einzelbewertung ist der notwendig subjektiv geprägte Vorgang der Analyse und Einschätzung eines Produkts. Sie stellt in Form eines Gutachtens so umfassend wie nötig und so kompakt wie möglich die wesentlichen Aspekte der Software sowie ihre Einsatzmöglichkeiten im Unterricht (Unterrichtsideen) dar.

Stellt sich im Bewertungsprozeß heraus, daß das Produkt gravierende Mängel hat bzw. einen sinnvollen Einsatz im Unterricht nicht zuläßt, so ist von einer ausführlichen Produktbeschreibung abzusehen und zu begründen, warum es im Unterricht *nicht* sinnvoll einsetzbar ist.

Weist das Produkt „nur" gewisse Unzulänglichkeiten auf, bietet aber begrenzte Einsatzmöglichkeiten im Unterricht, so sind diese und die fehlenden Bedingungen für die Beispielhaftigkeit aufzuzeigen.

Das Wichtigste dabei ist, daß das Gutachten so gestaltet sein muß, daß der Leser, der das Produkt nicht vorliegen hat, sich ein konkretes Bild davon machen kann, was das Produkt bietet und wie es sinnvoll im Unterricht (generell oder innerhalb einer bestimmten Klasse/Stufe/Schulform) eingesetzt werden kann.

4. Schritt: Veröffentlichung

Die Ergebnisse der Bewertungen werden abschließend in die SODIS-Datenbank eingestellt, die sowohl auf CD als auch im Internet unter der Adresse http://www.sodis.de recherchierbar ist. Sollte sich das Produkt als beispielhaft herausgestellt haben, so wird versucht, eine Handreichung mit konkreten Unterrichtsbeispielen und Hinweisen zu Unterrichtsideen zu erstellen. Im Zuge der immer knapper werdenden Ressourcen sind der BfNT in dieser Hinsicht enge Grenzen gesetzt. Deshalb nutzt die BfNT verstärkt die

Möglichkeit, entsprechendes Material im NRW-Bildungsserver learn:line zu verbreiten.

1.4 Das Kriterienraster

Neben „bibliografischen" Angaben zum Produkt (Produktname, Version, Reihentitel, Autoren, Erscheinungsjahr, Entwicklungsland, Dialogsprache, Nutzungsbedingungen, Hard- und Softwarevoraussetzungen) erfolgt eine Klassifizierung des Produkts, die detaillierter ist als die Grobeinteilung im Rahmen der Vorprüfung. Außerdem werden die Sachgebiete/Fächer und Themen/Themenbereiche, Berufsfeld/Schulform und die Adressaten genauer aufgeführt.

Die eigentlichen Bewertungskriterien werden in den folgenden vier Gruppen zusammengefaßt. Zur Erläuterung ihrer jeweiligen Ausprägung dienen mitgegebene Fragen. Diese Fragen dürfen nicht so aufgefaßt werden, als müßten die Prüferinnen und Prüfern sie zum jeweiligen Kriterium vollständig beantworten. Sie sind lediglich Beispiele für häufige Ausprägungsformen und sollen dabei helfen, keine wesentlichen Aspekte zu vergessen.

■ **Programmtechnische Aspekte:**

Bestandteile des Softwareprodukts, Installation, Inbetriebnahme, Hilfefunktionen, Programmfunktionen, Bedienungsoberfläche, Bildschirmgestaltung, Dialoge, Erwartungskonformität, Bedienungssicherheit, Steuerbarkeit/Komfort

■ **Fachliche und fachdidaktische Aspekte:**

Inhalte und Ziele, fachliche Korrektheit und didaktische Reduktion, methodische Entscheidungen, Adressaten

■ **Mediendidaktische Aspekte:**

Motivation, Problembewußtsein, Unterstützung von Lernprozessen, Ebene der Reflexion, Unterrichtsorganisation, Abgrenzung zu anderen Medien

■ **Wirtschaftliche Aspekte:**

Kosten-Nutzen-Relation

1.5 Beispielhafte Software und Online-Medien

Produkte erhalten das Prädikat „beispielhaft", wenn

- sich mit ihnen Unterrichtsinhalte schneller lernen, besser veranschaulichen oder vertiefte Erkenntnisse gewinnen lassen als mit anderen Medien
- oder sie neue Untersuchungsmethoden ermöglichen
- oder sie neue pädagogisch bedeutungsvolle Ziele erreichbar werden lassen
- und sie ein aktiv konstruierendes und handlungsorientiertes Lernen herausfordern sowie einen erfahrungs-, wissenschafts- und zukunftsorientierten Unterricht unterstützen.

2 Qualitätsanalyse von IKTH mit SODIS

2.1 Zu den Bewertern

Obwohl im Rahmen von SODIS-Bewertungen üblicherweise keine Angaben zur Person und zur Qualifikation der Bewerter gemacht werden, soll in diesem speziellen Fall zumindest der unterrichtliche Hintergrund der Bewerter offengelegt werden:

Einer der Bewerter unterrichtet seit Jahren die Fächer Organisationslehre/EDV und Betriebswirtschaftslehre und arbeitet im Lernbüro an einer kaufmännischen berufsbildenden Schule. Er ist es gewohnt, im Unterricht Software einzusetzen. Daß er keinen handwerklichen Erfahrungshintergrund besitzt, ist m.E. kein Hindernis, um das Lernprogramm IKTH adäquat bewerten zu können, da handwerksspezifische Inhalte in der Software eine untergeordnete Bedeutung spielen. Vielmehr werden Inhalte der kaufmännischen Verwaltung und der Organisationslehre behandelt. In beidem steht die Qualifikation des Bewerters außer Zweifel. Außerdem hat dieser Bewerter schon mehrfach komplexe Software bewertet. Ich betrachte seine Bewertung deshalb als „Kontrollbewertung" zur Bewertung des zweiten Bewerters.

Der zweite Bewerter hat zum ersten Mal eine Software-Bewertung nach dem SODIS-Kriterienraster durchgeführt. Er ist Dozent für verschiedene Weiterbildungsträger mit Schwerpunkt auf Meisterkursen. In diesen Kursen deckt er hauptsächlich kaufmännische und organisatorische Inhalte ab. Dazu zählt auch der EDV-Einsatz. Er unterrichtet somit direkt eine mögliche Adres-

Produktname:	Informations- und Kommunikationstechniken im Handwerk
Version:	unbekannt
Erscheinungsjahr:	1996
Bestandteile des Softwareprodukts:	1 CD, 1 Begleitheft und einige Fotokopien zur Installation. Die Beschreibungen sind ausführlich und dem Verwendungszweck angemessen.
Land der Entwicklung:	Deutschland
Nutzungsbedingungen:	unbekannt
Preis:	299,00 DM
Dialogsprache:	Deutsch
Betriebssystem:	MS-DOS ab Version 6.0, MS-Windows ab Version 3.1
Systemvoraussetzungen (Mindestvoraussetzungen, ohne die das Programm nicht startet!):	486 DX-66, 8 MB Arbeitsspeicher, mindestens 5 MB Speicherplatz auf der Festplatte, Festplatte mit 12 ms Zugriffszeit, Double-Speed-CD-ROM, Soundblaster-kompatible Soundkarte, SVGA-Bildschirm mit mindestens 800x600 Auflösung, Drucker optional, weitere Optionen: ISDN-Karte oder Faxmodem (wenn der Anwender den Fragebogen aus dem Modul „Unsere Betriebsstruktur" abschicken möchte)
Art des Programms:	Lernprogramm
Spezifikation der Programmart:	multimediales Informations- und Lernprogramm
Fächer:	Organisationslehre, Betriebswirtschaftslehre
Themen:	Organisationsentwicklung, EDV-Einführung, kaufmännische Verwaltung, CAD, CIM-Konzepte
Adressaten (lt. Angaben des Herstellers):	Handwerker, die EDV einführen wollen oder die bereits EDV einsetzen, aber zusätzliche Anwendungsmöglichkeiten kennenlernen wollen, und Handwerker, die ihren Betrieb mit Hilfe der EDV technisch und/oder organisatorisch weiterentwickeln wollen.
Mögliche weitere Adressaten:	Teilnehmer an Meisterkursen und anderen Schulungen, gewerbliche und kaufmännische Mitarbeiter eines Handwerksbetriebs
Hersteller:	Arbeitsgemeinschaft IKTH c/o Münchner Volkshochschule Postfach 80 11 64 81611 München Tel. (089) 28 14 29 Fax (089) 28 27 09
Anbieter:	s. v.

Abb.: 1 Bibliographische Angaben zum Lernprogramm

satengruppe des Lernprogramms. Um die Bewertung durchführen zu können, wurde er von mir geschult und in das SODIS-Kriterienraster eingeführt. Leider war es diesem Bewerter in der zur Verfügung stehenden Zeit nicht möglich, die Software unmittelbar im eigenen Unterricht zu testen.

Ich selbst habe vor Jahren bei einem Weiterbildungsträger des Handwerks Organisationslehre und Rechnungswesen in Meisterkursen unterrichtet. Mit dem SODIS-Kriterienraster bin ich zudem vertraut.

2.2 Bewertung – Allgemeiner Teil

Die Software-Hersteller bezeichnen ihr Produkt selbst als Lernprogramm. Deshalb folgt hier ein Auszug aus der generellen Beurteilung von Lern- und Übeprogrammen, wie sie für die SODIS-Bewertung zugrunde gelegt wird:

„Lern- und Übeprogramme (Drill & Practice, Courseware, Tutorials, CBT) *werden für das fachliche Lernen in der Schule und zu Hause sowie für die betriebliche Weiterbildung angeboten. Häufig sind diese Programme als Info- oder Edutainment gestaltet. Sie basieren in der Regel auf einem Lernparadigma, das dem operanten Konditionieren oder dem der Informationstheorie zuzurechnen ist. Die Programme bieten also einen multimedial aufbereiteten programmierten Unterricht auf der Basis von operationalisierten Feinlernzielen in einer teacher-proof-Umgebung.*

Wertung: *Ein programmierter Unterricht auf der Basis von operationalisierten Feinlernzielen führt nicht zu einem nachhaltigen Lernen. Bereits aus den 60er Jahren ist bekannt, daß die Vergessenheitsrate sehr hoch ist. Außerdem nutzen sich Programme sehr schnell ab und motivieren nur, solange sie neu sind. Damit wird nicht gesagt, daß mit diesen Medien nicht gelernt werden kann. Natürlich kann auch mittels programmierter Instruktion gelernt werden, aber die Lernqualität steigt nicht wirklich. Multimedialität und spielerische sowie unterhaltsame Elemente in den Produkten verbessern die Motivation zur Beschäftigung mit dem Produkt nur kurzzeitig. Das Lernen wird durch diese Elemente jedoch regelmäßig nicht verbessert.“*

Trotz dieser generellen Einschätzung prüft und beurteilt die Beratungsstelle für Neue Technologien Software dieser Kategorie, ganz besonders dann, wenn sie dem beruflichen Bereich zuzurechnen ist. Im vorliegenden Fall ist die Prüfung schon allein deshalb sinnvoll, weil die Software nicht auf Lernen, sondern auf die Vermittlung von Wissen und Handlungshilfen ausgerichtet ist (vgl. Ziele weiter unten).

2.3 Bewertung – Programmtechnische Aspekte

■ **Beschreibung der zur Bewertung eingesetzten Hard- und Software**

– Pentium-Rechner mit 150 MHz, 16 MB RAM, 12fach CD-ROM und Windows 95, sonst wie vorausgesetzt.

– 486er Rechner mit 50 MHz, 32 MB RAM, 4fach CD-ROM und Windows 3.11, sonst wie vorausgesetzt; Pentium-Rechner mit 133 MHz, 16 MB RAM, 16fach CD-ROM und Windows 95, sonst wie vorausgesetzt.

– Pentium-Rechner mit 133 MHz, 32 MB RAM, 16fach CD-ROM und Windows 95, sonst wie vorausgesetzt.

■ **Installation**

Die Installation ist problemlos durchführbar (zumal unter Windows 95), wenn die Hard- und Softwarevoraussetzungen eingehalten werden. Wenn jedoch die Bildschirmauflösung nicht vor der Installation entsprechend den Voraussetzungen eingestellt wurde, dann bleibt der Rechner während der automatischen Installation ohne Fehlermeldung einfach stecken. An dieser Stelle wäre ein Hinweis auf die Einhaltung der Voraussetzungen sinnvoll.

Die Einbindung in vorhandene, übergeordnete Menüsysteme ist nur mit Hilfe von Betriebssystemkenntnissen möglich. Ansonsten wird eine eigene Programmgruppe erstellt.

Das Fehlen eines Deinstallationsprogramms ist vor allem deshalb zu bemängeln, weil das Programm nach dem Durcharbeiten nicht mehr benötigt wird und daher gelöscht werden könnte. Da zusätzlich nirgendwo angegeben wird, was während des Installationsvorgangs auf die lokale Festplatte kopiert wird und welche Einstellungsänderungen vorgenommen werden, ist das Löschen „von Hand" mit großer Unsicherheit verbunden.

■ **Netzwerkinstallation**

In einem Peer-to-peer-Netz (Windows 95 mit mehreren Computern, von denen einer als Server fungiert) war der Zugriff auf die CD nicht möglich.

In einem serverbasierten Netzwerk konnte das Programm nicht geprüft werden.

■ **Einarbeitungszeit**

Zur Einarbeitung werden weniger als 5 Minuten benötigt, wenn der Umgang mit modernen grafischen Benutzeroberflächen bekannt ist.

■ **Inbetriebnahme**

Unter Windows 95 startet das Programm automatisch. Das Eröffnungsbild der Software trägt leider stets die irreführende Überschrift „Setup". Die Schaltflächen mit der Aufschrift „Lernprogramm", „Installieren" und „Abbrechen" sorgen zusammen mit dieser Überschrift für feststellbare Irritation beim Anwender, weil der Text, der aussagt, daß das Programm bereits installiert wurde und nun das Lernprogramm gestartet werden kann, erst auf den zweiten Blick wahrgenommen wird.

■ Geschwindigkeit

Startzeiten, Bildschirmaufbauzeiten und Antwortzeiten werden unterschiedlich beurteilt. Während ein Bewerter sie als akzeptabel einstuft, hält ein anderer Bewerter insbesondere die Nachladezeiten für Audiosequenzen trotz schnellem CD-ROM-Laufwerk für zu lang. Mit der minimalen Rechner-Konfiguration werden die Startzeiten, die Antwortzeiten und die Bildschirmaufbauzeiten vollends als zu langsam eingeschätzt. Nach meinen Tests ist langsames Nachladen vor allem darauf zurückzuführen, daß moderne CD-ROM-Laufwerke nicht permanent rotieren, sondern sich nach einer gewissen Zeit abschalten und dann für jeden Nachladevorgang erneut angefahren werden müssen. Das kostet Zeit.

■ Softwarekompatibilität

Ein Datenaustausch mit anderen Programmen ist nicht vorgesehen.

Eine Datenübernahme etwa aus dem Lexikon oder dem Software-Katalog (siehe Funktionsbeschreibung weiter unten) in eigene Arbeitszusammenhänge ist selbst über die Windows-Zwischenablage nicht möglich. Lediglich die Hardcopy des Bildschirminhalts funktioniert problemlos.

■ Betriebssicherheit

Die Beurteilung der Betriebssicherheit ist für unterrichtliche Zwecke von besonderer Bedeutung. In diesem Punkt ist die Software leider als problematisch einzustufen: Jeder Bewerter mußte Störungen und sogar komplette Programmabstürze feststellen, die im Unterricht durchaus hinderlich wären.

Als *Gesamturteil* kann festgehalten werden, daß das Programm im allgemeinen zwar stabil läuft, daß es jedoch mindestens drei Situationen gibt, die im Unterricht zu vermeiden sind, um nicht in Schwierigkeiten zu geraten.

– Die an sich sehr lobenswerte Möglichkeit, jede Bildschirmseite auszudrucken, führte in den sechs Lerneinheiten, in denen Videosequenzen gezeigt werden (siehe Inhaltsbeschreibung weiter unten), regelmäßig zum Programmabsturz, wenn die Leitfragen ausgedruckt werden sollten. Windows 95 fing die Abstürze zwar ab und machte „nur" den Neustart des Programms notwendig. Unter Windows 3.11 mußte in diesen Fällen sogar Windows neu gestartet werden.

– Vermieden werden sollte auch, während des Bildschirmaufbaus die Schaltfläche „Weiter" zu drücken und anschließend mit der Schaltfläche „Zurück" zum vorherigen Bildschirm zurückblättern zu wollen. Dann nämlich wird bis zum Neustart des Programms nicht zum vorherigen Bildschirm zurückgeblättert, sondern stets zu der Bildschirmseite, die ursprünglich vor Beendigung ihres Aufbaus mit drücken der Schaltfläche „Weiter" vorzeitig verlassen wurde.

– Schließlich konnten die zusammenfassenden Gesamtvideos am Ende jedes Erfahrungsberichts in den sechs Lernmodulen mit Videounterstützung nicht gestartet werden.

Diese Mängel sind offenbar Programmfehler. Der Absturz beim Ausdruck der Bildschirmseiten lieferte sogar eine Toolbook-interne Fehlermeldung.

Weitere festgestellte Instabilitäten traten vermutlich nur aufgrund der langen Ladezeiten vor allem für Audiosequenzen auf: Beim schnellen Durchblättern einer Lernsequenz, die etwa nach einem Programmabsturz notwendig wurde, wurde die Audiounterstützung nicht immer gestartet.

■ **Hilfestellung**

Eine Hilfe zur Bedienung ist eigentlich überhaupt nicht notwendig, weil die Software so einfach zu bedienen ist. Andererseits steht unter der Schaltfläche „?" jederzeit eine mehr als ausführliche Bedienungsanleitung zur Verfügung. Diese Hilfe wird z.T. sogar als auf viel zu niedrigem Niveau ansetzend betrachtet. Dagegen fehlt nach Meinung von zwei Bewertern ein Hinweis für Anfänger sowohl im Begleitmaterial als auch in der Software selbst: Es wäre hilfreich, wenn darauf hingewiesen würde, daß die Bedienung mit der Maus am vorteilhaftesten ist.

Von größerer Bedeutung als die Hilfestellung zur Bedienung ist bei dieser Software Hilfe in Form von Erläuterungen der Fachbegriffe. Diese Hilfe erhält der Anwender in vorbildlicher Weise, weil ein recht ausführliches Lexikon einerseits praktisch ständig aus der Steuerungsleiste (siehe Bildschirmgestaltung weiter unten) heraus aufgerufen werden kann, und andererseits die Erläuterungen einzelner Fachbegriffe des Lexikons per Hypertexttechnik auch im Kontext der jeweiligen Bildschirmseite aufgerufen werden können. Diese Form der Hilfestellung kann als vorbildlich eingestuft werden.

■ **Fehlermeldungen**

Fehlermeldungen bezogen auf den Inhalt sind in der Regel nicht notwendig. Sie kommen in Form von Rückmeldungen lediglich in den Modulen vor, in denen der Anwender interaktiv Berechnungen durchführen soll oder Fragen beantwortet und Aufgaben bearbeitet.

In Verbindung mit Programmabstürzen kommen Toolbook-interne Fehlermeldungen vor. Diese sind für den Anwender völlig unverständlich und vermitteln keine wirkliche Hilfe zum weiteren Vorgehen. Den Programmabsturz können sie ohnehin nicht verhindern.

■ **Bedienungsoberfläche**

Die Bedienungsoberfläche ist einfach strukturiert und in sich konsistent. Sie ist daher übersichtlich und klar strukturiert und damit grundsätzlich sehr benutzerfreundlich.

Die Bedienung erfolgt sinnvollerweise größtenteils mit der Maus. Die wenigen Schaltflächen sind optisch gut gestaltet und auch ohne die Erläuterung in der Steuerungsleiste (siehe Bildschirmgestaltung weiter unten) verständlich. Gerade aktive Schaltflächen könnten allerdings deutlicher hervorgehoben werden (z.B. durch Grau-Schalten der nicht aktiven Schaltflächen).

Das Hauptmenü ist als Blick in ein Büro mit Schreibtisch, Rechen- und Schreibmaschine, Ordnern und Regalen optisch ansprechend ausgeführt. Sensitive Flächen werden in der Steuerungsleiste erläutert, so daß ein Auffinden der gewünschten Module problemlos möglich ist.

Manche Texte der Bildschirmseiten werden vorgesprochen. Ob dies notwendig ist, wird von den Bewertern bezweifelt. Wenn dieses Verfahren gewählt wird, dann sollte es auf jeden Fall durchgängig angewendet werden, was in dieser Software jedoch nicht der Fall ist. Durch Klicken auf die Schaltfläche „Weiter" kann die Sprachausgabe zwar abgekürzt werden, aber dann ist der Software-Fehler beim Zurückblättern zu berücksichtigen.

Umständlich ist beim Verfahren mit Vorsprechen auch, daß, wenn eine Seite vollständig aufgebaut wurde, es trotzdem nur durch Klicken auf die Schaltfläche „Weiter" weitergeht. Nach einer kleinen Pause könnte eigentlich automatisch die nächste Bildschirmseite aufgebaut werden. Dieses Vorgehen ist deshalb machbar, weil einerseits die einzelnen Module streng linear gestaltet sind und andererseits mit der Schaltfläche „Zurück" jederzeit die vorherige Bildschirmseite wieder angewählt werden kann. Ein Bewerter schlägt vor, die Schaltfläche „Weiter" wenigstens hervorzuheben, sobald die Bildschirmseite vollständig aufgebaut wurde. Der Anwender wird vom System nämlich leider nie darüber informiert, ob das Programm noch arbeitet oder ob die Bildschirmseite bereits vollständig ist.

Videos müssen ebenfalls gesondert gestartet werden. Das ist zumindest bei den Eröffnungssequenzen umständlich. Für den Start der Leitfragen (siehe Inhaltsbeschreibung weiter unten) ist diese Vorgehensweise allerdings die einzig richtige.

Im Zusammenhang mit den Videosequenzen ist irritierend, daß meistens nicht das erste Bild der Filmsequenz vor dem Start zu sehen ist, sondern irgendein anderes Bild. Nachdem das Video angelaufen ist, muß sich der Anwender erst neu orientieren, was von den sofort einsetzenden Erläuterungen im Video ablenkt.

Hervorzuheben ist, daß praktisch jede Bildschirmseite per Mausklick erneut aufgebaut werden kann, also eine Wiederholung durchgeführt werden kann.

Als besonders gelungen muß die Verlinkung von Fachbegriffen mit dem Lexikon (Hypertexttechnik) angesehen werden. So erhält der Anwender die Hintergrundinformation an der Stelle, an der er sie benötigt, und das ohne Umschweife und langwierige Suche.

Der Lernprozeß wird sicherlich auch dadurch unterstützt, daß jede Bildschirmseite ausgedruckt werden kann. Vom Prinzip her ist diese Möglichkeit als besonders hervorzuhebend einzustufen. Daß das Programm an manchen Stellen dabei regelmäßig abstürzt, ist dagegen nicht tragbar.

Ein echter Schwachpunkt der Bedienungsoberfläche des Programms ist das fehlende Navigationssystem. Das Hauptmenü reicht als Navigationsmöglichkeit für unterrichtliche Zwecke nicht aus, dafür sind die einzelnen Module zu umfangreich und verlangen

zuviel Zeit beim Durcharbeiten. Auch nach Programmabstürzen wirkt sich ganz besonders negativ aus, daß das Programm über keine Navigation innerhalb der angebotenen Bildschirmseiten verfügt. Es wurde schon darauf hingewiesen, daß die Lernmodule streng sequenziell, d.h. linear aufgebaut sind. Deshalb wäre es programmier-
technisch problemlos möglich, mittels eines „Inhaltsverzeichnisses" der Bildschirm-
bildabfolgen eine Navigation innerhalb der Programmmodule zu ermöglichen. Für Aus-
bildungszwecke ist diese Funktion ganz besonders wichtig, weil dann direkt an der
gewünschten Stelle im Modul fortgefahren werden kann, an der z.B. in der vorherigen
Unterrichtsstunde aufgehört werden mußte, ohne im umständlichen und mit einem
Software-Fehler behafteten „Schnelldurchlauf" die schon bearbeiteten Bildschirmseiten durchblättern zu müssen. Bei einem solchen Inhaltsverzeichnis wäre es außerdem möglich, die schon bearbeiteten Lernsequenzen zu kennzeichnen, so daß der
Anwender, wenn er nicht an einem Stück alle Module hintereinander bearbeiten kann,
sofort die nächste Lernsequenz aufrufen könnte.

■ **Bildschirmgestaltung**

Abgesehen vom Hauptmenü ist die Bildschirmgestaltung stets klar und übersichtlich,
wobei die Einschätzung zur Gestaltung des Hauptmenüs von den Bewertern unter-
schiedlich eingeschätzt wird. Die eindeutige und durchgängige Dreiteilung in
Informationsleiste oben, Steuerungsleiste unten und dem dazwischenliegenden
Arbeitsbereich sorgt für dieses positive Urteil. Im Hauptmenü stört etwas die mehrfach
mögliche Anwahl der verschiedenen Module per Auswahl der Ordner oder einzelner
Gegenstände im Büro. Hier sollte vor allem ein Hinweis darauf erfolgen, daß die sechs
Ordner auf dem Schreibtisch die eigentlichen Lernmodule und die drei Ordner im
Regal konkrete Hilfen zur Strategie der Einführung von EDV beinhalten.

Die Wahl der Farben, der Schrift, der Schriftgröße und die Anordnung der Texte und
Grafiken auf den einzelnen Bildschirmseiten ist im Regelfall lese- und wahrneh-
mungsfreundlich. Da der Bildschirmaufbau stets gleich ist und die Bedienungs-
elemente stets in der Steuerungsleiste zu finden sind, findet sich auch ein ungeübter
Anwender sofort zurecht. Wünschenswert wäre, wenn die gerade aktiven Bedienungs-
elemente von den übrigen deutlicher abgehoben werden könnten.

Auf Fenstertechnik wird erfreulicherweise weitgehend verzichtet.

■ **Dialoge**

Echte Dialoge kommen nicht vor. Im Modul „Unsere Betriebsstruktur" nimmt der
Anwender Eingaben in Datenfelder vor oder erfaßt kurze Erläuterungstexte. In den
übrigen Modulen sind einige wenige Klartextfragen zu beantworten. Die Wissens-
abfragesequenzen arbeiten nach dem Prinzip des Multiple Choice, wenn das
Verfahren auch gegenüber reinen Ankreuzantwortmöglichkeiten verbessert wurde,
was auf die multimedialen Fähigkeiten der Software zurückzuführen ist.

■ **Erwartungskonformität**

Die Antwortzeiten sind immer dann ausgesprochen lang, wenn Video- und
Audiosequenzen nachgeladen werden müssen. Das gilt ganz besonders dann, wenn

die Minimalhardware eingesetzt wird. Aber selbst bei der schnelleren Testhardware waren in dieser Hinsicht lange Ladezeiten festzustellen. In solchen Fällen wird der Anwender auch nicht darüber informiert, ob das System noch arbeitet. Beim Aufbau der Bildschirmseiten ist ebenfalls nur zu ahnen, ob weitere Elemente folgen oder die Seite bereits vollständig aufgebaut ist.

Die Ladezeiten könnten durch ein entsprechendes Symbol für die Maus angezeigt werden. Wann es weitergehen soll, könnte durch Aufleuchten der Schaltfläche „Weiter" signalisiert werden.

■ Bedienungssicherheit

Die Software ist hinsichtlich der Bedienung absolut sicher.

■ Steuerbarkeit/Komfort

Es ist jederzeit ein Abbruch der gerade auszuführenden Arbeiten möglich. Der gezielte Wiedereinstieg an der zuvor verlassenen Stelle wird durch die fehlende Navigation innerhalb der Module erschwert. Das ist auch dann hinderlich, wenn der Anwender nicht die Zeit hat, jedes Modul an einem Stück durcharbeiten zu können. Dafür wäre es zusätzlich hilfreich, wenn vor Aufruf eines Moduls die benötigte Zeit angegeben würde.

■ Eingabetechnik

Die Eingabetechnik ist unmittelbar verständlich. Sie muß nur dann erlernt werden, wenn der Anwender im Umgang mit grafischen Benutzeroberflächen nicht vertraut ist.

2.4 Bewertung – Fachliche und fachdidaktische Aspekte

■ Zielsetzung (lt. Angaben des Herstellers)

IKTH „möchte die Unsicherheiten beseitigen, die in Handwerksbetrieben bei der Auswahl und der Einführung von EDV erfahrungsgemäß auftreten". Das Lernprogramm soll die Anwender befähigen, Hard- und Software so auszuwählen und einzusetzen, daß diese Technik den tatsächlichen Bedürfnissen der Betriebe und den unternehmerischen Zielsetzungen ihrer Eigentümer entspricht. Als Begründung erfolgt der Verweis auf den zunehmend schärfer werdenden Preis- und Leistungswettbewerb der Handwerksbetriebe, der dazu zwinge, möglichst wirtschaftlich zu arbeiten. Diese Begründung ist sachlich richtig und sicherlich hinreichend für die Beschäftigung mit der Thematik „Einsatz von EDV im Handwerk".

Es werden keine Bezüge zu Richtlinien oder Lehrplänen angegeben, weil das Thema nicht explizit Gegenstand eines Ausbildungsgangs ist und die Software nicht primär Unterrichtszwecken in Schulen und anderen Bildungseinrichtungen dienen soll. Trotzdem ist es nicht nur weil „… es heutzutage immer schwieriger (wird), sich als Laie auf dem Computer-Markt zurechtzufinden …" notwendig, das Thema etwa im Rahmen von Meisterkursen und Fortbildungsschulungen aufzugreifen. Praxisrelevante

Ausbildung greift neue Inhalte auch dann auf, wenn Richtlinien und Lehrpläne den neuen Erfordernissen noch nicht angepaßt wurden.

■ Inhalte und Programmfunktionen

Hinsichtlich des Funktionsumfangs bietet IKTH nur die Wahl, einzelne Module zu bearbeiten oder nicht zu bearbeiten. Eine Standardkonfiguration oder gar die Möglichkeit zur eigenen Gestaltung der Konfiguration des Funktionsumfangs gibt es nicht. Leider fehlt den Anwendern ein jederzeit aufrufbarer Überblick über alle aktivierbaren Funktionen. Das Hauptmenü ist dafür nicht ausreichend, und auch die Funktionen der Steuerungsleiste geben nur einen Teil der aktivierbaren Funktionen wieder. Hier macht sich das fehlende Navigationssystem ebenfalls bemerkbar.

Das Programm besteht eigentlich aus zwei Programmen (deshalb werden bei der Installation zwei Icons in der neuen Programmgruppe erzeugt): zum einen aus dem Informations- und Lernprogramm und zum anderen aus einem Software-Katalog.

Das *Informations- und Lernprogramm* selbst kann man sich dreigeteilt vorstellen. Im ersten Teil werden Anwendungsmöglichkeiten der EDV in Handwerksbetrieben beschrieben und ausführlich erläutert. Der zweite Teil beschäftigt sich mit der Vorbereitung von Handlungsalternativen für die Beratung zur Einführung der EDV. Den dritten Teil bildet das Lexikon.

Für den *Software-Katalog* hat der Hersteller offensichtlich Software-Anbieter gebeten, die von ihnen vertriebene Software hinsichtlich wichtiger Daten, die auch üblicherweise in gedruckten Software-Katalogen angegeben werden, zu beschreiben.

Die Eintragungen in diesem Software-Katalog sind nach Branchen sortiert. Daher findet sich der Anwender leicht im Katalog zurecht.

Der Katalog bietet eine ausführliche Übersicht über branchenspezifische Software-Produkte der verschiedensten Hersteller. Die Übersicht ist sehr umfangreich, wenn auch nicht vollständig. Leider konnten nicht für alle Branchen spezielle Software-Produkte angegeben werden. Das dürfte im wesentlichen damit begründet sein, daß bisher kein Software-Hersteller ein Produkt für die fehlende Branche anbietet.

Die Beschreibungen der Software-Produkte, die neben Hersteller-, Preis- und Bezugsangaben gemacht werden, sind z.T. sehr ausführlich und aussagekräftig, z.T. umfassen sie lediglich einige wichtige technische Daten und beschreiben nicht einmal die Funktionen der Software. Es lag offensichtlich in Händen der Software-Hersteller, die Beschreibung ihrer Produkte selbst vorzunehmen. Dabei haben einige Hersteller die Werbemöglichkeit genutzt, andere nicht. Eine Bewertung der Software-Produkte wird deshalb fairerweise vom Hersteller des Katalogs nicht vorgenommen.

Erster Teil des Lernprogramms: Anwendungsmöglichkeiten der EDV

Der Programmteil zu den Anwendungsmöglichkeiten der EDV im Handwerk umfaßt sechs Module, die unabhängig voneinander bearbeitet werden können. Außerdem ist es nicht wichtig, eine besondere Reihenfolge einzuhalten.

Jedes dieser sechs Module ist selbst wiederum dreigeteilt: Im ersten Teil, unter „Erfahrungsberichte", werden anhand von Videos aus realen Unternehmen Besonderheiten des EDV-Einsatzes im jeweiligen Aufgabenbereich dargestellt. Anschließend kann der Anwender anhand von Leitfragen für die jeweilige Anwendung spezifische Chancen und Risiken des EDV-Einsatzes wiederum mit Videounterstützung näher beleuchten lassen. Im zweiten Teil kann sich der Anwender für die jeweilige Anwendung spezifische Funktionsweisen des EDV-Einsatzes ausführlich erläutern lassen. Dabei werden gleichzeitig weitere Anwendungsmöglichkeiten aufgezeigt, so daß dieser Teil eine Ergänzung auch im Hinblick auf die Beschreibung der Vielfalt der Einsatzmöglichkeiten der EDV im Handwerk ist. Im abschließenden dritten Teil jedes dieser sechs Module werden die verschiedenen betriebsorganisatorischen Voraussetzungen für die jeweilige Anwendung ausführlich dargestellt. Auch in diesem Teil gibt es regelmäßig zahlreiche Tips und Hinweise auf weitere Möglichkeiten des EDV-Einsatzes.

Im einzelnen werden folgende Module behandelt:

Modul: Kunden gewinnen und pflegen

Im Teil „Erfahrungsberichte" dieses Moduls stellt ein Frisörmeister den Einsatz des Computers in seinem Betrieb vor. Das Video zeigt einen Beratungscomputer, mit dessen Hilfe den Kunden eine Vorschau auf ihre neue Frisur ermöglicht wird. Im weiteren Verlauf werden mit Hilfe von zusätzlichen Videosequenzen u.a. folgende Leitfragen beantwortet:

— „Wieviele Kunden haben Sie tatsächlich durch den Beratungscomputer gewonnen?"
— „Wie reagieren Ihre Kunden auf die Präsentationen?"
— „Lohnt sich die teuere Anschaffung überhaupt?"
— „Welche Probleme gab es bei der Einführung?"
— „Machen Sie sich vom Hersteller der Software nicht abhängig?"

Neben dem Beratungscomputer werden als Computer-Anwendungen gezeigt, wie Serienbriefe für Werbe- und Kundenpflegezwecke eingesetzt werden, wie Wartungs- und Servicetermine verwaltet werden können, wie mit Hilfe von Tabellenkalkulationen oder speziellen Programmen bzw. Teilen branchenspezifischer Programme betriebswirtschaftliche Auswertungen vorgenommen werden können. In diesem Modul werden darüber hinaus ohne Bezug auf eine konkrete Anwendung Hinweise gegeben, wie neue Produkte oder Serviceangebote entwickelt und vermarktet werden können.

Jede dieser Teilaufgaben, die mit der EDV bewältigt werden können, wird ausführlich bis ins Detail mit sinnvollen und aussagekräftigen Beispielen dargestellt. Jeder Anwender sollte diese Darstellung nachvollziehen können und erhält auf diese Weise eine tiefgreifende Vorstellung von der Leistungsfähigkeit der EDV. Mit Hilfe dieser Kenntnisse sollte jeder Anwender später Software-Produkte, die entsprechende Funktionen beinhalten und erfüllen sollen, hinsichtlich ihrer Funktionsfähigkeit beurteilen können.

Im letzten Teil dieses Moduls werden die betriebsorganisatorischen Voraussetzungen für den Aufbau einer Kundendatei im Gesamtzusammenhang der betrieblichen Datenströme sehr ausführlich dargestellt und für jeden Anwender nachvollziehbar erläutert, so daß er einen guten Einblick in die Arbeitsweise der EDV erhält.

Modul: Angebote erstellen

Im Teil „Erfahrungsberichte" wird ein Elektroinstallationsbetrieb dargestellt, der mit Hilfe geeigneter Programme Ausschreibungen und Angebote erstellt, und zwar von der „Angebotskonstruktion" über das Aufmaßnehmen bis hin zum Ausdruck des Angebots. Im weiteren Verlauf werden mit Hilfe von zusätzlichen Videosequenzen u.a. folgende Leitfragen beantwortet:

- „Welche Vorteile bringt die Angebotserstellung per EDV?"
- „Welche Kommunikationstechniken nutzen Sie zu deren Versand?"
- „Wie verwalten Sie die Vielfalt der Artikel und Leistungsarten in Ihrem Gewerk?"
- „Führt die schnelle Angebotserstellung zu mehr Angeboten und damit zu mehr Verwaltungsaufwand?"
- „Lohnt sich der Aufwand?"
- „Wie gehen Sie bei der Lieferantenauswahl vor?"

Im zweiten Teil wird gezeigt, wie Leistungsbeschreibungen des Betriebs zur Herstellung von Angeboten und Ausschreibungen eingesetzt werden, wie Angebote letztlich erstellt werden, wie aus Aufmaßen Daten für die weitere Verarbeitung bereitgestellt werden. Kurz: Gezeigt wird vor allem die Verbindung von verschiedenen Dateien zu sinnvollen Auswertungen und Ausdrucken. Auch in diesem Modul wird jede Teilaufgabe, die mit der EDV bewältigt werden kann, ausführlich bis ins Detail mit aussagekräftigen Beispielen dargestellt, so daß jeder Anwender diese Darstellung nachvollziehen kann und eine hinreichende Vorstellung von der Leistungsfähigkeit der EDV erhält. Mit Hilfe dieser Kenntnis kann m.E. jeder Anwender später Software, die solche Funktionen enthält und erfüllen soll, hinsichtlich ihrer Funktionsfähigkeit beurteilen.

Im Rahmen der betriebsorganisatorischen Voraussetzungen wird mit Hilfe des Beispiels, das schon im Modul „Kunden gewinnen und pflegen" zur Entwicklung der Kundendatei Anwendung fand, sehr ausführlich der Aufbau einer Angebotsdatei dargestellt und im Gesamtzusammenhang der betrieblichen Datenströme erläutert.

Modul: Verrechnungssätze ermitteln

In den „Erfahrungsberichten" wird eine Bäckerei vorgestellt, die auch mehrere Filialen umfaßt. In dieser Bäckerei hat der Betriebsinhaber mit Hilfe des Computers eine dezidierte Kosten- und Leistungsrechnung eingeführt. Im Rahmen dieses Lernmoduls geht es dabei hauptsächlich um die Ermittlung von Kalkulations- und Stundenverrechnungssätzen. Im weiteren Verlauf werden mit Hilfe von zusätzlichen Videosequenzen u.a. folgende Leitfragen beantwortet:

- „Wie unterstützt Sie der Computer bei Preisberechnungen und Kalkulationen?"
- „Wie häufig ändern Sie Ihre Preise?"
- „Welchen Beitrag leisten Ihre Mitarbeiter bei der Planung von Kalkulationsdaten?"

– „Warum besprechen Sie die Kosten mit Ihren Mitarbeitern? Sind Kosten und Gewinn nicht reine Chefsache?"
– „Legen Sie die Kosten detailliert offen? Haben Sie keine Angst davor, daß Konkurrenten Daten erfahren?"

Im Hinblick auf die kostenrechnungsspezifischen Funktionen des EDV-Einsatzes wird gezeigt, wie Gemeinkosten errechnet werden, wie Lohnkosten und Produktivstundensätze (es wird von Produktivkosten gesprochen!) ermittelt werden können. Genau genommen wird die gesamte (Vor-)Kalkulation dargestellt. Dabei wird jeder (Kalkulations-)Schritt wie in den übrigen Modulen ausführlich bis ins Detail vorgeführt und an allen erläuterungswürdigen Stellen mit sinnvollen und aussagekräftigen Beispielen präzisiert, so daß jeder Anwender das Prinzip der Kosten- und Leistungsrechnung in einem Handwerksbetrieb verstehen sollte. Mit Hilfe dieser Kenntnis sollte jeder Anwender später Software, die solche Funktionen enthält und erfüllen soll, hinsichtlich ihrer Funktionsfähigkeit beurteilen können.

Im letzten Teil dieses Moduls wird gezeigt, wie mit Hilfe von Tabellenkalkulationsprogrammen, branchenspezifischer Handwerkersoftware und spezieller Kostenrechnungssoftware die Kosten- und Leistungsrechnung durchgeführt werden kann. Da bereits im vorherigen Teil die Details dargestellt und erklärt wurden, wird an dieser Stelle hauptsächlich auf die vorgestellte Software eingegangen.

Modul: Aufträge durchführen

In diesem Modul wird in den „Erfahrungsberichten" eine Kfz-Werkstatt dargestellt, in der die termingerechte Auftragsdurchführung mit Hilfe des Computers vorbereitet und überwacht wird. Im weiteren Verlauf werden mit Hilfe von zusätzlichen Videosequenzen u.a. folgende Leitfragen beantwortet:

– „Wie ist die Lagerverwaltung und das Bestellwesen bei Ihnen organisiert?"
– „Wie planen Sie die Auftragsdurchführung in der Werkstatt?"
– „Wie erfahren Sie, wann Sie mit einem Auftrag in Verzug sind?"
– „Welche Möglichkeiten der Nachkalkulation nutzen Sie?"

Als EDV-Anwendung wird gezeigt, wie Aufträge angenommen und bestätigt werden, wie der Personal- und Maschineneinsatz vorbereitet wird und wie die Vorgaben mittels Soll-Ist-Vergleichen überwacht werden können. Auch hier wird jeder Schritt ausführlich bis ins Detail mit sinnvollen und aussagekräftigen Beispielen vorgeführt und erläutert, so daß jeder Anwender das Prinzip der Vorbereitung und Überwachung des Arbeitseinsatzes mittels Computer verstehen sollte. Mit Hilfe dieser Kenntnis kann der Anwender später Software, die solche Funktionen enthält und erfüllen soll, hinsichtlich ihrer Funktionsfähigkeit beurteilen.

Der letzte Teil dieses Moduls, der sich mit den betriebsorganisatorischen Voraussetzungen der EDV-gestützten Arbeitsvorbereitung und -überwachung beschäftigt, beinhaltet die Prinzipdarstellung einer Projektabwicklung, wobei alle Zusammenhänge im Rahmen der gesamten betrieblichen Datenströme ausführlich dargestellt und erläutert werden.

Modul: Aufträge abrechnen

In den „Erfahrungsberichten" stellt der Betriebsinhaber seinen Betrieb zur Herstellung von Leuchtreklamen und Werbetafeln vor. Die EDV setzt er zur Auftragsabrechnung und zur Herstellung der Produkte mittels CAD-Software ein, wobei der Schwerpunkt der Darstellung auf der CAD-Anwendung liegt. Im weiteren Verlauf werden mit Hilfe von zusätzlichen Videosequenzen u.a. folgende Leitfragen beantwortet:

— „Welche Vorteile ergeben sich durch die Rechnungsstellung per EDV?"

— „Wie ist das Mahnwesen bei Ihnen organisiert?"

— „Wieviel Zeit liegt bei Ihnen zwischen Auftragsende und Rechnungsstellung?"

— „Lohnt sich die Anschaffung eines Computers, wenn nur Rechnungen damit geschrieben werden sollen?"

— „Welche mit der Rechnungsstellung verbundenen Buchhaltungsarbeiten nehmen Sie selbst vor?"

— „Welche Möglichkeiten des elektronischen Zahlungsverkehrs nutzen Sie?"

Im folgenden Teil, in dem spezifische Funktionsweisen des EDV-Einsatzes erläutert werden, wird gezeigt, wie aus den Aufmaßen, Materialverbrauchsdaten und weiteren Abrechnungsdaten Rechnungen entstehen, automatisch die offenen Posten gebucht werden, Zahlungseingänge erfaßt und kontrolliert werden und automatisch Mahnungen gedruckt werden. Dabei wird u.a. auf die verschiedenen Rechnungsarten (lt. Angebot, Reparatur-, Zwischen-, Sammelrechnung usw.) eingegangen. Besonders deutlich gemacht werden die Vorteile schneller Rechnungslegung und Zahlungseingangs-überwachung. In einem Exkurs werden die modernen Möglichkeiten der Abwicklung des bargeldlosen Zahlungsverkehrs in Verbindung mit dem EDV-Einsatz vorgestellt. Auch hier wird jede Funktion ausführlich bis ins Detail mit sinnvollen und aussagekräftigen Beispielen vorgeführt und erläutert, so daß jeder Anwender die Vorteile der computergestützten Rechnungslegung mit automatischem Mahnwesen und automatischem bargeldlosem Zahlungsverkehr, auch mittels Diskettenclearing und Telebanking, versteht. Mit Hilfe dieser Kenntnisse sollte jeder Anwender später entsprechende Software-Produkte hinsichtlich ihrer Funktionsfähigkeit beurteilen können.

Da bereits im vorherigen Teil dieses Moduls die Details der aufgezeigten Zusammenhänge von Rechnungslegung, Mahnwesen und Zahlungsüberwachung sowie bargeldloser Zahlungen im Gesamt der betrieblichen Datenströme ausführlich dargestellt und erklärt wurden, erfolgen im Rahmen der Beschreibung der betriebsorganisatorischen Voraussetzungen Wiederholungen der sachlichen Zusammenhänge und die Vorstellung geeigneter Software.

Modul: Konstruieren, Fertigen

Im Teil „Erfahrungsberichte" dieses Moduls wird ein holzverarbeitender Betrieb vorgestellt, in dem die EDV zur Konstruktion und Herstellung der Produkte genutzt wird. Hilfsmittel hierfür ist ein CAD-Programm. Im weiteren Verlauf werden mit Hilfe von zusätzlichen Videosequenzen u.a. folgende Leitfragen beantwortet:

- „Wie nutzen Sie den Computer beim Konstruieren und Fertigen?"

- „Welche Gründe waren ausschlaggebend für die Anschaffung des CNC-Bearbeitungszentrums?"

- „Wurden die Programme für Ihr CNC-Bearbeitungszentrum speziell für Sie entwickelt?"

- „Mußten sich Ihre Mitarbeiter umstellen?"

- „Können Sie die Anlage auslasten?"

- „Sehen Sie sich selbst noch als Handwerker?"

Als spezifische Funktionen der EDV-Anwendung wird gezeigt, wie mit Hilfe des CAD-Programms technische Zeichnungen entstehen und in der Folge sogar die Fertigungsmaschinen gesteuert werden. Besonderes Gewicht wird deshalb auf die Anfertigung einer Konstruktionszeichnung gelegt. Unter Rückgriff auf ein kleines CAD-Programm kann der Anwender interaktiv bis ins Detail jede Funktion ausführlich ausprobieren, indem er selbst eine Konstruktionszeichnung herstellt. Das gewählte Beispiel ist wie üblich sinnvoll und aussagekräftig, so daß jeder Anwender die Vorteile des CIM-Konzepts verinnerlichen können sollte. Mit Hilfe dieser Kenntnis kann der Anwender später Software, die solche Funktionen enthält und erfüllen soll, hinsichtlich ihrer Funktionsfähigkeit beurteilen.

Im Rahmen der Darstellung der betriebsorganisatorischen Voraussetzungen wird hauptsächlich auf Zusammenhänge zwischen Investitionsvolumen, Mitarbeiterqualifikation und Arbeitsplanung detailliert und jederzeit nachvollziehbar eingegangen.

Zweiter Teil des Lernprogramms: Beratung

Im Gegensatz zu den bisher dargestellten sechs Modulen sollten die drei Module zur Beratung für die Einführung von EDV im Betrieb in der auch unten angegebenen Reihenfolge bearbeitet werden. Diese Module sind nämlich so angelegt, daß der Anwender zunächst eine Fülle von Daten zu seiner Betriebsstruktur sammelt, um derart vorbereitet besser einen „guten" EDV-Anbieter auswählen zu können und mit dessen Hilfe die „richtige" Hard- und Software beschaffen zu können. Im einzelnen handelt es sich um folgende Module:

Modul: Unsere Betriebsstruktur

Einem Bewerter fehlt am Anfang dieses Moduls der deutliche Hinweis darauf, daß eine Bearbeitung dieses Moduls nur dann sinnvoll ist, wenn der Anwender zuvor eine Reihe von Betriebsdaten gesammelt und entsprechend der folgenden Fragebögen und Checklisten aufbereitet hat. Kaum ein (Handwerks-)Betrieb dürfte in der Lage sein, die in den Fragebögen und Checklisten abgefragten Daten spontan bereitstellen zu können, um die vielfach sehr speziellen Fragen zur Betriebsstruktur präzise beantworten zu können. Auf der anderen Seite sind dem Anwender die Fragen ohne Bearbeitung dieses Moduls nicht bekannt. Daher wird der Anwender dieses Modul zweimal durcharbeiten müssen: Im ersten Durchgang druckt er sich am besten die Fragebögen und Checklisten zur Struktur des eigenen Betriebs aus, und im zweiten Durchgang füllt er die Fragebögen und Checklisten mit seinen Daten.

Die Daten, die erfaßt werden, berühren die Komplexe

- Unternehmensdaten
- Planung zukünftiger Aufgaben
- Fragen an den Berater (der Handwerkskammer/der IHK)
- Fragen an die Anbieter (von Hard- und Software).

Es werden detaillierte Fragen nach Umsätzen, Mitarbeiter(-struktur), Arbeitszeiten, Kunden(-struktur) mit Umsatzanteilen, dem eigenen Leistungsspektrum, der Akquisition usw. gestellt. Aus diesen Fragen erstellt das Programm einen Bericht, der Grundlage für die eigentliche Beratung durch EDV-Anbieter ist. Abschließend werden Hilfen zur Aufstellung sinnvoller Beratungsfragen für Beratungsgespräche mit EDV-Anbietern und Beratern von Handwerkskammer und IHK gegeben.

Modul: Organisationsentwicklung

Im Modul Organisationsentwicklung wird gezeigt, wie die EDV bei der Analyse und Beseitigung von Organisationsschwachstellen und der Verbesserung des Produktmanagements helfen kann. Dazu werden u.a. die Funktionen beschrieben, die ein Computer mit seiner Software im Unternehmen einnehmen kann: Er kann

- Werkzeug zur Erleichterung der Büroarbeit,
- Organisationsmittel zur Verbesserung der Arbeitsabläufe und
- Produktions- und Wettbewerbsfaktor zur Steigerung des Geschäftserfolgs sein.

Außerdem werden die Ziele der Organisationsentwicklung erläutert und in den Gesamtzusammenhang des Betriebs gestellt. Dabei wird ausführlich auf die Wirkungsweise der verschiedenen Faktoren der Organisationsentwicklung (Geschäftsfelder, Zusammenarbeit, Mitarbeitermotivation, Angebotspalette, Arbeitsabläufe und Informationsmanagement) eingegangen.

Modul: EDV-Einführung

Das abschließende Modul „EDV-Einführung" dient der Darstellung des Ablaufs zur Einführung der EDV im gesamten Betrieb oder in Teilen des Betriebs. Ausführlich werden Handlungsanweisungen in Form von (Ablauf-)Diagrammen präsentiert, die helfen, die einzelnen Schritte besser nachvollziehen zu können. Jeder einzelne dieser Schritte wird dabei ausführlich erläutert, und Handlungsalternativen werden aufgezeigt. Für die Auswahl von Hard- und Software wird ein umfangreiches Bewertungsraster entwickelt, indem Auswahlkriterien festgelegt und beschrieben werden. Mit diesen Hilfen sollte es jedem Anwender möglich sein, in Beratungsgespräche zu gehen und unter Mitwirkung von EDV-Anbietern und -Beratern konkrete Problemlösungen für seinen Betrieb zu entwerfen.

Dritter Teil des Lernprogramms: Lexikon

Das Lexikon dient der Erläuterung von Fachbegriffen. Es ist praktisch ständig aus der Steuerungsleiste aufrufbar. Zusätzlich können mittels Hypertexttechnik bestimmte Fachbegriffe, die in den Texten farblich hervorgehoben werden, direkt aus ihrem Verwendungszusammenhang in den Texten der Bildschirmseiten heraus zur Erläuterung aufgerufen werden. Dieses Verfahren ist als besonders lobenswert hervorzuhebende Hilfestellung für Laien anzusehen. Die Sammlung der Fachbegriffe, die im Lexikon erläutert werden, ist eine gelungene Mischung aus EDV-Fachwörtern und Fachbegriffen der Organisationslehre. Handwerksspezifische oder branchenspezifische Fachbegriffe sind nicht enthalten. Die Erläuterungen der Fachbegriffe sind meistens ausführlich und auch für Laien vollkommen verständlich. Einige Ergänzungen wären wünschenswert. Und sicherlich könnte die eine oder andere Erklärung noch verbessert werden. Als überflüssig wird die Sprachausgabe fremdsprachiger Begriffe eingestuft. Diese Begriffe werden fast schon täglich im allgemeinen Sprachgebrauch verwendet.

■ Lehr- und Lernvoraussetzungen

Die Handhabung des Programms ist denkbar einfach und wird auf Wunsch ausführlich erläutert. Voraussetzung hierfür ist allenfalls die Kenntnis des Umgangs mit modernen grafischen Benutzeroberflächen. Hilfreich ist selbstverständlich die Kenntnis des eigenen Handwerksbetriebs. Das gilt insbesondere für die Bearbeitung der Fragebögen und Checklisten im Modul „Unsere Betriebsstruktur".

■ Fachliche Korrektheit und didaktische Reduktion

Fachliche Fehler wurden nicht entdeckt. Allerdings ist der Sprachgebrauch gelegentlich zu bemängeln:

– Im Modul „Angebote erstellen" sollte statt von „Angebotskonstruktion" besser von „Angebotserstellung" gesprochen werden.

– Im Modul „Verrechnungssätze ermitteln" wird der Begriff „Produktivkosten" benutzt, der weder im Lexikon erklärt wird, noch in der Kosten- und Leistungsrechnung gebräuchlich ist.

Die Darstellung innerhalb der einzelnen Module ist ansonsten sachlich korrekt und systematisch gegliedert. Die didaktische Reduktion beschränkt sich in diesen Teilen im wesentlichen auf die Akzentuierung bestimmter Elemente, um die Systematik nicht verlassen zu müssen.

Anders verhält es sich beim Lexikon. Hier wird die Auswahl der zu erläuternden Fachbegriffe sinnvoll beschränkt, ohne daß Lücken feststellbar wären. Die einzelnen Begriffe werden selbst für Laien verständlich erläutert. Dabei wird der fachliche Zusammenhang häufig vereinfacht, aber nicht in unangemessener Weise.

Die Inhalte werden, wie bei Lernprogrammen üblich, in kleinen Schritten präsentiert. Die Strukturierung bleibt dabei sinnvoll und verdeckt nicht den Blick auf die Gesamtheit des Sinn- und Sachzusammenhangs. So können die Inhalte leicht nachvollzogen werden. Lediglich an zwei Stellen sind kleine „Brüche" festzustellen:

– Die Leitfrage „Aus welchen Gründen haben Sie sich für eine Plantafel statt für eine Softwarelösung entschieden?" im Modul „Aufträge durchführen" ist nur dann verständlich, wenn ihre Vorgängerin bereits bearbeitet wurde. Eine Umformulierung der Fragestellung[1] würde auch hier keine Reihenfolge der Bearbeitung notwendig machen.

– Im Modul „Aufträge abrechnen" liegt der Schwerpunkt der Darstellung im Eröffnungsvideo auf der CAD-Anwendung für die Konstruktion und Produktion. Deshalb ergeben sich die Leitfragen, die den Schwerpunkt auf die Rechnungslegung, das Mahnwesen und den Zahlungsverkehr legen, nicht so eindeutig aus dem Eröffnungsvideo wie in den übrigen Modulen.

Allerdings unterscheiden sich die Module in ihrem Anspruchsniveau. Während z.B. die Aufgaben im Modul „Kunden gewinnen und pflegen" zum Thema „Serienbrief" keine anspruchsvollen Antworten verlangen, setzen etwa die Aufgaben im Modul „Verrechnungssätze ermitteln" recht gute Kenntnisse der Kosten- und Leistungsrechnung voraus. Das Thema wird dementsprechend mit aussagekräftigen und leicht nachvollziehbaren Beispielen, Übersichten, Ablaufplänen und Tabellen, wie ich meine, hinreichend erläutert.

Auf die Darstellungs- und Veranschaulichungsformen der präsentierten Inhalte hat der Anwender keinen Einfluß.

Als ein Problem hat sich außerdem erwiesen, daß der Anwender nur unzureichend auf die Auswahl und Anordnung der Inhalte Einfluß nehmen kann. Für eine hinreichend flexible, problem- und kontextbezogene Auswahl fehlt ein Navigationssystem.

Wo nötig, kann allerdings der Umfang des Software-Produkts durch Auswahl der Module und der Leitfragen bzw. die Beschränkung auf die Darstellung der spezifischen Funktionsweisen der jeweiligen EDV-Anwendung oder die Präsentation der betriebsorganisatorischen Voraussetzungen auf ein für den Unterricht sinnvolles Maß reduziert werden.

■ **Methodische Entscheidungen**

Das Programm ist für das Selbststudium gedacht. Aus dieser Perspektive ist es adressatenangemessen, auch im Hinblick auf Unter- bzw. Überforderung, wobei auf die schon erwähnten Unterschiede zwischen den einzelnen Modulen hingewiesen sei. Bei diesem methodischen Vorgehen ist das Programm sicherlich geeignet, die angestrebten Ziele zu erreichen. Zur Erleichterung im Umgang mit dem Programm bei diesem methodischen Vorgehen wären allenfalls Angaben zur Dauer der Bearbeitung der einzelnen Module wünschenswert.

Für Lehrgänge, etwa im Rahmen von Meisterkursen oder Schulungen, würde sich das Programm besser eignen, wenn Navigationsmöglichkeiten eingebaut würden. Dann würde das Programm den Lernenden noch eher erlauben, ein Thema aus unterschiedlicher Perspektive und nach eigenen Bedürfnissen zu bearbeiten. Im gegenwärtigen Zustand legt IKTH die Anwendung eines informationstheoretischen Unterrichts-

---

1 Etwa: „Sie verwenden in der Arbeitsvorbereitung eine traditionelle Plantafel. Aus welchen Gründen haben Sie sich gegen eine Softwarelösung entschieden?"

konzepts nahe, wobei kaum methodische Freiheiten eingeräumt werden. Konkrete Unterrichtserfahrungen müssen zeigen, ob der Verdacht der Bewerter gerechtfertigt ist, daß bei diesem methodischen Vorgehen die Anwender eher unterfordert werden.

Über die allgemeinen Aussagen zu Zielen und Intentionen hinaus gibt das Programm keine Hilfen für die Unterrichtsvorbereitung.

Einzelne Teile des Programms eignen sich auch für den Einsatz im Informatik-Unterricht (z.B. Verknüpfung von Dateien zu temporären Auswertungen) oder im Bereich der Textverarbeitung (z.B. Serienbrief-Gestaltung), weil sie bestimmte Inhalte ausführlich und mit aussagekräftigen Beispielen belegt darstellen. Das Thema „Organisationsentwicklung" paßt sich auch ohne die Bearbeitung der übrigen Module fast schon organisch in den Organisationslehre-Unterricht ein. Die Fragebögen und Checklisten des Moduls „Unsere Betriebsstruktur" sind praxisrelevante Beispiele für Unterricht über betriebliche Kennzahlen, wie er im Lernbüro oder in der Betriebswirt-schaftslehre vorkommt. Aber immer dann, wenn nur Teile des Programms für unter-richtliche Zwecke verwendet werden sollen, macht sich das Fehlen eines Navigationssystems bemerkbar.

■ **Adressaten**

Die Adressaten dieser Software sind nach Vorstellungen der Software-Hersteller Handwerker, die in ihrem Betrieb EDV einführen möchten. Die Lernvoraussetzungen (vor allem Kenntnisse von Handwerksbetrieben, Interessenslagen und das Problem-bewußsein), die verwendete Sprache und sämtliche Beispiele sind dieser Zielgruppe angepaßt. Vorbildlich ist, auf welche Weise unverzichtbare Fachbegriffe inhalts- und adressatengerecht erläutert werden. Diese Software ist ein gelungenes Beispiel, wie die Hypertexttechnik sinnvoll und für die Anwender verständnisfördernd angewendet werden kann.

■ **Zu den Zielen**

Die vom Software-Hersteller gesteckten Ziele können voll erreicht werden. Die Soft-ware selbst ist ein gelungenes Beispiel für rationalen EDV-Einsatz und erfüllt demnach das gesteckte Ziel. Mit Hilfe dieser Software soll Wissen vermittelt werden. Ein hand-lungsorientiertes Unterrichtskonzept oder konstruktivistisches Aneignen von Wissen ist nicht beabsichtigt.

2.5 Bewertung – Mediendidaktische Aspekte

■ **Motivation und Problembewußtsein**

Die bloße Existenz der Software motiviert nicht, sie zu nutzen. Die Motivation geht beim Anwender vom Wunsch nach Informationen über Rationalisierungsmöglichkeiten in einem Handwerksbetrieb durch EDV-Einsatz aus. Es handelt sich daher eher um eine vorgeschaltete Motivation, die eine besonders hohe Hürde für Anwender darstellt, die bisher keine Berührung mit der EDV hatten.

Ist die Hürde einmal überwunden, sich überhaupt mit der Thematik zu beschäftigen, dann motiviert die übersichtliche Gestaltung der Software und die vielseitigen Informationen sowie die verständlichen Erläuterungen komplizierter Sachverhalte, sich (weiter) mit dieser Software zu beschäftigen. Es ist also die spezifische Art und Weise der Auseinandersetzung mit den Inhalten, die bei Verwendung dieses Mediums zusätzliches Interesse und Problembewußtsein weckt. Die Motivation zur Nutzung dieser Software entsteht aber primär nicht, weil sie eher Fragehaltungen auf seiten der Anwender fördert, indem sie z.B. in Frage stellt, verunsichert oder zum Staunen anregt, sondern weil sie ausführlich und leicht verständlich informiert.

■ **Unterstützung von Lernprozessen**

Die Software trägt insofern zu einer Individualisierung des Lernens bei, als sie es im wesentlichen dem Anwender freistellt, sich mit den verschiedenen Modulen zu beschäftigen. Sie berücksichtigt dabei aber keine unterschiedlichen Zugänge zum Thema und keine unterschiedlichen Lernertypen. Gemäß ihrer Zielsetzung fördert diese Software ein eher informationstheoretisch orientiertes Lernen, bei dem der Anwender nur gelegentlich zum Experimentieren angeregt wird. Dagegen wird ein Denken in Zusammenhängen und Wechselwirkungen, ein systemisches und ganzheitliches Denken durchaus gefördert. Auch die Kommunikation und Zusammenarbeit mit anderen und das Sammeln authentischer Erfahrungen wird angeregt. Schließlich ist der Zweck der Software, den Anwender für die reale Welt handlungs- und entscheidungsfähig zu machen.

■ **Reflexion**

Der jeweils letzte Teil der sechs Module zu Anwendungsmöglichkeiten der EDV in Handwerksbetrieben intendiert explizit die Reflexion des zuvor Dargestellten und Gelernten. Die Lernschritte sind außerdem so bemessen, daß jederzeit eine Reflexion des Gelernten möglich ist. Die Bedienungsoberfläche unterstützt diese Funktion dadurch, daß jederzeit die Wiederholung des Dargestellten möglich ist. Noch effektiver wäre diese Funktion, wenn ein Navigationssystem zur Verfügung stehen würde.

■ **Unterrichtsorganisation**

Die Software ist für das Selbststudium entworfen und geeignet. Sie dominiert den Unterricht, in dem sie möglicherweise Verwendung findet, weil sie prinzipiell einziges Arbeitsmittel ist. Ein Unterricht, in dem diese Software eingesetzt wird, ist nur im Hinblick auf die individuelle Zeiteinteilung und die Abfolge der Bearbeitung der einzelnen Module offen. Da die Software-Hersteller die Software nicht für einen unterrichtlichen Einsatz konzipiert haben, gibt es keine Hinweise zur Unterrichtsorganisation bzw. zu Unterrichtsformen.

■ **Spezifische Leistung des Programms gegenüber anderen Medien**

Durch den Multimedia-Einsatz wird die Motivation und die Glaubwürdigkeit der inhaltlichen Aussagen eindeutig verbessert. Ein Unterricht, in dem andere Medien wie Folien, Arbeitsblätter, Filme usw. in ähnlicher Abfolge zum Einsatz kommen würden, würde nicht den Effekt dieser Multimedia-Software erreichen, allein weil durch den Wechsel der verschiedenen Medien „Brüche" im Unterrichtsverlauf entstehen würden, die beim Einsatz von IKTH nicht entstehen.

2.6 Bewertung – Wirtschaftliche Aspekte

Neben dem Anschaffungspreis entstehen keine weiteren Kosten. Deshalb kann das Preis-Leistungs-Verhältnis als durchaus angemessen bezeichnet werden, weil die Lernziele vollständig erreicht werden können. Allerdings steht das Programm in Konkurrenz zu gedruckten Medien, mit denen die Anwendungsmöglichkeiten der EDV in Handwerksbetrieben zwar nicht so eindrucksvoll, aber hinreichend dargestellt werden und mit deren Hilfe Beratungsunterlagen erstellt werden können.

Ob der Software-Hersteller Wartungen, insbesondere für den Software-Katalog, durchführt, ist nicht bekannt.

3 Gesamtbewertung/Fazit

3.1 Bewertung des IKTH-Programms

Das Programm „Informations- und Kommunikationstechniken im Handwerk" ist ein multimediales Informations- und Lernprogramm zur Einführung und Nutzung von Informations- und Kommunikationstechniken in Handwerksbetrieben. Es besteht aus neun Modulen, die unabhängig voneinander bearbeitet werden können. Sechs Module befassen sich mit den wichtigsten Anwendungsmöglichkeiten der EDV in den verschiedenen Aufgabenbereichen eines Handwerksbetriebs. Diese Module sind dreigeteilt:

– in Erfahrungsberichte, in denen Handwerksmeister die jeweiligen Anwendungsmöglichkeiten schildern und anhand praxisrelevanter Leitfragen besondere Problemstellungen erläutert werden,

– in die Darstellung der Funktionen der EDV im jeweiligen Anwendungsfeld und

– in die Erläuterung der verschiedenen betriebsorganisatorischen Voraussetzungen für den EDV-Einsatz im jeweiligen Anwendungsfeld.

Drei Module dienen der Vorbereitung der Beratung und ihrer Durchführung zur Einführung von EDV in Handwerksbetrieben mit Experten von Handwerkskammern/IHK und Anbietern.

Das Lernprogramm folgt dem behavioristischen Lernparadigma und stellt die Inhalte kleinschrittig dar. Es erreicht so die selbstgesteckten Lernziele und ist zum Selbststudium geeignet. Es ist ein gelungenes Beispiel für ein multimediales Lernprogramm, da die Multimedialität zur Erreichung der Lernziele unmittelbar genutzt wird.

Der Einsatz für Schulungen etwa im Rahmen von Meisterkursen und speziellen Informationskursen bei Handwerkerbildungszentren und Kammern erscheint deshalb als sehr gut möglich, wenn auch technische Mängel (Programmabstürze beim Versuch, Bildschirmseiten zu drucken) und ein fehlendes Navigationssystem den Einsatz in einer größeren Lerngruppe erschweren.

3.2 Bewertung des SODIS-Verfahrens

Das SODIS-Verfahren versucht die instrumentellen Schwierigkeiten eines Kriterienrasters insoweit zu umgehen, als (schulische) Experten angehalten werden, im Rahmen eines offenen Rasters *qualitative Bemerkungen* zu einer Software vorzunehmen, die für den Leser nachvollziehbar sind, wenn er die Software selbst in Händen hält. Damit konnten wir die verfahrenstechnischen Probleme zwar nicht aufheben, aber das Verfahren und die eigentliche Bewertung transparenter gestalten und somit den Nachfragern eher eine Hilfe anbieten als andere Verfahren, die ebenfalls mit Kriterienrastern arbeiten. Darin ist u.E. der Erfolg von SODIS begründet.

In weit mehr als 3000 Bewertungen hat sich dieses Verfahren bewährt. Allerdings deckte die Bewertung von IKTH eine methodische Schwäche des SODIS-Verfahrens auf, die bisher nicht zu Tage trat: Das Kriterienraster ist auf *schulische* Lernprozesse zugeschnitten. Schon die Auswahl der Bewerter sorgt für die perspektivische Einengung auf Schule. Eine Software, die ausschließlich für das Selbststudium gedacht ist, kann deshalb m.E. mit Hilfe des gegenwärtigen SODIS-Rasters nicht adäquat beurteilt werden. Eine Verbesserung dieser Situation ist jedoch möglich, wenn die Abteilung Weiterbildung des LSW die begonne Weiterentwicklung des Kriterienrasters unter dem Blickwinkel beruflicher Fort- und Weiterbildung abgeschlossen hat und entsprechende Änderungen aufgenommen wurden. Aber selbst damit kann die methodische Schwäche des Verfahrens nicht beseitigt werden, weil der Bewerter weiterhin ein „Experte" sein muß. Und es zeigte sich bei der Bewertung von IKTH, daß sich ein solcher Experte nicht immer in ausreichendem Maße in die Lage eines Selbstlerners versetzen kann.

Franz Schott,
Florian Krien,
Silvio Sachse und
Thomas Schubert

Evaluation von multimedialer Lernsoftware auf der Basis von ELISE (1.0)

Ein Ansatz zu einer theorie-, adressaten- und anwenderorientierten Methode zur Evaluation von multimedialen Lern- und Informationssystemen

Vorbemerkung

Ausgehend von den theoretischen Überlegungen zur Evaluation, die im Teil A dieses Buches dargestellt werden (Schott, Beitrag 5), wurde begonnen, eine Methode zur Evaluation von multimedialen Lern- und Informationssystemen zu entwickeln, die wir ELISE nennen (die Abkürzung für: **e**ffiziente **L**ern- und **I**nformations-**S**ystem-**E**valuation).

Mit dem ersten Prototyp Version 1.0 von ELISE evaluierten wir die multimediale Lernsoftware „EDV im Handwerk". Darüber wird in diesem Beitrag berichtet. Bei seiner Lektüre sind zwei Punkte zu beachten. Erstens: weil die Evaluation von „EDV im Handwerk" mit der Entwicklung von ELISE einherging, haben wir viel Analysematerial erstellt und revidiert. Wir geben hier nur einen Ausschnitt wieder, der während des Endstadiums des Prototyps Version 1.0 von ELISE entstand und der geeignet ist, die Arbeit mit ELISE zu veranschaulichen. Zweitens: Nachdem wir die Evaluation von „EDV im Handwerk" abgeschlossen hatten, setzten wir die Entwicklungsarbeiten an ELISE fort. Die aktuelle Version von ELISE ist gegenüber dem Prototyp verbessert und in ihrer Untergliederung erweitert und verfeinert worden. Die besonders charakteristischen Merkmale und die prinzipielle Vorgehensweise finden sich jedoch auch schon bei dem Prototyp, Version 1.0, von dessen Anwendung wir hier berichten. Ein kurzer Ausblick auf eine mögliche Weiterentwicklungen schließt den vorliegenden Beitrag ab. Anfragen bezüglich der aktuellen Version von ELISE richten Sie bitte an den erstgenannten der Autoren dieses Beitrages.

1 Vorstellung des Evaluationsansatzes

1.1 Die Entwicklung des Prototyps, Version 1.0 von „ELISE"

Da wir die Bewertung der Lernsoftware „EDV im Handwerk" zum Anlaß der
Entwicklung von ELISE nahmen, konnte unsere Vorgehensweise nicht eine
Evaluation sein, wie sie normalerweise durchgeführt wird. Vielmehr mußten
wir das Evaluieren der Software mit der Entwicklung unserer Evaluationsmethode ELISE kombinieren. Entsprechend gingen wir wie folgt vor:

1. Entwicklung einer ersten Rohkonzeption für ELISE nach theoretischen
   Vorgaben, die in Teil A beschrieben werden (Schott, Beitrag 5). Diese
   Rohkonzeption wurde teilweise während der Forschungs- und Entwick-
   lungsarbeit revidiert.

2. Erstes Durchsehen der Lernsoftware.

3. Genaues Durchgehen des Moduls „Organisationsentwicklung" mit der
   Protokollierung uns auffallender erwähnenswerter Gesichtspunkte der
   Evaluation dieser Software.

4. Dokumentation der einzelnen Bildschirmseiten des Moduls „Organisationsentwicklung" durch Ausdruck der jeweiligen Bildschirmseiten.

5. Rekonstruktion der Softwarestruktur auf dem Auflösungsgrad der
   Gesamtsoftware, auf dem Auflösungsgrad der einzelnen Module und auf
   dem Auflösungsgrad von Submodulen.

6. Entwicklung eines Verfahrens zur Lernprozeßanalyse vor dem Hintergrund der Kenntnis der Programmstruktur.

7. Erweiterung des Verfahrens der Lernprozeßanalyse zum 5-Schritte-
   Verfahren (vgl. Abbildung 4 im folgenden).

8. Durchführung des 5-Schritte-Verfahrens exemplarisch auf verschiedenen
   Auflösungsgraden, nämlich dem Auflösungsgrad der Gesamtsoftware,
   dem Auflösungsgrad der einzelnen Module und dem Auflösungsgrad von
   Submodulen.

9. Dokumentation des Protoyps von ELISE.

10. Erstellung der Bewertung der Evaluation der Lernsoftware „EDV im
    Handwerk".

Natürlich begannen wir bei der Entwicklung von ELISE nicht am Punkt Null.
Zunächst konnten wir von den Erfahrungsberichten und theoretischen Über-
legungen ausgehen, die auf den beiden von IKTH und BIBB organisierten
Expertentreffen berichtet worden waren, die in diesem Buch wiedergegeben

werden und die wir daher hier nicht im einzelnen zitieren. Auch zogen wir Literatur zu Rate (z.B. Basarab & Root, 1994; Dijkstra et al., 1997; Friedrich et al., 1997; Issing und Klimsa, 1995; Jarz, 1997; O'Neil & Baker, 1994; Tennyson et al., 1997; Tergan, 1998; Fricke, Beitrag 3 in diesem Band). Darüber hinaus nahmen wir mit den Inhalts- und Lernexperten, die an der Erstellung der Software „EDV im Handwerk" beteiligt waren, Kontakt auf, um möglichst viele Informationen berücksichtigen zu können.

1.2 Darstellung des Prototyps von ELISE, Version 1.0

Die Vorgehensweise des Prototyps Version 1.0 von ELISE enthält sieben Teile, die aufeinander aufbauen, aber nicht notwendigerweise Teil für Teil nur einmal durchlaufen werden müssen. Rücksprünge und Wiederholungen sind möglich.

Teil 1: Die Konzeption von ELISE kennenlernen

Der Evaluator, die Evaluatorin (im folgenden verwenden wir nur die weibliche Form) macht sich mit der Konzeption von ELISE vertraut. Der Evaluatorin werden die Grundgedanken von UCIT und des Designs von multimedialen Lern- und Informationssystemen mit Hilfe des „Dresdner Eis" erläutert (vgl. dazu Beitrag 5 von Schott, insbesondere Abbildung 2 dort).

Teil 2: Entscheidung über Aufwand und Auflösungsgrad der Evaluation treffen

Die Evaluatorin wird mit dem modularen Aufbau von ELISE vertraut gemacht. Sie hat nun zu entscheiden, mit welchem Aufwand bzw. mit welchem Auflösungsgrad sie die zu bewertende Software evaluieren will.

Teil 3: Übersicht über die Struktur der Lernsoftware verschaffen

Die Evaluatorin fertigt eine Übersicht über die Programmstruktur in dem vorgesehenen Auflösungsgrad an (Gesamtaufbau, Aufbau einzelner Module bzw. Submodule, Aufbau einzelner Bildschirmseiten).

Teil 4: Analyse einzelner Bildschirmseiten (optional)

Gegebenenfalls führt die Evaluatorin eine Feinanalyse einzelner ausgewählter Bildschirmseiten des Programms mit einer vorgeschlagenen Vorlage (siehe Abbildung 3 in Kapitel 2) durch. Dieses „Formblatt zur Feinanalyse der

Programmstruktur mit ELISE" enthält zunächst eine genaue Kennzeichnung der fraglichen Bildschirmseite durch Angabe der Namen des Programmes, des Moduls (in dem Programm), des Submoduls (in dem Modul) und der Seitenzahl (in dem Submodul). Es folgen Gestaltungsmerkmale der Bildschirmseite, die gegebenenfalls jeweils zu bewerten sind: *Text, Grafik, Bild, Audio, Video, Animation, Links, Dramaturgie, Sonstiges.* „Dramaturgie" soll darauf hinweisen, daß die einzelnen Merkmale in Zusammenhang mit der Stellung der fraglichen Bildschirmseite in der betreffenden Sequenz von Bildschirmseiten zu bewerten sind. So kann z.B. das hörbare Verlesen des abgebildeten Textes am Beginn eines Programmmoduls die Aufmerksamkeit wecken, innerhalb desselben Moduls aber störend wirken. Neben diesen Bewertungen einzelner Merkmale soll auch die *Gesamtfunktion* der Bildschirmseite bewertet werden (natürlich auch unter Beachtung der Dramaturgie, ohne daß dies nochmals ausdrücklich erwähnt wird). Der Punkt *Anmerkung* ermöglicht zusätzliche Notizen.

Achtung: Es sei ausdrücklich darauf verwiesen, daß die Evaluatorin die Bewertungen stellvertretend für die Adressaten des Lernprogrammes vornimmt. Diese ökonomische Bewertung ohne direkte Beteiligung der Adressaten bietet keine Gewähr dafür, daß die Reaktionen der Adressaten durch die Evaluatorin richtig eingeschätzt werden und daß alle Adressaten ähnlich reagieren. Gegebenenfalls kann eine Überpüfung der Urteilsübereinstimmung zweier oder mehrerer Evaluatoren wichtige Hinweise geben. Immer wieder sollte sich die Evaluatorin selbstkritisch fragen, ob sie wirklich stellvertretend für die Adressaten oder eine Untergruppe von Adressaten urteilen kann und dies nach Möglichkeit mit Hilfe von Adressaten überprüfen. Inwieweit die Evaluatorin Adressaten der Lernsoftware bei der Evaluation einbeziehen sollte, hängt im Einzelfall von der Expertise der Evaluatoren, den Eigenschaften der Adressaten und des Lernprogrammes ab. Der ideale (und aufwendigste!) Fall ist eine Evaluation mit der vollen Bandbreite möglicher Adressaten und Anwendungsumstände der Lernsoftware. Der sparsamste Fall besteht in einer Bewertung einer Evaluatorin auf einem nur groben Auflösungsgrad. Ein häufig ökonomischer und zweckmäßiger Weg liegt dazwischen: Wenige Evaluatoren prüfen eine Lernsoftware auf unterschiedlichen Auflösungsgraden (d.h. mit dem feinen Auflösungsgrad nicht alles) und beziehen Adressaten nur für besonders kritische Teilprobleme ein. Ein entsprechendes Entscheidungstraining ist nicht Gegenstand der vorliegenden Version von ELISE. Allerdings sollte die theoriegeleitete, ganzheitliche Betrachtungsweise von ELISE diesbezügliche Entscheidungen der Evaluatoren erfolgreich unterstützen.

Teil 5: Bewertung der Lernsoftware nach fünf Schritten

Die Evaluatorin bewertet das Programm bzw. Teile davon entsprechend den fünf Schritten, die Abbildung 4 (siehe Kapitel 2) ausweist. Der *erste Schritt* betrifft die Analyse des (Teil-)Lernsystems, bestehend aus den vier UCIT-Komponenten Lernende(r), Lernaufgabe(n), Lernumgebung(en) und Bezugs-rahmen und den Prozessen Wissenserwerb, -speicherung und -nutzung (vgl. dazu Beitrag 5 von Schott in Teil A dieses Buches). Eine grafische Darstellung dazu soll die ganzheitliche Analyse der Evaluatorin unterstützen.

Der *zweite Schritt* betrifft die Analyse des (vermuteten) Lernprozesses der Adressaten bei dem (Teil-)Lernsystem. Bei dieser Lernprozeßanalyse stützen wir uns als theoretische Vorgabe auf Gagnés neun *events of instruction* (1977) (siehe Abbildung 4, Punkte 1.–9. im 2. Schritt). Hier wären natürlich andere theoretische Konzepte einsetzbar. Der Ansatz des international bekannten Pädagogischen Psychologen Gagné hat den Vorzug, daß er nach unseren Erfahrungen auch für Nicht-Psychologen leicht einsehbar und anwendbar ist und damit dem Kriterum der Evaluatorenorientierung genügt (vgl. wieder Beitrag 5 von Schott). Damit die Evaluatorin nicht vorschnell urteilt, wird sie vor einer Bewertung zuerst gefragt, worin die Realisation des fraglichen Aspektes besteht.

Der *dritte Schritt* betrifft die Frage nach möglichen Alternativen zur vorliegen-den Lernsoftware, der *vierte Schritt* die Bedarfsanalyse (vgl. Beitrag 5 von Schott). Der *fünfte Schritt* schließlich betrifft die auf Grund der durchlaufenen bisherigen vier Schritte zu erstellenden Gesamtbewertung des (Teil-)Lern-systems, das durch die Lernsoftware realisiert wird. Bei dem Durchlaufen der fünf Schritte ist wiederum der Abschnitt *„Achtung"* in Teil 4 zu beachten!

Teil 6: Entscheidung über die Einbeziehung von Adressaten

Die Evaluatorin wird angeregt, sich zu fragen, inwieweit es im Rahmen des möglichen Aufwandes zur Evaluation ratsam ist, Adressaten zu einzelnen Problemen des zu evaluierenden Programms zu befragen bzw. zu beobach-ten und welchen Bedingungen eine Stichprobe von Adressaten genügen muß. (Vergleiche auch den Abschnitt *„Achtung"* in Teil 4!)

Teil 7: Abschließende Beurteilung der Lernsoftware

Die Evaluatorin beurteilt das Programm entspechend der bearbeiteten sechs oben erläuterten Teile, indem sie die einzelnen Bewertungen der Teillern-systeme bzw. der Programmteile integriert.

ELISE soll eine effiziente Evaluationsmethode für multimediale Lern- und Informationssysteme werden, in dem Sinne, wie es in Teil A dieses Buches (Schott, Beitrag 5) skizziert wird. Ein wichtiger Aspekt dabei ist, wie schon ausgeführt, die Anwenderorientierung, hier also die Evaluatorenorientierung. Dies bedeutet, daß wir die Anwendbarkeit von ELISE seitens der Evaluatoren prüfen müssen. Dies konnten wir bisher aus zeitlichen Gründen nur sehr begrenzt durchführen, indem die Autoren dieses Beitrages das Programm ausprobierten. Dies kann natürlich nicht hinreichend sein, und eine weitere Erprobung mit potentiellen Anwendern von ELISE ist notwendig (näheres dazu in Beitrag 5, Abschnitt 3.4).

Im folgenden Kapitel 2 wird die Vorgehensweise der Evaluation mit dem Prototyp Version 1.0 von ELISE anhand von Beispielen des Lern- und Informationssystems „EDV im Handwerk" veranschaulicht.

2 Qualitätsanalyse mit ELISE, Version 1.0

Die Evaluation wurde im wesentlichen durch die Koautoren Kriehn, Sachse und Schubert, alle Studenten der Psychologie im Hauptstudium an der TU Dresden, durchgeführt. Ein Student hat eine Handwerksausbildung als Zimmermann, ein anderer eine Ausbildung als Industrieelektroniker. Einschränkend sei darauf hingewiesen, daß wir die Bearbeitung der einzelnen Teile nicht als Musterlösung betrachten. Dies hier ist *kein Trainingstext* zum Evaluieren mit ELISE, sondern ein *Werkstattbericht aus der Entwicklungsarbeit*.

Entsprechend der oben geschilderten Vorgehensweise des Prototyps von ELISE nach sieben Teilen wurde wie folgt vorgegangen:

1. Die Evaluatoren waren bereits der Konzeption von ELISE vertraut. Sie hatten sich ebenfalls im voraus mit den Grundgedanken von UCIT und des Designs von multimedialen Lern- und Informationssystemen mit Hilfe des „Dresdner Eis" vertraut gemacht.

2. Die Evaluatoren waren bereits mit dem modularen Aufbau von ELISE vertraut. Sie entschieden nun, mit welchem Aufwand bzw. mit welchem Auflösungsgrad sie die zu bewertende Software evaluieren wollten:

   a) Programm-Ebene
   b) Modul-Ebene (Modul „Organisationsentwicklung")
   c) Submodul-Ebene (Submodul „Geschäftsfelder")

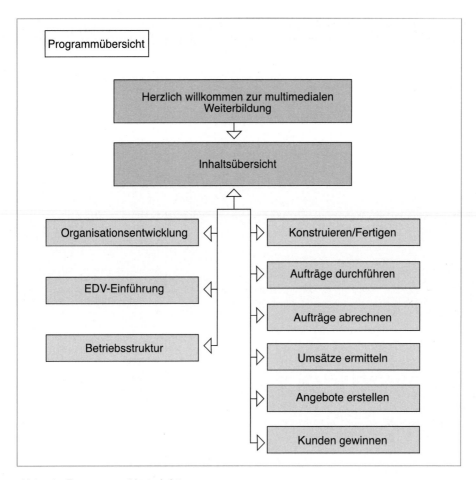

Abb. 1: Programmübersicht

3. Die Evaluatoren fertigten eine Übersicht über die Programmstruktur in den vorgesehenen Auflösungsgraden an:

a) Programm-Ebene – siehe Abbildung 1
b) Modul-Ebene – siehe Abbildung 2
c) Submodul-Ebene[1]

4. Anschließend führten die Evaluatoren eine Feinanalyse der einzelnen Bildschirmseiten des Submoduls „Geschäftsfelder" mit einer vorgeschlagenen Vorlage (Formblatt) durch (vgl. Abbildung 3).

---

1   Die Analyse der Submodul-Ebene verläuft im Prinzip so wie auf der Programm-Ebene bzw. Modul-Ebene und wird daher hier aus Platzgründen weggelassen.

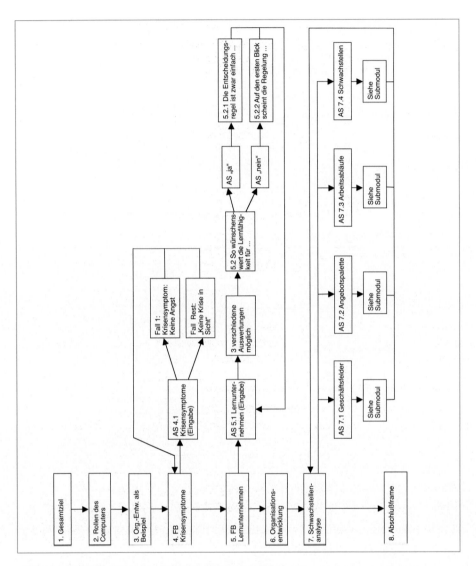

Abb. 2: Modul „Organisationsentwicklung"

5. Sie bewerteten das Programm in den drei gewählten Auflösungsgraden (siehe Teil 2 der Vorgehensweise) entsprechend den fünf Schritten (vgl. Seite 221), wobei bei der Bewertung des Submoduls aus Zeitgründen nur die Analyse des Lernprozesses erfolgen konnte:

   a) Programm-Ebene (vgl. Abbildung 4 auf Seite 226 ff.)

   b) Modul-Ebene (Modul „Organisationsentwicklung" – vgl. Abbildung 5 auf Seite 233 ff.)

   c) Submodul-Ebene (Submodul „Geschäftsfelder")

6. Die Evaluatoren wurden angeregt, sich zu fragen, inwieweit es im Rahmen des möglichen Aufwandes zur Evaluation ratsam ist, Adressaten zu einzelnen Problemen des zu evaluierenden Programms zu befragen bzw. zu beobachten, und welchen Bedingungen eine Stichprobe von Adressaten genügen muß. (Eine Adressatenbefragung war aus Zeitgründen nicht möglich.)

7. Die Evaluatoren beurteilten das Programm in den gewählten Auflösungsgraden (siehe z.B. Abbildung 5).

Formblatt zur Feinanalyse der Programmstruktur mit ELISE

Programm:	EDV im Handwerk
Modul:	Organisationsentwicklung
Submodul:	Geschäftsfelder
Seite:	7.1.1 Der Einsatz von IuK-Techniken
Text:	− Zusammenhang zwischen EDV und Geschäftsfeldern
	− Text kommmt abschnittsweise und wird vorgelesen
Graphik:	
Bild:	− Handwerker wird gezeigt, wo es „langgeht" mit dem Computer
	− Einsatzmöglichkeiten umfassen die traditionellen Geschäftsfelder Handel, Service, Fertigung und Beratung
Audio:	− Text wird vorgelesen
Video:	
Animation:	
Links:	
Dramaturgie:	− Beginn des Submoduls
Sonstiges:	
Gesamtfunktion:	− Verdeutlichung, daß Computer vielseitig einsetzbar sind und auch möglichst überall, wo es sinnvoll erscheint, eingesetzt werden sollten
	− Öffnung des Anwenders für neue Konzepte des Computereinsatzes

---

Abb. 3: Beispiel einer Feinanalyse zu einer Bildschirmseite

225

Abbildung 4

Fünf Schritte
zur Evaluation von multimedialen Lern- und
Informationssystemen
nach dem Verfahren ELISE

Programm: EDV im Handwerk

1. Schritt: Analyse des Lernsystems

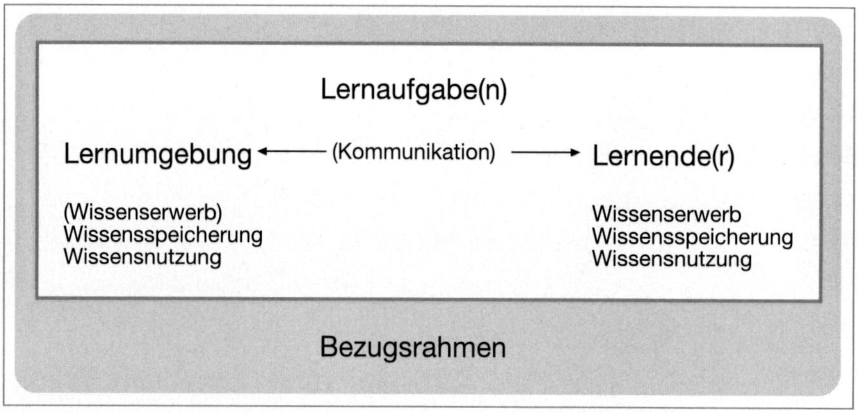

Lernaufgabe(n)

Lernumgebung ◄——— (Kommunikation) ———► Lernende(r)

(Wissenserwerb)   Wissenserwerb
Wissensspeicherung   Wissensspeicherung
Wissensnutzung   Wissensnutzung

Bezugsrahmen

Vier Komponenten des Lernsystems:

0 Worin besteht das bzw. die Lernziele?

Ziel A. Befähigung zum Einschätzen der Notwendigkeit der EDV-Einführung
Ziel B. Unterstützung bei allen Schritten der EDV-Einführung
Ziel C. Erläuterung typischer Anwendungsbereiche der EDV im Handwerk

1 Worin besteht/bestehen die Lernaufgabe/n?
(in Bezug auf die anderen Komponenten)

Lernaufgabe ist Lernziel „minus" Vorwissen

A. In Bezug auf das Lernziel „Befähigung zum Einschätzen der Notwendigkeit
   der EDV-Einführung"
   – Sinn und Zweck der EDV-Einführung darstellen
   – Konsequenzen für den Betrieb durch die Einführung erläutern
     – in Bezug auf die Organisationsentwicklung des Betriebes
     – in Bezug auf die Betriebsstruktur

B. In Bezug auf das Lernziel „Unterstützung bei allen Schritten der EDV-
Einführung"
- Darstellung einer beispielhaften Vorgehensweise
- Betonung der wichtigen Punkte bei der Berater- und Händlerauswahl
- Beschreibung der beachtenswerten Punkte bei der Softwareauswahl
- Vorschläge zur Hardwareauswahl mit relevanten Eckdaten

C. In Bezug auf das Lernziel „typische Anwendungsbeispiele der EDV
im Handwerk"
- Voraussetzungen zur Einführung bestimmter EDV-Anwendungen erläutern
- Funktionsweise der vorgestellten Anwendungen näherbringen
- Erfahrungsberichte von Anwendern in der Handwerksbranche präsentieren

2 Was ist über den Adressaten auszusagen?
(in Bezug auf die anderen Komponenten)

In Bezug auf die Lernaufgaben (Vorwissensstände)
- Handwerker mit keinerlei Erfahrung im Umgang mit EDV (Ziele A, B, C)
- Handwerker, die ihren Betrieb mit Hilfe der EDV technisch und/oder
organisatorisch weiterentwickeln wollen (Ziele B, C)
- Handwerker, die bereits EDV eingeführt haben und zusätzliche
Informationen zu Anwendungsmöglichkeiten wünschen (Ziel C)

In Bezug zur Lernumgebung
- Handwerker mit eigenem PC (Bearbeitung zu Hause/in der Firma)
- Handwerker ohne eigenen PC (Bearbeitung in den Seminaren der
VHS und HWK)

In Bezug zum Bezugsrahmen
- Handwerker, die das Programm allein bearbeiten (nach Feierabend,
freie Zeiteinteilung)
- Handwerker, die das Programm im Kurs bearbeiten (VHS, bessere
Anleitung)

3 Was ist im allgemeinen über das Lernsystem auszusagen?

Das vorliegende Lernsystem betrifft das multimediale Lernprogramm „IKTH –
EDV im Handwerk". Handwerkern mit verschiedenen Vorwissensständen sollen
im Zusammenhang mit der EDV-Einführung in ihrem Unternehmen typische
Anwendungsbereiche der EDV erläutert werden, Unterstützung bei der EDV-
Einführung gegeben werden und eine Befähigung zum Einschätzen der
Notwendigkeit der EDV-Einführung vermittelt werden. Die Bearbeitung kann am
privaten Computer erfolgen oder in Seminaren der HWK bzw. VHS.

2. Schritt: Analyse des Lernprozesses

1. Aufmerksamkeit gewinnen

Wie wird die Aufmerksamkeit gewonnen?

a) Multimediale Einleitung (Eingangssequenz)
b) Audio – Vorlesen des abschnittsweise dargebotenen Textes
c) Bild – Darstellung der Module als Ordner, Fenster: Inhaltsübersicht als Schreibtisch gestaltet, Bild eines Handwerkers in Ein- und Ausleitungen

Ist diese Vorgehensweise adressatengerecht und zielführend?

Durch die Gestaltung der Einleitung mit Musik, gesprochenem Text und Animation, in der handwerkliche Symbole verwendet werden, wird der Anwender (Handwerker) direkt angesprochen. Das Vorlesen des Textes, das sich durch die Einleitungen aller Module zieht, ist geeignet, die Aufmerksamkeit auf aktuelle und folgende Inhalte zu lenken. Die Bilddarstellung ermöglicht einen Bezug auf die handwerkliche Thematik.

2. Über das Lernziel informieren

Wie wird über das Lernziel informiert?

a) Multimediale Einleitung
b) Text – Einleitungen in den Modulen
c) Audio – Vorlesen der Einleitungen
d) Bild – graphische Gestaltung der Inhaltsübersicht

Ist die Information über das Lernziel adressatengerecht und zielführend?

In der Einleitung wird auf den schärfer werdenden Wettbewerb Bezug genommen, der auch Handwerksbetriebe dazu zwingt, wirtschaftlicher zu arbeiten. Die EDV wird hier als Lösungshilfe angeboten. Die Argumentation ist schlüssig und überzeugend. Durch das parallele Vorlesen von dargebotenem Text wird der Handwerker über die Lernziele in den einzelnen Modulen informiert. Wegen der ungünstigen Formulierung ist es jedoch in den Modulen „Organisationsentwicklung" und „Betriebsstruktur" nicht sofort ersichtlich, warum der Benutzer sich damit beschäftigen soll. Die Variante des „Ordneraufklappens" beim Anklicken informiert gut über die Teillernziele.

3. Vorwissen aktivieren

Wie wird das Vorwissen aktiviert?

a) Bild – Fenster: Inhaltsübersicht
b) Checklisten – Modul: Unsere Betriebsstruktur, Modul: Organisationsentwicklung

Ist die Aktivierung des Vorwissens adressatengerecht und zielführend?

Die Gestaltung der Inhaltsübersicht als handwerkstypisches Büro mit Ordnern, die einem Handwerker vertraute Aufgaben darstellen, ist geeignet, das Vorwissen zu aktivieren. Durch die Bearbeitung der in den genannten Modulen vorliegenden Checklisten wird sich der Benutzer bereits im voraus über aktuelle Zustände in seinem Betrieb bewußt und aktiviert damit ebenfalls Vorwissen.

4. Lernmaterial präsentieren

Woraus besteht das Lernmaterial?

a) Text – Beispiele, Anleitungen, Erläuterungen, Aufgaben
b) Graphik – Beispiele, Schemata, Aufgaben
c) Video – ca. 12 min., Erfahrungsberichte
d) Audio – ca. 1 h, Begriffserläuterungen, Auswertungen, Erfahrungsberichte
e) Bild – Funktionsweisen, Darstellungen
f) Animationen – Demonstrationen

Ist die Präsentation adressatengerecht und zielführend?

In den sechs Modulen, die sich mit den wichtigsten Aufgabenbereichen der EDV im Handwerk beschäftigen, wird das Lernmaterial hervorragend präsentiert. Die auf Video aufgezeichneten Erfahrungsberichte vermitteln Authentizität, die ebenfalls durch auditive Erfahrungsberichte vermittelt wird.

5. Unterstützung bereitstellen

Worin besteht die Unterstützung zum Erwerb der Lernaufgabe?

a) Hilfen beim Ausfüllen von Checklisten, Bearbeiten von Aufgaben
b) Notizblock
c) Lexikon
d) teilweise Warnung bei nichtsequentieller Bearbeitung

Ist die Unterstützung adressatengerecht und zielführend?

Die Hilfen zum Ausfüllen von Checklisten bzw. zum Bearbeiten von Aufgaben sind verständlich. Auf die Benutzung von Lexikon und Notizblock wurde bereits an anderer Stelle hingewiesen. Der Nutzer hat keine Möglichkeit, das Programm an beliebiger Stelle zu verlassen und den Bearbeitungsstand abzuspeichern und an beliebiger Stelle wieder zu beginnen. Die Rückwärtstaste ist keine Rückwärtstaste, sondern spiegelt die Bearbeitungsgeschichte wieder; dies ist ungünstig, da der Nutzer so nicht immer die thematisch letzte „Seite" erreicht.

6. Vermitteltes wiedergeben

Worin bestehen die Anregungen zur Wiedergabe?

a) Anwendungsbeispiele für vorgestellte Softwarearten
b) Anwendungsbeispiele für betriebswirtschaftliche Vorgänge
c) Vorschläge zur Diskussion des Vermittelten mit Mitarbeitern

Sind die Anregungungen adressatengerecht und zielführend?

Die Anwendungsbeispiele für vorgestellte Softwarearten sind sehr sinnvoll, da der Nutzer die Funktionalität für ihn in Frage kommender Software testen kann. Die Beispiele für betriebswirtschaftliche Vorgänge und deren Vereinfachung ermöglichen einen Bezug auf den eigenen Betrieb und eigene Erfahrungen. Die Möglichkeit, diese Vorgänge zu vereinfachen, motiviert zur Bearbeitung der Aufgaben. Die Anregungen zur Wiedergabe beschränken sich meist auf den Hinweis, daß das eben erfahrene Problem mit den Mitarbeitern der Firma oder mit dem zuständigen Berater der Handwerkskammer diskutiert werden soll. Da es sich bei diesen beiden Personengruppen um für einen Handwerker relevante Personen handelt, ist die Anregung als adressatengerecht anzusehen. Durch die etwas langweilige Präsentation und die fehlende Erklärung, welchen Sinn diese Anregung hat, ist dieses Verfahren wahrscheinlich nicht zielführend.

7. Feedback geben

Worin besteht das Feedback?

a) kontextaktive Grafiken – Visualisierung der ausgewerteten betriebsspezifischen Daten
b) Text – vom Benutzer bearbeitete Aufgaben werden ausgewertet
c) Audio – vom Benutzer bearbeitete Aufgaben werden ausgewertet

Ist das Feedback adressatengerecht und zielführend?

Feedback wird meist zu den Checklisten und durch die kontextaktiven Grafiken gegeben. Dieses Feedback wird bei den Checklisten meist in sehr einfacher

Form präsentiert und dient eher dem Wiederholen des zu vermittelnden Materials, da der vermutliche Sinn der Checklisten nicht in einer detaillierten Analyse, sondern in der Aktivierung des Anwenders liegt (Anregung zum Mitdenken). Dieses sehr einfache Feedback ist wahrscheinlich adressatengerecht, da der typische Anwender nicht alle möglichen Kombinationen von Fragen durchprobieren, sondern nur wenige realistische Beantwortungen ausprobieren wird. Soweit ist diese Vorgehensweise dann auch zielführend. Wenn ein Anwender allerdings eine „Tüftlernatur" ist und alle Varianten versucht, wird er die primitive Auswertung schnell entdecken, und das Programm verliert an Glaubwürdigkeit.

8. Behalten fördern

Worin besteht die Förderung des Behaltens?

a) Wiederholung wesentlicher Inhalte
b) Möglichkeit, einen Notizblock zu verwenden
c) Aktive Auseinandersetzung mit den Aufgaben
d) Aufforderung zur Diskussion mit Mitarbeitern

Ist die Förderung des Behaltens adressatengerecht und zielführend?

Die Punkte a)–c) fördern das Behalten. Die Variante d) dürfte nicht jedermanns Sache sein, vor allem weil einige Bearbeiter dieses Programms keine geeigneten Mitarbeiter zur Verfügung haben und auch weil leitende Mitarbeiter einer Firma oftmals ein geringes Kooperationsverhalten zeigen; die bloße Anregung zur Diskussion wird meist übergangen.

Eine Variante der Förderung des Behaltens liegt in der Aufforderung zur Benutzung des programminternen Notizblocks, in dem der Anwender nach eigener völlig freier Entscheidung seine Notizen machen kann. Das Programm versäumt dabei, den Anwender darauf hinzuweisen, welche Information tatsächlich relevant ist. Die Gewährung der völligen Freiheit für den Anwender geht hierbei wahrscheinlich zu Lasten der Effektivität.

9. Transfer fördern

Worin besteht die Förderung des Transfers?

a) Eingabe aktueller betriebsspezifischer Gegebenheiten

b) Auseinandersetzung mit den Möglichkeiten und Grenzen von handwerksspezifischer Software (potentielles Werkzeug)

c) mögliche modifizierte Übernahme der vorgeschlagenen Vorgehensweise zur Einführung der EDV im Betrieb

Ist die Förderung des Transfers adressatengerecht und zielführend?

Durch die Auseinandersetzung mit den unter a)–c) genannten Punkten ist der Handwerker in der Lage, das Vermittelte auf seinen Betrieb zu beziehen und anzuwenden.

3. Schritt: Analyse möglicher Alternativen

Der Inhalt der Module „Organisationsentwicklung" und „Betriebsstruktur" ließe sich auch in Buchform oder noch besser in Seminaren vermitteln. Da die Einführung von EDV in einen Betrieb fast zwangsläufig auch Änderungen in der Organisationsentwicklung nach sich zieht, ist die Kombination mit den restlichen Modulen durchaus sinnvoll.

Die Module „EDV-Einführung", „Kunden gewinnen", „Angebote erstellen", „Umsätze ermitteln", „Aufträge durchführen", „Aufträge abrechnen" und „Konstruieren/Fertigen" lassen sich am besten mit Hilfe des Computers vermitteln, da der Hard- und Softwarebezug unmittelbar ist. Das heißt, daß der Handwerker zum Teil Programme interaktiv bearbeiten kann und in ihre Funktionsweisen eingeführt wird, die er später auch benutzen könnte. Diese Möglichkeiten bieten sich ihm nur mit dem Medium Computer.

4. Schritt: Bedarfsanalyse

Die Lernziele können mit dem vorliegenden Programm erreicht werden. Der Handwerker kann nach intensiver Bearbeitung besser einschätzen, ob die Einführung von EDV in seinem Betrieb sinnvoll ist. Es wird eine Vorgehensweise zur Einführung von EDV vorgeschlagen, die der Nutzer mit geringen Änderungen für seinen Betrieb verwenden kann. Es wird eine Vielzahl von konkreten Anwendungen der EDV im Handwerk dargestellt; der Nutzer kann die Funktionalität von Programmen kennenlernen.

5. Schritt: Gesamtbewertung

Zusammenfassende Bewertung der Ergebnisse aus

1. *Schritt:*   *Analyse des Lernsystems*
2. *Schritt:*   *Analyse des Lernprozesses*
3. *Schritt:*   *Analyse möglicher Alternativen*
4. *Schritt:*   *Bedarfsanalyse*

Abb. 4: Beispiel einer Analyse nach den fünf Schritten auf Programmebene

Abbildung 5
„EDV im Handwerk":
Modul „Organisationsentwicklung"

I. Worin besteht das Lernziel?

Vermittlung von Konzepten der Organisationsentwicklung zum Überprüfen der eigenen Betriebsführung und -organisation.

II. Worin bestehen die Lernaufgaben?

A. Einführung von Konzepten der Organisationsentwicklung (Wissens-/ Verstehensaufgabe)

B. Schwachstellenanalyse (Anwendungsaufgabe)

III. Was ist über den Adressaten auszusagen?
– *Zielgruppen*
– *Vorwissen*
– *Grenzen*
(die Angaben hier entsprechen im wesentlichen Punkt 2 auf Seite 227)

IV. Wie ist die Beziehung Lernumgebung-Adressat gestaltet?

1. Aufmerksamkeit gewinnen

Wie wird die Aufmerksamkeit gewonnen?

a) Bild – Darstellung eines Handwerkers in den verschiedenen betriebs- organisatorischen Situationen

b) Audio – Vorlesen des abschnittsweise dargebotenen Textes

Ist diese Vorgehensweise adressatengerecht und zielführend?

Das Vorlesen des Textes erhöht die Aufmerksamkeit des Benutzers auf den aktuellen und folgende Inhalte. Die Bilddarstellung ermöglicht einen Bezug auf handwerkliche Thematik.

2. Über das Lernziel informieren

Wie wird über das Lernziel informiert?

a) Text – Info zur Bedeutung der Analyse betrieblicher Organisationsstruk- turen im Zusammenhang mit der EDV-Einführung (Programm, Booklet)

b) Audio – Vorlesen des abschnittsweise dargebotenen Textes

*Ist die Information über das Lernziel adressatengerecht und ziel-
führend?*

Durch die parallele Darbietung des Lernzieles mittels Text und Audio soll
der Handwerker über ein ihn betreffendes Thema ansprechend informiert
werden. Die Information ist allerdings umständlich formuliert. Es ist nicht
sofort ersichtlich, aus welchen Gründen der Handwerker sich im Rahmen
einer EDV-Einführung mit der Organisationsentwicklung befassen soll.

3. Vorwissen aktivieren

Wie wird das Vorwissen aktiviert?

a) Bilder – handwerkstypische Beispiele
b) Graphik – Stellung des Handwerksbetriebes in den Märkten
c) Checklisten – Krisensymptome, Lernunternehmen

*Ist die Aktivierung des Vorwissens adressatengerecht
und zielführend?*

Durch die Checklisten bekommt der Anwender den Bezug auf das eigene
Unternehmen und wird zur Weiterbearbeitung des Moduls motiviert. Dazu
dienen auch die vereinzelten Bilder und Graphiken.

4. Lernmaterial präsentieren

Woraus besteht das Lernmaterial?

a) Text – Beispiele, Begriffserläuterungen, Anleitungen, Aufgaben
b) Graphik – Beispiele, Schemata, Aufgaben
c) Audio – Begriffserläuterungen, Auswertungen

Ist die Präsentation adressatengerecht und zielführend?

Im Allgemeinen wird der Text durch die Graphiken gut unterstützt. Die
Schemata sind durch ihre Komplexität und kontrastarme Farbenwahl nicht
immer auf den ersten Blick zu verstehen. Die Konvention, daß das
Lautsprecherzeichen zu Audiolinks führt, wird nicht durchgehalten.

5. Unterstützung bereitstellen

Worin besteht die Unterstützung zum Erwerb der Lernaufgabe?

a) Lexikon
b) Notizblock
c) Hilfe beim Ausfüllen von Checklisten, Fragebögen und Aufgaben
d) Programmwarnung bei nichtsequentieller Bearbeitung der Submodule

Ist die Unterstützung adressatengerecht und zielführend?

Die Benutzung von Lexikon und Notizblock wird dem Benutzer bereits an anderer Stelle empfohlen. Die Ausfüllanleitungen sind verständlich. Die Programmwarnung ist sinnvoll, da somit die teilweise notwendige sequentielle Bearbeitung eingehalten werden kann.

6. Vermitteltes wiedergeben

Worin bestehen die Anregungen zur Wiedergabe?

a) Bewußtmachung der betrieblichen Situation im Bereich der Organisation
b) Analyse der betriebseigenen Schwachstellen

Sind die Anregungen adressatengerecht und zielführend?

Die Anregung ist sinnvoll, da der Anwender durch Bezug auf das eigene Unternehmen dazu motiviert wird, das Vermittelte wiederzugeben. Eine explizite Anregung fehlt zumeist.

7. Feedback geben

Worin besteht das Feedback?

a) Graphik – Die eingegebenen Werte für aktuelle betriebsspezifische Gegebenheiten werden in den Auswertungen der Submodule dargestellt
b) Text – Vom Benutzer bearbeitete Aufgaben werden ausgewertet
c) Audio – Vom Benutzer bearbeitete Aufgaben werden ausgewertet

Ist das Feedback adressatengerecht und zielführend?

Die Eingabe bleibt teilweise unkommentiert, es erfolgt teilweise auch keine eingabespezifische Auswertung. Die Schwachstellenanalyse ist jedoch ein gutes Beispiel für nutzergerechtes Feedback.

8. Behalten fördern

Worin besteht die Förderung des Behaltens?

a) Wiederholung wesentlicher Inhalte
b) Verwendung des Notizblocks

Ist die Förderung des Behaltens adressatengerecht und zielführend?

Die Wahrscheinlichkeit des Behaltens eben vermittelter Inhalte steigt bei
Wiederholung. Die Möglichkeit, Gedanken, Ideen in einem programm-
eigenen Notizbuch festzuhalten, ist ebenfalls sinnvoll.

9. Transfer fördern

Worin besteht die Förderung des Transfers?

a) Eingabe aktueller betriebsspezifischer Gegebenheiten
b) Analyse der betriebseigenen Schwachstellen

Ist die Förderung des Transfers adressatengerecht und zielführend?

Durch Eingabe von betriebsspezifischen Gegebenheiten werden Diskrepanzen sichtbar, ein Bewußtmachen der aktuellen Situation und notwendiger
Veränderungen in betrieblichen Organisations- und Führungsbereichen wird
angeregt. Gleichzeitig wird durch die Bearbeitung der Schwachstellenanalyse eine konkreter Bezug auf bestehende Probleme gewährt, und es
werden außerdem erste Lösungsvorschläge unterbreitet. Der Transfer des
Vermittelten auf die eigene Situation wird hiermit unterstützt.

Fazit[2]

– Vemittlungsaufgabe
– Lernumgebung
– Adressat
– Bezugsrahmen

Abb. 5: Lernprozeßanalyse auf Modulebene

---

2 Entsprechend zum „5. Schritt: Gesamtbewertung" in Abb. 4 (S. 232) verzichten wir hier auf Angaben. Wir
haben uns aber nicht um eine zusammenfassende Bewertung „gedrückt" (vgl. Abschnitt 3.1)!

Die Bewertungen beim fünften Schritt in Abbildung 4 und im Fazit von Abbildung 5 wurden weggelassen. Dies hat folgenden Grund: Es würde den hier gesetzten Rahmen sprengen, alle Arbeiten zu unserer kombinierten Entwicklungs- und Evaluationsarbeit wiederzugeben. Auch wenn wir einzelne Teile von ELISE revidierten, sind doch verwertbare Erfahrungen geblieben, die für die Evaluation von „EDV im Handwerk" nützlich sind. Wir haben uns daher entschlossen, die jeweiligen Endbewertungen in den Abbildungen 4 und 5 wegzulassen und statt dessen eine Gesamtbewertung der Lern-software zu geben, wie sie während unserer gesamten Arbeit entstanden ist. Die folgende kurze Gesamtbewertung ist daher nicht das Ergebnis eines ein-zigen Durchganges nach ELISE Version 1.0, sondern der Versuch einer Zusammenfassung unserer Erfahrungen mit „EDV im Handwerk" während der Zeit, in der wir diese Lernsoftware als Material zur Entwicklung von ELI-SE verwandten.

3 Gesamtbewertung/Fazit

3.1 Kurze Gesamtbewertung von „EDV im Handwerk"

Den Evaluatoren lag die CD-ROM „EDV im Handwerk" vor. Entsprechend der schon dargestellten flexiblen Wahl des Auflösungsgrades wurde das Modul „Organisationsentwicklung" im feinen Auflösungsgrad, die anderen Module im groben Auflösungsgrad untersucht.

Geht man von den vier Komponenten von UCIT aus, die bei ELISE beachtet werden – also Lernende, Lernaufgaben, Lernumgebung und Bezugsrahmen – so hätten wir uns, was die *Lernenden* betrifft, mehr Erfahrung gewünscht. Zwar hatten, wie oben erwähnt, ein Student eine Handwerksausbildung als Zimmermann und ein anderer eine Ausbildung als Industrieelektroniker, ein tieferer Einblick in die aktuelle Situation der Adressatengruppe wäre aber natülich von Vorteil gewesen. Die Evaluatoren hatten auch keine Möglichkeit, die zu prüfende Software ganz oder in Teilen mit den Adressaten, also Handwerkern kleiner Betriebe, zu erproben; dies begrenzt natürlich die Aussagekraft unserer Evaluation.

Was die *Lernaufgaben* betrifft, schienen uns diese insgesamt gut auf die Adressaten zugeschnitten zu sein – soweit wir die Adressaten, wie gesagt, einschätzen konnten. Als sehr positiv ist zu bewerten, daß die Thematik „EDV im Handwerk" ganzheitlich und systemisch betrachtet und vermittelt wurde, d.h. das Programm beschränkte sich nicht auf die isolierte Vermittlung von

Wissen über den Umgang mit dem Computer und über einzelne Computerprogramme, sondern versuchte die Nutzung des Computers in die Organisation eines kleinen Handwerksbetriebs insgesamt einzubinden. So hätte selbst der Handwerker, der nach Bearbeitung des Programmes zum Schluß kommt, in seinem Betrieb keine EDV einzusetzen, den Gewinn, die Abläufe in seinem Betrieb kritisch reflektiert zu haben und daraus vielleicht Konsequenzen zu ziehen.

Im Sinne von UCIT besteht die *Lernumgebung* nicht nur aus der Lernsoftware, sondern auch aus der Gestaltung des Umfeldes, in der diese Software verwendet wird. Hier dürfte es von Bedeutung sein, ob der diese Software benutzende Handwerker zu Hause allein auf sich gestellt ist oder ggf. auf tutorielle Unterstützung durch einen Berater zurückgreifen kann.

Was schließlich den *Bezugsrahmen* betrifft, so konnten wir aus den oben genannten Gründen nur bedingt einschätzen, welche unabänderlichen Möglichkeiten und Grenzen die Randbedingungen des Arbeitens mit der Lernsoftware bei einzelnen Handwerkergruppen beeinflussen. Trotz dieser Einschränkungen hatten die Evaluatoren den Eindruck, daß die durch ELISE vorgeschlagene Vorgehensweise bei der Evaluation nützlich war und zu sachlich vertretbaren Aussagen führte.

Vor dem Hintergrund dieser Möglichkeiten und Grenzen unserer Evaluation läßt sich (hier nur kurz zusammengefaßt und nicht mit allen technischen Angaben versehen, wie Bearbeitungszeiten etc.) zum Programm „EDV im Handwerk" folgendes aussagen:

– Die Analyse des Moduls „Organisationsentwicklung" ergab Verbesserungsmöglichkeiten beim Informieren über die Lernziele, bei der Präsentation des Lernmaterials und beim Kommentieren sowie beim Rückmelden von Eingaben im Rahmen von kleinen Anwendungsaufgaben.

– Das Lernziel – Vermittlung von Konzepten der Organisationsentwicklung – wird aber trotz dieser Schwächen erreicht.

– Die Programmodule „EDV-Einführung", „Kunden gewinnen", „Angebote erstellen", „Umsätze ermitteln", „Aufträge durchführen", „Aufträge abrechnen", „Konstruieren/Fertigen" erreichen ihre Ziele, nämlich Darstellung der Hilfen, die Computer bei den obengenannten Aufgaben bieten können, ohne Probleme.

– Der Hard- und Softwarebezug ist unmittelbar, der Anwender kann Grundfunktionalitäten für ihn in Frage kommender Software-Anwendungen testen. Diese Möglichkeit bietet nur ein „Kurs" am Computer selbst, und sie wurde von den Programmautoren gut genutzt.

– Der Inhalt der Module „Betriebsstruktur" und „Organisationsentwicklung" ließe sich, isoliert gesehen, wohl besser in Buchform vermitteln. Im Zusammenhang mit dem Gesamtprogramm liefern diese beiden Module eine wichtige Übersicht über die Computeranwendung, welche die praktischen Anwendungsmöglichkeiten und ggf. eine notwendige Reorganisation des Betriebes bei einer zielführenden EDV-Anwendung sehr gut verdeutlicht. Da die Einführung von EDV im Betrieb aber zwangsläufig Änderungen in Betriebsstruktur und Organisation nach sich zieht, halten die Evaluatoren daher die Verbindung dieses Bereichs mit EDV-spezifischen Themen für sinnvoll.

Insgesamt gesehen kann „EDV im Handwerk" als Multimedia-Lernsoftware auf dem aktuellen Stand der Entwicklung empfohlen werden.

3.2 Evaluieren mit ELISE: Erste Erfahrungen und Ausblick

Wichtige Kritikpunkte an bestehenden Verfahren zur Evaluation multimedialer Lernsoftware waren u.a., daß die angebotenen Kriterienlisten kaum theoretisch begründet sind und die Bearbeitung der einzelnen Kriterien zur Bewertung einer Lernsoftware eine notwendige ganzheitliche Sicht der betreffenden Bildungsmaßnahme nicht gerade fördern. Wir gewannen den Eindruck, daß bestehende Evaluationsverfahren zu wenig den gesamten Lehr-Lern-Prozeß berücksichtigen. Daher versuchten wir zunächst zu analysieren, was von einem guten Evaluationsverfahren zu fordern ist. Ausgehend von diesen theoretischen Überlegungen zur Evaluation, die sich in Teil A dieses Buches finden (Schott, Beitrag 5), entwickelten wir ELISE als ein Evaluationsverfahren, das besonders den von uns herausgearbeiteten Kriterien der ganzheitlichen Sicht, der Orientierung an einer Theorie, an den Lernenden und an den Evaluatoren genügen soll. Während der Aspekt der Theoriegeleitetheit durch den Bezug auf eine UCIT-basierte Vorgehensweise mit einer konzeptuellen Analyse zu leisten war, bedürfen die anderen Aspekte ebenso einer weiteren empirischen Überprüfung wie die Gesamtleistung von ELISE als Evaluationsverfahren.

Nach unseren ersten Erfahrungen mit ELISE waren die folgenden Punkte festzuhalten:

– Die *ganzheitliche Sicht bei den Evaluatoren* wird bei ELISE gefördert:

   – insbesondere durch die explizite Vorgabe des „Dresdner Eies" als Gesamtrahmen sowie durch die grafische Darstellung des Zusammenhanges der vier UCIT-Komponenden Lernende(r), Lernaufgabe(n), Lernumgebung(en) und Bezugsrahmen bei der Lernprozeßanalyse. Das heißt, die Evaluatoren beginnen nicht einfach mit der Bewertung von einzelnen vorgegebenen Kriterien (und ggf. mit einer vorherigen Zusammenstellung dieser Kriterien nach Bewertungszwecken wie bei MEDA, vgl. Gräber 1990), sondern sie verschaffen sich eine Gesamtsicht der zu prüfenden Bildungssoftware, indem ihre Bestandteile auf die Struktur und die Komponenten des „Dresdner Eis" projieziert werden,

- dadurch, daß die Evaluatoren ausdrücklich aufgefordert werden, Umfang und Auflösungsgrad der Evaluation entsprechend den zur Verfügung stehenden zeitlichen und materiellen Ressourcen zu bestimmen (so sind sie angehalten, sich über mögliche Teilaufgaben der Evaluation einen Überblick zu verschaffen und damit die Gesamtheit möglicher Vorgehensweisen in Betracht zu ziehen),

- dadurch, daß den Evaluatoren empfohlen wird, Lernprogramm-Strukturanalysen auf dem jeweils gewünschten Auflösungsgrad der Analyse durchzuführen (die Evaluatoren hoben übereinstimmend den orientierenden Wert dieser grafischen Übersichten hervor),

- dadurch, daß die Evaluatoren aufgefordert werden, während der Evaluation zu prüfen, ob ggf. Revisionen und empirische (Teil-)Überprüfungen des Lernprogrammes nützlich sein können,

- dadurch, daß die ausdrückliche Beachtung der Bedarfsanalyse die Evaluatoren anhält, die zu bewertende Lernsoftware in ihrem jeweiligen Verwendungszusammenhang zu betrachten,

- dadurch, daß die Evaluatoren abschließend aufgefordert werden, einen kritischen Rückblick auf ihre Evaluation vorzunehmen.

- Die Entscheidung über Umfang und Auflösungsgrad der Evaluation, welche durch den modularen Aufbau von ELISE ermöglicht wird, stellt im Gegensatz zu den meisten anderen Evaluationsverfahren die Option bereit, entsprechend ökonomischen Randbedingungen die jeweils günstigste Variante auszuwählen.

- Die Verwendung der „nine events of instruction" von Gagné hat sich bislang als sehr nützlich bei der Lernprozeßanalyse erwiesen. Unser erster Eindruck war, daß wir den Evaluatoren tatsächlich geholfen haben, Anwalt der Lernenden zu sein.

- ELISE fördert, daß sich die Evaluatoren sehr aktiv in die Evaluation einbringen, viel aktiver als bei der Bewertung einer vorgegebenen Kriterienliste. Dies hat den Vorteil, daß alle Kompetenzen der Evaluatoren zu einer möglichst umsichtigen Evaluation genutzt werden können, und den Nachteil, daß ein solches Vorgehen die Evaluatoren in ihrer aktiven Mitarbeit mehr fordert.

Abschließend möchten wir noch einmal darauf hinweisen, daß es sich bei diesem Beitrag um einen Werkstattbericht handelt, bei dem wir unter Benutzung der Lernsoftware „EDV im Handwerk" ELISE zu einem Prototyp entwickelten. Das heißt, wir konnten die Entwicklung von ELISE und die Evaluation mit ELISE nicht klar trennen. Dies relativiert sowohl unsere Aussagen über die zu bewertende Lernsoftware als auch die Anforderungen, die wir gegenwärtig an den Prototyp von ELISE stellen können. Auf weitere Entwicklungen zu ELISE wird kurz am Ende des Beitrages 5, Abschnitt 3.4, eingegangen.

Literatur

Basarab, D. & Root, D. (1994). The Training Evaluation Process.: Boston, Dordrecht, London: Kluwer Academic Publishers.

Dijkstra, S., Seel, N., Schott F. & Tennyson, R. (Eds.) (1997). Instructional Design: International Perspectives. Volume II: Solving Instructional Design Problems. Hillsdale, NJ: Lawrence Erlbaum Associates.

Gagné, R. (1977). The conditions of Learning. Fort Worth: Holt, Rinehart & Winston, Inc.

Gräber, W. (1990). Das Instrument MEDA. Ein Verfahren zur Beschreibung, Analyse und Bewertung von Lernprogrammen. IPN-Materialien, Kiel.

Jarz, E. (1997). Entwicklung multimedialer Systeme. Planung von Lern- und Masseninformationssystemen. Wiesbaden: Deutscher Universitätsverlag.

Latzina, M. &Schott, F. (1995). Psychological Processes of Planning in Instructional Design Teams: Some Implications for Automating Instructional Design. In R. Tennyson & A. Barron (Eds.), Automating Instructional Design: Computer-Based Development and Delivery Tools, pp. 131–147. Berlin, Heidelberg, New York: Springer.

O'Neil, H. & Baker, E. (Eds.) (1994). Technology Assessment in Software Applications. Hillsdale, NJ: Lawrence Erlbaum Associates.

Schott F. & Driscoll, M. (1997). On the Architectonics of Instructional Theory. In S. Dijkstra, F. Schott, N. Seel & R. Tennyson (Eds.), Instructional Design: International Perspectives. Hillsdale, NJ: Lawrence Erlbaum Associates. Volume I: R. Tennyson & F. Schott (Eds.): Theory and Research, Part A: Theoretical Foundations of Instructional Design, Chapter 7.

Schott, F., Kemter, S. & Seidl, P. (1995). Instruktionstheoretische Aspekte multimedialer Lernumgebungen. In L. Issing & P. Klimsa (Hrsg.), Information und Lernen mit Multimedia. Weinheim: Psychologie Verlags Union.

Tergan, S.-O. (1998). Checklists for the evaluation of educational software: critical review and prospects. *Innovations in Education and Training International*, 35(1), 9–20.

Tennyson, R., Schott, F., Seel, N. & Dijkstra, S. (Eds.) (1997). Instructional Design –

International Perspectives. Volume I: Theory, Research, and Models. Hillsdale, NJ: Lawrence Erlbaum Associates.

Gabi Reinmann-Rothmeier und Heinz Mandl

Bedarfs- und implementationsorientierte Evaluation von Lernsoftware: Eine Feldstudie mit Meistern und Technikerschülern

Die vorliegende Evaluationsstudie galt der Qualitätsbeurteilung des multimedialen Lern- und Informationssystems „Informations- und Kommunikationstechniken zur Betriebsführung im Handwerk – IKTH". Die IKTH-Lernsoftware soll primär Handwerkern als Informationsmedium und praktisches Arbeitsmittel dienen. Darüber hinaus soll das Lernprogramm auch im Rahmen von Weiterbildungskursen und Meisterschulen eingesetzt werden (vgl. Lottmann, Beitrag 6 in diesem Band). Es wurden in zwei Untersuchungen mit Meister-/Technikerschülern eine Wirkungsanalyse zu klassischen Kriterien wie Akzeptanz, Lernerfolg und Transfer sowie eine Erhebung der subjektiven Einschätzung der Softwarequalität seitens der Nutzer durchgeführt. Darüber hinaus wurde der Frage nachgegangen, inwieweit sich das Lernprogramm zum einen im Arbeitskontext und zum anderen im pädagogischen Kontext implementieren läßt.

1 Vorstellung des Evaluationsansatzes

1.1 Der Kontext der Evaluation

1.1.1 Bedeutung und Nutzen einer Bedarfs- und Zielorientierung

Lernsoftware und andere neue Informations- und Kommunikationstechnologien müssen als Tool zum Lehren und Lernen erkannt und als solches genutzt werden. Der Einsatz eines Tools aber hat nur dann Sinn, wenn es der Erreichung konkreter, am individuellen Bedarf orientierter Lehr-Lernziele bzw. der Lösung spezifischer Bildungsprobleme dient. Ein Konzept zur Evaluation von Lernsoftware hat der individuellen Bedarfs- und Zielorientierung gerecht zu werden.

Das Postulat nach Orientierung eines Software-Evaluationskonzepts am individuellen Bedarf ist als Kriterium im Rahmen der Qualitätssicherung von Lernsoftware sowohl im Arbeitskontext als auch im pädagogischen Kontext zu verstehen. Die Bedarfs- und Zielorientierung ist darüber hinaus eine Forderung an alle Beteiligten in allen Anwendungsfeldern: Der Einsatz neuer Informations- und Kommunikationstechnologien darf kein Selbstzweck sein (Kerr 1996), sondern muß unter einer zielführenden Perspektive im Zusammenhang aktueller Frage- und Problemstellungen erfolgen. Diese Forderung ist im Arbeitskontext sehr plausibel (auch ein „kognitives Werkzeug" kommt nur dann zur Anwendung, wenn es auch gebraucht wird), im pädagogischen Feld ist sie durchaus nicht selbstverständlich. Denn derzeit sind viele Medienprodukte und Medienanwendungen im Bereich des Lehrens und Lernens mehr *technology-driven* als *problem-driven* (Kerres 1998, S. 29) – häufig aus Angst, den Anschluß an technologische Entwicklungen zu verpassen.

1.1.2 Anwendungsfelder von Lernsoftware

Wenn eine Lernsoftware primär für den Arbeitskontext konzipiert ist, stellt sich die Frage, ob und inwieweit ihre Nutzung auch im pädagogischen Kontext möglich und sinnvoll ist. Angesichts dieser prinzipiell doppelten Funktionalität soll zunächst der Frage nachgegangen werden, was die Nutzung der Lernsoftware im Arbeitskontext von der Anwendung des Lernprogramms im Unterrichtskontext unterscheidet bzw. verbindet und welchen Einfluß dies auf die Evaluation hat.

Lernsoftware im Arbeitskontext: Wer als Handwerker vor oder während der EDV-Einführung in seinem Betrieb eine Lernsoftware heranzieht, der tut dies, um Antworten auf die ihn bewegenden Fragen zu erhalten sowie Lösungsstrategien für antizipierte oder bereits aufgetretene Probleme kennenzulernen. Mit anderen Worten: Es besteht ein praktischer Bedarf im Arbeitsalltag, den die Lernsoftware decken sollte. Eine Analyse klassischer Kriterien wie Akzeptanz, Lernprozeß, Lernerfolg und Transfer läßt daher im Kontext der praktischen Softwarenutzung nur dann brauchbare Ergebnisse erwarten, wenn diese Analyse zielorientiert erfolgt. Dies wiederum erfordert eine Orientierung am individuellen Bedarf des Nutzers. Letztlich muß es darum gehen, Diskrepanzen zwischen dem Bedarf und den Potentialen der Lernsoftware festzustellen und die Gründe zu eruieren, die für eine mangelnde oder fehlende Bedarfsdeckung verantwortlich sind. Eng damit verbunden ist die Frage nach der Implementation der Lernsoftware in den Arbeitskontext, die bislang in Evaluationsstudien kaum berücksichtigt wurde. Wenn man bedenkt, daß erst die problemlose Installation und Bedienung sowie eine flexible Integration der Lernsoftware deren Nutzung als „Werkzeug" für die Bearbeitung praktischer Probleme möglich machen, ist es höchste Zeit, der Implementation im Kontext der Evaluation mehr Beachtung als bisher einzuräumen.

Lernsoftware im Unterrichtskontext: Auch im pädagogischen Feld hängt der Erfolg einer Lernsoftware weniger von medienimmanenten Kriterien ab, als vielfach vermutet wird (Kerres 1998). Im Arbeits- wie im Unterrichtskontext ergeben sich Nutzen und Bedeutung computerunterstützter Lernprogramme erst aus dem jeweiligen Situationszusammenhang (Hativa & Lesgold 1996). In beiden Anwendungsfeldern muß es um die Frage gehen, welcher Bedarf besteht und inwieweit die eingesetzte Lernsoftware diesen Bedarf deckt. Mit anderen Worten, es kommt auf die bestehenden Bildungsprobleme und auf die Frage an, wie die Potentiale multimedialer Lernprogramme bei der Lösung von Bildungsproblemen nutzbar gemacht werden können. Mit der wachsenden Zahl immer professioneller gestalteter Medienprodukte wächst auch die Notwendigkeit von Konzepten für eine sinnvolle Implementation dieser Produkte in den Unterricht. Denn Lernsoftware kann den Unterricht nicht ersetzen, wohl aber ergänzen. Die Potentiale der Neuen Medien sinnvoll in den Unterricht zu integrieren ist eine der größten Herausforderungen für die Zukunft.

1.1.3 Beschreibung der zu evaluierenden Lernsoftware

Die IKTH-Lernsoftware mit dem Titel „Informations- und Kommunikationstechniken zur Betriebsführung im Handwerk" ist vor allem für den individuellen Einsatz im Arbeitsalltag von Handwerkern konzipiert worden. Das Programm soll dabei Informationsmedium und praktisches Arbeitsmittel zugleich sein und den Nutzern folgendes bieten: (a) eigene Erfahrungen im Umgang mit dem Computer sammeln, (b) die Fähigkeit ausbilden, Chancen und Grenzen des EDV-Einsatzes im Betrieb zu beurteilen, (c) Kenntnisse über die betrieblichen Voraussetzungen und Folgen eines EDV-Einsatzes erwerben, (d) Handlungskompetenz bei der Einführung von EDV erwerben und (e) betriebswirtschaftliches Wissen erweitern (Maurus, Hemmer-Schanze, Brater & Ballin 1996). Darüber hinaus soll die Lernsoftware mit ähnlicher Zielsetzung auch im Rahmen von Weiterbildungskursen und Meisterschulen eingesetzt werden.

Das Lernprogramm ist so aufgebaut, daß es in allen Gewerken eingesetzt werden kann. Als Grundgerüst dienen die Auftragsabwicklung mit ihren verschiedenen Teilbereichen, die Einführung von EDV im Betrieb sowie die Analyse der bestehenden Betriebsstruktur. Dabei wurden insbesondere Themen integriert, die erfahrungsgemäß Probleme bereiten. Das Programm beinhaltet acht voneinander weitgehend unabhängige Module, in denen jeweils – soweit

wie möglich – von tatsächlichen Handlungssituationen in einem Handwerksbetrieb ausgegangen wird. Die Lernsoftware ist multimedial gestaltet
und beinhaltet neben Texten, Grafiken und Photos auch gesprochene Texte,
Animationen und Videos. Interaktivität bietet das Programm durch Übungen,
elektronische Arbeitsblätter, Simulationen und Beispielanwendungen.

Die übergeordnete Zielsetzung des Programms wird mit dem Begriff der
beruflichen Handlungskompetenz umschrieben. Diese umfaßt Fachkompetenz im Bereich der EDV-Anwendungen, Methodenkompetenz im Sinne
fachübergreifender Problemlösetechniken bei der Nutzung des Computers
als Arbeitsmittel sowie personale Kompetenz und Sozialkompetenz im
Entscheidungs- und Umstrukturierungsprozeß bei der EDV-Einführung
(Maurus et al. 1996).

Die Entwickler der Lernsoftware „Informations- und Kommunikationstechniken zur Betriebsführung im Handwerk" haben diese zwar primär auf die
Handwerkspraxis ausgerichtet, streben aber auch ihren Einsatz in Weiterbildungskursen und Meisterschulen an.

1.1.4 Das Evaluationskonzept für die Feldstudie

Sowohl im Arbeits- als auch im Unterrichtskontext sind eine Orientierung am
individuellen Bedarf, eine Diskrepanzanalyse sowie eine Implementationsanalyse Aufgaben mit wachsender Bedeutung, die um eine klassische Wirkungsanalyse ergänzt werden sollten (Reinmann-Rothmeier, Mandl &
Prenzel 1997). Dabei sind im Rahmen der beiden Kontexte zwar unterschiedliche Akzente zu setzen, die zugrundeliegenden Überlegungen aber
bleiben vergleichbar. Im folgenden eine kurze Erläuterung der genannten drei
„neuen" Merkmale:

■ Orientierung am individuellen Bedarf:

Ausgangspunkt einer Evaluation sollten Ziele und Bedarf im praktischen oder
pädagogischen Anwendungsfeld bilden. Im Rahmen der Evaluation ist
danach zu fragen, ob die Lernsoftware die Erwartungen des Nutzers erfüllt,
welche persönlichen Ziele der Nutzer mit der Lernsoftware erreichen kann,
inwieweit die Lernsoftware für das Umfeld des Nutzers geeignet ist, ob die
Kenntnisse und Fertigkeiten des Nutzers für den Einsatz der Lernsoftware
ausreichend sind und in welchem Maß die Lernsoftware dem Bedarf an Hilfe
und Unterstützung seitens des Nutzers gerecht wird.

■ **Diskrepanzanalyse:**

Ausgehend vom eruierten Bedarf ist in der Evaluation zu analysieren, auf welche Faktoren eine mangelnde oder fehlende Bedarfsdeckung zurückzuführen ist. In Frage kommen vor allem die Technik (z.B. technische Mängel oder Installationsprobleme), das Lernprogramm an sich (z.B. Defizite in Inhalt, Ergonomie oder Didaktik), die Nutzung (z.B. fehlende Unterstützung seitens der Lernsoftware oder mangelnde Voraussetzungen seitens des Nutzers) oder die Implementierung (z.B. mangelnde Eignung für das Umfeld oder zu großer Aufwand).

■ **Implementationsanalyse:**

Vor dem Hintergrund, daß erst der Einsatz einer Lernsoftware in einem konkreten Situationszusammenhang Aussagen über deren Wirkungen erlaubt, gehört zu jeder Evaluation eine Implementationsanalyse. Im Rahmen einer solchen Implementationsanalyse ist danach zu fragen, inwieweit sich die Lernsoftware in andere betriebliche oder pädagogische Lern- und Informationsressourcen integrieren läßt, ob die Lernsoftware ohne technische Spezialkenntnisse installiert und bedient werden kann, welche Formen der direkten Hilfe oder Online-Unterstützung für die Bearbeitung der Lernsoftware eventuell notwendig sind und wie flexibel sich die Lernsoftware in verschiedene Curricula einbetten oder im Sinne eines *learning on demand* im Arbeitsalltag anwenden läßt.

Damit ergibt sich für die Durchführung einer Evaluation folgendes Schema:

- Bedarfs- und Zielanalyse

- Akzeptanzanalyse

- Diskrepanzanalyse

- Analyse von Inhalt und didaktischer Gestaltung

- Wirkungsanalyse im Sinne von Lernerfolgs- und Transferanalyse

- Implementationsanalyse

Für die Evaluation des IKTH-Lernprogramms „Informations- und Kommunikationstechniken zur Betriebsführung im Handwerk" standen Meister-/Technikerschüler als Zielgruppe zur Verfügung, bei denen eine Wirkungsanalyse durchgeführt wurde. Dabei wurden zum einen klassische Kriterien wie Akzeptanz, Lernerfolg und Transfer analysiert, zum anderen wurden von den Nutzern Einschätzungen zu Inhalt und Qualität der Lernsoftware eingeholt. Schließlich wurde der Versuch unternommen, die oben beschriebenen neuen Akzente hinsichtlich Bedarf, Diskrepanz und Implementation in die Evaluation einzubauen.

Es muß an dieser Stelle erwähnt werden, daß aus zeitlichen, personellen und pragmatischen Gründen „im Feld" mit der vorliegenden Studie die erläuterten neuen Akzente nur ansatzweise realisiert werden konnten. Weitere Untersuchungen, bei denen bereits im Vorfeld die Orientierung am Bedarf sowie der Aspekt der Implementation stärker berücksichtigt werden, müssen zeigen, wie sich diese Kriterien langfristig bewähren.

Die durchgeführte Feldstudie gliedert sich in zwei Untersuchungen mit Meister-/Technikerschülern, in denen der Einsatz der IKTH-Lernsoftware „Informations- und Kommunikationstechniken zur Betriebsführung im Handwerk" im Rahmen des herkömmlichen Unterrichts durchgeführt wurde. Dabei konnte aus organisatorischen Gründen jeweils nur ein Modul von der Zielgruppe bearbeitet werden, so daß sich die Ergebnisse beider Untersuchungen streng genommen nur auf das jeweils bearbeitete Modul beziehen.

2 Qualitätsanalyse

2.1 Untersuchung 1

2.1.1 Zielgruppe und Methodik

In der ersten Untersuchung wurde mit insgesamt sechs Meisterschülern ein Interview durchgeführt. Mit dieser interviewbasierten Wirkungsanalyse wurden zwei Ziele verfolgt: Zum einen sollte eruiert werden, wie die Meisterschüler mit der Lernsoftware umgehen und wie sie deren Qualität einschätzen. Zum anderen sollte analysiert werden, inwieweit sich aus der Sicht der Meisterschüler die Lernsoftware als Informationsmedium und Arbeitsmittel in der Handwerkspraxis eignet.

Die Untersuchung konzentrierte sich exemplarisch auf das Modul „Organisationsentwicklung". Die Untersuchungsteilnehmer waren alle männlich und im Alter von 22 bis 26 Jahren; einer der Teilnehmer war 40 Jahre alt. Alle Befragten hatten Hauptschulabschluß oder Mittlere Reife. Durchgeführt wurde eine mündliche Befragung anhand eines teilstrukturierten Interviewleitfadens, der entsprechend dem oben skizzierten Evaluationskonzept aufgebaut wurde. Gefragt wurde nach Vorerfahrungen mit Computern, nach Erwartungen der Meisterschüler an die Lernsoftware sowie nach konkreten Zielen. Des weiteren wurden Fragen gestellt zu sogenannten K.-o.-Kriterien (Fehler, Funktionsausfälle, Verständnisprobleme), zur Akzeptanz sowie zur

Diskrepanz zwischen den anfänglichen Erwartungen und den anschließend gemachten Erfahrungen. Ein weiterer Teil des Interviews bezog sich auf die subjektive Einschätzung von Inhalt und didaktischer Gestaltung der Lernsoftware sowie auf die Beurteilung des praktischen Nutzens und der Implementationsmöglichkeiten der Lernsoftware als Informationsmedium und Arbeitsmittel in der Praxis.

Vor der Bearbeitung des ausgewählten Software-Moduls erhielten die sechs Meisterschüler eine kurze Einführung in das Programm, seine Ziele und Inhalte. Nach der Bearbeitung des Moduls „Organisationsentwicklung" wurden die Untersuchungsteilnehmer anhand des erörterten Interviewleitfadens einzeln befragt.

2.1.2 Ergebnisse

Die Aussagen der befragten sechs Meisterschüler wurden transkribiert, inhaltsanalytisch ausgewertet und nach den Dimensionen des Interviewleitfadens kategorisiert. Im folgenden werden die Resultate der mündlichen Befragung zusammenfassend dargestellt (für eine detaillierte Ergebnisdarstellung siehe Schnackenberg 1998).

■ **Bedarfs- und Zielanalyse:**

Fast alle Untersuchungsteilnehmer verbanden nur vage Erwartungen mit der Bearbeitung der Lernsoftware, so z.B. die Erwartung, die eigene Computererfahrung zu vergrößern. Konkrete Ziele konnte keiner der Befragten angeben.

■ **Akzeptanzanalyse:**

Insgesamt stieß die Lernsoftware bei den Meisterschülern auf große Akzeptanz. Den meisten Untersuchungsteilnehmern hat die Bearbeitung des Moduls „Organisationsentwicklung" Spaß gemacht. Als besonders gelungen wurden die integrierten Grafiken, Beispiele und Rückmeldungen empfunden. Die Mehrheit der Befragten würde die Lernsoftware daher auch weiterempfehlen.

Eine *Diskrepanzanalyse* war im vorliegenden Fall aufgrund des Fehlens eines „echten Bedarfs" sowie der vagen Ziele und Erwartungen seitens der Nutzer nicht möglich.

■ **Analyse von Inhalt und didaktischer Gestaltung:**

Die Befragung ergab, daß die Lernsoftware die sog. „K.-o.-Kriterien" wie Funktionsfähigkeit, Fehlerfreiheit und Verständlichkeit weitgehend erfüllt. Zu-

mindest im Modul „Organisationsentwicklung" fielen den Untersuchungsteilnehmern kaum Funktionsfehler und keine inhaltlichen Fehler auf, lediglich
ein Rechtschreibfehler wurde bemerkt. Die wenigen Verständnisprobleme,
die auftraten, waren auf einzelne unklare Erklärungen im Programm und auf
einen zu hohen Schwierigkeitsgrad einiger weniger Inhalte zurückzuführen.

Es zeigte sich, daß die befragten Meisterschüler die Lernsoftware mit ihren
Vorkenntnissen und Fertigkeiten gut bedienen und bearbeiten konnten; technische Spezialkenntnisse waren nicht erforderlich. Die meisten Untersuchungsteilnehmer sahen im Modul „Organisationsentwicklung" ihren Bedarf
an Hilfe und Unterstützung gedeckt. Ein begleitendes Printmaterial erachteten die Befragten als nicht erforderlich. Zur Frage nach besonders gelungenen Informationen, Erklärungen, Übungen, Aufgaben und Beispielen konnten
nur wenige Meisterschüler konkrete Angaben machen. Allerdings waren alle
Untersuchungsteilnehmer der Meinung, daß die in der Lernsoftware enthaltenen Aufgaben, Übungen und Beispiele realitätsnah gestaltet sind. Die Gliederung innerhalb der Lernsoftware schätzten die Befragten als so beschaffen
ein, daß sie einen guten Überblick ermöglicht.

■ **Wirkungsanalyse (hier Transferanalyse):**

Fast alle Meisterschüler waren der Ansicht, daß die Informationen aus dem
Modul „Organisationsentwicklung" für sie und ihre Arbeit relevant sein könnten. Allerdings bezweifelte die Mehrheit der Befragten die Praxistauglichkeit
der Lernsoftware als Arbeitsmittel für das Handwerk. Aus der Bearbeitung des
Moduls „Organisationsentwicklung" zogen die meisten Untersuchungsteilnehmer den Schluß, von der Lernsoftware nur wenig praktischen Nutzen haben
zu können.

■ **Implementationsanalyse:**

Die Befragten zeigten sich einerseits mit der Lernsoftware als Lern- und
Informationsmedium relativ zufrieden, sprachen ihr andererseits aber die
angestrebte Funktion als flexibles Instrument zum *learning on demand* einhellig ab. Für ein praktisch nutzbares Arbeitsmittel war den befragten Meisterschülern die Lernsoftware vor allem zu theoretisch, zu wenig anwenderfreundlich und von ihrem Aufwand her zu unflexibel.

2.1.3 Diskussion und Folgen für die zweite Untersuchung

Vor dem Hintergrund der Tatsache, daß sich die befragten Meisterschüler
weitgehend ohne Ziel und eigenen Bedarf mit der Lernsoftware beschäftigt
hatten, war eine echte Diskrepanzanalyse kaum möglich. Und doch ist dieses

Ergebnis damit kaum weniger wichtig: Denn die fehlende Zielsetzung im vorliegenden Fall ist als ein Hinweis darauf zu werten, daß Lernende im
Unterrichtskontext zu oft die Rolle der Rezipienten einnehmen. Fragen nach
dem *Wozu* – hier im Zusammenhang mit dem Einsatz von Lernsoftware –
werden von den Lernenden in der Regel nicht gestellt. Bedürfnisse und
Interessen der Lernenden sind beim Einsatz von Lernsoftware in vielen Fällen
ebensowenig ein Thema wie mögliche Bildungsprobleme in der Unterrichtspraxis, für die computerunterstützte Lösungen gesucht werden könnten. Um
so wichtiger ist der gezielte und überlegte Einsatz Neuer Medien seitens der
Lehrenden, denen die Aufgabe zukommt, Medienprodukte jeglicher Art sinnvoll in den curricularen und methodischen Kontext des Unterrichtsalltags einzubauen. Die Erfahrungen, die in der ersten Untersuchung zum Bedarfs-
aspekt gemacht wurden, führten dazu, daß in der zweiten Untersuchung Fragen nach Erwartungen und deren Erfüllung infolge der Softwarebearbeitung
etwas zurückgenommen wurden.

Die erste Untersuchung machte zudem deutlich, daß es den Meisterschülern
eher schwer fällt, den praktischen Nutzen und Transfer der Inhalte aus der
Lernsoftware einzuschätzen sowie Fragen zur Implementation und
Integration des Lernprogramms in den Arbeitsalltag zu beantworten. Hier ist
eine Untersuchung mit Handwerkern aus der Praxis in jedem Fall geeigneter
und empfehlenswert. Ungeachtet dessen bleibt die Implementation ein
besonders wichtiger Analyseaspekt, der im pädagogischen Kontext allerdings, wie bereits erwähnt, nur mit Hilfe des Lehrenden angegangen werden
kann. In der zweiten Untersuchung wurde versucht, zum einen die Frage
nach der Implementation stärker auf den pädagogischen Kontext zu beziehen
und zum anderen einen Lehrenden in die Analyse miteinzubeziehen.

2.2 Untersuchung 2

2.2.1 Zielgruppe und Methodik

In der zweiten Untersuchung konnten 36 Schüler einer Meister-/Techniker-
schule einschließlich eines Lehrenden in die Wirkungsanalyse einbezogen
werden. Unter den Untersuchungsteilnehmern waren 8 Meisterschüler und 29
Technikerschüler. 33 der befragten Schüler waren männlich und 4 weiblich;
die Altersspanne lag zwischen 21 und 37 Jahren. Die meisten Befragten hatten Hauptschulabschluß oder Mittlere Reife, vier der Befragten Abitur. Angesichts der größeren Zielgruppe wurde in dieser Untersuchung ein Fragebogen eingesetzt mit insgesamt 41 geschlossenen Fragen zu Akzeptanz und
Interesse, zur inhaltlichen sowie zur technischen und didaktischen Gestaltung
der Lernsoftware, zu Lernerfolg, Praxisbezug und Transfer der Inhalte sowie

zur Implementation im Unterricht. Zur Sammlung ergänzender Meinungen und Informationen wurden mit einem Großteil der befragten Schüler zusätzlich kurze Diskussionsrunden (aufgeteilt in drei Gruppen) durchgeführt. Der Lehrende, unter dem der Einsatz der IKTH-Lernsoftware in mehreren Klassen stattfand, stand im Rahmen der Untersuchung für ein Interview zur Verfügung, in dem es um die Einschätzung von Inhalt und Qualität des Programms, um die Beurteilung des praktischen Nutzens der Lernsoftware und insbesondere um Möglichkeiten der Einbindung der Software in den Unterricht ging.

Die zweite Untersuchung konzentrierte sich – nach Absprache mit dem Lehrenden – exemplarisch auf das Modul „Verrechnungssätze ermitteln". Die Aufgabe im Fragebogen bestand darin, Aussagen zu den oben genannten Dimensionen anhand einer vierstufigen Skala (von „trifft nicht zu" bis „trifft völlig zu") einzuschätzen. Die mündliche Befragung des Lehrenden erfolgte anhand eines relativ offenen Interviewleitfadens.

Vor der Bearbeitung des ausgewählten Software-Moduls hatten die Untersuchungsteilnehmer anstelle einer Einführung 10 Minuten Gelegenheit, sich durch eigenständiges Erkunden mit der Lernsoftware vertraut zu machen. Nach der auf 50 Minuten begrenzten Bearbeitung des Moduls „Verrechnungssätze ermitteln" erhielten die Schüler den Fragebogen und wurden anschließend gebeten, sich noch an einer kurzen Diskussionsrunde zu beteiligen. Im folgenden werden die Ergebnisse der Fragebogenuntersuchung zusammenfassend dargestellt und mit den wichtigsten Informationen aus den Diskussionsrunden ergänzt; anschließend erfolgt eine knappe Zusammenfassung der wesentlichsten Aussagen des Interviews mit dem Lehrenden (für eine detaillierte Darstellung aller Ergebnisse siehe Hartmann & Schißler 1998).

2.2.2 Ergebnisse

2.2.2.1 Ergebnisse der Fragebogenuntersuchung

■ Bedarfs- und Zielanalyse:

Infolge der Umstände, unter denen die Lernsoftware im vorliegenden Fall implementiert wurde und in Verbindung mit den Erfahrungen aus der ersten Untersuchung mußte auf eine gesonderte Bedarfs- und Zielanalyse verzichtet werden.

■ Akzeptanzanalyse:

Mehr als 63% der Befragten geben an, daß ihnen das Lernen mit der Lernsoftware Spaß gemacht hat, mehr als die Hälfte der Untersuchungsteilnehmer (55,2%) würde das Lernprogramm (mit Einschränkungen) auch weiterempfehlen. Neugierig auf das gesamte Programm ist nach der Bearbeitung
des ausgewählten Moduls nur gut die Hälfte der Schüler (52,6%), bei der
anderen Hälfte konnte das bearbeitete Modul kein besonderes Interesse
wecken. Entsprechend machen auch fast 50% der Befragten keinen
Gebrauch von den angebotenen Vertiefungsinformationen.

■ Diskrepanzanalyse:

Aus denselben Gründen wie in Untersuchung 1 konnte auch hier keine Diskrepanzanalyse durchgeführt werden.

■ Analyse von Inhalt und didaktischer Gestaltung:

Mehr als der Hälfte der Untersuchungsteilnehmer (55,2%) war der Inhalt des
bearbeiteten Moduls bereits bekannt. 79% der Befragten schätzen die
Schwierigkeitsgrade der Inhalte entsprechend als eher gering ein, 44,7%
empfinden die Programminhalte sogar als zu leicht, 39,5% allerdings auch als
zu oberflächlich. Die Mehrheit der Schüler (81,6%) hält die Inhalte für klar und
verständlich. Von den Inhalten zum Mitdenken angeregt fühlen sich ca. 58%
der Befragten.

Fast 90% der Befragten sind der Ansicht, daß man die untersuchte
Lernsoftware ohne technische Spezialkenntnisse in vertretbarer Zeit bearbeiten kann. Die meisten Schüler schätzen sowohl ihre Computervorkenntnisse
(84,2%) als auch ihre inhaltlichen Vorkenntnisse (76,3%) als ausreichend für
die Bearbeitung des ausgewählten Moduls der Lernsoftware ein. Die Mehrheit
der Untersuchungsteilnehmer (82,6%) beurteilt die Bedienung des Programms als einfach und verständlich. Ähnliches gilt für die Orientierung im
Programm: Fast 87% der Befragten schätzen die Orientierung innerhalb der
Lernsoftware als relativ einfach und übersichtlich ein. Knapp über 50% der
Untersuchungsteilnehmer hält ein begleitendes Printmaterial für nicht erforderlich, etwas unter 50% der Teilnehmer fänden ein begleitendes
Printmaterial dagegen hilfreich.

Fast alle Befragten (86,8%) schätzen die verschiedenen Formen von
Abbildungen, die das Programm enthält, als verständnisfördernd ein, fast
ebenso viele sehen in den präsentierten Beispielen (84,2%) und etwas weniger auch in den Videos (65,8%) hilfreiche Möglichkeiten zur Veranschaulichung der Inhalte. Als verständnisfördernd werden die Beispiele von 73,6%

der Befragten eingeschätzt. Mit den Übungsaufgaben sind die Schüler im Durchschnitt zufrieden: Ca. 55 % sind weitgehend der Ansicht, mit den Übungen das Gelernte ausreichend überprüfen zu können. Die meisten Untersuchungsteilnehmer (81,5%) empfinden den Schwierigkeitsgrad der Übungen als gering. Auch was die Möglichkeiten zur aktiven Auseinandersetzung mit den Inhalten betrifft, überwiegt – wenn auch nicht ausgeprägt – eine positive Einschätzung (57,9%). Mehr als 65% der Befragten sind mit der Unterstützung durch die Lernsoftware zufrieden, die Mehrheit (81,5%) bescheinigt den Rückmeldungen einen motivierenden Charakter und ebenso viele halten die angebotenen Hilfsmittel für sinnvoll (81,5%). Die eigenständige Bestimmung des Lerntempos wird von allen Befragten einhellig begrüßt (100%).

■ **Wirkungsanalyse:**

Lernerfolgsanalyse: Bei der subjektiven Einschätzung des Lernerfolgs ist das Gesamtbild eher zweigeteilt. Mindestens die Hälfte der Befragten meint, durch die Lernsoftware weder das Wissen erweitert (50%) und einen besonderen Lernerfolg erzielt (63,2%) noch etwa Neues gelernt (50%) zu haben. Allerdings ist ein Großteil der Untersuchungsteilnehmer (76,3%) der Ansicht, durchaus einen Eindruck davon bekommen zu haben, wie man Verrechnungssätze mit dem Computer ermittelt. Die Vermittlung spezifischer Inhalte (z.B. computergestützte Berechnung von Kalkulationssätzen u.a.) wird dagegen skeptischer bewertet (Zustimmung nur zwischen 57% und 63%).

Transferanalyse: Über 55% der Befragten halten das Lernprogramm für praxisbezogen und alltagsnah. Dem steht allerdings die Ansicht von fast 53% der Befragten gegenüber, daß die erworbenen Inhalte für den spezifischen Einsatz im Bereich Verrechnungssätze nicht hilfreich seien. Während die eine Hälfte der Schüler (50%) der Meinung ist, daß die Videos nützliche Erfahrungsberichte für die Praxis zeigen, teilt die andere Hälfte der Schüler (50%) diese Meinung nicht. Zweigeteilt ist auch die Ansicht darüber, inwieweit das bearbeitete Modul der Lernsoftware Anregungen für die zukünftige Arbeit gibt: Rund 55% der Befragten meinen, daß dies der Fall sei, der Rest ist davon nicht überzeugt.

■ **Implementationsanalyse:**

Die überwiegende Mehrzahl der befragten Schüler (91,1%) würde es begrüßen, wenn generell mehr Lernprogramme im Unterricht eingesetzt würden. Die untersuchte Lernsoftware würde allerdings nicht einmal die Hälfte der Schüler (47,3%) aus eigenem Antrieb nutzen, wenn sie im Computerraum dauerhaft installiert wäre. Eine Aufnahme der Lernsoftware in den Lehrplan würden dagegen fast 70% der Befragten begrüßen. Daß man die zu vermittelnden Inhalte in einem Lernprogramm schneller und einfacher lernt als im herkömmlichen Unterricht, meinen allerdings nur 40% der Schüler.

Ergänzende Informationen aus den Diskussionsrunden:

Ein großer Kritikpunkt seitens der Schüler in den Diskussionsrunden war das Fehlen spezifischer Beispiele für den Malerberuf. Vor dem Hintergrund der Tatsache, daß es sich bei der von den Untersuchungsteilnehmern besuchten Schule um eine Maler- und Lackiererschule handelt, ist es nachvollziehbar, daß sich die Schüler in der bearbeiteten Lernsoftware nicht ausreichend repräsentiert sahen. Der zweite Kritikschwerpunkt bezog sich darauf, daß ein Lernprogramm und kein „richtiges" Programm im Unterricht eingesetzt worden sei. Zugrunde liegt das Bedürfnis, anstelle von Lernsoftware Anwendersoftware zu Lernzwecken zur Verfügung zu haben. Die Bearbeitung praxisnaher Anwenderprogramme sollte nach Ansicht der Schüler mehr als bisher im Unterricht eingeübt werden. Ein solches Vorgehen würden die Schüler als realitätsnäher und anwendungsorientierter empfinden als die Bearbeitung eines Lernprogramms ohne Möglichkeit zum Ausprobieren „echter" Anwendungen. Darüber hinaus kristallisierte sich die Meinung heraus, daß sich das Lernprogramm kaum für Personen eignet, die bereits Computerkenntnisse haben. Für diese Zielgruppe – so die Schüleransicht – seien die Aufgaben in der Software zu einfach und die Aufmachung des Programms zu „spielerisch". An der Gestaltung des Programms wurden im Rahmen der Diskussionsrunden vor allem die abrupten Unterbrechungen im gesprochenen Text kritisiert, die offensichtlich von vielen als sehr irritierend erlebt wurden.

2.2.2.2 Ergebnisse des Interviews

Im Verlauf des relativ offen gestalteten Interviews informierte der befragte Lehrende über Art und Umfang der Computernutzung an der Schule und schilderte seinen Eindruck über die Einstellung, die die Schüler dazu haben. Er äußerte sich kurz darüber, wie er als Lehrender die technische, inhaltliche und didaktische Gestaltung der IKTH-Lernsoftware sowie den Praxisbezug und die Transfermöglichkeiten der Inhalte einschätzt. Schließlich konnte der Lehrende wichtige Aussagen zu Fragen der Implementation sowohl im Arbeits- als auch im pädagogischen Kontext machen. Im folgenden werden die transkribierten und inhaltsanalytisch ausgewerteten Interviewergebnisse zusammenfassend dargestellt.

Allgemeine Angaben des Lehrenden zur *Computernutzung an der Schule:* Nach Angaben des Lehrenden werden alle Schüler lehrplanmäßig mit dem Computer als Arbeitsgerät vertraut gemacht. Auch außerhalb der Unterrichtszeit besteht die Möglichkeit zur Computernutzung, die derzeit noch ausgebaut wird. Im Kollegium herrscht eine relativ große Offenheit gegenüber Computern und praxisbezogener Software. Reine Lernprogramme werden derzeit im Unterricht kaum eingesetzt, wohl aber Branchenprogramme, d.h. Anwendersoftware wie z.B. kaufmännische Programme, die auf spezifische Berufsgruppen zugeschnitten sind. Vor diesem Hintergrund ist es für viele Schüler schwer, die Bedeutung und Zielsetzung von Lernprogrammen richtig nachzuvollziehen. Die Schüler sind es eher gewohnt, mit Anwenderprogrammen umzugehen und erwarten daher auch beim Einsatz von Programmen wie der IKTH-Lernsoftware, daß man diese für konkrete Aufgaben unmittelbar anwenden kann.

Angaben des Lehrenden zu *Inhalt und didaktischer Gestaltung der Lernsoftware:* Nach Ansicht des Lehrenden läßt sich das IKTH-Lernprogramm gut handhaben. Die Orientierung im Programm ist gewährleistet, die Inhalte sind ansprechend gestaltet und mit Visualisierungen und Animationen angemessen angereichert. Die Lernsoftware bietet inhaltlich ein weites Spektrum und ist didaktisch gut aufgebaut. Allerdings wäre für etliche Schüler eine stärkere Anleitung hilfreich, und viele Lernende werden durch die abrupten Abbrüche in der Audiounterstützung unnötig irritiert.

Angaben des Lehrenden zur *Wirkung, speziell zum Transfer:* Trotz der für gut befundenen authentischen Beispiele beurteilt der Lehrende die Transfermöglichkeiten der Programminhalte eher skeptisch. Für den Transfer bräuchten die Schüler mehr Anregung und Anleitung, als es das Programm leistet; hierfür ist der Lehrende unerläßlich. Der Praxisbezug ist insofern defizitär, als dem Lernprogramm Möglichkeiten fehlen, reale Branchenprogramme auszuprobieren. Immer, wenn es eigentlich interessant wird – so der Lehrende – müssen die Schüler abbrechen, weil keine „echten Anwendungen" zur Verfügung stehen. Die Schüler fragen sich dann zu Recht: „Lernprogramme schön und gut, aber wie sieht die Wirklichkeit aus?"

Angaben des Lehrenden zur *Implementation im Arbeitskontext:* Die Nutzung der IKTH-Lernsoftware in der Handwerkspraxis erachtet der Lehrende als sehr problematisch. Die Argumentation des Lehrenden lautet: Wer als Handwerker schon einen Computer hat, der kauft sich keine Lernsoftware, sondern Branchenprogramme. Wer noch keinen Computer hat, dem reicht eine Lernsoftware nicht, sondern der braucht eine „führende Hand".

Angaben des Lehrenden zur *Implementation im pädagogischen Kontext:* Den Einsatz von computerunterstützten Selbstlernprogrammen hält der Lehrende für durchaus sinnvoll, sofern deren Inhalte auch Thema des Lehrplans sind. Wichtig ist jedoch eine Begleitung durch schriftliches Material und Unterrichtsgespräche, um Mängel im Programm ausgleichen zu können. Des weiteren sollte der Einsatz von Lernprogrammen fächerübergreifend koordiniert werden. Was speziell die IKTH-Lernsoftware betrifft, so bietet vor allem der betriebswirtschaftliche Teil für den Unterricht an Meister-/Technikerschulen die Möglichkeit einer praxisorientierten Wissensvermittlung. Dabei läßt sich die Lernsoftware nach Ansicht des Lehrenden als „Informationsschub" nutzen etwa für einen anschließenden konkreten Arbeitsauftrag, dessen Bearbeitung dann zu neuen Fragen führen kann, mit denen man erneut in das Programm geht.

2.2.3 Vergleichende Zusammenfassung und Diskussion

Vergleicht man – mit Einschränkungen aufgrund der unterschiedlichen Evaluationsmethoden, Zielgruppengrößen und bearbeiteten Module – die Ergebnisse aus den Untersuchungen 1 und 2, so zeigt sich, daß sich die Teilnehmer aus der zweiten Untersuchung über fast alle Dimensionen hinweg kritischer zur IKTH-Lernsoftware äußerten als die Teilnehmer aus der ersten Untersuchung. Insgesamt betrachtet kristallisiert sich allerdings die Tendenz heraus, daß die technische, inhaltliche und didaktische Gestaltung der Lernsoftware relativ positiv bewertet wird: Die Mehrzahl aller Befragten zeigte sich zufrieden sowohl mit der multimedialen „Aufmachung" als auch mit der software-ergonomischen Qualität. Zurückhaltender dagegen waren die Beurteilungen, was den Praxisbezug und die Transfermöglichkeiten der Inhalte betrifft, was die These von Kerres (1998) stützt, daß der Erfolg einer Lernsoftware weniger von medienimmanenten Kriterien abhängt, als vielfach vermutet wird (s.o.). Ausführliche Interpretationen der insgesamt doch sehr heterogen ausgefallenen Resultate zu dieser Dimension sind allerdings nicht angebracht, zum einen weil nur jeweils ein Modul des Lernprogramms bearbeitet wurde, zum anderen weil die Untersuchungsteilnehmer aus unterschiedlichen Branchen mit verschiedenen inhaltlichen Vorkenntnissen stammen.

Die Ergebnisse aus den Diskussionsrunden und dem Interview mit dem Lehrenden runden das Bild auf interessante Weise ab: Es stellte sich dabei heraus, daß es der Lernsoftware aus der Sicht der Nutzer trotz „gutgemeinter" Beispiele aus der Praxis letztlich an Authentizität fehlt. Es besteht in den untersuchten Zielgruppen offenbar weniger ein Bedarf an „Schreibtischübungen" als vielmehr ein großes Interesse an explorativen Aktivitäten mit „echten" Anwenderprogrammen. Vor allem die Teilnehmer aus der zweiten Untersuchung schätzten ihren Lernerfolg nach der Softwarebearbeitung und den persönlichen Nutzen des Gelernten aus diesem Grund eher negativ ein. Die Interviewergebnisse stützen das Postulat nach mehr Ziel- und Bedarfsorientierung bei der Entwicklung, dem Einsatz und der Evaluation von Lernsoftware: Denn solange den Nutzern Ziel und Zweck eines Lernprogramms nicht ausreichend klar werden, wird sich die konkrete Anwendung nicht optimieren lassen. Aus der Sicht des befragten Lehrenden hatten die Nutzer durchaus genaue Erwartungen an die untersuchte Software: Sie wollten diese als Werkzeug für eine konkrete (authentische) Aufgabe unmittelbar nutzen – ein Ziel, das sich mit einem Lernprogramm in der erhofften Form nicht realisieren läßt.

3 Gesamtbewertung/Fazit

Die Evaluationsergebnisse bescheinigen der IKTH-Lernsoftware eine hohe Qualität hinsichtlich der technischen, didaktischen und inhaltlichen Gestaltung, verweisen aber auch auf ernstzunehmende Probleme hinsichtlich des praktischen Nutzens und Transfers der präsentierten Inhalte sowie auf offene Fragen zu den Zielgruppen des Programms und deren Bedarf.

Wer die Neuen Medien sinnvoll nutzen will, braucht als Lernender konkrete Fragen und Ziele (Schank & Cleary 1995) und als Lehrender ein pädagogisch-didaktisches Konzept. Beide Untersuchungen haben mit ihren Ergebnissen die Erfahrung gestützt, daß der Einsatz von Lernsoftware und anderen Neuen Medien nach wie vor zu konzeptlos und eher zufällig als zielgerichtet erfolgt. Das Leitkonzept der Problemorientierung zur Gestaltung von Lernumgebungen stellt in diesem Zusammenhang ein theoretisch fundiertes und dennoch praktikables Gerüst zur Verfügung: Es hilft dem Lehrenden dabei, die Neuen Medien mit ihren spezifischen Lehr-Lernpotentialen gezielt als Tool zur Förderung eines aktiv-konstruktiven, selbständigen, kooperativen und situativen Lernens einzusetzen (Reinmann-Rothmeier & Mandl 1997).

Das vernachlässigte Thema der Implementation:

Daß die inhaltlich und didaktisch gute Qualität einer Lernsoftware eine notwendige, aber keine hinreichende Bedingung für deren tatsächlichen Erfolg in der Praxis ist, haben sowohl die Interviewergebnisse aus der ersten Untersuchung als auch die Resultate der schriftlichen Befragung aus der zweiten Untersuchung gezeigt: Die befragten Schüler beurteilten die technische, inhaltliche und didaktische Gestaltung des Lernprogramms überwiegend als positiv, stellten derselben Software allerdings schlechte Karten im Hinblick auf deren praktischen Nutzen als Arbeitsmittel in der Handwerkspraxis aus. Die zweite Untersuchung offenbarte zudem erhebliche Probleme bei der Anwendung der Lernsoftware im Unterrichtskontext.

Unabhängig davon, welches Anwendungsfeld angestrebt wird, verweisen diese Befunde und Erfahrungen auf die wesentliche Bedeutung einer intelligenten Implementation neuer Informations- und Kommunikationstechnologien in reale Anwendungssituationen. Die Einführung und Etablierung Neuer Medien (angefangen von Offline-Lösungen wie multimedialer Lernsoftware bis zu Online-Lösungen wie internetbasiertem Lernen mit tele-tutorieller Unterstützung) erfordert mehr als die Bereitstellung der technischen Voraussetzungen und Ressourcen. Das bloße Hinzufügen Neuer Medien zum Status quo verhindert die Nutzung der Lehr-Lernpotentiale, die die Neuen Medien bieten. Erst über einen systemischen Wandel, der mit dem Einsatz neuer Technologien auch Veränderungen in Curricula und Beurteilungsverfahren in Gang setzt, sind nachhaltige positive Wirkungen zu erwarten (Reinmannn-Rothmeier & Mandl 1998).

Im Falle des Einsatzes der untersuchten IHKT-Lernsoftware bedeutet das, daß Lehrende (am besten gemeinsam mit den Lernenden) gezielt nach Einsatzmöglichkeiten des Lernprogramms innerhalb des Curriculums suchen, ausgehend von dem Lernprogramm mögliche curriculare Ergänzungen erarbeiten und schließlich Strategien entwickeln, wie man das Lernprogramm als Tool zur Bearbeitung praxisnaher Aufgabenstellungen nutzen kann.

Ein Plädoyer für mehr Authentizität:

Computerunterstützte Lernsoftware zur Vermittlung von Wissen über die Potentiale von Anwendersoftware – macht das Sinn? Die Frage mag provokativ klingen, doch sie ist gerechtfertigt, wenn eine Evaluation offenbart, daß die Zielgruppe eigentlich lieber mit „echter" Software arbeiten würde als sich mit Meta-Informationen über die „Wirklichkeit" auseinanderzusetzen. Unter einer konstruktivistischen Perspektive, die dem bereits erwähnten Leitkonzept der Problemorientierung zugrundeliegt (s.o.), sollten Lernumgebungen möglichst authentisch gestaltet werden. Hinter diesem Prinzip der Authentizität steckt die Überlegung, daß ein Transfer von Wissen auf neue und komplexe Probleme auch ein Lernen in komplexen Situationen erfordert (Honebein, Duffy & Fishman 1993). Beispieldarstellungen aus realen Situationen sind ein vielbeschrittener Weg, das Prinzip der Authentizität zu realisieren – so auch in der untersuchten IKTH-Lernsoftware. Die Nutzer aber fordern statt dessen den uneingeschränkten Zugang zu genau den Anwenderprogrammen, um die es in der Lernsoftware geht, denn sie wollen nicht *über* die Anwendersoftware, sondern *mit* dieser lernen – eigentlich nichts anderes als eine Forderung nach mehr Authentizität.

Da eine erhöhte Authentizität gleichzeitig eine größere Komplexität bedeutet, ist die Vermutung naheliegend, daß damit auch der Bedarf an instruktionaler Anleitung und Unterstützung steigen wird. Für den pädagogischen Kontext bedeutet dies, daß verstärkt die Kompetenz des Lehrenden gefragt ist, um Instruktion und konstruktive Auseinandersetzung mit Komplexität in eine Balance zu bringen und damit das Leitkonzept der Problemorientierung umzusetzen (Reinmann-Rothmeier & Mandl 1997). Für den Arbeitskontext würde sich das Auffangen der Probleme infolge erhöhter Authentizität und Komplexität jedoch weitaus schwieriger gestalten, ohne jedoch unmöglich zu sein. Geeignete Lösungswege wären etwa Tele-Tutoring, bei dem Experten bei Bedarf Informationen und Hilfestellungen bereitstellen, Erfahrungsgruppen im Internet ebenso wie face-to-face-Gruppen im Sinne kleiner „Problemlöseteams", in denen sich Nutzer gegenseitig austauschen und beraten können, oder Anlaufstellen in Form von Hotlines für spezielle Nutzergruppen (Geyken, Mandl & Reiter, 1998).

Literatur

Geyken, A., Mandl, H. & Reiter, W. (1998). Selbstgesteuertes Lernen mit Tele-Tutoring. In R. Schwarzer (Hrsg.), Multimedia und Tele-Learning (S. 181–186). Frankfurt: Campus.

Hartmann, C. & Schißler, A. (1998). Evaluation des IHKT-Programms in einer Meister-/ Technikerschule. München: Unveröffentlichte Hauptseminararbeit an der Ludwig-Maximilians-Universität München.

Hativa, N. & Lesgold, A. (1996). Situational effects in classroom technology implementations: Unfullfilled expectations and unexpected outcomes. In S.T. Kerr (Ed.), Technology and the future of schooling (pp. 131–171). Chicago, Illinois: University of Chicago Press.

Honebein, P.C., Duffy, T.M. & Fishman, B.J. (1993). Constructivism and the design of learning environments: Context and authentic activities for learning. In T.M. Duffy, J. Lowyck & D.H. Jonassen (Eds.), Designing environments for constructive learning (pp. 87–108). NATO ASI Series. Berlin: Springer.

Kerr, S.T. (1996). Visions of sugarplums: The future of technology, education and the schools. In S.T. Kerr (Ed.), Technology and the future of schooling (pp. 1–27). Chicago, Illinois: University of Chicago Press.

Kerres, M. (1998). Multimediale und telemediale Lernumgebungen. Konzeption und Entwicklung. München: Oldenburg.

Maurus, A., Hemmer-Schanze, C., Brater, M. & Ballin, D. (1996). Informations- und Kommunikationstechniken im Handwerk. Endbericht der wissenschaftlichen Begleitung. BIBB-Modellversuch Nr. D 067200 B. Arbeitsgemeinschaft IKTH der Volkshochschule München und der Handwerkskammer von München und Oberbayern.

Reinmann-Rothmeier, G. & Mandl, H. (1997). Lehren im Erwachsenenalter. Auffassungen vom Lehren und Lernen, Prinzipien und Methoden. In F.E. Weinert &

H. Mandl (Hrsg.), Enzyklopädie der Psychologie, D/I/4 Psychologie der Erwachsenenbildung (S. 355–403). Göttingen: Hogrefe.

Reinmann-Rothmeier, G. & Mandl, H. (1998). Wenn kreative Ansätze versanden: Implementation als verkannte Aufgabe (Forschungsbericht Nr. 87). München: Ludwig-Maximilians-Universität, Lehrstuhl für Empirische Pädagogik und Pädagogische Psychologie.

Reinmann-Rothmeier, G., Mandl, H. & Prenzel, M. (1997). Modul 4: Qualitätssicherung bei multimedialen Lernumgebungen. In H.F. Friedrich, G. Eigler, H. Mandl, W. Schnotz, F. Schott & N.M. Seel (Hrsg.), Multimediale Lernumgebungen in der betrieblichen Weiterbildung; Gestaltung, Lernstrategien und Qualitätssicherung (S. 267–332). Neuwied: Luchterhand.

Schank, R.C. & Cleary, C. (1995). Engines for education. Hillsdale, NJ: Erlbaum.

Schnackenberg, K. (1998). Evaluation des Computerlernprogramms „Informations- und Kommunikationstechniken im Handwerk" der IKTH. München: Unveröffentlichte Hausarbeit im Rahmen der Magisterprüfung an der Ludwig-Maximilians-Universität München.

**Gerhard Zimmer
und
Elena Psaralidis**

„Der Lernerfolg bestimmt die Qualität einer Lernsoftware!"

Evaluation von Lernerfolg als logische Rekonstruktion von Handlungen

Vorbemerkung

Bislang wird bei der Evaluation von Lernsoftware davon ausgegangen, daß die Qualität einer Lernsoftware den Lernerfolg bewirke – und nicht umgekehrt. Auf der Grundlage dieses Paradigmas der Wirkungsforschung, das dem heute in allen wichtigen gesellschaftlichen Bereichen vorherrschenden Denken in „Maschinenmodellen" entspricht, sind in vielen Jahrzehnten durchaus unterschiedlich komplexe Evaluationsmodelle ausgearbeitet worden. Mittlerweile gibt es – wieder einmal – eine wachsende Unzufriedenheit über die zunehmend häufiger konstatierte Wirkungslosigkeit dieser Evaluationsforschung. Wir werden daher im Anschluß an die Kritik des vorherrschenden Evaluationsmodells der Wirkungsforschung ein eigenes Evaluationsmodell skizzieren, das auf der Subjektwissenschaft und der Handlungsforschung aufbaut. In den anschließend dargestellten Ergebnissen von fünf Fallstudien zeigt sich die Brauchbarkeit des beschriebenen Modells und methodischen Vorgehens, das noch weiterer Ausarbeitung bedarf, in der Anwendung.

1 Vorstellung des Evaluationsansatzes

1.1 Kritik des Evaluationsmodells der Wirkungsforschung

Anläßlich der Vorbereitung der Evaluation einer Lernsoftware[1] haben die beteiligten Expertengruppen auf drei Arbeitstagungen 1997 ziemlich einhellig

---

[1] Es handelte sich um die Vorbereitung der Evaluation der Lernsoftware „EDV im Handwerk" der Arbeitsgemeinschaft IKTH (Informations- und Kommunikationstechnik im Handwerk) der Münchner Volkshochschule und der Handwerkskammer für München und Oberbayern, die im Rahmen eines Modellversuchs des Bundesinstituts für Berufsbildung entwickelt und als Beispiel für die Fortentwicklung von Evaluationsverfahren ausgewählt worden war.

Beitrag 12

„Der Lernerfolg bestimmt die Qualität einer Lernsoftware!"
Evaluation von Lernerfolg als logische Rekonstruktion ...

ihre große Unzufriedenheit über die praktische Bedeutungslosigkeit bisheriger Evaluationen multimedialer Lernsoftware geäußert. Es gibt zwar zahlreiche Versuche mit ebenso zahlreichen Kriterienkatalogen (vgl. Meier 1995), die *Wirkungen* von Lernsoftware zu bewerten, jedoch stellte sich meist im Nachhinein heraus, daß die Ziele im Hinblick auf die Lernenden nicht klar definiert, die ausgewählten Kriterien nicht den Inhalten angemessen und die Vorgehensweisen nicht den Situationen adäquat waren, und die Resultate, nachdem der Neuigkeitseffekt verflogen war, enttäuschten (vgl. auch Behrendt 1998, u.a. S. 43 ff., sowie Schenkel 1995, S. 13 ff.).

Vergleichbar unzufrieden äußern sich Grünewald u.a. (1998) über die Evaluation neuer Formen arbeitsintegrierter Weiterbildung: Die nach wie vor verwendeten traditionellen Verfahren der Erfolgsmessung, wie Befragungen der Teilnehmer und Gespräche mit den Vorgesetzten, seien weitgehend unbrauchbar (ebd., S. 74). Vor allem um eine betriebswirtschaftliche Kalkulierbarkeit der neuen Formen arbeitsintegrierten Lernens (wie Einarbeitung, Job Rotation, Qualitätszirkel etc.) zu erreichen, wird versucht, eine Verbindung zwischen Meßkriterien der Personalentwicklung und betrieblichen Erfolgsfaktoren herzustellen. Dabei zeigt sich jedoch, daß nur wenige Daten (z.B. Reklamationen, Lieferzeiten) objektiv meßbar sind, während viele Daten quantifizierte subjektive Bewertungen darstellen (z.B. Kundenzufriedenheit, Zufriedenheit der Mitarbeiter und Vorgesetzten) und etliche Daten aus qualitativen Bewertungen resultieren (z.B. aus Gesprächen, Monitoring, „Über-die-Schulterschauen"). „In der Praxis dominieren informelle Verfahren", weil ein finanziell quantifizierbarer „Erfolg entweder nicht meßbar ist oder nicht allein einer bestimmten Maßnahme zugerechnet werden kann, sondern auf mehrere unterschiedliche Maßnahmen und Faktoren zurückgeht." (ebd., S. 76) Daher werden auch von allen Beteiligten (Mitarbeitern, Vorgesetzten, Betriebsräten) fast ausschließlich qualitative Kriterien für den Nutzen genannt: z.B. Corporate Identity, Motivation, Flexibilität, Selbstvertrauen, Problembewußtsein, Verantwortung, Zufriedenheit, Aufstiegschancen (ebd., S. 78–79).

Diese Output-Evaluationen bei arbeitsintegriertem Lernen basieren ebenso wie die Input-Evaluationen bei Lernsoftware auf dem „Maschinenmodell" der Wirkungsforschung (vgl. Kromrey 1995), das vom Interesse und der Vorstellung der betrieblichen Praxis ausgeht, mit einem – bei Lernsoftware anhand von Kriterien getesteten – „Produkt" und dessen Verwendung beabsichtigte Wirkungen, nämlich bestimmte Handlungskompetenzen bei den Beschäftigten als personalem Produktionsfaktor bzw. Human Resource, zum Nutzen des Unternehmes kontrolliert zu erzielen. Oft wird aus Betrieben berichtet, daß ein „schlechtes Programm, gut eingesetzt, [...] zu größeren Lernerfolgen führen [wird] als ein gutes Programm, das nicht angemessen eingesetzt wird" (Schenkel 1995, S. 22). Diese Feststellung zeigt, daß die

Bewertung einer Lernsoftware noch nichts über die erzielbaren Wirkungen aussagt. Dies zeigen auch die von Behrendt (1998, S. 49 ff.) in mehreren Branchen durchgeführten Fallstudien, daß nämlich nicht allein die Lernsoftware, sondern vielmehr die Lernarrangements, die betrieblichen Arbeits-, Lern- und Führungskulturen und insbesondere die Motivationen und Handlungen sowie Handlungsanordnungen der Lernenden für ein erfolgreiches Lernen mit Lernsoftware entscheidend sind.

Auf dem Hintergrund vieler vergleichbarer Untersuchungsresultate bei Lernsoftware – wie auch bei arbeitsintegriertem Lernen – wird daher nun versucht, das verwendete Evaluationsmodell zu modifizieren und auszubauen, um die Vielzahl der irgendwie wirksamen Personal-, Umwelt-, Prozeß- und Erfolgsvariablen zu berücksichtigen, quantifizierbar und somit kontrollierbar zu machen. Insbesondere wird versucht, die Situationen, Eigenschaften und Rückwirkungen derjenigen, bei denen eine Veränderung bewirkt werden soll, als Variablen in das Wirkungsmodell einzubeziehen. Dies führt jedoch dazu, daß die Komplexität des Modells ganz erheblich wächst. Dadurch wird nicht nur der Untersuchungsaufwand außerordentlich stark erhöht, sondern es entstehen auch kaum befriedigend lösbare Quantifizierungsprobleme, und die intendierte Kontrolle der Wirkungen scheint immer weniger erreichbar. So stellen auch Grünewald u.a. (1998, S. 91) fest, daß das arbeitsintegrierte Lernen derzeit nicht quantitativ erfaßt werden kann und daher nur Bestandsaufnahmen und Trendaussagen möglich seien. Die festgestellten Schwierigkeiten der Wirkungsforschung, valide Resultate zu erzielen, können so nicht gelöst werden.

Darin zeigt sich, daß das Evaluationsmodell der Wirkungsforschung selbst das Problem ist, weil es den subjektiven Prozessen und Sachverhalten beim Lernen – auch beim Lernen mit Lernsoftware – offensichtlich nicht angemessen ist. Es entspricht weder der Realität betrieblichen Lernens noch den heutigen konstruktivistischen, handlungsorientierten oder subjektwissenschaftlichen Lerntheorien. Das herrschende Modell der Wirkungsforschung ist ein „Maschinenmodell", das nach technisch-instrumentellen Funktionalitäten konstruiert ist und als solches subjektives Denken, Handeln und Lernen prinzipiell nicht angemessen abbilden kann.

Das verweist auf einen weiteren, für jede Evaluation von Lernsoftware zentralen Sachverhalt: Die Qualität einer Lernsoftware im Hinblick auf die mit ihr erzielbaren Lernerfolge und gewinnbaren Handlungskompetenzen in konkreten Arbeitssituationen läßt sich nicht anhand objektiver Kriterienlisten beurteilen, denn *die Qualität einer Lernsoftware wird erst in der Anwendungssituation selbst, also durch das Lernen mit ihr, also erst durch die Aktivitäten der Lernenden selbst, hergestellt.* Daher kann – wie oben ausgeführt – gut

Beitrag 12

„Der Lernerfolg bestimmt die Qualität einer Lernsoftware!"
Evaluation von Lernerfolg als logische Rekonstruktion ...

verwendete, aber von Experten als schlecht bewertete Lernsoftware durchaus bessere Ergebnisse bei den Lernenden bringen als für gut befundene Lernsoftware. *Weil die Qualität erst im Prozeß des Lernens von den Lernenden selbst hergestellt wird,* gegebenenfalls auch mit Unterstützung von Lehrenden, *kann es keinen kausalen Zusammenhang zwischen objektiven Merkmalen und subjektiven Lernerfolgen geben.*

Dieser Sachverhalt stellt das bisherige Evaluationsmodell prinzipiell in Frage und wirft die für die betriebliche Praxis sehr relevante Frage auf, ob die Qualität einer Lernsoftware, die ja an dem mit ihr zu erzielenden Lernerfolg zu messen ist, überhaupt mit objektiven Instrumenten evaluiert werden kann, um eine begründete Auswahl aus Lernsoftware-Angeboten treffen zu können.

Auf den ersten Blick bietet sich eine Kombination von Fremd- und Selbstevaluation bzw. von Experten- und Novizenevaluation mit objektivierten bzw. validierten Instrumenten an. Diese kombinierte Evaluation löst das Problem jedoch nicht, weil die Lernprozesse von Experten und Novizen bzw. Lehrenden und Lernenden aufgrund unterschiedlich elaborierter Lernvoraussetzungen und daraus folgender unterschiedlich effektiver Lernmethoden und Lerntechniken sich grundlegend voneinander unterscheiden. Hinzu kommt, daß die Standpunkte und Perspektiven der Beurteilungen von Experten und Novizen durchaus verschieden sind und daher auch zu sehr unterschiedlichen, ja sogar gegensätzlichen Resultaten führen können (vgl. Behrendt 1998, S. 49 ff.).

Auf den zweiten Blick könnte überlegt werden, diese Schwierigkeiten einer kombinierten Experten- und Novizenevaluation dadurch auszuschließen, daß definierte Testaufgaben gestellt werden, die nach dem Lernen mit der Lernsoftware zu lösen sind. Dies erweist sich jedoch ebenfalls als kein gangbarer Evaluationsweg, weil die jeweils wirksamen individuellen Lernvoraussetzungen nur schwer, wenn überhaupt, erfaßt werden können und zudem für den Lernerfolg auch das Interesse, die Motivation, das Engagement sowie das gesamte Lern- und Arbeitsumfeld der Lernenden von Bedeutung sind. Alle diese Variablen müßten ebenfalls mit validen Kriterien erfaßt werden. Nur wenn alle subjektiven Voraussetzungen, Lernarrangements und Umfeldbedingungen konstant gehalten werden können, sind einigermaßen sichere Prognosen des Lernerfolgs anhand von objektivierten Kriterien möglich. Es ist klar, daß dies höchstens im Labor, aber niemals in der betrieblichen Realität erreichbar ist.

Bei der Evaluation der Qualität von Lernsoftware haben wir es immer mit der Evaluation einer *ganzheitlichen Lern- bzw. Handlungssituation* zu tun, die durch die Lernsoftware, die Lernarrangements, die Lernumgebung und die

Handlungen der beteiligten Akteure, insbesondere der Lernenden, bestimmt ist. Nur aus der Evaluation dieser ganzheitlichen Situation heraus wird sich die Lernsoftware als ein Bestandteil dieser Situation beurteilen lassen. Festzuhalten ist, daß jede Anwendungssituation, z.B. in der betrieblichen Weiterbildung, immer auch eine Experimentalsituation ist, die niemals technisch-funktional vollständig standardisiert werden kann.

Im folgenden wird daher ein anderes Modell (siehe Abb. 1) zur Evaluation der Qualität von Lernsoftware vorgeschlagen, das prinzipiell anders als das „Maschinenmodell" der Wirkungsforschung konzipiert ist, nämlich in Anlehnung an das Modell der Handlungsforschung, gegründet auf subjektwissenschaftliche Erkenntnisse, also auf Erkenntnisse über das Lernen vom Subjektstandpunkt aus (vgl. dazu Holzkamp 1983, 1993; Zimmer 1987). Von diesem Evaluationsmodell erwarten wir nicht nur Ergebnisse zum Lernen mit einer bestimmten Lernsoftware und zur Gestaltung ganzheitlicher Lernsituationen, sondern auch Hinweise zur Organisationsentwicklung in Handwerksbetrieben. In Abbildung 1 werden die wesentlichen Aspekte und die Gegensätzlichkeit beider Evaluationsparadigmen zum besseren Verständnis grafisch skizziert: Beim instruktionsbestimmten Lernprozeß wird der Lernerfolg als durch die Lernsoftware bewirkt angesehen, wobei durch die Aktionen der Lernenden sich die Lernsoftware quasi an den Prozeß der Erzeugung des Lernerfolgs „anpaßt" und diesen individuell optimieren soll; Lernumgebung, Betrieb und Arbeit werden dabei als intervenierende oder unabhängige Vari-

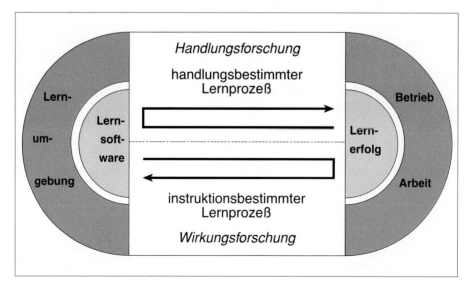

Abb. 1: Evaluationsparadigmen

Beitrag 12

„Der Lernerfolg bestimmt die Qualität einer Lernsoftware!"
Evaluation von Lernerfolg als logische Rekonstruktion ...

ablen berücksichtigt, denen die Lernenden forschungsmethodisch als ausge-
liefert betrachtet werden. Beim handlungsbestimmten Lernprozeß wird dagegen forschungsmethodisch von dem am eigenen Lernerfolg interessierten
Subjekt ausgegangen, das mit dem Ziel des Kompetenzgewinns die Lernsoftware nutzt; Lernumgebung, Betrieb und Arbeit werden dabei als Bereiche
betrachtet, die den Lernerfolg behindern oder fördern, aber durchaus auch
vom Subjekt im eigenen Lerninteresse aktiv mitgestaltet und kontrolliert werden können.

1.2 Konzeption eines subjektwissenschaftlich fundierten Evaluationsmodells

1.2.1 Evaluationsziel

Das *primäre Ziel* der Evaluation der Qualität einer Lernsoftware ist es festzustellen, ob und wie die Lernsoftware dazu beigetragen hat bzw. dazu beitragen kann, daß die Lernenden durch das Lernen mit ihr den erwünschten und
für ihre Arbeitsaufgaben erforderlichen Zuwachs an Handlungskompetenzen
erreichen können. Dieser *Zuwachs an Handlungskompetenzen stellt den
eigentlichen Lernerfolg und damit den Referenzpunkt für die Messung der
Qualität einer Lernsoftware dar.* Der Lernerfolg mit Lernsoftware bemißt sich
somit am Anwendungserfolg. Also daran, daß das mit ihr Gelernte in den konkreten Arbeitssituationen angewendet werden kann, erweist sich die Qualität
einer Lernsoftware – auch im Vergleich zu anderen Medien und Qualifizierungsmethoden. Da sie nur dann einen Lernerfolg verbuchen können, wenn
sie aktiv individuell oder gemeinsam mit der Lernsoftware und den sie umge-
benden Bedingungen (Lernumgebung, Betrieb, Arbeit) lernend arbeiten, *sind
es die Lernenden, die die Qualität einer benutzten Lernsoftware erst herstel-
len.* – Zugespitzt formuliert heißt das, daß eine Lernsoftware *an sich* keine
Qualität hat, sondern sie erst durch die Lernhandlungen gewinnt! Das Paradigma der Wirkungsforschung ist somit für die Evaluation einer Lernsoftware
völlig ungeeignet.

Dieses primäre Evaluationsziel kann prinzipiell über zwei Vorgehensweisen
erreicht werden: erstens über die Wege einer pragmatischen Evaluation und
zweitens über die Wege einer wissenschaftlichen Evaluation, die beide ihre
Berechtigung und ihren Nutzen haben.

Bei der *pragmatischen Evaluation* wird geprüft und bewertet, ob – in unserem
Falle – die Einführung der EDV im Handwerksbetrieb erfolgreich gestartet
bzw. gemeistert wurde und die Lernsoftware – manche Lerneinheiten mehr,
andere weniger – dafür zumindest als eine zentrale Voraussetzung anzuse-

hen ist. Die Evaluation mehrerer positiver Einführungsfälle von EDV in Unternehmen ist hinreichend, um daraus den Schluß ziehen zu können, daß in anderen Unternehmen unter vergleichbaren strukturellen und personellen Bedingungen wahrscheinlich mit ähnlichen Erfolgen zu rechnen ist. Die Evaluation jedes weiteren Einführungsfalles verbessert das Evaluationsergebnis und die Wahrscheinlichkeit der Vorhersage eines Lernerfolges.

Eine *wissenschaftliche Evaluation* will im Unterschied zur pragmatischen Evaluation die Gründe für den Erfolg oder Mißerfolg des Lernens mit einer Lernsoftware aufklären, um daraus sowohl Hinweise für Verbesserungen des Designs und der Inhalte der Lernsoftware als auch für die Auswahl der Zielgruppen, die Gestaltung der Lernarrangements und die erfolgreiche Anwendung im Feld zu gewinnen. Es sollen allgemeingültige Aussagen gefunden werden, auf deren Grundlage es möglich ist, Konzepte für die Nutzung der Lernsoftware auch in anderen Unternehmen unter anderen strukturellen und personellen Bedingungen zu konstruieren. Es geht also nicht nur darum, den erreichten Lernerfolg zu bewerten, sondern den Zusammenhang zwischen dem erreichten Lernerfolg und der Lernsoftware – bzw. dem Lernarrangement, das durch die Lernsoftware wesentlich bestimmt wird – aufzuklären. Die zentrale Frage lautet hier daher: *Welcher Lernerfolg ist auf das Lernen mit einer bestimmten Lernsoftware zurückzuführen?*

Neben dem primären Evaluationsziel gibt es noch eine Reihe *sekundärer Evaluationsziele,* die oft durchaus viel gewichtiger für eine betriebliche Entscheidung sein können, wenn denn der erhoffte Lernerfolg mit einer Lernsoftware auch nur einigermaßen hinreichend gesichert erscheint. Solche sekundären Evaluationsziele können beispielsweise sein: die Kosten-Nutzen-Verbesserung im Vergleich zu anderen Weiterbildungsmethoden, die Sicherung einer ständig gleichbleibenden Qualität der Vermittlung von Handlungskompetenzen, die Unterstützung arbeitsintegrierter Lernformen, die Sicherung der Qualität der Entwicklung und Produktion von Lernsoftware.

Es kann durchaus sein, daß eine Lernsoftware, die im Vergleich zu anderen Medien und Methoden weniger effizient ist, sich in den Bewertungen im Hinblick auf die sekundären Evaluationsziele als ausgesprochen effizient erweisen kann. So ist beispielsweise eine in ihrem primären Aspekt nicht ganz so gelungene Lernsoftware auf CD-ROM dennoch für die rasche Vermittlung von Wissen in weltweit operierenden Unternehmen erheblich effizienter als jedes andere Medium und Verfahren. Vorausgesetzt ist dabei allerdings immer, daß die Lernsoftware ein gewisses Minimum primärer Qualität für die Erzielung eines Lernerfolgs für den erwünschten Zuwachs an Handlungskompetenzen besitzt, weil es sonst gar keinen Sinn machen würde, die Lernsoftware überhaupt einzusetzen.

Beitrag 12

„Der Lernerfolg bestimmt die Qualität einer Lernsoftware!"
Evaluation von Lernerfolg als logische Rekonstruktion ...

Die Evaluation einer Lernsoftware im Hinblick auf ihre primäre Qualität – ihren Beitrag zum Zuwachs an Handlungskompetenz – ist also keineswegs immer das wichtigste Evaluationsziel. Vielleicht ist in Unternehmen das primäre Evaluationsziel auch nur von zweitrangiger Bedeutung. Denn welche Evaluationsziele bei der Nutzung von Lernsoftware in einem Unternehmen verfolgt werden, hängt von den jeweiligen Entscheidungsträgern und deren Interessen ab. Es ist daher auch nicht verwunderlich, wenn sehr häufig, nachdem der erste Neuigkeitseffekt verflogen ist, von einer mangelnden Akzeptanz von Lernsoftware bei den Lernenden berichtet wird. Dies erklärt zumindest teilweise auch die schlechte Marktentwicklung von Lernsoftware für die berufliche Bildung (Zimmer 1996).

Bei den hier diskutierten Evaluationszielen und pragmatischen bzw. wissenschaftlichen Vorgehensweisen handelt es sich um formative oder summative Bewertungen, die quasi im Nachhinein vorgenommen werden. Eine ganz andere Frage ist es, dem Weiterbildungsplaner eine Kriterienliste für eine Auswahlbeurteilung von Lernsoftware für die Beschaffung an die Hand zu geben. Hier sind wir offensichtlich von einer befriedigenden Lösung noch weit entfernt. Es gibt mittlerweile vermutlich mehrere Dutzend Kriterienkataloge mit insgesamt wahrscheinlich mehreren Tausend Kriterien und mehreren Hunderttausend Items, weshalb es eine wachsende Unzufriedenheit mit diesen Katalogen gibt (vgl. Meier 1995).

1.2.2 Bestimmung des Gegenstandes der Evaluation

Um die primäre Evaluationsfrage beantworten zu können, nämlich *welcher Lernerfolg auf das Lernen mit einer Lernsoftware* – in unserem Falle der Lernsoftware „EDV im Handwerk" – *zurückzuführen ist,* muß zunächst der Gegenstand der Evaluation näher bestimmt werden. Die Qualität jeder Evaluation wird vor allem von der genauen Definition des Gegenstandes der Evaluation bestimmt, weil erst danach die Auswahl der gegenstandsadäquaten Methoden und Instrumente erfolgen kann.

Der *Gegenstand der Evaluation* ist daher nicht eine bestimmte Lernsoftware an sich, sondern

a) der unmittelbare Lernerfolg mit der Lernsoftware und der daraus folgende Zugewinn an Handlungskompetenzen in den Arbeitssituationen und

b) der Lernprozeß, der zu Lernerfolg und Kompetenzgewinn geführt hat.

Diese Gegenstandsbestimmung wirft sofort zwei Fragen nach weiterer Präzisierung auf, nämlich nach den Bestimmungen von *Lernerfolg* und *Lernprozeß.*

Ein *Lernerfolg* liegt dann vor, wenn die Zielgruppen – in unserem Fall die Handwerksmeister, Meisterfrauen, kaufmännischen Fachkräfte und anderen Berufsgruppen in Handwerksbetrieben – in der Lage sind, Informations- und Kommunikationstechnik in ihrem Betrieb kompetent einzuführen. Lernerfolg manifestiert sich daher nicht nur – vielleicht auch gar nicht – in der „Zufriedenheit der Teilnehmer" oder der „Zufriedenheit der Geschäftsleitung" oder im „Ergebnis eines Wissenstests". Denn diese „Zufriedenheiten" sagen (fast) nichts über den tatsächlich erreichten Kompetenzgewinn aus, allenfalls messen sie die Qualität am Maßstab des „Mehr-von-Demselben". Ob erfolgreich gelernt wurde, zeigt sich mithin erst im kompetenten Handeln in der Anwendungssituation in der betrieblichen Praxis, also in unserem Beispiel: der erfolgreichen Inangriffnahme des beabsichtigten Innovationsprozesses. In dieser Perspektive kann gerade die „Unzufriedenheit" mit einer Lernsoftware zu produktiven Auseinandersetzungen anregen.

Grundsätzlich kann *Lernen als Prozeß* folgendermaßen aus dem Alltagsverständnis herausgehoben werden – ohne dies hier näher theoretisch begründen zu können: Ein *Lernprozeß* vollzieht sich immer im Subjekt durch manuelle und geistige Handlungen an dinglichen oder ideellen Gegenständen in kulturellen Zusammenhängen und Prozessen mit dem Ziel eines Gewinns an subjektiver Handlungskompetenz. Jeder Lernprozeß eines Subjekts findet immer in Auseinandersetzung und Kooperation mit anderen Subjekten statt. Isoliertes individuelles Lernen bedarf als zeitlich und räumlich ausgegliederter Sonderfall immer der Rückbindung an die kulturellen Zusammenhänge. Indem die Subjekte in kulturellen Zusammenhängen voneinander und miteinander lernen, konstituieren sie zugleich eine mehr oder weniger feste bzw. lockere lernende Gruppe oder Organisation. Konstitutiv für jeden Lernprozeß ist, daß die Subjekte über ihr Lernen prinzipiell frei entscheiden – auch wenn sie sich Zwängen beugen, haben sie sich frei entschieden, denn sie hätten sich auch anders entscheiden können (vgl. Holzkamp 1983, S. 236).

Die Untersuchung eines Lernprozesses und des daraus resultierenden Lernerfolgs bzw. Kompetenzgewinns ist demnach keineswegs eine triviale, sondern eine außerordentlich komplexe Problemstellung. Denn der Lernprozeß wird

1. durch die Handlungen und das Engagement der Lernenden, ihre Lernvoraussetzungen, Lernfähigkeiten und Interessen bestimmt;

2. durch das multimediale Lernarrangement beeinflußt, das im Kern durch die Lernsoftware geprägt wird, nämlich durch das in ihr repräsentierte Wissen, die Interaktionen, die Simulationen und die vielleicht bereits vorgesehenen Möglichkeiten der Telekommunikation;

Beitrag 12

„Der Lernerfolg bestimmt die Qualität einer Lernsoftware!"
Evaluation von Lernerfolg als logische Rekonstruktion ...

3. durch die Erfahrung, Darstellung und Bewertung der betrieblichen Problemlagen und Innovationsnotwendigkeiten und die Entscheidungsbeteiligung bestimmt sowie

4. durch die praktizierte – nicht die bloß verkündete – Arbeits-, Lern- und Führungskultur im Betrieb, und darin insbesondere durch die praktizierten Dialogformen, wesentlich beeinflußt.

Lernprozesse führen bekanntlich immer zu einem intendierten und zu einem nichtintendierten Lernerfolg, weil die Subjekte über das, was intendiert ist, immer auch selbst nachdenken, die erkennbaren und erschließbaren Intentionen bewerten, und dann möglicherweise zu begründet modifizierten oder ganz anderen Handlungen kommen. Dies hat für die Evaluation des Lernerfolgs gravierende Folgen, weil dadurch die Bedingungen für den Erfolg keineswegs einfach „herstellbar" sind – für deren Herstellung dann eine betriebliche Instanz verantwortlich gemacht werden kann. Der erreichte Lernerfolg, der sich keineswegs nur in erworbenem Wissen manifestiert, sondern vor allem in erworbenen Handlungskompetenzen, hat sowohl beabsichtigte als auch nicht beabsichtigte Bestandteile, die gegeneinander oder auch verstärkend wirken können. Daher ist ein erzielter Lernerfolg an den zu lösenden betrieblichen Aufgaben und Problemen zu messen und nicht etwa an persönlichen Anliegen des Lernenden oder seiner Vorgesetzten.

1.2.3 Methodisches Vorgehen

Um valide Erkenntnisse über den Gegenstand der Evaluation gewinnen zu können, muß das methodische Vorgehen prinzipiell dem Gegenstand angemessen sein (vgl. PAQ 1980, S. 19 ff.; Zimmer 1987, S. 26 ff. und 130 ff.):

Wie die Beschreibung des Gegenstandes bereits deutlich gemacht hat, können weder kausale noch wahrscheinlichkeitstheoretisch interpretierbare Beziehungen zwischen dem erreichten Lernerfolg (Kompetenzgewinn) und einzelnen Bedingungen und Faktoren des Lernprozesses angenommen werden. Dies wäre nur dann möglich, wenn alle anderen Bedingungen und Faktoren ebenfalls gemessen oder aber konstant gesetzt oder als unerheblich angesehen werden können. Das ist vielleicht unter Laborbedingungen realisierbar. Lernen im Betrieb verläuft „schmuddelig" und ist in keiner Weise mit Lernen unter experimentellen Bedingungen vergleichbar.

Dennoch soll bewertet werden, ob der erreichte Kompetenzgewinn ganz oder doch zumindest in wesentlichen Teilen dem Lernen mit der Lernsoftware zugeschrieben werden kann. Wie kann dies erreicht werden? Denn es soll ja mit hinreichender Sicherheit auch in Erfahrung gebracht werden, ob das

Lernen mit der Lernsoftware eine effektive Alternative zu traditionellen Weiterbildungsmaßnahmen darstellt.

Wir gehen dafür methodisch nach dem Modell der Handlungsforschung vor. Für die Erhebung und Evaluation der Handlungen und des Kompetenzgewinns ist die *Methode der logischen Rekonstruktion* angemessen. *Logische Rekonstruktion* heißt, den begründeten Zusammenhang der Handlungskompetenzen und der zu ihnen führenden Handlungen in ihren Verbindungen, Brüchen, Gegensätzlichkeiten und Widersprüchlichkeiten zu rekonstruieren, und zwar zu einem bestimmten Zeitpunkt in einer bestimmten Situation hinsichtlich konkreter Handlungsziele (siehe in Abbildung 2 die Zeitpunkte A, B und C); sodann sind die Entwicklungen der Handlungen von den vorhergehenden Zeitpunkten und Situationen zu den aktuellen zu rekonstruieren – also in unserem Fall vom Zeitpunkt A vor dem Lernen mit der Lernsoftware „EDV im Handwerk" bis zum Transfer in die praktische Anwendungssituation in betrieblichen Innovationsprozessen zum Zeitpunkt C. Dabei kann der Zuwachs an Handlungskompetenzen vom Zeitpunkt A zum Zeitpunkt B als fundamentaler Lernschritt interpretiert werden, weil hier Umstrukturierungen in den Handlungskompetenzen erfolgen werden, die zu einem höheren Kompetenzniveau führen. Dagegen ist vom Zeitpunkt B zum Zeitpunkt C ein relativer Kompetenzzuwachs durch Übung und Anwendung in der Praxis zu erwarten. (Vgl. hierzu auch Miller 1986, S. 7 ff.)

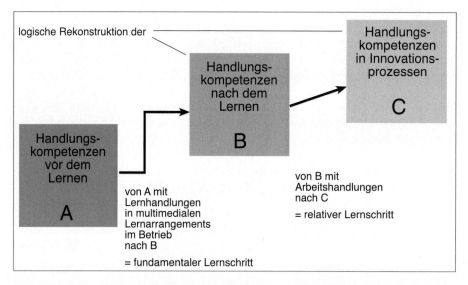

Abb. 2: Methode der logischen Rekonstruktion von Handlungskompetenzen

Beitrag 12

„Der Lernerfolg bestimmt die Qualität einer Lernsoftware!"
Evaluation von Lernerfolg als logische Rekonstruktion ...

Die *logische Rekonstruktion* unterstellt lediglich, daß alle Handlungen von Subjekten einen erkennbaren oder erschließbaren Grund haben (vgl. Holzkamp 1983, S. 342 ff.) und spontane Handlungen dadurch als solche erkennbar werden. Unter dieser Voraussetzung können die Dimensionen der Handlungen, und zwar sowohl der Arbeitshandlungen wie auch der Lernhandlungen, bestimmt, beschrieben, erklärt und bewertet werden. Dabei interessieren in unserem Falle natürlich nur die Arbeits- und Lernhandlungen, die für die Einführung von EDV im Handwerksbetrieb relevant sind.

Für die Untersuchung der Handlungskompetenzen sind drei Zeitpunkte anzusetzen (siehe Abbildung 2):

A   *vor* Beginn des Lernens mit der Lernsoftware,

B   *nach* Beendigung des Lernens mit der Lernsoftware,

C   *später* bei oder nach der Umsetzung in der Anwendungsphase.

Die tabellarische Darstellung in Abbildung 3 zeigt den Zusammenhang von Zeitpunkten und Dimensionen von Arbeits- und Lernhandlungen. Die Zeitpunkte und die Vielfalt der Dimensionen der Lern- und Arbeitshandlungen erfordern ein Mix an Instrumenten zur Datenerhebung, um die unterschiedlichen Aspekte des Gegenstandes aus verschiedenen Perspektiven in den Blick nehmen zu können.

	Untersuchungszeitpunkte		
	A vor	B nach	C später
Dimensionen	Aufgaben Anforderungen Tätigkeiten Interessen	Lernarrangement Wissen Fähigkeiten Motivation	Aufgaben Anforderungen Tätigkeiten Interessen
	Lern- und Berufserfahrungen		

Abb. 3: Untersuchungszeitpunkte und Dimensionen von Handlungen

1.2.4 Instrumente

Für die Erhebungen sind drei Gruppen von Instrumenten zu entwickeln: für die Erhebung der relevanten Arbeitshandlungen (in den Zeitpunkten A und C), für die Erhebung der Lernhandlungen (im Zeitpunkt B) und für die Erhebung der technisch-organisatorischen Basis beider Handlungstypen, und zwar in Anlehnung an instrumentelle Konzepte der Industriesoziologie, Arbeitswissenschaft sowie Berufs- und Betriebspädagogik.

Zur Erhebung der *Arbeitshandlungen* gehören:

– Betriebs- und Arbeitsplatzbesichtigungen,

– strukturierte Befragungen der Lernenden, Meister und Mitarbeiter, die von den Innovationen betroffen sein werden oder dafür Entscheidungskompetenzen haben,

– Analysen von verfügbaren Sekundärmaterialien.

Zur Erhebung der *Lernhandlungen* gehören:

– Analysen der Lernsoftware,

– Analysen der beantworteten Aufgaben und Tests in der Lernsoftware,

– Selbstevaluationen der Lernenden,

– Besichtigungen der Lernplätze und der Lernumgebungen,

– strukturierte Befragungen der Lernenden, Tutoren und Dozenten.

Zur Erhebung der *technischen und organisatorischen Basis* gehören:

– Beschreibungen der Branchen und der Geschäftsfelder der Unternehmen,

– Beschreibungen der organisatorischen Strukturen der Unternehmen,

– Beschreibungen der technischen Ausstattungen, insbesondere der Computerausstattungen der Unternehmen,

– Beschreibungen der technischen Ausstattungen und der organisatorischen Positionierung der Arbeitsplätze der Lernenden in ihren Unternehmen.

Es kann jedoch in den Handwerksbetrieben durchaus betrieblich oder persönlich begründete Situationen geben, in denen gar nicht alle Instrumente zum Einsatz gebracht werden können. In diesen Fällen müssen jeweils besondere Verfahren gefunden werden, um die für die Evaluation erforderlichen Informationen aus den erhobenen Daten zumindest erschließen zu können.

Beitrag 12

„Der Lernerfolg bestimmt die Qualität einer Lernsoftware!"
Evaluation von Lernerfolg als logische Rekonstruktion ...

1.2.5 Erhebung der erforderlichen Informationen

Die Erhebungen zur Bewertung des Lernerfolgs bzw. Kompetenzgewinns können in zwei Varianten erfolgen:

Erstens können für die Erhebungen die Betriebe ausgewählt werden, die vor einer Innovation stehen und zuvor die Lernsoftware einsetzen wollen. Diese Variante ist zwar optimal, aber oft nur über einen längeren Zeitraum hinweg zu realisieren, weil sich die Erhebungen notwendigerweise dem Zeitregime der Betriebe anpassen müssen.

Zweitens können für die Erhebungen die Betriebe ausgewählt werden, die mit der Einführung von EDV begonnen oder diese bereits abgeschlossen und mit der Lernsoftware gearbeitet haben. Diese suboptimale Variante hat einige Erhebungsschwierigkeiten zu überwinden, weil die Handlungen und Handlungskompetenzen in den Zeitpunkten A und B sich nur aus retrospektiven Befragungen und alten Materialien rekonstruieren lassen. Aber in Kenntnis, daß es sich hierbei um rückblickend verarbeitete Erfahrungen handelt, ist diese Variante mit der Methode der logischen Rekonstruktion durchaus erfolgreich machbar.

Wir haben für unsere Evaluation aufgrund der nur sehr begrenzt zur Verfügung stehenden Untersuchungszeit diese zweite Variante gewählt.

1.2.6 Auswertung der erhobenen Informationen

Bei der Auswertung der erhobenen Daten ist in drei Schritten vorzugehen:

Erstens sind die Handlungen zu den Zeitpunkten A, B und C in ihren Anordnungen und jeweiligen Begründungen sowie die Handlungskompetenzen und die in ihnen enthaltenen Potentiale, Begrenzungen, Inkonsistenzen und Gegensätzlichkeiten zu rekonstruieren.

Zweitens sind die Veränderungen der Handlungsanordnungen und Handlungskompetenzen von A nach C zu rekonstruieren, und es ist zu klären, ob und wie die Lernhandlungen mit der Lernsoftware in den jeweiligen Lernarrangements bis zum Zeitpunkt B dazu beigetragen haben.

Drittens sind Schlußfolgerungen bzw. Vorschläge für die zukünftige Gestaltung von Lernsoftware und multimedialen Lernarrangements in einem Gedankenexperiment zu prüfen, um Zusammenhänge besser erschließen zu können.

Die Auswertung beschränkt sich also ausdrücklich nicht auf die Lernsoftware, sondern nimmt die Anordnungen der Lern- und Arbeitshandlungen und die subjektiven und betrieblichen Gegebenheiten, in denen die Lernsoftware ein relevantes Medium darstellt, insgesamt in den Blick. Multimediale Lernsoftware, Lernarrangements oder Weiterbildungskurse mit Lernsoftware haben keinen Selbstzweck, sondern beziehen sich auf andere Aufgaben, zu deren Bearbeitung und Lösung die Subjekte für ihr Handeln eine relevante Unterstützung durch ihre Verwendung erwarten. Dies schließt eine Auswertung nach rein technisch-instrumentellen Kriterien, deren Maßstab nur ein nominalistischer sein kann, prinzipiell aus.

1.2.7 Ergebnisdarstellung

Von der Evaluation werden eine Reihe von Ergebnissen erwartet: Dies sind

– Beschreibungen des (intendierten und nicht-intendierten) *Zugewinns an Handlungskompetenzen* für den Innovationsprozeß in Handwerksbetrieben bezüglich der Einführung von EDV und der Chancen, Widersprüche und Schwierigkeiten der Gewinnung der Handlungskompetenzen sowie der Gründe und Begründungen,

– Beschreibungen der Funktion und des *Beitrags des Lernarrangements* und der Lernsoftware sowie der Lern-, Arbeits- und Führungskulturen zur Gewinnung von Handlungskompetenzen,

– Beschreibungen der *Leistungen und Defizite der Lernsoftware* (in technischen Daten, Inhalten, Präsentationsformen, Interaktionsgestaltung, Aufgaben, Übungen sowie sachlichen, methodischen und sozialen Lernarrangements etc.) (vgl. Ballin & Brater 1996),

– *Gestaltungsvorschläge*, um die Entwicklung der Handlungskompetenzen von A nach C zu verbessern und einen Beitrag zur Organisationsentwicklung im Handwerksbetrieb zu leisten.

Detaillierte Ergebnisse zur Vorhersage von Lernerfolgen aufgrund objektiver Merkmale der Lernsoftware bzw. der Lernarrangements können auf keinen Fall erwartet werden – ausgenommen der allgemeinen Aussage, daß unter vergleichbaren betrieblichen und subjektiven Voraussetzungen und bei vergleichbaren Handlungsanordnungen wahrscheinlich mit ähnlichen Erfolgen zu rechnen sein wird.

Beitrag 12

„Der Lernerfolg bestimmt die Qualität einer Lernsoftware!"
Evaluation von Lernerfolg als logische Rekonstruktion ...

2 Qualitätsanalyse

2.1 Lernen mit der Lernsoftware „EDV im Handwerk" – fünf Fallstudien

Wir haben fünf Fallstudien mit Personen durchgeführt, die im ersten Halbjahr 1998 an einem Seminar der Handwerkskammer für München und Oberbayern für Existenzgründer teilgenommen haben. Zehn ausgewählte Personen wurden im Februar 1998 vor dem Lernen mit der Lernsoftware „EDV im Handwerk" zu ihrer Arbeitssituation, ihren Lernerfahrungen und ihren beruflichen Perspektiven befragt und erhielten dann die Lernsoftware zum individuellen Lernen. Von diesen zehn Personen konnten im April 1998 sechs Personen zu ihren Erfahrungen im Lernen mit der Lernsoftware und zum Nutzen für ihre Arbeit befragt werden. Davon hatten fünf Personen auch den schriftlichen Fragebogen beantwortet, so daß die Auskünfte dieser fünf Personen den Kern unserer Fallstudien und der anschließenden vergleichenden Auswertung bilden.

2.1.1 Fallstudie Herr B.

Arbeitssituation und Berufsperspektiven

Herr B. – 34 Jahre alt, mittlere Reife, gelernter Betriebsschlosser, Erfahrungen im Reifenhandel und im Tiefbau – arbeitet zur Zeit in einer Firma, die Emulsions- und Ölnebelabsauganlagen für Werkzeugmaschinen baut. Er ist in diesem Familienbetrieb mit fünf Beschäftigten als „Allroundman" von der Beratung über die Projektierung bis zur Montage und Wartung tätig. Diese Arbeit ist auch mit häufig längeren Dienstreisen verbunden.

In der Firma hat er nichts mit der EDV zu tun. Allerdings besitzt er privat einen leistungsfähigen Multimedia-PC, den er für Schriftverkehr (u.a. Dienstreiseberichte), elektronische Kommunikation, Kalkulationen (u.a. Reisekostenabrechnungen), Buchhaltung und Multimedia-Nachschlagewerke/Lexika nutzt. Seit kurzem beschäftigt er sich auch privat mit dem Internet. Je nach Interesse arbeitet er manchmal bis in die Nacht hinein an seinem Computer.

Neben seiner Arbeit in der Firma betreibt er noch ein eigenes Gewerbe im Dienstleistungsbereich für den Tiefbau, das er doppeldeutig als „Kümmergewerbe" bezeichnet, weil er etwa 250 Stunden im Monat für die Firma arbeitet und sich momentan nicht so intensiv um den Aufbau seines eigenen Betriebes kümmern kann. Früher war er schon einmal selbständig und möchte sich auch wieder selbständig machen. Zur Vorbereitung seiner Selbständigkeit hat er bereits einige Kurse besucht, z.B. einen Existenzgründerkurs, einen Buchhaltungskurs, Kurse in Steuerrecht und Unternehmensrecht für Klein- und Mittelbetriebe sowie einen Rhetorikkurs. Er will später Mitarbeiter einstellen und deutschlandweit Vertrieb und Wartungsservice für im Tiefbau eingesetzte Geräte aufbauen.

Selbsteinschätzung bisheriger Lernerfahrungen

Herr B. ist der Meinung, daß man den Computer nie völlig im Griff haben könne, weil immer wieder neue Prozeduren gelernt werden müßten. So konstatiert er auch für sich, daß ihm für einen besseren Einsatz des Computers noch etliche Informationen und Tips fehlen, die er sich beschaffen möchte. In der Vergangenheit hat er seine Informationsdefizite im Bereich EDV teilweise auch mit Lernsoftware zu einzelnen Anwendungssoftware-Produkten zu decken versucht. Dies rechnet er aber nicht zum Lernen mit multimedialer Lernsoftware.

Das Lernen mit multimedialer Lernsoftware findet er besser als andere Lernformen, weil er damit orts- und zeitflexibler lernen kann. Dies ist ihm besonders wichtig, weil er viel unterwegs ist und daher keinen Präsenzkurs kontinuierlich besuchen kann. Für das Erlernen von Sprachen verwendet er auch Audiokassetten. Insgesamt haben wir den Eindruck gewonnen, daß er sehr motiviert ist, ständig Neues zu lernen: „Ich bin grundsätzlich der Meinung, daß man nie auslernt."

Selbstbeurteilung des Lernens mit der Lernsoftware

Herr B. hat die Lernsoftware „EDV im Handwerk" zu Hause installiert und etwa 30 Stunden damit gearbeitet. Insgesamt beurteilt er die Software, die sein Interesse am Thema geweckt hat, als „sehr gut", würde wieder damit arbeiten und sie auch weiterempfehlen. Für ihn war es der erste Versuch, mit einer multimedialen Lernsoftware zu lernen: „Das war schon anders, aber es hat sehr viel Spaß gemacht." Er hält es für sehr sinnvoll, diese Inhalte computerunterstützt darzubieten, und würde nun auch in weiteren Fällen zu multimedialer Lernsoftware greifen. Einen traditionellen Text oder ein Präsenzseminar hätte er für diese Inhalte nicht bevorzugt. Er habe zwar einige Zeit benötigt, bis er mit allem zurechtgekommen sei, aber dann sei die Lernsoftware hilfreich und zeitsparend gewesen, um einen besseren Überblick über die Einsatzmöglichkeiten der EDV zu erhalten.

Die mediale Darbietung beurteilt er insgesamt positiv. Sie entspricht seiner Meinung nach dem aktuellen technischen Niveau, war für ihn übersichtlich und realitätsnah, hatte eine sehr motivierende Wirkung, enthielt weder zu viele geschriebene und gesprochene Texte noch zu viele Visualisierungen. In der Struktur der Inhalte und Steuerung der Software konnte er sich gut zurechtfinden. Eine Möglichkeit zu elektronischer Kommunikation mit Kollegen und Experten sowie eine Adaptation auf eigene Ziele und Wünsche wäre jedoch manchmal wünschenswert gewesen.

Die Interaktionsgestaltung bot ihm nicht immer genügend Möglichkeiten, einen eigenen Lernweg zu bestimmen. Er würde daher auch eine eindeutigere Lernwegvorgabe nicht befürworten. Teilweise hätte er mehr Aufgaben zur Selbstkontrolle des eigenen Lernfortschritts sowie für ein aktives Lernen mehr eigene Tastatureingaben erwartet. Außerdem bemängelte er, daß eine Indexsuche fehlt, daß die in den Lerneinheiten aufeinander folgenden Bildschirminhalte nicht frei gewählt und bereits bearbeitete Bildschirminhalte später nicht erneut aufgesucht werden können und daß der Lernweg nicht zurückgegangen werden kann. Die Navigationsmittel empfand er dagegen als zweckdienlich für eine effektive Bearbeitung der Lernsoftware.

Beitrag 12

„Der Lernerfolg bestimmt die Qualität einer Lernsoftware!"
Evaluation von Lernerfolg als logische Rekonstruktion ...

Was die Reihenfolge betrifft, hat er zunächst die abschließende Lerneinheit „EDV-Einführung" bearbeitet und erst danach, mit Abweichungen an zwei Stellen, die vorgegebene Bearbeitungsreihenfolge gewählt. Er hat alle Lerneinheiten bearbeitet, aber nicht alle Formulare bzw. Checklisten ausgefüllt. Sein Interesse lag vor allem darin zu erfahren, welche Software er für seine geplante Selbständigkeit nutzen kann. Insbesondere im Bereich der Bearbeitungsplanung von Bauteilen hat er neues Wissen erwerben können. Sehr vorteilhaft fand er, daß er kompakte Informationen für die geplante eigene Unternehmensgründung erhalten hat, die er sonst mühsam andernorts hätte zusammensuchen müssen.

Die Inhalte, Teilaufgaben, Checklisten und Simulationen beurteilt er insgesamt als „gut", nämlich als sehr abwechslungsreich, sehr übersichtlich, sehr interessant, ziemlich anspruchsvoll und ziemlich praxisrelevant. Die Menge an Lernstoff empfand er als angemessen, die Inhalte entsprachen seinen Erwartungen und die Fremdwörter fand er im Lexikon gut erklärt. Ein zusätzliches Seminar hält er nicht für notwendig, obwohl er der Meinung ist, daß man dadurch neue Anregungen bekommt, auf die man von alleine nicht gekommen wäre, „weil man oft betriebsblind ist".

Selbstbeurteilung des Nutzens für die eigene Arbeit

Herr B. sieht auf alle Fälle eine praktische Verwendbarkeit der Inhalte für seine Berufspraxis. Die Lernsoftware hat ihn zum Nachdenken über das Problem der Einführung neuer Technologien veranlaßt. Er habe gesehen, daß man mit dem Computer viel Zeit sparen kann und welche Möglichkeiten die Telekommunikation biete. Insbesondere bei den Inhalten zum Thema Kalkulation, Angebotserstellung und Auftragsabwicklung sieht er einen großen Nutzen hinsichtlich der effektiveren Gestaltung von Arbeitsabläufen in seiner derzeitigen Berufstätigkeit. Des weiteren sagt er, daß ihm nach Bearbeitung der Lernsoftware die Erledigung seiner Aufgaben leichter falle und er besser mit EDV umgehen könne als vorher. Er könnte sich auch vorstellen, selbständig EDV in seinem Betrieb einzuführen.

In Zukunft plant er, den Computer insbesondere als Organisations- und Kommunikationsinstrument zu nutzen. Deshalb hat er auch Versuche mit T-Online und einer Faxkarte in seinem privaten Computer gestartet. Dazu möchte er noch einen zweiten Rechner anschaffen, den er für die Lagerhaltung verwenden will.

2.1.2 Fallstudie Herr D.

Arbeitssituation und Berufsperspektiven

Herr D. – 42 Jahre alt, Fachabitur, keine Berufsausbildung – arbeitet zur Zeit als stellvertretender Serviceleiter im Vertrieb medizinischer Geräte. Er leitet die Abteilungen Reparatur, Versand und zum Teil auch den Außendienst, wenn sein Vorgesetzter abwesend ist. Er kümmert sich um alle technisch-organistorischen Aufgaben in den Vertriebsabteilungen; mit den kaufmännischen Aufgaben, wie z.B. der Buchhaltung, hat er jedoch nichts zu tun.

In der Firma, die ein Tochterunternehmen eines großen Konzerns ist, werden fast alle Aufgaben mit Hilfe der EDV erledigt. Die Computer sind untereinander vernetzt. Im

Vertrieb wird die EDV sowohl für die Datenverwaltung (u.a. Warenwirtschaftssystem) als auch für den Schriftverkehr verwendet.

Mittlerweile arbeitet er vorwiegend mit Standard-Software unter Windows 95. Das Arbeiten mit Rechnern stellt für ihn keine besondere Anforderung dar, da er sich auch privat sehr intensiv mit dem Computer beschäftigt. Insbesondere ist er sehr an neuen Informations- und Kommunikationstechnologien, wie z.B. dem Internet, interessiert.

Im ersten Interview sagte er, daß er sich mit seinem Vorgesetzten selbständig machen will, weil die Tochterfirma vom Mutterkonzern in einem halben Jahr geschlossen werden soll. Beide wollen zusammen wieder medizinische Geräte vertreiben. Computer wollen sie dann insbesondere für die kaufmännischen Aufgaben einsetzen. Allerdings möchten sie andere Anwendungssoftware als bisher einsetzen, weil die Dateneingabe und das Suchen von Datensätzen viel zu zeitaufwendig sei.

Zur weiteren Vorbereitung seiner Selbständigkeit plant er nach dem Besuch des Existenzgründerseminars den Besuch weiterer Kurse, vor allem im kaufmännischen Bereich, insbesondere zu Buchhaltung und Steuerrecht. Hierzu fehlen ihm zur Zeit noch die notwendigen Kenntnisse, um sich erfolgreich selbständig machen zu können. Von der Bearbeitung dieser Lernsoftware erhofft er sich einige Hilfestellungen für die Auswahl und den Einsatz geeigneter Hard- und Software in der geplanten neuen Firma. Sein Ziel ist es, insbesondere gegenüber den Verkäufern von Hard- und Software als kompetenter Gesprächspartner auftreten zu können.

Selbsteinschätzung bisheriger Lernerfahrungen

Herr D. hat sehr gute Computerkenntnisse. Etwa 1985 hat er angefangen, mit DOS-Rechnern zu arbeiten. Er hat sowohl Anwendungssoftware installiert, als auch mit DOS-Befehlen, der Programmiersprache BASIC und später Word-Makros programmiert. In der Firma war er früher zuständig für die gesamte EDV. Er hat die Rechner zusammengestellt, die Software ausgesucht und ein Novell-Netzwerk mit drei Rechnern installiert. Schon bald wurden die Computer auf das Betriebssystem Windows umgestellt. Das hat ihm Spaß gemacht, weil es Arbeit und Hobby zugleich war.

Bisher hat Herr D. immer mit Büchern gelernt. Meistens hat er sich zu speziellen EDV-Themen Bücher besorgt, die er dann am Wochenende oder im Urlaub durchgearbeitet hat. Er findet Fachbücher praxisorientierter als mitgelieferte Handbücher, weil sie aus der Sicht des Anwenders geschrieben seien und bei der Arbeit mit Anwendungssoftware viel besser begleitend genutzt werden könnten.

Im Vergleich zu Büchern stellen seiner Meinung nach die Online-Hilfen einer Anwendungssoftware weitaus weniger Informationen zur Verfügung. Zudem machen die Indexstrukturen und vielfältigen Verweise in den Hilfeseiten das Finden der gesuchten Information sehr zeitaufwendig. Ein Buch sei viel übersichtlicher, weil man darin rasch hin- und herblättern kann und die gesuchte Information auch in den relevanten Anwendungskontexten dargestellt findet. Dabei ist er immer sehr problembezogen vorgegangen, indem er versucht hat, anhand der Hilfe-Informationen ein bestimmtes Problem zu lösen. – Mit einer multimedialen Lernsoftware hat er bisher noch nicht gearbeitet. Auch Video- und Audiokassetten hat er bisher noch nicht für das Lernen benutzt.

Beitrag 12

„Der Lernerfolg bestimmt die Qualität einer Lernsoftware!"
Evaluation von Lernerfolg als logische Rekonstruktion ...

Selbstbeurteilung des Lernens mit der Lernsoftware

Herr D. hat die Lernsoftware „EDV im Handwerk" zu Hause installiert und etwa 30 Stunden damit gearbeitet. Er fand die Arbeit mit der Lernsoftware sehr faszinierend und hat alle Lerneinheiten durchgearbeitet. Außerdem hat er die Checklisten genutzt, anhand der Simulationen sein erworbenes Wissen praktisch erprobt und zur Kontrolle seines Lernerfolgs die Teilaufgaben gelöst. Er meint, daß Anfänger sich zwar beim ersten Mal durchkämpfen müßten, aber dazu alle relevanten Informationen finden würden; anschließend sei es jedoch einfach, weil alle Lerneinheiten in gleicher Weise aufgebaut sind.

Insgesamt gibt er der Software die Schulnote „gut". Den Lerneinheiten „Konstruieren/ Fertigen" und „EDV-Einführung" gibt er sogar ein „sehr gut". Bei der Bearbeitung der einzelnen Lerneinheiten hat er sich zunächst mit der „EDV-Einführung" beschäftigt, da er sich damit am besten auskennt und er anhand seiner eigenen Kenntnisse die Qualität der Software testen wollte. Anschließend hat er die Lerneinheiten in der vor-gegebenen Reihenfolge bearbeitet.

Das „Spielen" mit der Lernsoftware, das er für das Lernen einfach für notwendig hält, hat ihm Spaß bereitet und sein Interesse am Thema verstärkt. Die eingebauten Videos mit den Erfahrungsberichten eines Bäckers, Automechanikers, Frisörs usw. haben ihm sehr gut gefallen und sein Interesse an der Lernsoftware geweckt. Außerdem hält er die Erfahrungsberichte für die Glaubwürdigkeit der Inhalte für sehr wichtig. So könne man sich mit den Personen identifizieren und erhalte auch neue Anregungen. Über-haupt hält er es für sinnvoll, diese Inhalte, die er für erwartungskonform und in der Stoffmenge angemessen hält, computergestützt zu präsentieren.

Die mediale Darbietung sei insgesamt sowohl technisch aktuell und gut realisiert als auch inhaltlich ziemlich realitätsnah und motivierend gestaltet; sie enthalte weder zuviel Texte noch zuviel Visualisierungen und gesprochene Texte. Die Interaktions-gestaltung biete hinreichende Möglichkeiten zur selbständigen Wahl des eigenen Lernweges. Deshalb hätte er es auch nicht begrüßt, wenn der Lernweg eindeutiger vorgeschrieben gewesen wäre. Er hätte es aber begrüßt, wenn während der Bear-beitung einige Aufgaben zur Selbstkontrolle des Lernfortschritts angeboten worden wären. Er hätte es auch begrüßt, wenn er gelegentlich durch eigene Tastatureingaben praktisch hätte tätig werden können.

Er hat es nicht als Manko empfunden, daß es nicht möglich war, bestimmte Inhalte mit Hilfe eines Begriffs zu suchen, und auch nicht, daß er den gegangenen Lernweg nicht am Bildschirm zurückverfolgen konnte. Allerdings sieht er es als negativ an, daß die bereits bearbeiteten Bildschirminhalte zu einem späteren Zeitpunkt nicht mehr direkt aufgesucht werden können. Er hätte sich zudem gewünscht, den jeweils erreichten Lernstatus abspeichern zu können, einschließlich der Lösungen und Eingaben.

Die Navigationsmittel beurteilt er als zweckdienlich im Hinblick auf eine effektive Bearbeitung der Lernsoftware. Die Struktur der einzelnen Lerneinheiten hat ihm auch gut gefallen, weil sie sich in allen Lerneinheiten wiederholt und somit durch den Wiedererkennungseffekt die Navigation erheblich vereinfacht. Gelegentlich hatte er einige Orientierungsschwierigkeiten, weil ihm die inhaltliche Struktur nicht immer klar war.

Das Lexikon hat er sehr häufig verwendet, wobei er die meist englischen Fremdwörter gut erklärt fand. Daß die Begriffe laut vorgelesen werden, fand er „eine pfiffige Idee", weil der Englisch-Unterricht meist weit zurückliegt und Handwerker häufig Begriffe deswegen nicht benutzen, weil sie sie nicht lesen bzw. nicht richtig aussprechen können.

Die Teilaufgaben fand er im Schwierigkeitsgrad angemessen, realitätsnah und praxisrelevant. Sie haben zum einen sein Interesse am Thema verstärkt und ihn zum anderen daran gehindert, die Lernsoftware einfach zu konsumieren. Die Checklisten empfand er im Hinblick auf die Unterstützung beim Kauf von Hard- und Software als sehr hilfreich, da man sich damit schon vor dem Kauf detailliert Gedanken machen könne. Die Simulationen erhielten von ihm gleichfalls eine sehr gute Beurteilung. Simulationen sind seiner Meinung nach notwendig, damit man eine Gelegenheit erhält, das erworbene Wissen beispielhaft anzuwenden.

Er hat durch die Bearbeitung der Lernsoftware zwar keine für ihn grundlegend neuen Kenntnisse erworben, dafür aber eine Menge Detailwissen, z.B. im Bereich Kalkulationen und Angebote erstellen. In bezug auf die EDV habe er wenig Neues gelernt, da er sich in diesem Bereich schon gut auskannte.

Die Notwendigkeit eines elektronischen Austausches mit Kollegen und Experten über die Inhalte der Lernsoftware verneint er, obwohl er sich zur Zeit intensiv mit dem Internet auseinandersetzt.

Er hätte es begrüßt, wenn die Inhalte stärker auf seine eigenen Ziele und Wünsche adaptierbar gewesen wären. Insbesondere hätte er sich eine Lerneinheit zur Nutzung der EDV bei der ISO 9000-Zertifizierung gewünscht. Eine Nachbereitung der Inhalte in Form eines Seminars hält er jedoch nicht für notwendig. Die Lernsoftware hat ihm als alleiniges Lernmedium vollkommen ausgereicht. Seiner Meinung nach hat sie das erreicht, was sie erreichen sollte – nämlich einen Überblick zu geben. Ein Seminar wäre vielleicht für weitere Detailfragen und Erfahrungsberichte aus der Praxis notwendig gewesen. Allerdings glaubt er, daß für die präsentierten Inhalte ein Seminar zeitlich zu umfangreich geworden wäre. Detailfragen sollten daher in Beratergesprächen geklärt werden. Er meint, daß der Vorteil von Lernsoftware gerade in der Selbstbestimmung des Lerntempos liege. Zudem könne man sich mit einer multimedialen Lernsoftware sehr viel mehr Wissen in relativ kurzer Zeit aneignen. Er schätzt aufgrund von Erfahrungen in Computerschulungen, daß mit der Lernsoftware nur noch ein Fünftel der Seminarzeit aufgewendet werden müsse. Er kann sich daher vorstellen, auch in Zukunft wieder mit einer Lernsoftware zu lernen.

Selbstbeurteilung des Nutzens für die eigene Arbeit

Das Arbeiten mit der Lernsoftware „EDV im Handwerk" hatte für Herrn D. keinen unmittelbaren Nutzen, weil sich seine derzeitige Arbeitssituation noch nicht geändert hat. Zudem hat er die geplante Existenzgründung zunächst zurückgestellt, weil er aussichtsreich mit einer anderen Firma über einen Arbeitsvertrag verhandelt. Daher fehlt ihm derzeit die Möglichkeit, das erworbene Wissen auch umzusetzen. Allerdings kann er jetzt besser die Qualität des Einsatzes von EDV in kleinen Unternehmen einschätzen. Außerdem hat ihn die Lernsoftware angeregt, über das Problem der Einführung neuer Informations- und Kommunikationstechniken neu nachzudenken. Fünf Lernein-

Beitrag 12

„Der Lernerfolg bestimmt die Qualität einer Lernsoftware!"
Evaluation von Lernerfolg als logische Rekonstruktion ...

heiten waren dazu für ihn besonders interessant: Verrechnungssätze ermitteln, Aufträge durchführen, Aufträge abrechnen, Betriebsstruktur und Organisationsentwicklung.

2.1.3 Fallstudie Herr G.

Arbeitssituation und Berufsperspektiven

Herr G. – 26 Jahre alt, mittlere Reife, Schreinermeister und Holztechniker – arbeitet als Holztechniker an einem Institut für Holzforschung. Sein neuer Arbeitsschwerpunkt ist seit wenigen Monaten die Materialprüfung von Vollhölzern und Plattenwerkstoffen. Er arbeitet auch bei der Erstellung von holztechnischen Gutachten mit, z.B. für Parketthersteller, die wissen wollen, warum Risse aufgetreten sind und ob diese auf Holzfeuchte oder auf Verleimungsfehler zurückzuführen sind. In der Materialprüfung zeichnet ein DOS-Computer die Meßdaten auf und wertet sie aus, das Ergebnis kann er sich ausdrucken lassen. Er muß dabei nichts programmieren. Für die EDV im Institut haben sie einen eigenen Fachmann. Neben Biege- und Zugprüfungen führt er auch neuere Materialanalysen mit einem computergestützten Analyseprogramm durch, das bereits unter Windows läuft.

Er erzählt außerdem sehr kenntnisreich und engagiert von seinem vorhergehenden Arbeitsbereich, in dem er mit einer Software die Qualität von Bauholz nach dem Schneiden zu Brettern gemessen hat. Dabei werden die Äste, die Holzfeuchte und mit einer Röntgenzeile auch sonstige Abweichungen erfaßt.

Er fühlt sich in dem Forschungsinstitut unterfordert. Erst durch einen Bekannten, der sich im Bereich Gartenservice selbständig gemacht hat, ist sein Interesse geweckt worden, sich im Bereich der Renovierung wertvoller alter Fenster selbständig zu machen. In seinem zukünftigen Unternehmen will er den kaufmännischen Bereich mit Angebotserstellung, Rechnungserstellung, Bilanz, Gewinn- und Verlustrechnung und Korrespondenz übernehmen. Hierfür möchte er die EDV schwerpunktmäßig nutzen. Später sollen auch Materialwirtschaft, Arbeitsvorbereitung und Konstruktion über die EDV laufen.

Er meint, daß man sich als Selbständiger mit der EDV auskennen muß, auch wenn man viele Aufgaben, die damit verbunden sind, später nicht selbst erledigen wird.

Als negative Beispiele sind ihm viele Handwerker vor Augen, die immer noch mit schriftlichen Notizen arbeiten und eine „Zettelwirtschaft" betreiben. Durch den EDV-Einsatz verspricht er sich eine erhebliche Zeitersparnis und eine bessere Arbeitsorganisation. Über den Kollegen, der sich selbständig gemacht hat, und die Technikerschule hat er viele Anregungen für die EDV-Nutzung im Handwerksbetrieb bekommen.

Selbsteinschätzung bisheriger Lernerfahrungen

Mit einer Lernsoftware hat Herr G. bisher noch nicht gearbeitet, obwohl ihm dazu sowohl im Institut als auch zu Hause ein Computer zur Verfügung stehen würde. Zu

Hause hat er einen Computer mit 486er Prozessor, auf dem das Betriebssystem Windows 3.1 und verschiedene Anwendungssoftware sowie der „Flugsimulator" installiert sind.

Im Meisterkurs hat er schwerpunktmäßig die kaufmännische Betriebsführung gelernt. Hier hat er auch erfahren, daß man sich viel Arbeit ersparen kann, wenn man die EDV konsequent nutzt. Er möchte darüber auch unbedingt Bescheid wissen, „weil man da anders vor Steuerberatern argumentieren kann."

Mit der technischen Ausbildung im Meisterkurs ist er sehr unzufrieden, weil er darin zwar etwas über Materialdisposition erfahren habe, aber nur sehr wenig über neue Technologien: „Denn die Handwerksmeister wollen noch alles mit der Hand machen – und dies ist auch für die Anfertigung des Meisterstücks erwünscht!" Daher hat er anschließend die Technikerschule besucht, weil dort die Lerninhalte mehr den industrietechnischen Anforderungen entsprechen. Hier hat er neben der Arbeitsvorbereitung und Materialwirtschaft auch das Konstruieren mit CAD-Systemen und die Programmierung von NC-Sägemaschinen gelernt.

Selbstbeurteilung des Lernens mit der Lernsoftware

Herr G. hat die Lernsoftware „EDV im Handwerk" sowohl zu Hause als auch auf dem Institutscomputer installiert, weil er nur dort über eine Soundkarte den gesprochenen Text hören konnte. Er hat über einen längeren Zeitraum verteilt mit allen Lerneinheiten gearbeitet und dafür im ganzen etwa vier Stunden aufgewendet. Er hat sich dabei nicht an die vorgegebene Reihenfolge der Lerneinheiten gehalten, sondern eine eigene Reihenfolge gewählt: Aufträge durchführen, Aufträge abrechnen, Angebote erstellen, Verrechnungssätze ermitteln, Kunden gewinnen und pflegen, Konstruieren/Fertigen, EDV-Einführung, Organisationsentwicklung, Betriebsstruktur. Insgesamt bewertet er die Lernsoftware mit „sehr gut".

Das Arbeiten mit der Lernsoftware hat ihm Spaß bereitet. Die Bedienung fand er einfach. Die computerunterstützte Darbietung der Inhalte hält er für sinnvoll, da ihm die Anwendungsbeispiele mit den Videosequenzen aus den verschiedenen Branchen vor Augen geführt haben, welche Möglichkeiten die EDV dem Handwerk bietet. Ein traditionelles Textmedium hätte er daher nicht bevorzugt.

Durch die Lernsoftware hat er einen guten Überblick bekommen, was man alles mit der EDV bearbeiten kann, insbesondere auch in Handwerken wie Frisör oder Maler, bei denen man nicht sofort an EDV denkt. Überrascht hat ihn vor allem der EDV-Einsatz bei Schilder- und Lichtreklameherstellern, wo vom Design bis zum Ausschneiden der Buchstaben und der Berechnung der benötigten Fläche alle Arbeitsschritte von der computergesteuerten Maschine erledigt werden. Allerdings meint er, daß ihm ohne seine schulische Vorbildung (Technikerschule) in manchen Beispielen der Nutzen der EDV nicht ganz klar geworden wäre. Der mit der Lernsoftware gewonnene Überblick genüge ihm aber, da er sowieso zu den diversen Software-Anbietern gehen würde, wenn er spezielle Fragen habe. Auch das Lexikon fand er gut, weil er jederzeit durch Anklicken eine gute Erklärung für einen unklaren Begriff erhalten hat.

Die mediale Darbietung der Lerneinheiten beurteilte er als sehr realitätsnah, relativ motivierend, übersichtlich dargestellt und weder mit zuviel geschriebenen noch zuviel

Beitrag 12

„Der Lernerfolg bestimmt die Qualität einer Lernsoftware!"
Evaluation von Lernerfolg als logische Rekonstruktion ...

gesprochenen Texten oder zu vielen Visualisierungen überladen. Über das technische Niveau der medialen Darstellung wollte er keine Aussagen machen, da er in diesem Bereich zu wenig Kenntnisse habe.

Die Interaktionsgestaltung bot seiner Meinung nach hinreichende Möglichkeiten zur selbständigen Wahl des eigenen Lernweges. Er hätte es nicht gut gefunden, wenn die Lernsoftware den Lernweg eindeutiger vorgeschrieben hätte. Er hätte es aber begrüßt, wenn die Inhalte stärker auf seine Ziele adaptierbar gewesen wären. Manchmal hätte er auch gerne Aufgaben zur Selbstkontrolle des eigenen Lernfortschritts gehabt, „da gemachte Fehler oft wieder vergessen werden". Begrüßt hätte er, wenn gelegentlich durch Tastatureingaben „praktisches Lernen" ermöglicht worden wäre. Er hat weder vermißt, daß bestimmte Inhalte nicht mit Hilfe eines bestimmten Begriffs gesucht werden können, noch vermißt, daß bearbeitete Bildschirmseiten nicht zu einem späteren Zeitpunkt erneut aufgesucht werden können. Es war ihm auch nicht wichtig, den gegangenen Lernweg zurückverfolgen zu können. Allerdings hätte er es lieber gehabt, wenn er sich völlig frei durch die Lernsoftware hätte bewegen können. Die verwendeten Navigationsmittel fand er zweckdienlich, da die Benutzeroberfläche dem verbreiteten Windows-Standard entspricht.

Die Teilaufgaben und Checklisten beurteilte er als „gut". Dagegen beurteilte er die Simulationen negativer, weil er den Vergleich zu professioneller Anwendungssoftware hatte (z.B. CAD).

Eine Nachbearbeitung der Inhalte in einem Seminar hält er nur teilweise für notwendig, da ein Seminar relativ zeitaufwendig sei. Allerdings kann er sich vorstellen, daß ein Seminar für Anfänger angemessener wäre. Für ihn wäre ein zusätzliches Seminar zur Auftragsbearbeitung, insbesondere zur Arbeitsplanung sowie Vor- und Nachkalkulation, sinnvoll, weil er gerne jemanden hätte, der ihn ein bißchen mehr dazu berät. Eine elektronische Kommunikation mit Kollegen und Experten liegt jedoch nicht in seinem Erwartungshorizont. Den Vorteil einer Lernsoftware sieht er in der gezielten Ansteuerung von Inhalten, was im Seminar nicht so einfach möglich ist. Außerdem können in einer Lernsoftware Simulationen zur Verfügung gestellt werden. Zudem würden sich die unmittelbaren Rückmeldungen, Lob und Tadel bzw. unmittelbare Korrekturen von Fehlern, sehr motivierend auf die Bearbeitung auswirken. Bei einem normalen Text, einem Buch zum Beispiel, sei das „eine trockene Sache", und da könne man schnell die Lust verlieren, wenn man etwas nicht gleich begreife. Dagegen könne man es bei einer Lernsoftware eben weiter probieren. Positiv hebt er auch die freie Zeiteinteilung bei einer Lernsoftware hervor. Wenn er einen größeren Monitor hätte, würde er immer auf eine Lernsoftware zurückgreifen.

Selbstbeurteilung des Nutzens für die eigene Arbeit

Herr G. berichtete nach Bearbeitung der Lernsoftware von einem Wissenszugewinn, insbesondere im kaufmännischen Bereich und im Anwendungsbereich anderer Branchen. Insbesondere habe er den Zusammenhang der verschiedenen Bereiche in einem Betrieb, der durch die EDV hergestellt wird, besser erkannt. Außerdem kann er sicherer beim Kauf von Hard- und Software auftreten, weil er jetzt besser weiß, worauf er achten muß.

Daher war die Lernsoftware für ihn eine gute Einführung: Zum einen sieht er eine praktische Verwendbarkeit der Inhalte für seine Berufspraxis, wie z.B. Mahnwesen, Rechnungserstellung, Kalkulationen. Zum anderen hat ihn die Lernsoftware zum Nachdenken über das Problem der Einführung neuer Techniken im Betrieb veranlaßt. Er hat nun auch Kriterien für die Anschaffung von Hard- und Software bekommen. Allerdings hat die Lernsoftware noch keinen unmittelbaren Einfluß auf die Erledigung seiner Aufgaben, da er mit seiner Selbständigkeit noch nicht so weit ist.

2.1.4 Fallstudie Herr P.

Arbeitssituation und Berufsperspektiven

Herr P. – etwa 35 Jahre alt, Abitur, Studium der Wirtschaftswissenschaften in Italien – ist zur Zeit freiberuflich für einen selbständigen Importeur einer italienischen Sportbekleidungsfirma vor allem im Vertrieb und Marketing von Skibekleidung tätig.

Der Importeur schaffte vor etwa zehn Jahren zu einem hohen Preis eine große Rechenanlage an mit sechs bis sieben Terminals und der entsprechenden Software für Kundendaten, Kundenstatistik, Auftragsbearbeitung, Fakturierung und sogar für den Schriftverkehr. An einem solchen Terminal hat Herr P. bisher auch beim Importeur gearbeitet – zuvor bereits an einer noch größeren Anlage in Italien. Der hohe Preis war für die Firma der Grund, diese Rechenanlage nicht gegen viel leistungsfähigere PCs auszutauschen.

Erst vor kurzem führte der Importeur PCs im Betrieb ein. Nun macht es die Arbeit für Herrn P. erforderlich, sich damit im Betrieb und zu Hause mit seinem privaten Laptop, den er unterwegs benötigt, auseinanderzusetzen. Er nutzt den Computer zur Erfassung von Kundendaten und zur Erstellung von Kundenstatistiken sowie für die Auftragsbearbeitung, die Fakturierung und den Schriftverkehr.

Da er sich jetzt mit einem Partner zusammen als Importeur für hochwertiges Olivenöl selbständig machen möchte, will er sich schon vor der eigentlichen Existenzgründung Kenntnisse aneignen, um die für sein Unternehmen erforderliche Hard- und Software auswählen zu können. Er stellt sich vor, den Computer als „Allroundtalent" nutzen zu können.

Selbsteinschätzung bisheriger Lernerfahrungen

Mit Windows kann Herr P. umgehen, auch mit der Textverarbeitungssoftware Word. Ansonsten, sagt er, habe er jedoch nur geringe Computer-Kenntnisse, weil er bisher nur an großen Rechenanlagen gearbeitet hat. Mit der Lernsoftware, die der Textverarbeitungssoftware beigegeben ist, hat er auch schon gearbeitet. Meistens lernt er jedoch aus Zeitschriften und Zeitungen. Allerdings hat er sehr wenig Zeit, sich intensiver mit Computern auseinanderzusetzen, da er beruflich viel unterwegs ist. Die Lernsoftware „EDV im Handwerk" sieht er als weitere Chance zur Aneignung von EDV-Kenntnissen für seine Existenzgründung.

Beitrag 12

„Der Lernerfolg bestimmt die Qualität einer Lernsoftware!"
Evaluation von Lernerfolg als logische Rekonstruktion ...

Selbstbeurteilung des Lernens mit der Lernsoftware

Herr P. konnte die Lernsoftware problemlos auf seinem Laptop installieren, zumal er sich in letzter Zeit öfter mit der Installation von Software auseinandersetzen mußte. Insgesamt hat ihm das Arbeiten mit der Software Spaß gemacht und auch sein Interesse am Thema geweckt. Die Inhalte waren leicht zu verstehen und die Darstellung sehr einfach. Besonders gut fand er die einfache und klare bildliche Darstellung der Übersicht und die leichte Bedienbarkeit. Auch die Darstellung der EDV-Inhalte in einer Lernsoftware fand er sinnvoll. Einen traditionellen Text hätte er nicht bevorzugt. Er kann sich auch vorstellen, in Zukunft wieder mit einer Lernsoftware zu arbeiten. Das Lexikon hat ihn besonders beeindruckt, weil er darin genauere Erklärungen vieler Fachbegriffe nachlesen konnte, die er so bislang nicht wußte.

Für die Einarbeitung in die Benutzung einer beschafften Software hält er ein Seminar schon für sinnvoll. Eine elektronische Kommunikation mit anderen Experten benötigt er nicht. Er meint, daß „Computereinsteiger" mit der Lernsoftware einen guten Überblick bekommen.

Dennoch beurteilt er die Lernsoftware nur mit der Note „befriedigend" und würde sie auch nicht weiterempfehlen, weil ihn die einzelnen Lerneinheiten nicht überzeugt haben. Eine anspruchsvollere Bearbeitung der einzelnen Lerneinheiten mit tiefergehender Problemdarstellung und individuellen Lösungsvorschlägen hätten die Software interessanter gemacht. Er erläutert dies an der Lerneinheit „Kunden gewinnen und pflegen": Hier hätte er sich neben einer Reihe beispielhafter Geschäftsbriefe die Integration einer Präsentationssoftware gewünscht, um simulativ lernen zu können, wie man mit ganz individuellen Briefen gezielter auf Kunden zugehen kann. Hier und an anderen Stellen hätte er sich auch gewünscht, mit integrierter Anwendungssoftware individuelle Lösungen zu gestalten.

Seinen thematischen Prioritäten entsprechend hat er auch die Reihenfolge der Bearbeitung der Lerneinheiten gewählt: Betriebsstruktur, EDV-Einführung, Organisationsentwicklung, Kunden gewinnen und pflegen, Angebote erstellen, Verrechnungssätze ermitteln, Aufträge durchführen, Aufträge abrechnen und zuletzt Konstruieren/Fertigen. Dabei hat er beispielsweise Themen wie Budget-Planung, Buchhaltung, Internet und Email vermißt. Gerne hätte er auch eine Lerneinheit darüber gehabt, „was eine Lernsoftware ist" und „was es bringt", weil die Software-Handbücher einfach zu viele Möglichkeiten bieten, mit denen man sich gar nicht auseinandersetzen könne. Zudem fehlten ihm Beispiele aus seiner eigenen Branche, weil er nicht aus dem Handwerk kommt. Am Softwarekatalog bemängelte er, daß darin nur Anbieteranschriften, aber keine Beschreibungen der Funktionalitäten der angebotenen Software zu finden seien.

Die mediale Darstellung beurteilt er im großen und ganzen als technisch einwandfrei, dem aktuellen technischen Niveau ziemlich entsprechend, übersichtlich, relativ realitätsnah und relativ motivierend. Sie enthalte weder zu viel geschriebenen noch zu viel gesprochenen Text, und auch die Anzahl der Visualisierungen sei nicht als zu hoch anzusehen.

Als einen Mangel empfand er es jedoch, daß die Interaktionsgestaltung nur zum Teil die Möglichkeit selbständiger Wahl des eigenen Lernweges bot. Eine noch eindeutigere Lernwegvorgabe würde er sich nicht wünschen. Die verwendeten Navigationsmittel fand er zweckdienlich für eine effektive Bearbeitung der Lernsoftware. Er hatte keine Orientierungsschwierigkeiten, weil die Software sehr übersichtlich gestaltet ist. Ihm waren sowohl die inhaltliche Struktur wie auch die Möglichkeiten der Steuerung klar.

Während der Bearbeitung hätte er gerne bessere Aufgaben zur Selbstkontrolle des eigenen Lernerfolgs gehabt. Die vorhandenen Aufgaben seien zwar relativ abwechslungsreich, übersichtlich und interessant, aber zu leicht und einfach und wenig praxisrelevant. Außerdem hätte er es begrüßt, wenn er gelegentlich durch eigene Tastatureingaben etwas praktisch hätte tätig werden können. Dagegen hat er es nicht vermißt, einen bestimmten Bildschirminhalt mit Hilfe eines bestimmten Begriffs suchen und den Lernweg zurückverfolgen zu können. Als Manko schien es ihm auch nicht, daß er sich nicht völlig frei durch die Software bewegen konnte. Teilweise hätte er aber gerne bereits bearbeitete Bildschirminhalte zu einem späteren Zeitpunkt wieder gezielt aufgesucht. Explizit vermißt hat er die Möglichkeit, aus einer Lerneinheit heraus direkt in eine andere gehen zu können, ohne immer über die Programmübersicht gehen zu müssen.

Selbstbeurteilung des Nutzens für die eigene Arbeit

Da viele Inhalte für seine Tätigkeit nicht so relevant waren, konnte er aus der Lernsoftware für seine speziellen Fragen keinen direkten Nutzen ziehen. Das Medium habe ihn aber angeregt, sich intensiver mit Software auseinanderzusetzen. Diese pauschale Ablehnung relativiert er später, wenn er sagt, daß die Lerneinheiten „Kunden gewinnen und pflegen" und „Angebote erstellen" doch bedeutsam für seine Tätigkeit seien. Insgesamt habe ihm die Software einen Überblick gegeben, an was alles er bei der Einführung neuer Informations- und Kommunikationstechnologien in einem kleinen Gewerbe denken muß. Dieser halbwegs positiven Einschätzung des Nutzens für seine jetzige und zukünftige Tätigkeit stehen aber seine relativ negativen Urteile über die Lernsoftware und seine anfängliche generelle Aussage, daß er keinen Lernerfolg für sich verbuchen könne, entgegen.

2.1.5 Fallstudie Herr S.

Arbeitssituation und Berufsperspektiven

Herr S. – zwischen 40 und 50 Jahre alt, Studienabschluß in Physik, zur Zeit arbeitslos – bereitet sich auf seine Selbständigkeit vor, die er im Bereich der Beratung von Unternehmen bei der Einführung von betriebswirtschaftlicher Software plant. In zwei Monaten will er damit starten. Insbesondere durch seine vorherige Tätigkeit bei einem großen Softwarehersteller konnte er in diesem Feld Erfahrungen sammeln. Davor war er im Vertrieb von elektronischen Meßgeräten tätig. Zunächst will er sich allein, mit Unterstützung durch seine von ihm angestellte Ehefrau, selbständig machen. Zu einem späteren Zeitpunkt kann er sich auch die Zusammenarbeit mit einem Partner vorstellen.

Beitrag 12

„Der Lernerfolg bestimmt die Qualität einer Lernsoftware!"
Evaluation von Lernerfolg als logische Rekonstruktion ...

Er benutzt seinen privaten Computer, um Tabellenkalkulationen vorzunehmen, Datenbanken zu erstellen und den anfallenden Schriftverkehr zu erledigen. Den Nutzen des Computers sieht er darin, daß er sich z.B. bei Kalkulationen einen schnellen Überblick über die Situation verschaffen kann, beispielsweise um die Ertragsfähigkeit durchzuspielen. Auch für seine Selbständigkeit plant er den Einsatz eines Computers, und zwar um Aufträge und Rechnungen und auch die Steuererklärungen zu erstellen.

Selbsteinschätzung bisheriger Lernerfahrungen

Aufgrund seiner Hochschulausbildung und seiner vorhergehenden Tätigkeiten hat Herr S. weit überdurchschnittliche EDV-Kenntnisse. Seine Hardware-Kenntnisse hat er sich im Laufe der Zeit selbst beigebracht. Seine Software-Kenntnisse hat er durch den Besuch von Seminaren erworben. Die Erfahrung hat ihm gezeigt, daß das Alleinlernen auf Dauer doch zeitaufwendiger ist. Außerdem werde die Breite an Funktionen, die eine Software bietet, dann normalerweise nicht erkannt und auch nicht genutzt. Als Alleinlernender schieße man sich auf eine Problemstellung ein, für die man zwar eine Lösung finde, aber die vorhandenen bequemeren Funktionen blieben ungenutzt. Wenn man diese nicht vermittelt bekomme, käme man gar nicht auf die Idee, daß sie überhaupt vorhanden sind.

Zur Leistungsfähigkeit multimedialer Lernsoftware in Lernprozessen hat er feste Vorstellungen: Als alleiniges Lernmedium hält er sie nicht für sonderlich tauglich, sondern nur als begleitendes Medium zu Kursen. Von einer interaktiven Lernsoftware zur Einführung von EDV erwartet er, daß sie mit Beispielen gefüllt ist, so daß man das, was erläutert wird, auch gleich nachvollziehen kann, und daß man auf ein Stichwort oder eine Frage auch die richtige Antwort erhält. Sein bisheriger Eindruck von Lernsoftware ist nicht besonders gut, weil er damit noch keine tieferen Informationen erlangt habe. Zudem fällt es ihm schwer, Bildschirmtext genauso gut zu lesen wie gedruckten Text.

Selbstbeurteilung des Lernens mit der Lernsoftware

Herr S. hat insgesamt nur etwa drei Stunden mit der Lernsoftware „EDV im Handwerk" gearbeitet. Bei der Installation ist er auf eine technische Schwierigkeit gestoßen, weil bei seinem Computer die Bildschirmauflösung nur 640 x 480 Pixel beträgt und daher die untere Bedienungsleiste nicht mehr sichtbar war. Gemäß Installationsanleitung ist eine Bildschirmauflösung von mindestens 800 x 600 Pixel erforderlich.

Er hat sich über alle Lerneinheiten eine Überblick verschafft. Das Arbeiten mit der Software hat ihm nur zum Teil Spaß gemacht und auch kein weiteres Interesse am Thema geweckt. Außerdem würde er die Software auch nicht weiterempfehlen, da sie zum einen mit einem Verkaufspreis von 299 DM zu teuer sei und zum anderen insbesondere für die Meisterebene zu wenig Informationen biete und nicht in die Tiefe gehe. Etwa 50 DM sei ein angemessener Verkaufspreis, zumal der Konzeption anzusehen sei, daß sie vor etwa vier Jahren entwickelt wurde. Sowohl die einzelnen Lerneinheiten als auch die Lernsoftware insgesamt beurteilte er nur mit „ausreichend". Im einzelnen fällt seine Beurteilung dann aber doch etwas differenzierter und positiver aus.

So hat ihm der bildliche Einstieg in die Software sehr gut gefallen, weil sie der Schreibtisch-Metapher entspricht. Allerdings ist er der Auffassung, daß das Niveau der Software viel zu niedrig ansetzt, weil die Handwerker es später mit professioneller Software zu tun haben werden, und dafür biete die Lernsoftware doch nur einen sehr allgemeinen Überblick. Als solches mag sie zwar für Lehrlinge gut sein, aber den Sprung zur vollen Anwendung professioneller Software leiste die Lernsoftware nicht.

Die mediale Darbietung beurteilt er als realitätsnah, sie enthalte nicht zu viel geschriebenen Text, und die Bildschirmdarstellung sei sehr übersichtlich. Überwiegend beurteilt er sie jedoch sehr negativ. So fand er die technische Umsetzung nur schlecht gelungen und auch nicht dem aktuellen technischen Niveau entsprechend. Außerdem fand er die Darstellung nicht motivierend, sie enthalte zu viel gesprochenen Text und habe viel zu wenige Visualisierungen. Hier hätte er sich mehr Animationen gewünscht, so wie man sie heute in die Lernsoftware für Kinder einbindet.

Die Inhalte bewertet er weder durchgängig positiv noch negativ. Zum einen fand er die Inhalte relativ abwechslungsreich, übersichtlich, praxisrelevant und nicht mit zu viel Stoff überladen. Zum anderen fand er die Inhalte wenig interessant und überhaupt nicht anspruchsvoll und erwartungskonform. Zudem fand er fremde Begriffe eher schlecht und mit wenig Tiefe erklärt. Hier hätte er sich eine umfangreichere Bibliothek gewünscht, denn für den Leser sei das Weglassen einfacher als das Dazuschreiben.

Seine Beurteilung der Teilaufgaben, Checklisten und Simulationen fiel ähnlich negativ aus. Er fand sie zwar abwechslungsreich, übersichtlich, realitätsnah und praxisrelevant, aber wenig interessant und auch nicht anspruchsvoll. Er hätte sich zwischendurch mehr Multiple-Choice-Fragen zur eigenständigen Überprüfung seines Lernerfolgs gewünscht. Die Checklisten findet er dagegen „sehr nützlich, weil sie erlauben, bei der Hard- und Software-Beschaffung die Spreu vom Weizen zu trennen".

Die Interaktionsgestaltung beurteilte er relativ positiv, denn sie bot ihm hinreichende Wahlmöglichkeiten für einen eigenen Lernweg. Einen vorgeschriebenen Lernweg durch die Software hätte er nicht begrüßt. Im Unterschied zu seiner Aussage im Interview hat er im Fragebogen angegeben, daß er sich Aufgaben zur Selbstkontrolle des eigenen Lernfortschritts nicht wünsche. Allerdings hätte er es begrüßt, wenn er durch eigene Tastatureingaben stärker hätte tätig werden können. Teilweise vermißte er, daß bereits bearbeitete Inhalte zu einem späteren Zeitpunkt nicht erneut gezielt aufgesucht werden konnten. Er hat es nicht bemängelt, daß er den Lernweg nicht in umgekehrter Reihenfolge zurückverfolgen und sich nicht völlig frei durch die Software bewegen konnte.

Die Navigationsmittel empfand er nicht unbedingt als zweckdienlich. Zum Teil hatte er Orientierungsschwierigkeiten, da die inhaltliche Struktur und die Möglichkeiten zur Steuerung ihm teilweise unklar blieben, obwohl er den Einstieg und die Struktur gelungen fand.

Trotz seiner fast durchgängig negativen Beurteilung kann er sich vorstellen, in Zukunft wieder mit einer Lernsoftware zu arbeiten, aber nur im Rahmen eines Seminars! Eine elektronische Kommunikation mit Kollegen und Experten ist ihm dafür kein Ersatz. Schulungen findet er nützlicher, da man eher die Breite einer Software kennenlernt und diese später auch nutzen kann; außerdem können unmittelbar Fragen gestellt

Beitrag 12

„Der Lernerfolg bestimmt die Qualität einer Lernsoftware!"
Evaluation von Lernerfolg als logische Rekonstruktion ...

werden. Lernprogramme sind für ihn lediglich zusätzliche Hilfsmittel. Sie sollten entweder als Vorbereitungsmaterial zu einem Seminar oder als Nachbereitungsmaterial zur Vertiefung von Spezialwissen eingesetzt werden. CD-ROMs können seiner Meinung nach aufgrund der großen Speicherkapazitäten auch gut als Nachschlagewerke mit vor allem textbasierten Informationen genutzt werden.

Zur Verbesserung der Lernsoftware schlägt er eine kontinuierliche Steigerung des Anforderungsniveaus vor. Er hätte es gut gefunden, wenn er an einer seinem Leistungsniveau entsprechenden Stelle hätte einsteigen können.

Selbstbeurteilung des Nutzens für die eigene Arbeit

Aufgrund seiner Vorbildung und seiner bisherigen Berufserfahrungen mit dem Vertrieb und der Einrichtung betriebswirtschaftlicher Software für große Rechenanlagen konnte Herr S. so gut wie keinen Nutzen aus der Lernsoftware für seine zukünftige Arbeit ziehen. Seine eigenen beruflichen Ziele und Wünsche konnte er in der Software kaum wiederfinden, da das präsentierte Wissen veraltet und das Anspruchsniveau für ihn zu niedrig sei. Allerdings relativierte er diese globale Aussage, weil er doch einige Inhalte praktisch verwenden könne, wie z.B. die aus der Lerneinheit „Angebote erstellen".

2.2 Vergleich des individuellen Lernens mit der Lernsoftware

2.2.1 Allgemeine Beurteilungen der Lernsoftware

These

Beim Vergleich der allgemeinen Beurteilungen des Lernens mit der Lernsoftware „EDV im Handwerk", wie sie den beantworteten Fragebögen und den Interviews zu entnehmen sind, gehen wir von der These aus, *daß wie Lernende eine Lernsoftware insgesamt beurteilen, etwas darüber aussagt, mit welcher Einstellung und Motivation sie an die Bearbeitung herangegangen sind und welchen Nutzen sie für sich selbst während der Bearbeitung erkennen und in ihrer Arbeit realisieren konnten.* Beides, Motivation und Nutzen, ist auch beeinflußt von den bisherigen Berufserfahrungen, den Lerngewohnheiten sowie von der Selbsteinschätzung der Berufsperspektiven und wie aktiv die Lernenden diese umzusetzen versuchen. Der Vergleich der Daten und Beurteilungen macht nicht nur die individuellen Unterschiede sichtbar, sondern läßt auch den Beitrag der Lernsoftware zum individuellen Lernerfolg erkennbar werden. – Dabei ist zu berücksichtigen, daß alle hier befragten Lernenden bislang so gut wie keine Erfahrungen im Lernen mit Lernsoftware haben und ihnen somit Referenzen für ihre Urteile fehlen.

Beurteilungen

Vier der fünf Personen, die mit der Lernsoftware gelernt haben, hat das Lernen Spaß gemacht und auch ihr Interesse am Thema geweckt bzw. verstärkt. Es ist leicht zu verstehen, daß Herrn S. – zwischen 40 und 50 Jahre alt, Physiker, Berufserfahrungen in der Beratung und Einführung großer betriebswirtschaftlicher Software-Pakete, arbeitslos – die Arbeit mit der Lernsoftware weder Spaß bereitete noch sein Leistungsniveau und seine thematischen Interessen traf.

Drei der fünf Lernenden würden die Lernsoftware auch weiterempfehlen. Sie gaben der Lernsoftware die Gesamtnoten „gut" und „sehr gut". So fanden sie es beispielsweise gut, daß sie kompakte Informationen erhalten haben, die sie für ihre geplante Existenzgründung brauchen und nun nicht mehr anderswo zusammensuchen müssen. Sie beurteilten die Lernsoftware als sehr abwechslungsreich und fanden besonders gut, daß darin Erfahrungsberichte aus verschiedenen Branchen enthalten sind, die Einführung in die EDV thematisiert wird und eigene Angaben und Beispielrechnungen durchgeführt sowie Checklisten ausgedruckt werden können. Sie bemängelten lediglich, daß sie nach Abbruch eines Lernschrittes bei Neustart nicht mehr sofort an die gleiche Stelle gelangen und teilweise aufgrund unzureichender Navigation nicht sehen können, wo sie sich befinden. Vermißt wurden nur wenige Themen: ISO 9000-Zertifizierung, Budget-Planung, Buchhaltung, Internet, Email, Präsentation.

Die beiden akademisch gebildeten Lernenden würden die Lernsoftware nicht weiterempfehlen. Sie bewerteten die Lernsoftware insgesamt nur mit „befriedigend" und „ausreichend". Herr S. begründete seine zunächst pauschale Ablehnung damit, daß die Lernsoftware viel zu teuer sei und zu wenig Informationen biete. Die Antworten auf die Kontrollfragen am Ende des Fragebogens zeigen jedoch, daß er lediglich zwei bis drei Stunden mit der Software gearbeitet hat, die Lerninhalte für beinahe den zwanzigfachen Stundenansatz bereitstellt. In dieser kurzen Zeit konnte er die Inhalte nur durchblättern. Wenn er dennoch angibt, daß er wieder damit arbeiten würde, so verweist dies darauf, daß er sich seiner kurzen Einschätzung doch nicht so sicher ist. Herr P., der 35 Jahre alt ist, Wirtschaftswissenschaften in Italien studiert hat und seit einigen Jahren freiberuflich für einen Importeur im Vertrieb tätig ist, gibt an, etwa fünf Stunden mit allen Lerneinheiten in einer selbst gewählten Reihenfolge gearbeitet zu haben. Er würde die Lernsoftware nicht weiterempfehlen, weil: „Die einzelnen Lerneinheiten haben mich persönlich nicht überzeugt. Eine anspruchsvolle Bearbeitung der einzelnen Einheiten, z.B. mit tiefergehender Problemdarstellung und deren individuellen Lösungsvorschlägen hätten für mich das Programm interessanter gestaltet."

Da beide die Lerninhalte ziemlich schlecht bis sehr schlecht beurteilt haben, loben sie die *Oberfläche der Lernsoftware* um so mehr. Insbesondere die grafische Anlehnung an den Büroschreibtisch auf dem Einstiegsbildschirm, die einfache und übersichtliche Gestaltung der Bildschirmseiten, die leichte Bedienbarkeit auch für Computereinsteiger und das Lexikon fanden sie gelungen. Für die anderen drei Lernenden war die Oberfläche kein Thema, das einer besonderen Erwähnung oder Beurteilung bedurfte: sie konzentrierten sich voll auf die Beurteilung der Inhalte.

Diese sehr unterschiedliche Gesamteinschätzung wirft die Frage auf, ob die Unterschiede in den inhaltlichen Ansprüchen und Urteilen sich möglicherweise durch die bisherigen Lern- und Berufserfahrungen und Berufsperspektiven erklären lassen.

Es zeigt sich, daß die beiden, die die Lernsoftware nicht weiterempfehlen würden, einen akademischen Abschluß haben, nach vieljähriger gutbezahlter Berufstätigkeit arbeitslos geworden bzw. seit langem in sehr unsicherer freiberuflicher Tätigkeit beschäftigt sind und – wahrscheinlich erzwungenermaßen – ihre berufliche Selbständigkeit anstreben. Dagegen haben die anderen drei, die die Lernsoftware weiterempfehlen würden, eine abgeschlossene Berufsausbildung und/oder mehrjährige Berufserfahrungen, stehen in Beschäftigungsverhältnissen, streben aber als neue Chance ihre berufliche Selbständigkeit an, weil sie diese interessanter finden.

Diese drei Lernenden gaben auch an, daß sie sowohl bedeutsame Kenntnisse für die Einführung und Nutzung von EDV in ihrem Betrieb gewonnen haben als auch die praktische Verwendbarkeit der vermittelten Inhalte für ihre Berufspraxis sehen, nämlich in den Bereichen Angebotserstellung, Auftragsabwicklung, Mahnwesen, Vorkalkulation/Nachkalkulation und Rechnungserstellung. Einer gab auch an, daß die Durcharbeitung der Lernsoftware bereits zu einer leichteren Aufgabenerledigung geführt habe. Dagegen sehen die beiden Akademiker für sich nur einen marginalen Wissenszuwachs für die Einführung von EDV in ihrem geplanten Betrieb, und auch für ihre derzeitige Aufgabenerledigung sehen sie keine Erleichterung, obwohl Herr P. durchaus die praktische Verwendbarkeit einiger Inhalte für seine spätere Berufspraxis sieht. – Wir haben in den Interviews den starken Eindruck gewonnen, daß sie mit der Lernsoftware so distanziert und vorurteilsvoll umgegangen sind, weil sie diese für Handwerker gemachte Lernsoftware als unter ihrem Anspruchsniveau liegend angesehen haben.

Vier der fünf Lernenden hat die Lernsoftware zum Nachdenken über das Problem der Einführung neuer Informations- und Kommunikationstechnologien im Betrieb veranlaßt (drei ohne Abstriche, einen teilweise). Drei Lernende hätten sich dennoch die teilweise Erarbeitung der Inhalte im Rahmen eines Seminars oder Workshops gewünscht. Denn immer gibt es Fragen aus Erfahrungen und auf andere Erfahrungen bezogen, die in keiner Lernsoftware vorweggedacht werden können. Einem von den vier Lernenden, der bereits über sehr umfangreiche Computerkenntnisse verfügt, hat die Lernsoftware vollauf genügt. Die Darbietung der Lerninhalte zum Thema „EDV im Handwerk" durch Lernsoftware halten die vier Lernenden allerdings für sinnvoll und würden traditionelle Texte nicht bevorzugen. Lediglich Herrn S. hat die Software weder zum Nachdenken veranlaßt, noch hält er die Präsentation der Lerninhalte allein durch Lernsoftware für sinnvoll.

Resultat

Der Vergleich der allgemeinen Beurteilungen der Lernsoftware durch die fünf Lernenden läßt erkennen, daß offensichtlich die Vorbildungen (Berufs- oder Hochschulausbildung), Lerngewohnheiten, Berufserfahrungen, gegenwärtigen Arbeitssituationen und insbesondere die ergriffenen Berufsperspektiven sowie die sich auf diese komplex interpretierten Zusammenhänge gründenden Motivationen und Einstellungen von ausschlaggebender Bedeutung für die engagierte und erfolgreiche Bearbeitung einer Lernsoftware sind.

2.2.2 Beurteilungen wichtiger Inhaltsaspekte

These

Unsere These ist, daß die Inhaltsstrukturen, Teilaufgaben, Simulationen und Checklisten als gute Voraussetzungen für den Lernerfolg angesehen werden können, wenn sie von den Lernenden als *abwechslungsreich, übersichtlich, interessant, anspruchsvoll, praxisrelevant und erwartungskonform* einge-schätzt werden, Fremdwörter nicht unerklärt bleiben und die Stoffmenge sie nicht überfordert.

Beurteilungen der Inhaltsstrukturen

Die Lerninhalte wurden durchweg als abwechslungsreich und übersichtlich beurteilt. Interessant und anspruchsvoll sind die Inhalte besonders für zwei Lernende, während zwei andere sie als teilweise und einer (Herr S.) sie als nicht interessant beurteilt. Alle sind der Auffassung, auch wenn die Skalenwerte etwas differieren, daß nicht zu viel Stoff zum Lernen angeboten wird. Die Erläuterung der Fremdwörter wird ebenfalls von allen von eher gut bis sehr gut beurteilt. Auch beurteilen vier der fünf Lernenden die Lerninhalte als ziemlich praxisrelevant, während einer (Herr S.) dies eher als unzu-treffend ansieht. Die Lerninhalte werden zwar im Durchschnitt von allen als eher erwartungskonform beurteilt, jedoch reicht die Beurteilung vom einen bis zum anderen Extremwert auf der sechsstufigen Skala, was sich durch die sehr heterogenen indivi-duellen Berufssituationen, Vorerfahrungen und Berufsperspektiven erklären läßt. – Insgesamt schätzen die Lernenden die Inhalte so ein, daß sie ihnen gute Voraus-setzungen für einen Lernerfolg bieten.

Beurteilungen der Teilaufgaben

Ähnliches gilt für die in der Lernsoftware gestellten Teilaufgaben. Bei diesen werden die obigen Beurteilungen der Inhaltsstrukturen im großen und ganzen wiederholt, mit nur vereinzelten leichten Abweichungen bei einzelnen Merkmalen.

Beurteilungen der Checklisten

Gegenüber den Inhaltsstrukturen und den Teilaufgaben fällt die Beurteilung der Checklisten erheblich eindeutiger aus: Sie werden von allen für ihren Lernerfolg als ziemlich abwechslungsreich, übersichtlich, realitätsnah und relevant beurteilt. Lediglich bei dem Merkmal „interessant" reicht das Urteil von sehr zutreffend bis eher nicht zutreffend bei jenen beiden Lernenden, die eine akademische Vorbildung und entsprechende Lerngewohnheiten haben; bezüglich des Anspruchsniveaus beurteilen diese beiden die Checklisten nur als mittelmäßig.

Beurteilungen der Simulationen

Die fünf Beurteilungen der Simulationen weisen dagegen bei allen Merkmalen eine ziemlich große Streubreite auf. Aber auch in der großen Uneinheitlichkeit der Beurteilungen ist dennoch zu erkennen, daß die Merkmale eher als zutreffend von jenen drei Lernenden beurteilt werden, die eine betriebliche Berufsausbildung abgeschlossen oder mehrjährige Berufserfahrungen haben, während die beiden Akademiker eher zum Urteil nicht zutreffend kommen oder in einigen Merkmalen (abwechslungsreich, übersichtlich, praxisrelevant) nur schwach zustimmend urteilen. Die auffällig große Heterogenität in den Beurteilungen der Simulationen kann auch damit zusammenhängen, daß die fünf Lernenden noch ziemlich wenig Erfahrungen mit Simulationen haben, während im Unterschied dazu mittlerweile alle irgendwelche Formen von Checklisten seit langem auf Papier kennen und mit solchen auch umgehen können.

Resultat

Insgesamt zeigt sich auch hier bei den Beurteilungen der Inhaltsstrukturen, Teilaufgaben, Checklisten und Simulationen, daß offensichtlich deutliche Unterschiede in den Einschätzungen des Lernens mit Lernsoftware nach Vorbildungen, Lerngewohnheiten, Berufserfahrungen und Berufsaussichten bestehen. Offensichtlich haben die Personen mit Berufsausbildung oder Berufserfahrungen, vom Facharbeiter bis zum Meister bzw. Techniker, und mit selbst erkannten und aktiv ergriffenen Berufsaussichten deutlich mehr vom Lernen mit der Lernsoftware als jene, die eine akademische Vorbildung und schlechte Berufsaussichten haben.

2.2.3 Beurteilungen der medialen Darbietung der Lerninhalte

These

Unsere These ist, daß das Design der medialen Darbietung der Lerninhalte als eine wichtige Grundvoraussetzung für den Lernerfolg auf der Wahrnehmungsebene angesehen werden kann, wenn es von den Lernenden als technisch o.k., ansprechend, aktuell, realitätsnah, motivierend, übersichtlich, nicht zuviel geschriebene oder gesprochene Texte und nicht zuviel Visualisierungen enthaltend eingeschätzt wird.

Beurteilungen

Vier der fünf Lernenden haben das *Design der medialen Darbietung* als technisch o.k., gut gefallend und – wenn auch nicht ganz einheitlich – auf aktuellem softwaretechnischen Niveau befindlich beurteilt. Lediglich Herr S., der die Lernsoftware zu Hause auf seinem Pentium-Rechner installiert und dabei überlesen hatte, daß er seinen Bildschirm auf 800x600 Pixel hätte umstellen müssen, war ganz unzufrieden.

Allerdings wurde auch von ihm die Realitätsnähe der Darstellung lobend hervorgehoben.

Die Lernsoftware wird überwiegend als motivierend eingeschätzt, wenngleich doch daran leichte Zweifel zu erkennen sind, die Herr S. wiederum deutlich ausspricht: Er hätte sich gewünscht, seinem Leistungsniveau entsprechend in die Lernsoftware einsteigen zu können, auch hätte er gerne mehr Animationen gehabt.

Alle Lernenden beurteilten ziemlich übereinstimmend als weitgehend zutreffend, daß die Lernsoftware ihrer Ansicht nach weder zuviel schriftliche oder gesprochene Texte noch zuviel Visualisierungen oder gar unübersichtliche Darstellungen enthält – wenngleich sie im Detail doch einige Mängel aufzeigten, die in den Fallstudien berichtet werden.

Resultat

Zusammenfassend läßt sich sagen, daß das Design der medialen Darbietung im Urteil der Lernenden (mit einer begründeten Ausnahme) in allen erfragten Aspekten als weitgehend gelungen anzusehen ist.

2.2.4 Beurteilungen der Interaktionsgestaltung

These

Unsere These ist, daß neben den Inhaltsstrukturen und der medialen Darbietung der Lerninhalte vor allem die Interaktionsgestaltung eine weitere wichtige Grundvoraussetzung für den Lernerfolg ist, weil durch die Interaktionen ein aktiver Lernprozeß ermöglicht wird.

Beurteilungen

Drei der fünf Lernenden sehen zwar hinreichende Möglichkeiten zur selbständigen *Wahl des eigenen Lernweges* gegeben, aber sie vermißten die freie Wahl der jeweils folgenden Bildschirminhalte; zwei hätten sich weitergehende Wahlmöglichkeiten gewünscht. Daher wird es auch einhellig von allen abgelehnt, wenn die Software den Lernweg eindeutiger vorgeschrieben hätte. Ebenfalls drei der fünf hätten während der Bearbeitung gerne *Aufgaben* zur Selbstkontrolle bearbeitet; die beiden mit akademischer Vorbildung (Herr P. und Herr S.) sind sich in diesem Punkt allerdings ganz uneins. Auch hätten es alle begrüßt, wenn sie durch Tastatureingaben gelegentlich *praktisch* hätten tätig werden können. Die Möglichkeit des Aufsuchens von Bildschirminhalten über einen Index hatte nur einer vermißt. Allerdings, und dies relativiert die von vier Lernenden nicht vermißte Indexsuche, haben sie teilweise oder ganz die Möglichkeit vermißt, bereits bearbeitete Lerninhalte zu einem späteren Zeitpunkt wieder gezielt aufsuchen zu können. Dagegen wurde die Möglichkeit, einen Lernweg auch zurückverfolgen zu können, nur von einem vermißt.

Beitrag 12

„Der Lernerfolg bestimmt die Qualität einer Lernsoftware!"
Evaluation von Lernerfolg als logische Rekonstruktion ...

Vier der fünf Lernenden beurteilten die angebotenen *Navigationsmittel* als zweck-mäßig, einer teilweise als zweckmäßig im Hinblick auf eine effektive Bearbeitung der Lernsoftware. Mit Ausnahme von Herrn S., der eine falsche Bildschirmauflösung gewählt hatte, bereiteten den anderen vier die Möglichkeiten der Steuerung keinerlei Probleme. Die Navigation in der inhaltlichen Struktur wurde von zwei Lernenden als teilweise unklar angesehen, drei hatten darin aber keine Orientierungsschwierigkeiten.

Eine nochmalige bzw. eine *Vor- oder Nach-Bearbeitung* der Lerninhalte in *Seminaren* oder Workshops wird von den zwei Lernenden mit Berufsausbildung bzw. Berufs-erfahrungen gar nicht und von dem Lernenden mit Meister- und Technikerabschluß teilweise für erforderlich gehalten. Die beiden akademisch Vorgebildeten sind hier in ihrem Urteil gespalten: der jüngere freiberuflich tätige Herr P. braucht kein Seminar, während der ältere arbeitslose Softwarespezialist Herr S. aufgrund seiner Erfahrungen mit von ihm geleiteten Schulungen unbedingt für ein begleitendes Seminar eintritt.

Bei der *Adaptierbarkeit* der Lernsoftware auf die eigenen Ziele und Bedürfnisse ist es genau umgekehrt: Die akademisch Vorgebildeten wünschen sich beide die Adap-tierbarkeit, während die drei nichtakademisch Vorgebildeten in dieser Frage sehr gespalten sind.

Bis auf Herrn B., der sich als einziger seit kurzem auch mit dem Internet beschäftigt, sehen die anderen vier (noch) keine Notwendigkeit darin, auf elektronischem Wege mit anderen Kollegen oder Experten in Kontakt zu kommen.

Resultat

Zusammenfassend zeigt sich, daß die Interaktionsmöglichkeiten zwar ziem-lich uneinheitlich beurteilt werden, aber ihr noch über die gegebenen Möglichkeiten hinausgehender Ausbau für den Lernerfolg sehr wichtig ist.

2.2.5 Beurteilungen des Nutzens für die eigene Arbeit

These

Unser These ist, daß die Beurteilungen des Nutzens der Lernsoftware für die eigene Arbeit davon abhängt, ob die Lernenden sich mit ihr einen Kompetenzzuwachs erarbeiten konnten.

Beurteilungen

Für vier der fünf Lernenden hat die Lernsoftware mit dazu beigetragen, daß sie sich nun besser in der Lage sehen, selbständig neue Informations- und Kommunikations-techniken in ihrem Betrieb einzuführen. Darunter sind auch die beiden akademisch Vorgebildeten, deren positive Selbsteinschätzung weniger auf das Lernen mit der Lernsoftware zurückgeführt werden kann, zumal sie damit nur wenige Stunden gelernt haben. Doch zeigen ihre sehr diskrepanten Beurteilungen, daß sie anscheinend einige Anregungen mitgenommen haben, die Lernsoftware für sie also doch nicht völlig nutzlos war.

Die Frage, ob die Lernenden nach der Durcharbeitung der Lernsoftware jetzt besser mit EDV umgehen können, wird von fünf Lernenden mit „ja", „teilweise" und „nein" beantwortet. Diejenigen, die bereits mit EDV arbeiten, meinen, daß sie keinen großen Gewinn für sich verbuchen können, jedoch sind sie dennoch der Auffassung, etwas dazugelernt zu haben, weil sie Anwendungsbereiche der EDV kennengelernt haben, die sie zuvor nicht als solche gesehen hatten. Diejenigen, die noch nicht oder bislang nur wenig mit EDV zu tun hatten, meinen, daß sie einen vollen oder zumindest teilweisen Wissensgewinn für sich verbuchen können.

Resultat

Es zeigt sich, daß ein Nutzen für die eigene Arbeit von den Lernenden aktiv bzw. bewußt hergestellt wird, und zwar unabhängig davon, ob sie Vorkenntnisse haben oder nicht, aber die konkrete Ausprägung (Aspekte, Niveau und Umfang) des Nutzens, den sie aus der Arbeit mit der Lernsoftware ziehen, ist von Art und Umfang ihrer Aktivitäten und ihren Vorkenntnissen bestimmt.

3 Gesamtbewertung/Fazit

Unsere eingangs (siehe Abschnitt 1.2.1) gestellten zentralen Fragen lauteten: *Welcher Lernerfolg ist auf das Lernen mit der Lernsoftware „EDV im Handwerk" zurückzuführen?* Und: *Wie hat die Lernsoftware zum Lernerfolg beigetragen?* Denn für die Gestaltung von Lernprozessen ist die Beantwortung beider Fragen von entscheidender Bedeutung. In den fünf Fallstudien und der vergleichenden Auswertung haben wir die Ergebnisse unserer Untersuchungen zur Beantwortung beider Fragen im einzelnen dargestellt und diskutiert.

Im folgenden wollen wir eine zusammenfassende Antwort auf die den beiden Ausgangsfragen zugrundeliegende These geben, *daß nämlich die Qualität einer Lernsoftware erst in der Anwendungssituation selbst, also durch die Aktivitäten der Lernenden, hergestellt wird.*

Die Zusammenschau der untersuchten fünf Lernprozesse läßt deutlich erkennen, daß die Qualität der Lernsoftware „EDV im Handwerk" erst durch die Lernenden selbst und dementsprechend sehr individuell hergestellt wurde. Dies spiegelt sich insbesondere in den von den Lernenden – bewußt oder unbewußt – hergestellten Bezügen zwischen dem eingeschätzten Nutzen der Lernsoftware und den eigenen Lernerfahrungen und beruflichen Absichten.

Beitrag 12

„Der Lernerfolg bestimmt die Qualität einer Lernsoftware!"
Evaluation von Lernerfolg als logische Rekonstruktion ...

Alle oder zumindest eine der vier Fragen, ob sie für die EDV-Einführung bedeutsame Kenntnisse gewonnen hätten, ob sie eine Verwendbarkeit des Gelernten in ihrer Berufspraxis sehen, ob ihnen die Erledigung ihrer Aufgaben jetzt leichter fällt und ob sie zum Nachdenken über die EDV-Einführung angeregt wurden, haben vier Lernende mit „ja" beantwortet. Lediglich Herr D., der bereits über umfangreiche Computerkenntnisse verfügt, beantwortete drei Fragen mit „teilweise" und die Frage nach der nun leichteren Erledigung seiner Aufgaben mit „nein".

Die Tatsache, daß die vier Fragen von den fünf Lernenden sehr unterschiedlich beantwortet wurden – Herr B. beantwortete alle mit „ja", die Herren P. und S. jeweils drei mit „nein" und nur eine jeweils andere mit „ja" –, läßt sich aus den ebenfalls individuell sehr unterschiedlichen subjektiven Bezugsfeldern, von denen aus sie ihre Beurteilungen bzw. Selbsteinschätzungen abgaben, erklären. So ist beispielsweise anzunehmen, daß entweder vergangene Berufserfahrungen als Softwarespezialist (bei Herrn S.) oder die beabsichtigte berufliche Selbständigkeit als Entwicklungsperspektive bisheriger Tätigkeiten (bei Herrn B.) zu den gegensätzlichen Antworten auf die Fragen führten. Dies wird auch dadurch bestätigt, daß der arbeitslose Softwarespezialist (Herr S.) erst auf Nachfrage zugab, daß er für seine geplante Existenzgründung durchaus einige Kenntnisse, die er durch den wenn auch nur kurzen Umgang mit der Lernsoftware gewonnen habe, gebrauchen könne. Er hat vermutlich aufgrund akademischer Vorbildung und fortgeschrittenen Alters auch eine gewisse Aversion gegen mediale Lernformen, die zu seinen insgesamt überwiegend negativen Urteilen führte. Diese Abneigung brachte er bereits im ersten Interview dadurch zum Ausdruck, daß er mit der Lernsoftware nicht selbst arbeiten, sondern damit seine Frau beauftragen wolle, die in seinem geplanten Unternehmen als seine Angestellte arbeiten soll.

Wenn man in den untersuchten Fällen die je individuellen Bezugnahmen bzw. Referenzen der Beurteilungen rekonstruiert, entdeckt man, daß die Beurteilungen der verschiedenen Aspekte der Lernsoftware offensichtlich von den je individuellen schulischen und beruflichen Lernvoraussetzungen, den Lerngewohnheiten, den Berufserfahrungen und der aktuellen Arbeitssituation stark beeinflußt oder gar vorgeprägt sind. Von ausschlaggebender Bedeutung für die Lernmotivation und die Selbsteinschätzung des Lernerfolgs scheint jedoch zu sein, wie positiv oder negativ die Lernenden ihre eigenen beruflichen Perspektiven einschätzen.

Nicht nur in den individuellen Bezugnahmen der Beurteilungen zeigt sich, daß die Qualität der Lernsoftware durch die Lernenden hergestellt wird, sondern mehr noch darin, wie die Lernenden an die Lernsoftware herangehen. Hierin sind die Unterschiede groß: Allein der zeitliche Aufwand für die Bearbeitung der Lernsoftware liegt zwischen drei und 30 Stunden, die Reihenfolge und die Intensität der Durcharbeitung der Lerneinheiten ist individuell verschieden und folgt keineswegs der Gliederung. Diese individuell unterschiedlich engagierte Herangehensweise zeigt sich auch in den Beurteilungen der verschiedenen Aspekte der Lernsoftware: So schenkten diejenigen, die über eine höhere oder akademische Vorbildung verfügen, weniger dem Inhalt ihre Aufmerksamkeit als vielmehr der medialen Darstellung und der Interaktionsgestaltung, die sie an nicht erkennbaren eigenen Maßstäben sehr heterogen beurteilten. Dies ist auch erklärlich, weil sie in einer Grundstimmung der Unzufriedenheit mit ihrer gegenwärtigen Situation und ihren Perspektiven nur wenige Stunden mit der Software gearbeitet haben und mit einem kaum verborgen gehaltenen Vorurteil an die Lernsoftware herangingen, die ja nicht für ihr Niveau, sondern das von Handwerkern gemacht worden sei. Auffällig ist außerdem, daß die Beurteilungen der Inhaltsaspekte wesentlich diskrepanter ausfielen als die der medialen Darstellung und Interaktionsgestaltung.

Zusammenfassend kann gesagt werden, daß

– *die Vorbildungen, Lerngewohnheiten, Berufserfahrungen, gegenwärtigen Arbeitssituationen und ergriffenen Berufsperspektiven ausschlaggebend* sowohl für die erfolgreiche Bearbeitung der Lernsoftware wie für die Anwendung des Gelernten waren,

– *die Lernsoftware als Inhaltsgeber und Anreger wesentlich zum individuell sehr unterschiedlichen Lernerfolg beigetragen hat,* insbesondere die Checklisten, aber auch die Simulationen und Anwendungsbeispiele, weniger die Teilaufgaben,

– *aber nicht bestimmt werden kann, welcher Teil des jeweils konstatierten Lernerfolgs auf das Lernen mit bestimmten Teilen der Lernsoftware zurückgeführt werden kann,* weil das individuelle Lernen eine komplexe Auseinandersetzung mit den ausgewählten Lerninhalten auf der Grundlage individueller Voraussetzungen und Intentionen war;

– die *Qualität der Lernsoftware „EDV im Handwerk" von den Lernenden individuell hergestellt werden konnte oder doch hergestellt werden kann und somit ihre Brauchbarkeit insgesamt unter Beweis gestellt hat,*

– viele Details aber noch verbessert werden können, wobei es insbesondere darauf ankommt, viel stärker ein aktiv handelndes Lernen mit der Lernsoftware zu unterstützen, den erreichten Stand jederzeit rekonstruieren zu können, reichhaltige Anwendungsbeispiele und ggf. auch Vertiefungen bereitzuhalten und Möglichkeiten zum Erfahrungsaustausch in kurzen Präsenzseminaren oder künftig über Email vorzusehen;

Beitrag 12

„Der Lernerfolg bestimmt die Qualität einer Lernsoftware!"
Evaluation von Lernerfolg als logische Rekonstruktion ...

– die Fallstudien und die vergleichende Auswertung auch gezeigt haben, daß die Lernenden mit der Lernsoftware individuell ganz unterschiedlich gearbeitet haben und daher eine Evaluation nach dem Modell der Wirkungsforschung nicht sinnvoll war.

Literatur

Ballin, D., & Brater, M. (1996). Handlungsorientiert lernen mit Multimedia. Lernarrangements planen, entwickeln und einsetzen. Nürnberg: BW Bildung und Wissen.

Behrendt, E. (1998). Multimediale Lernarrangements im Betrieb. Grundlagen zur praktischen Gestaltung neuer Qualifizierungsstrategien. Bielefeld: W. Bertelsmann.

Euler, D. (1992). Didaktik des computerunterstützten Lernens. Praktische Gestaltung und theoretische Grundlagen. Nürnberg: BW Bildung und Wissen.

Fischer, A. (1996). Lernen im Internet. In Bundesinstitut für Berufsbildung (Hrsg.), Berufliche Bildung – Kontinuität und Innovation. Herausforderungen, Perspektiven und Möglichkeiten beim Start ins nächste Jahrhundert (S. 651–654). Dokumentation des 3. BIBB-Fachkongresses vom 16.–18. Oktober 1996 in Berlin. Teil II. Bielefeld: W. Bertelsmann.

Freibichler, H., Mönch, C.T. & Schenkel, P. (1991). Computergestützte Aus- und Weiterbildung in der Warenwirtschaft. Nürnberg: BW Bildung und Wissen.

Fricke, R. (1991). Zur Effektivität computer- und videounterstützter Lernprogramme. *Empirische Pädagogik,* 5, 167–204.

Fricke, R. (1997). Evaluation von Multimedia. In Issing, L.J., & Klimsa, P. (Hrsg.), Information und Lernen mit Multimedia (S. 401–413). Weinheim: Beltz Psychologie Verlags Union, 2. Aufl.

Grünewald, U., u.a. (1998). Formen arbeitsintegrierten Lernens. Möglichkeiten und Grenzen der Erfaßbarkeit informeller Formen der betrieblichen Weiterbildung. Berlin: QUEM-report, Schriften zur beruflichen Weiterbildung, Heft 53.

Holzkamp, K. (1983). Grundlegung der Psychologie. Frankfurt/Main, New York: Campus.

Holzkamp, K. (1993). Lernen. Subjektwissenschaftliche Grundlegung. Frankfurt/Main, New York: Campus.

Kromrey, H. (1995). Evaluation. Empirische Konzepte zur Bewertung von Handlungsprogrammen und die Schwierigkeiten ihrer Realisierung. *Zeitschrift für Sozialisationsforschung und Erziehungssoziologie,* 15(4), 313–336.

Mandl, H., Gruber, H. & Renkl, A. (1996). Neue Wege des Lernens mit Multimedia. Probleme mit den alten Wegen des Lernens: Fehlende Wissenschaftsanwendung. *Grundlagen der Weiterbildung,* 7(5), 285–287.

Mandl, H., & Reinmann-Rothmeier, G. (1997). Wenn Neue Medien neue Fragen auf-
werfen: Ernüchterung und Ermutigung aus der Multimedia-Forschung. München:
Ludwig-Maximilians-Universität, Lehrstuhl für Empirische Pädagogik und Pädagogische Psychologie, Forschungsbericht Nr. 85.

Meier, A. (1995). Qualitätsbeurteilung von Lernsoftware durch Kriterienkataloge. In
P. Schenkel & H. Holz (Hrsg.), Evaluation multimedialer Lernprogramme und Lern-
konzepte. Berichte aus der Berufsbildungspraxis. Nürnberg: BW Bildung und
Wissen.

Miller, M. (1986). Kollektive Lernprozesse. Studien zur Grundlegung einer soziologi-
schen Lerntheorie. Frankfurt/Main: Suhrkamp.

PAQ = Projektgruppe Automation und Qualifikation (Frigga Haug, Hannelore May, Rolf
Nemitz, Christof Ohm, Nora Räthzel, Werner van Treeck, Thomas Waldhubel, Silke
Wenk, Gerhard Zimmer) (1980). Automationsarbeit: Empirische Untersuchungen,
Teil 1. Berlin: Argument-Verlag.

Reinmann-Rothmeier, G., & Mandl, H. (1997). Lernen mit Multimedia. München:
Ludwig-Maximilians-Universität, Lehrstuhl für Empirische Pädagogik und
Pädagogische Psychologie, Forschungsbericht Nr. 77.

Schenkel, P. (1995). Einführung. In P. Schenkel & H. Holz (Hrsg.), Evaluation multimedialer Lernprogramme und Lernkonzepte. Berichte aus der Berufsbildungspraxis
(S. 11–22). Nürnberg: BW Verlag Bildung und Wissen.

Schott, F. (1991). Instruktionsdesign, Instruktionstheorie und Wissensdesign:
Aufgabenstellung, gegenwärtiger Stand und zukünftige Herausforderung.
Unterrichtswissenschaft, 19(3), 195–217.

Tergan, S. (1992). Wie geeignet sind computerbasierte Lernsysteme für das Offene
Lernen in der beruflichen Weiterbildung? In F. Achtenhagen & E.G. John (Hrsg.),
Mehrdimensionale Lehr-Lern-Arrangements. Innovationen in der kaufmännischen
Aus- und Weiterbildung (S. 460–477). Wiesbaden: Verlag Dr. Th. Gabler.

Tergan, S., Hron, A. & Mandl, H. (1992). Computer-Based Systems for Open Learning:
State of the Art. In G. Zimmer & D. Blume (Hrsg.), Open Learning and Distance
Education with Computer Support (S. 97–195). Nürnberg: BW Bildung und Wissen.

Zimmer, G. (1987). Selbstorganisation des Lernens. Kritik der modernen
Arbeitserziehung. Frankfurt/Main, Bern, New York, Paris: Verlag Peter Lang.

Zimmer, G. (1995). Gesucht: Theorie innovativer Handlungen – Vorschlag für eine
neue Konzeption wissenschaftlicher Begleitforschung in Modellversuchen. In P.
Benteler u.a. (Hrsg.), Modellversuchsforschung als Berufsbildungsforschung (S.
177–203). Köln: Botermann & Botermann.

Zimmer, G. (1996). Der Markt der Lernsoftware für die berufliche Bildung. In
Bundesinstitut für Berufsbildung (Hrsg.), Berufliche Bildung – Kontinuität und
Innovation. Herausforderungen, Perspektiven und Möglichkeiten beim Start ins
nächste Jahrhundert. Dokumentation des 3. BIBB-Fachkongresses vom 16.–18.
Oktober 1996 in Berlin. Teil II (S. 619–627). Bielefeld: W. Bertelsmann.

Beitrag 12

„Der Lernerfolg bestimmt die Qualität einer Lernsoftware!"
Evaluation von Lernerfolg als logische Rekonstruktion ...

Zimmer, G. (1996). Von Lernumgebungen zu Arbeitsaufgaben – multimediale Lernarrangements für selbstorganisiertes Lernen. In G. Zimmer & H. Holz (Hrsg.), Lernarrangements und Bildungsmarketing für multimediales Lernen. Berichte aus der Berufsbildungspraxis. (S. 13–26). Nürnberg: BW Bildung und Wissen.

Zimmer, G. (1997). Revolutioniert Multimedia Bildungsprozesse? In Deutsches Institut für Erwachsenenbildung und Pädagogische Arbeitsstelle des Deutschen Volkshochschul-Verbandes (Hrsg.), Multimedia in der Umweltbildung (S. 20–34). Frankfurt: Clearingstelle Umweltbildung, Tagungsreader, Frankfurt 29.–31. Mai 1997.

Zimmer, G. (1998). Aufgabenorientierte Didaktik. Entwurf einer Didaktik für die Entwicklung vollständiger Handlungskompetenzen in der Berufsbildung. In W. Markert (Hrsg.), Berufs- und Erwachsenenbildung zwischen Markt und Subjektbildung (S. 125–167). Baltmannsweiler: Schneider Verlag Hohengehren.

Hans Freibichler   # Protokolle von Lernprozessen

Vorbemerkungen

Das Interesse an der Untersuchung der Lernprozesse, die bei der Bearbeitung von interaktiven Lernsystemen ablaufen, ist im Rahmen der „kognitiven Wende" sowie der Betonung konstruktivistischer Ansätze stark gewachsen. Während man früher fast ausschließlich die summative Evaluation von Lernprogrammen durchführte, wobei es neben der Frage der Akzeptanz vor allem um die erzielten Lernerfolge ging, wird nun verstärkt untersucht, welche Lern- und Denkprozesse bei Lernenden der Zielgruppe ablaufen.

Ziele, Verfahren und Probleme der *Wirkungsanalyse* werden in Abschnitt 1.1 skizziert. Es wird dabei auch ein Überblick über verschiedene Methoden (Fragebogen, Interviews, Beobachtung u.a.) gegeben, wobei das in der Untersuchung eingesetzte Protokollierungsverfahren eingeordnet wird.

Auf der Basis der angesprochenen Fragestellungen und Themen wird in Abschnitt 1.2 ein Überblick über verschiedene *Protokollierungsverfahren* gegeben. Sie werden kurz beschrieben, und es wird auf die jeweiligen Vor- und Nachteile eingegangen.

Die in der Untersuchung verwendete Methode des *Lauten Denkens* wird in Abschnitt 1.3 diskutiert. Sie ist eine der Hauptmethoden, die für Wirkungsanalysen eingesetzt werden. Es muss dabei auch auf einige damit verbundene Probleme genauer eingegangen werden.

In Abschnitt 1.4 werden die technischen und methodischen Möglichkeiten und Probleme von *Videoaufzeichnungen* und *Videoanalysen* vorgestellt, wobei auch neuere technische Entwicklungen wie die Videodigitalisierung angesprochen werden.

Das in der Untersuchung eingesetzte Verfahren wird in Kapitel 2 beschrieben. Es handelt sich um die Protokollierung des „Lauten Denkens" mit den Mitteln der Video- und Audiodigitalisierung. Der Lernprozess der beiden Versuchspersonen wird nachgezeichnet, das Verhalten des Beobachters (Versuchsleiters) wird ebenfalls beschrieben und hinterfragt.

Die wichtigsten Ergebnisse der Einzelfallstudie werden in Abschnitt 3.1 dargestellt und diskutiert. Das IKTH-Lernsystem wird auf Grund der berichteten Ergebnisse evaluiert. Dabei wird auch die Verbindung zu Aussagen hergestellt, die in den anderen empirischen Untersuchungen des IKTH-Lernsystems gefunden wurden.

In Abschnitt 3.2 wird auf methodische Probleme und die Frage der Generalisierbarkeit Bezug genommen sowie eine Gesamteinschätzung des verwendeten Evaluationsansatzes vorgenommen.

1 Vorstellung des Evaluationsansatzes

1.1 Grundlagen der Wirkungsanalyse

Interaktive/multimediale Medien werden aus vielerlei Gründen mittlerweile von Institutionen (Betrieben, Hochschulen, weniger Schulen) als brauchbare und effektive Medien akzeptiert, wobei die weite und kostengünstige Verbreitung von PCs, die Attraktivität durch Multimedia und der steigende Kostendruck vor allem im Bereich der betrieblichen Weiterbildung hervorzuheben sind.

Es wird von den Entscheidern und offensichtlich auch von den Lernenden angenommen, dass man mit diesen „neuen Medien" effizient und effektiv lernen kann, dass diese Medien „wirksam" sind. Ob diese Medien im realen Einsatz wirksam sind (im Sinne der Auftraggeber, der Entwickler, der „Abnehmer", d.h. Lernenden), kann in *Wirkungsanalysen* überprüft werden.

Dabei werden allgemein drei Dimensionen unterschieden (Reinmann-Rothmeier, Mandl & Prenzel, 1997, S. 312):

– Akzeptanz
– Lern- und Lehrprozess/Lernerfolg
– Transfer

Die Fragen der *Akzeptanzanalyse* beziehen sich auf die Einschätzung des Inhalts, der Gestaltung, Arbeitsplatzrelevanz, Zufriedenheit, Belastung, Lernumgebung u.a.

Als Evaluationsverfahren führen die Autoren die mündliche und schriftliche Befragung sowie die Beobachtung an. Die mündliche Befragung kann ein Interview mit dem Lernenden nach dem Lerndurchgang oder eine Diskussion mit einer Lerngruppe sein. Die Befragung erfolgt in Form von Fragebögen, in denen global nach verschiedenen Akzeptanzkriterien gefragt oder detailliert Stellung genommen wird etwa zur Verständlichkeit, zum Nutzen, zu Schwierigkeiten, zum Medieneinsatz.

Im IKTH-Modellversuch wurden alle genannten Verfahren während der Entwicklung eingesetzt. Die Ergebnisse sind im Projektbericht ausführlich dokumentiert und zeigen eine durchgehend gute Akzeptanz des Lernsystems.

Der dabei eingesetzte Fragebogen lehnt sich an den Fragebogen an, der im Modellversuch „Warenwirtschaftssystem" (WWS) des BiBB entwickelt und erprobt wurde. Wie in der WWS-Dokumentation (Freibichler, Mönch & Schenkel 1991) ausführlich beschrieben ist, hatten sich die mit dem Fragebogen verbundenen Erwartungen nicht erfüllt: Anstelle detaillierter Aussagen zu einzelnen Themenbereichen (z.B. Verständlichkeit, Schwierigkeit, Nutzen) hat sich faktorenanalytisch nur eine globale, undifferenzierte positive Bewertungstendenz abgezeichnet, die u.a. auf den Neuigkeitseffekt, den Image-Effekt (neues, attraktives Medium), Versuchseffekt (Laborsituation, positive Rolle als Versuchsperson) und die soziale Erwünschtheit zurückgeführt wurden.

Das im WWS-Modellversuch gefundene Ergebnis dürfte auch auf andere Akzeptanz-Untersuchungen, im vorliegenden Falle auf das IKTH-Projekt, zutreffen, ja allgemein auf die Einschätzung neuer Medien. Dabei zeigt sich, dass die technische Gestaltung der neuen Medien weitgehend die Frage der inhaltlichen und methodischen Aufbereitung zudeckt. Beispielhaft ist dies u.a. von Rüschoff und Wolf (1997) am Beispiel multimedialer Sprachlernprogramme aufgezeigt worden.

Die *Analyse des Lernerfolgs* stand lange Jahre im Mittelpunkt der Wirkungsanalyse, da die Auftraggeber, Entwickler und auch Anwender der Lernsoftware sicher gehen wollen, ob mit der Lernsoftware auch die angegebenen Lernziele erreicht werden. Es werden kriteriumsorientierte Tests entwickelt, über die der Lernerfolg bestimmt werden soll. Sehr viel seltener werden situative Tests und Simulationen eingesetzt, mit denen vor allem komplexe Lernziele (Problemlösen, Entscheidungsfindung usw.) angemessen abgeprüft werden können. Die Methoden der Befragung und Beobachtung lassen sich auch hier einsetzen.

Reinmann-Rothmeier, Mandl & Prenzel (1997) führen als Methoden der *Lernprozessanalyse* neben Befragung und Beobachtung auch die Methode des Lauten Denkens an, die in der eigenen Untersuchung im Mittelpunkt stand und in Abschnitt 1.3 genauer diskutiert wird. Es ist unklar, was unter On-line-Analysen verstanden wird, möglicherweise sind Protokollverfahren gemeint.

Die dritte Dimension von Wirkungsanalysen besteht in der Untersuchung des *Transfers*. Diese Analysen beziehen sich auf die Anwendung des Gelernten am Arbeitsplatz, die durch Beobachtungen und Befragungen eher global, über objektivierbare Daten (Arbeitsproben u.a.) genauer eingeschätzt werden kann. Transferanalysen wurden bislang sehr selten eingesetzt, nicht nur auf Grund des großen Aufwandes, sondern weil sie eine differenzierte Aufgaben-, Tätigkeits- und Problemanalyse voraussetzen, die eigentlich bereits bei der Planung des Lernsystems erfolgen müsste. Im IKTH-Projekt wurden solche Analysen in großem Umfang und sehr detailliert erstellt. Das Thema des Transfers wird in Beitrag 12 von Zimmer & Psaralidis eingehend behandelt.

Aus den skizzierten Zielen und Verfahren der Wirkungsanalyse ergibt sich eine große Vielfalt an Möglichkeiten, die sowohl bei der Entwicklung des Lernsystems als auch bei dem realen Einsatz der entwickelten Lernsoftware genutzt werden können. Der Schwerpunkt sollte dabei vor allem auf die ablaufenden Lern- und Denkprozesse gelegt werden, da die Akzeptanz wohl eine notwendige, nicht jedoch ausreichende Bedingung für den Einsatz der Lernsoftware ist und der Transfer wie gesagt nur sehr schwierig zu bestimmen ist. Der „Lernerfolg" lässt sich ohnehin im allgemeinen nur bei Faktenwissen und geschlossenen Aufgabenstellungen angemessen und zuverlässig bestimmen.

Lernprozessanalysen bei CBTs bieten sich auf Grund der Neuorientierung der Design-Prinzipien in Richtung auf einen gemäßigten Konstruktivismus sehr viel mehr an, ja sind notwendig, um zu erfassen, wie die selbstorganisierten Lernprozesse ablaufen, welche Hilfestellungen gegeben werden müssen, um geeignete Lernstrategien zu entwickeln u.a.m. Wirkungsanalysen sind vor allem bei offenen Lernsystemen angebracht (Simulationen, Hypertext-Informationssysteme, lernergesteuerte Tutorien), um abzuschätzen, ob diese anspruchsvollen Methoden tatsächlich die in sie gesetzten Erwartungen erfüllen. So sind etwa skeptische Einstellungen gegenüber der Lernwirksamkeit von Hypertextsystemen (z.B. Jonassen & Grabinger 1990) bisher kaum in der Literatur rezipiert worden, weder Entwickler noch Anwender sind sich über die

Anforderungen an effiziente Hypertextsysteme im klaren (siehe auch Tergan 1997a, b, c, 1998).

Die Evaluationsmethoden *Befragung* und *Beobachtung* sind in allen drei Bereichen von Wirkungsanalysen einsetzbar, liefern eine Fülle von qualitativen Aussagen über die Wirkung von Lernsoftware, geben allerdings eher allgemeine Eindrücke und Bewertungen wieder als detaillierte Einzelaussagen. Diese Daten sind sicherlich wichtig, sollten jedoch durch „Tiefenanalysen", wie sie mit der Methode des *Lauten Denkens* gewonnen werden können, abgesichert werden. Das „Laute Denken" gehört zu der Gruppe der Protokollverfahren, die im folgenden skizziert werden sollen.

1.2 Protokollierverfahren

Folgende Verfahren zur Protokollierung von Lernprozessen beim computergestützten Lernen lassen sich unterscheiden:

- schriftliche Notizen
- Audioaufzeichnung
- Videoaufzeichnung
- Software-Recording
- Screen Capturing

1.2.1 Schriftliche Notizen

Das Anfertigen von schriftlichen Notizen durch den Beobachter gehört sicher zu den ältesten und weitestverbreiteten Verfahren. Der Beobachter notiert sich u.a. folgende Daten:

- eingeschlagener Lernweg (bearbeitete Kapitel, Seiten)
- Aufruf der vorhandenen Benutzerfunktionen, wie etwa Hilfe, Lexikon
- Eingabe von Antworten
- u.U. Lernzeiten (zumindest Gesamtdauer)
- spontane verbale und seltener non-verbale Reaktionen des Lernenden
- Zugriff auf bereitgestellte Hilfsmittel (Benutzerhandbuch, Arbeitsunterlagen, Taschenrechner u.a.)
- bei kooperativem Lernen: Interaktionen zwischen den Lernenden

Falls der Beobachter Anweisungen, Hilfen bei Blockaden o.a. gibt oder Fragen stellt, müssen diese ebenfalls notiert werden.

Bei der Vielfalt dieser Daten ist zu erwarten, dass der Beobachter nur einen kleinen Ausschnitt schriftlich notieren kann, wobei er durch das Notieren von der Beobachtung abgelenkt wird. Wie bei jeder sichtbaren Beobachtung ist mit Einflüssen des Verfahrens zu rechnen („reaktive Verfahren"), da der Lernende registriert, wann etwas notiert wird. Auf diese Problematik wird in Abschnitt 1.3 über das „Laute Denken" genauer eingegangen.

Der Hauptvorteil dieses Verfahrens liegt u.a. im fehlenden apparativen Aufwand und in der Tatsache, dass zunächst keine besonderen Kenntnisse und Fertigkeiten auf Seiten des Beobachters vorliegen müssen. Ein großer Nachteil liegt in der mangelnden Überprüfbarkeit des Protokolls, da nur ein kleiner Ausschnitt aus dem Lerndurchgang abgebildet wird. Es fehlt vor allem die exakte Zuordnung zu den einzelnen Bildschirmseiten und Aktionen des Lernenden.

1.2.2 Audioaufzeichnung

Bei der Audioaufzeichnung ist zwischen der Audioaufnahme des Beobachters und der Audioaufnahme von Versuchspersonen-Kommentaren zu unterscheiden. Spontane, authentische Kommentare des Lernenden können sehr nützlich für die Interpretation von Lerndurchgängen sein. Erst bei der Nutzung der Methode des Lauten Denkens werden jedoch Daten gewonnen, die einen differenzierten Einblick in die Lern- und Denkprozesse geben können.

Eine Audioaufzeichnung durch den Beobachter neben dem Lernenden verbietet sich, da sie den Lernenden stark stören würde.

1.2.3 Videoaufzeichnung

Die Videoaufzeichnung von Lehr- und Lernprozessen hat bereits eine längere Tradition, beschränkt sich jedoch meist auf die Protokollierung von Klassenunterricht oder von Gruppenarbeit, u.a. in Verbindung mit klassischen Medien. Bei der Evaluation von Lernsoftware wurden bislang sehr selten Videoaufzeichnungen und Videoanalysen vorgenommen.

Im Rahmen von Software-Ergonomieuntersuchungen wird die Videoaufzeichnung dagegen für die Untersuchung von Einzelpersonen öfters eingesetzt, wobei z.T. mehrere Kameras eingesetzt werden (zur Aufzeichnung des

Computerbildschirms, der Reaktionen der Testperson wie etwa Mimik, Gestik, Nutzung von Hilfsmitteln u.a.).

Mit der Videoaufzeichnung kann ein weitgehend lückenloses visuelles und akustisches Bild eines Lern- oder Testdurchgangs gewonnen werden. Das Video kann beliebig oft abgespielt und nach unterschiedlichen Methoden (inhaltsanalytisch, nach Kategorien) ausgewertet werden.

Es stellen sich bei diesem Verfahren jedoch folgende technische Probleme:

Die Videoaufzeichnung des Computerbildschirms kann auf Grund der unterschiedlichen Signale (Computer: RGB, Video: Composite Video oder S-Video) nur bedingt über die Videokamera erfolgen. Für ein qualitativ hochwertiges Bild (vor allem bei höheren Auflösungen als 640x480) ist ein leistungsfähiger Konverter notwendig.

Selbst wenn ein einigermaßen befriedigendes Videobild gewonnen wird, bleibt die Frage der bildgenauen und effizienten Recordersteuerung offen. Die meisten Videorecorder – zumindest im Konsumer- und semiprofessionellen Bereich – können nicht direkt über den PC angesteuert werden, sondern benötigen die Zwischenschaltung einer Steuerbox. Hinzu kommt, dass für eine einzelbildgenaue Ansteuerung die Verwendung eines Timecodes notwendig ist; der Timecode muss entweder bereits bei der Videoaufzeichnung in das Videobild oder eine getrennte Spur (beim RCTC) geschrieben oder aber nachträglich aufgebracht werden. Beim VITC ist ein Kopiervorgang notwendig, der wieder die Bildqualität reduziert.

Für die Analyse ist es nützlich, ja notwendig, dass bei der Durchsicht des Videos Daten erhoben und gespeichert werden, so etwa über den Anfang und das Ende einzelner Szenen, die verbalen Reaktionen der Lernenden. Ferner können je nach Zielsetzung und Methodik die einzelnen Szenen oder sogar Einzelbilder inhaltsanalytisch aufbereitet und darauf aufbauend Kategorien bestimmt und zugeordnet werden.

Während im Bereich der klinischen Psychologie (Beratung, Therapie) Videoaufzeichnungen und -analysen im größeren Stile durchgeführt werden, wurde dieses Verfahren bei der Untersuchung von Lernprogrammen nur sehr selten eingesetzt. Eine Ausnahme bildet eine Versuchsreihe an der Universität Mannheim (Hofer & Niegemann, 1995), in der die Videoanalyse intensiv genutzt wurde.

Es ist noch zu erwähnen, dass die Videoaufzeichnung unmittelbar nach dem Lerndurchgang genutzt werden kann für eine Videokonfrontation („stimulierte

Erinnerung" – ausführlich untersucht u.a. von Kalbermatten): Der Beobachter notiert sich während des Lerndurchgangs bestimmte (kritische) Stellen, steuert danach (unter PC-Nutzung) diese Szenen an und fordert den Lernenden auf, zu diesen Szenen aus der Erinnerung Stellung zu nehmen. Dieses Verfahren wurde in der eigenen Untersuchung nicht benutzt.

1.2.4 Software-Recording

Bei der Bearbeitung von EDV-Anwendungsprogrammen ist es möglich, automatisch Daten zur Programmbearbeitung festzuhalten. Das kann mit einem im Hintergrund laufenden Programm erfolgen, das jeden einzelnen Tastendruck oder jede Mausbewegung in eine Datei schreibt, wobei eine Zuordnung zu einzelnen Bildschirmseiten erfolgt.

Bei Lernprogrammen kann die Protokollierung über das verwendete Autorensystem bzw. die benutzte Programmier-/Autorensprache vorgenommen werden, wobei eine Protokoll-Liste erstellt wird, in der der Aufruf einer Seite, die Lösung einer Aufgabe oder der Abruf einer Hilfe registriert wird mit oder ohne exakte Zeitbestimmung. Es ist natürlich möglich und auch sinnvoll, in dem Lernprogramm gleich ein kleines Auswerteprogramm zu realisieren, das eine statistische Aufarbeitung erlaubt.

Manche Autorensysteme wie etwa Authorware beinhalten eine integrierte Lernprotokollierung, die „von Hand" ergänzt werden kann. Bei anderen Autorensystemen – wie etwa bei Toolbook – muss dieses Protokoll programmiert werden.

Die programminterne Protokollierung wurde bislang überraschend wenig eingesetzt, wenn man absieht von der Protokollierung der Lernereingaben, die für die Erweiterung der Antwortanalyse und der Feedbacks wertvolle Informationen liefert. Ein Grund dafür dürfte sein, dass eine große Fülle von Daten „produziert" wird, aus denen nicht abgeleitet werden kann, wie es zu einer bestimmten Eingabe kam, warum ein bestimmtes Kapitel oder eine einzelne Seite gewählt wurde usw.

Im oben erwähnten WWS-Modellversuch wurde das Verfahren des Software-Recording verwendet und einer Bewertung unterzogen. Es zeigte sich dabei, dass das Protokollieren des Lernwegs, der eingegebenen Antworten, der Benutzerfunktionen und der Lernzeit eine Fülle von Daten liefert, die mehrdeutig und weitgehend nutzlos sind für Wirkungsanalysen. Es bleibt unklar, welche Lern- und Denkprozesse bei der Lösung einzelner Aufgaben abgelaufen sind, warum ein bestimmtes Kapitel oder eine Seite gewählt wurde, warum etwa das Lexikon an einer bestimmten Stelle aufgerufen wurde, warum ein bestimmter Begriff gewählt wurde usw. Ohne zusätzliche Informationen aus der Beobachtung, Befragung oder über „Lautes Denken" können diese automatisch gewonnenen Daten nicht interpretiert werden. Nützlich sind sie sicher für die Evaluation während der Entwicklung, da sie u.a. den Schwierigkeitsgrad einer Aufgabe zeigen, die Präferenzen für bestimmte Themen (Kapitel, Seiten) und die Nutzung bereitgestellter Funktionen.

1.2.5 Screen Capturing

Es gibt bereits seit einigen Jahren die Möglichkeit, nicht nur einzelne Bildschirmseiten als Grafik abzuspeichern, sondern auch vollständige Bildschirmserien: Wie in einem Video erfasst ein im Hintergrund laufendes Programm alle Bildschirmänderungen (einschließlich Tastendrücke und Mausbewegungen) und speichert sie wie ein Video ab. Dabei werden meist nur die Änderungen auf dem Bildschirm erfasst, womit eine speicherplatzsparende Komprimierung möglich ist. Die Aufzeichnung lässt sich nachträglich mit einem Audiokommentar versehen. Die Aufzeichnung kann danach abgespielt werden.

Diese Technik, die über das Programm ScreenCam von Lotus bekannt wurde, ist mittlerweile verfeinert worden. Es gibt Programme verschiedener Anbieter (z.B. MS CAM von Microsoft, Hypercam, CameraMan von Motion Works).

Der Vorteil des Screen Capturing gegenüber Video besteht vor allem im folgenden:

– Es ist kein spezieller apparativer Aufwand notwendig (Videokamera, Videorecorder, Timecode-Generator, Steuerbox). Zusätzliche Kosten entstehen lediglich in der Anschaffung des Capturing-Programms (zwischen 100 und 200 DM, z.T. auch kostenlose Freeware).

– Man kann den Lerndurchgang eins zu eins auf dem PC-Bildschirm wiedergeben, anhalten und analysieren.

– Die Aufzeichnung läuft im Hintergrund und stört den Lerndurchgang in keiner Weise. Die Versuchsperson muss natürlich über die Aufzeichnung informiert werden und ihr Einverständnis geben.

Je nach verwendetem Capturing-Programm entstehen größere Capture-Dateien, die eine ausreichende Speicherkapazität verlangen. Dies ist bei immer größeren und preiswerteren Speichermedien meist kein Hindernis mehr.

Wenn eines dieser Capturing-Programme für die Lernprotokollierung genutzt werden soll, ergeben sich derzeit u.a. noch folgende Probleme:

– Es ist mit den vorhandenen Capturing-Programmen meist nicht möglich, multimediale Lernprogramme zu protokollieren, da die Audiokarte entweder wiedergeben oder aufnehmen kann. Grundsätzlich können dies sog. Dual-Audiokarten, die Technik wird von wenigen Capturing-Programmen (z.B. Wincorder) unterstützt. Das Wincorder-Programm stand erst später zur Verfügung.

– Es reicht nicht aus, einen Lerndurchgang manuell abzuspielen, sondern man sollte gezielt einzelne Szenen bestimmen und ansteuern können, um ihnen Daten zuordnen zu können (z.B. Transkription von Lerner- oder Beobachterkommentaren, aber auch Kategorien).

Das erstgenannte Problem, dass weder das Audio des bearbeiteten Multimedia-Lernprogramms noch verbale Äußerungen des Lernenden bzw. des Beobachters mit aufgezeichnet werden konnten, wurde in der Erprobung des IKTH-Lernsystems dadurch gelöst, dass ein Audiorecorder verwendet wurde, der das Audio des Lernsystems sowie die Kommentare der Beteiligten analog aufzeichnete. Nachträglich wurde das Audio mit einer üblichen Audiokarte digitalisiert. Mit dem Video-Editor von CameraMan ist es möglich, das digitale Video und Audio zu mischen, womit eine synchrone Wiedergabe des Lerndurchgangs möglich ist. Dieses Verfahren ist allerdings ein Notbehelf, da damit ein erheblicher apparativer und zeitlicher Aufwand verbunden ist und die genaue Synchronisation nicht ganz einfach ist.

Es gibt unseres Wissens derzeit wenige Programme, mit denen das zweite Problem der direkten Video-Ansteuerung zufriedenstellend zu lösen ist, nämlich CameraMan und Wincorder. Mit diesen Programmen wird eine sehr kompakte AVI-Datei erzeugt, die über das übliche Video for Windows angesteuert und analysiert werden kann.

Auf weitere Verfahren wie etwa die Erfassung der Blickbewegung wird nicht eingegangen, da sie für die Wirkungsanalyse von Lernsoftware im allgemeinen zu aufwendig sind, jedoch für Detailuntersuchungen (etwa Bildschirmaufbau, Benutzeroberfläche) sehr wertvolle Informationen liefern.

1.3 Zur Methode des Lauten Denkens

Zur Kennzeichnung dieser Methode soll die Beschreibung von Kluwe (1988, S. 362) zitiert werden:

> „Bei der Methode des lauten Denkens wird eine Versuchsperson gebeten, während sie mit einem Sachverhalt umgeht oder eine Lösung für ein Problem sucht, laut auszusprechen, was sie gerade denkt. Die Methode wird eingesetzt, um im Verlauf eines Lern- oder Denkprozesses Daten über das von einer Person aktivierte Wissen und über dessen Veränderungen zu erhalten. Als Daten erhält man Verbalisierungen der Versuchsperson, die einer weiteren Aufarbeitung bedürfen. Von solchen Daten ableitbare Aussagen können sich sowohl auf Qualitäts- als auch Strukturdaten beziehen. Der on-line-Einsatz dieses Verfahrens macht Protokokolle lauten Denkens zu einer reichhaltigen Datenquelle."

Es soll nicht weiter auf die zugrundeliegende Theorie (vor allem Ericsson & Simon 1984) eingegangen werden, sondern vor allem auf die mit der Methode verbundenen Probleme. Im Vordergrund geht es darum, mögliche Effekte der Methode auf den Lern- und Denkprozess zu vermeiden. Der Versuchsanweisung und dem Beobachterverhalten kommt deshalb eine sehr große Rolle zu, ferner sind die individuellen Bedingungen auf Seiten der Versuchsperson (Bereitschaft und Fähigkeit zur Selbstbeobachtung, Metakognition, Verbalisierung) zu berücksichtigen.

Anta (1995) hat in einer Diplomarbeit im Rahmen des bereits erwähnten Forschungsvorhabens von Hofer & Niegemann (1995) an der Universität Mannheim die wichtigsten Probleme wie folgt zusammengefasst:

– *Kapazitätsproblem*
„Im Kurzzeitgedächtnis kann gleichzeitig nur eine begrenzte Anzahl von Inhalten präsent sein, die außerdem noch relativ schnell wieder verfallen. Dies kann die Verbalisierbarkeit erschweren und erfordert vom Probanden möglicherweise eine Selektion von Inhalten" (Anta, S. 47). Anta zitiert Untersuchungen, nach denen durch Lautes Denken die Lösungsgüte und Bearbeitungsstrategie nicht beeinträchtigt werden.

– *Bewußtheitsproblem*
Nicht alle Kognitionen sind dem Bewußtsein zugänglich, siehe vor allem automatisierte Fertigkeiten. Neben unterschiedlichen metakognitiven Fähigkeiten sind auch emotionale Prozesse zu beachten.

– *Problem der sozialen Erwünschtheit*
Der Lernende möchte sich u.U. in einem positiven Licht erscheinen lassen, z.B. verschweigen oder bagatellisieren, wenn er etwas nicht verstanden hat.

Der Versuchsleiter (Beobachter) sollte sich dieser Probleme bewußt sein und sich neben einer klaren und verständlichen Instruktion zu Beginn des Lerndurchgangs an entsprechende Regeln halten:

- deutliche Zielsetzung des Versuchs (das Lernprogramm steht im Vordergrund, nicht die Versuchsperson wird bewertet)

- einleitende Beispiele, in denen Lautes Denken geübt wird

- nicht-direktive Gesprächsführung

- keine inhaltlichen Aussagen durch den Versuchsleiter, auch keine Wertung

- positive Verstärkung der Verbalisierung und Metakognition

- keine soziale Interaktion mit dem Versuchsleiter

Der zuletzt angesprochene Punkt ist in einer klassischen Laborsituation durchzuhalten, in einer authentischen Lernumgebung nur bedingt. Der Beobachter wird hierbei weniger als ein Versuchsleiter, sondern eher als ein Lernberater oder Betreuer angesehen, mit dem der Lernende ins Gespräch kommt – und dabei zwangsläufig seinen Lernbedarf, seine Interessen, Vorkenntnisse, Arbeitssituation u.a. äußern will. In Abschnitt 3.2 wird auf diese Problematik näher eingegangen.

1.4 Zur Videoaufzeichnung und Videoanalyse

Video wird in verschiedenen Teilgebieten der Psychologie seit langem intensiv eingesetzt. Zu nennen ist etwa die klinische Psychologie (Beratung, Therapie), Entwicklungspsychologie und Sozialpsychologie (Gruppenprozesse). In der Pädagogik wird Video u.a. zu Unterrichtsanalysen (Microteaching) benutzt. Eher selten wird Video für die Untersuchung von Lern- und Denkprozessen eingesetzt. Dies gilt ebenfalls für die Untersuchung von Wirkungsanalysen bei Lernprogrammen.

Mittenecker (1985) hat in seiner Arbeit über „Video in der Psychologie" die Vorteile des Videoeinsatzes gegenüber den Verfahren der Beobachtung und Verhaltensregistrierung wie folgt beschrieben:

- „Die Wiederholbarkeit bewegter Szenen auf der Basis zweidimensionaloptischer und akustisch getreuer Konservierung ist die faszinierende Eigenschaft, die Video mit Film teilt. Die vielfältigen methodischen Vorteile, die sich daraus ergeben, sind einsichtig. So können z.B. beliebig viele Betrachter im nachhinein, gleichzeitig oder aufeinander folgend, Verhaltens- und

Situationsmerkmale beurteilen. Das konservierte Bild kann auch mit Hilfe von Messmethoden bearbeitet werden." (S. 17)

– Vermeiden von Aufmerksamkeitsschwankungen und -fallen: „Selbst der geübte Beobachter unterliegt mehr oder weniger periodisch, aber auch in Abhängigkeit vom äußeren Verlauf des Geschehens, Schwankungen der Konzentration und Aufnahmefähigkeit, die bei Vorliegen einer Videoaufnahme durch Anhalten des Bandes, Einschalten von Pausen oder durch Wiederholen der gleichen Passage kompensiert werden können." (S. 18)

Die weiteren von Mittenecker angeführten Vorteile (Wiedergabe in veränderter Geschwindigkeit, Aufnahme aus verschiedenen Perspektiven) sind für Lernprozess-Aufzeichnungen weniger relevant.

Ebenso wie bei der Methode des Lauten Denkens muss man auch bei Videoaufzeichnungen mit „reaktiven" Effekten rechnen. Identisch ist die Erhöhung der Selbstaufmerksamkeit. Bei Video ist verstärkt mit Tendenzen in Richtung auf sozial erwünschtes Verhalten zu rechnen. Die Videoaufzeichnung kann auch hemmende Effekte haben, so können u.a. weniger verbale Äußerungen gemacht werden. Es ist ferner mit Nervosität (emotionale Irritierung), zumal bei videounerfahrenen Personen, zu rechnen.

Mit verschiedenen Strategien kann man solche Störeffekte vermeiden (gezielte Vorbereitung und Vertrautmachen mit der Technik, Eingewöhnen, Aufnahmetechnik wenig(er) sichtbar machen, keine Auswertung der Einstiegsphasen).

In den Videoaufzeichnungen des Mannheimer Projekts wurde die Videoaufzeichnung bewußt erst nachträglich bekannt gemacht, um die skizzierten Störeffekte zu vermeiden. Bei den Aufzeichnungen von Lerndurchgängen mit interaktiven Medien werden reaktive Effekte ohnehin reduziert, wenn nicht der Lernende, sondern nur der Computerbildschirm aufgezeichnet wird.

Durch die digitale Videoaufzeichnung des Lerndurchgangs werden die skizzierten Probleme weitgehend vermieden, da die Versuchsperson von der Technik nichts bemerkt. In der eigenen Untersuchung wurde wie erwähnt Audio über ein Mikrophon aufgenommen, was ebenfalls reaktive Effekte auslösen könnte. Die Audioaufzeichnung erweist sich jedoch als weit weniger „bedrohend" als die Videoaufzeichnung. In der Untersuchung haben beide Versuchspersonen nach kurzer Zeit keine Notiz mehr von der Audioaufzeichnung genommen.

Die Vorteile der (analogen) Videoaufzeichnung sind bei den neueren digitalen Videoaufzeichnungen weiterhin gegeben; es kommen weitere technische Möglichkeiten hinzu, die vor allem die Videoanalyse sehr erleichtern:

– Die Ansteuerung von Videorecordern ist sehr umständlich, langwierig und (ohne die Timecode-Nutzung) ungenau. Digitales Video kann innerhalb von Sekunden bildgenau angesteuert werden.

– Es ist vergleichsweise einfach, Szenen (mit Anfang und Ende) zu bestimmen und diesen beliebige Daten zuzuordnen.

– Daten können u.a. transkribierte Lerner- und Beobachterkommentare, inhaltsanalytische Einstufungen oder Zuordnungen zu Kategorien sein. Die Daten können durch wiederholtes Betrachten der Szenen jederzeit verändert werden, auch können Analysen miteinander verglichen werden.

– Die Daten können verrechnet und aufbereitet werden. Zu nennen ist vor allem ein gezieltes Feedback (nutzbar u.a. beim Einsatz der „stimulierten Erinnerung") und eine statistische Auswertung. Die genannten Funktionen werden durch ein vom Autor entwickeltes Analyseprogramm bereitgestellt.

2 Qualitätsanalyse

2.1 Konzeption der Untersuchung

Das IKTH-Lernsystem sollte von mehreren Versuchspersonen aus der Zielgruppe des Programms, also Handwerkern, bearbeitet werden, um detaillierte Hinweise zu den dabei ablaufenden Denk- und Lernprozessen zu gewinnen. Mit freundlicher Unterstützung durch die Handwerkskammer Rheinland-Pfalz (Kaiserslautern) konnten zwei Personen gefunden werden, die am Thema EDV für das Handwerk interessiert waren und sich als Versuchspersonen zur Verfügung stellten. Die Erprobung fand in den Räumen des Bildungszentrums des Handwerks in Ludwigshafen/Rhein statt. Die beiden Teilnehmer waren:

– eine Friseurmeisterin (40 Jahre alt), die sich für einen EDV-Lehrgang gemeldet hatte, der eine Woche nach dem Versuch im Bildungszentrum in Ludwigshafen beginnen sollte,

– ein Meister (50 Jahre alt) aus der Raumausstattungsbranche (Inhaber), der sich seit längerem mit der Frage des EDV-Einsatzes in seinem Betrieb befasste.

Beiden Teilnehmern war aus der Kontaktaufnahme bekannt, dass es sich um eine Erprobung des Lernprogramms handeln würde, dass also nicht sie selbst, sondern das Programm getestet werden würde und sie wertvolle Hinweise für die Einschätzung des Programms und ggf. für dessen Verbesserung/Revision geben könnten. Als Dank wurde ihnen die kostenlose Überlassung der CD versprochen, was auch eingehalten wurde.

Der Testaufbau bestand aus einem PC-Tower, einem 17 Zoll-Bildschirm mit Tastatur und Maus sowie einem Audiorecorder, auf dem der Bildschirm stand. Das Mikrophon, über das das Audio des Lernsystems sowie die Kommentare der Versuchsperson und des Beobachters (Autors) aufgenommen wurden, war unterhalb des Bildschirms angebracht.

Es wurden durch den Versuchsleiter (VL) während des Versuchs kurze schriftliche Notizen gemacht, über die zusätzliche Verhaltensmerkmale (z.B. mangelnde Orientierung im Programm, Verständnisprobleme beim Lesen eines Textes, beim Lösen einer Aufgabe, Motivationsverlust) erfasst werden sollten. Ein zusätzlicher Grund für die Anfertigung schriftlicher Notizen war, dass im Falle technischer Probleme beim Softwarerecording dennoch wesentliche Beobachtungsdaten vorliegen sollten. Tatsächlich wurde die Aufzeichnung bei der Versuchsperson 1 nach einer halben Stunde unterbrochen, während sie bei der Versuchsperson 2 bis 50 Minuten durchgeführt wurde. Der Grund für den Abbruch wird darin vermutet, dass das Recording-Programm bei der Auflösung von 800x600 und High-color überlastet wurde.

Zu Beginn des Versuchs, der jeweils etwa zwei Stunden dauerte (mit einer Pause nach etwa der Hälfte), wurden die beiden Versuchspersonen sinngemäß wie folgt instruiert:

Sie bearbeiten ein Lernprogramm, das für Handwerker entwickelt wurde, die sich für das Thema EDV interessieren und die EDV bereits nutzen oder dies vorhaben. Sagen Sie alles, was Ihnen bei der Durcharbeit dieses Programms spontan einfällt. Es wird aufgezeichnet und hilft, das Lernprogramm zu verbessern. Wenn Sie eine Frage haben oder nicht weiterkommen, kann ich Ihnen helfen. Versuchen Sie bitte, möglichst selbst zurechtzukommen.

Die Instruktion macht deutlich, dass die Methode des Lauten Denkens benutzt wurde, bei der der Lernende spontan alles äußert, was ihm bei der Bearbeitung des Lernprogramms einfällt. Der Beobachter nimmt die Rolle eines nicht-reaktiven Beobachters ein, der sich weitgehend zurückhält und nur bei Fragen und Problemen des Lernenden eingreift, dabei aber möglichst keine inhaltlichen Informationen gibt, sondern den Lernenden zur Selbsthilfe ermuntert.

Da die Versuchspersonen erstmalig mit einem Lernprogramm arbeiteten und auch die Methode des Lauten Denkens nicht kannten, wurden die ersten verbalen Äußerungen durch den Beobachter positiv aufgenommen und verstärkt, so dass sie erkennen konnten, was von ihnen erwartet wurde. Auch das Laute Denken muss gelernt werden, da bei Lernprozessen normalerweise keine differenzierte Selbstbeobachtung (Metakognition) und Verbalisierung stattfinden.

Beide Versuchspersonen produzierten sehr spontan und ohne weitere Impulse durch den Beobachter kontinuierlich zahlreiche Kommentare zu den einzelnen Bildschirmseiten.

2.2 Zwei Fallanalysen

Fallanalyse 1

Bearbeitung des IKTH-Programms durch die Versuchsperson 1 (Frau L)

Verhaltensprotokollierung

Frau L. beachtete die Bedienungshinweise nicht, sondern wollte gleich mit dem Programm starten, da sie sehr neugierig war. Auf dem Hauptbildschirm versuchte sie sich zu orientieren, was sie bearbeiten konnte. Nach einiger Zeit klickte Frau L. auf das Hilfe-Icon. Nach längerem Durchlesen der Seite kehrte sie mit Klick auf den Themen-Button wieder zur Hauptseite zurück.

Hier interessierte sie sich zunächst für die weiteren Benutzericons, fuhr mit der Maus über das Rechner-Icon, ohne es aufzurufen. Danach rief sie das Notizbuch auf, wusste aber nicht, was sie damit anfangen sollte.

Sie rief danach den Software-Katalog auf und überlegte sich, wo sie einen Bezug zu ihrer Tätigkeit (Friseurin) finden könnte. Sie fand ihn im Button „Gesundheit, Gesundheitspflege, chem. Reinigung" und rief den Abschnitt „Friseur" auf, den sie mit Freude entdeckt hatte. Nach 4.30 Minuten hatte Frau L. den ersten erwarteten Bezug zu ihrer Branche (Gewerk) gefunden. Sie las sich alle Programmbeschreibungen teilweise sehr genau durch (insgesamt bis zur 11. Minute) und erzählte dabei dem VL von einem Messebesuch, auf dem sie eines der beschriebenen Programme gesehen habe. Sie erwähnte dabei auch, dass sie auf Nachfrage keine weiteren Informationen vom Anbieter erhalten habe, und zeigte sich darüber recht enttäuscht.

Nach Rückkehr auf die Hauptseite setzte sie die Erkundung der Benutzerfunktionen fort und rief das Lexikon auf. Sie konnte sich jedoch (über eine Minute lang) nicht für einen Suchbegriff entscheiden, da die Begriffe nicht ihre speziellen Interessen abdeckten. Schließlich gab sie den Begriff „Umsatzbeteiligung" ein, da dieses Thema für sie durchaus aktuell schien. Frau L. klickte dann jedoch auf Windows und zeigte sich erfreut, dass sie diesen Begriff schon kannte.

Auf der Hauptseite wählte sie danach das Thema „Betriebsstruktur" und interessierte sich für die Aufgaben des Kammerberaters. Sie war jedoch unsicher, wie sie Fragen an den Kammerberater formulieren sollte, welche Fragen sie eingeben sollte und wie diese weitergeleitet würden.

Frau L. wählte nun das Thema „EDV-Einführung", das sie als ihr Hauptinteresse bezeichnete. Zu ihrer Überraschung und Enttäuschung ging es hierbei jedoch um die Einführung des PC in den Handwerksbetrieb und nicht um die Einführung in den PC und in Softwareprogramme. Ihre Aussage war: „Das ist alles, was ich *nicht* wissen will."

Beim Thema „Kontenrahmen" fühlte sie sich angesprochen, da sie ein geeignetes Buchhaltungsprogramm suchte, das ihr die Steuerberater-Kosten ersparen könnte. Aber auch hier war sie frustriert, da sie keine konkreten Informationen finden konnte (auch ein Zugriff auf das Lexikon half ihr nicht).

Frau L. wählte das Thema „Erfahrungsberichte" aus. Sie zeigte sich hocherfreut über die Videos und schaute sich diese z.T. zweimal an („weil es so schön war"). Sie nahm dabei spontan und ausführlich Stellung zu den Aussagen und verglich sie mit ihrer eigenen Situation.

Nach etwa einer Stunde bot es sich an, eine Pause zu machen.

Frau L. ging danach zum Thema „Kosten". Mit dem Berechnungsbeispiel konnte sie nichts anfangen. Beim Thema „Lohnzusatzkosten" wollte sie wieder die Einordnung in den Kontenrahmen. Nach der Durcharbeit (eher Durchblättern) weiterer Themen gab Frau L. die Stellungnahme ab: „Wer hat denn das geschrieben?" (weil zu schwierig, zu abstrakt, nicht die Realität). Sie äußerte die Meinung, dass es interessanter wäre, mit eigenen Zahlen zu rechnen.

Sie benutzte nun den Werkzeugkasten, fand dabei aber wieder nicht die Lösung der sie interessierenden Fragen.

Nach zwei Stunden wurde der Versuchsdurchgang abgeschlossen.

In einem abschließenden Interview äußerte sich Frau L. wie folgt:

– Die Arbeit mit einem solchen Programm ist anstrengend, bis man sich eingearbeitet hat.

– Video hat mir gefallen, weil es so auch im Betrieb zugeht.

– Die nachgesprochenen Audiotexte gefallen mir nicht, sie lenken ab.

– Das Einführungsbild ist nicht gut, die senkrechten Bezeichnungen der Ordner sind schlecht.

– Die Erklärungen der Benutzer-Icons sollten neben den Icons stehen, nicht unterhalb der Titelzeile.

Allgemeine Einschätzung der Programmbearbeitung durch Frau L.:

Ich bin vertrauter geworden mit dem PC, die Distanz ist nicht größer geworden. Es hat Spaß gemacht.

Einschätzung des Beobachters:

Frau L. hatte großes Interesse an besseren PC-Kenntnissen und vor allem konkrete Erwartungen hinsichtlich der Erstellung der Steuererklärung sowie an Auswertungen von Betriebsdaten (z.B. verbrauchte Materialien, verlangte Friseurleistungen). Sie suchte das IKTH-Lernsystem immer wieder nach Antworten auf diese Fragen ab, die sie zu ihrer Enttäuschung nicht fand. Die neuen und positiven Erfahrungen mit einem neuen Medium (PC und hierbei vor allem Video in den Erfahrungsberichten) konnten die Enttäuschung nicht ausgleichen.

Auch wenn Frau L. von keinen PC- und Windows-Erfahrungen berichtete, so kam sie dennoch auf Anhieb mit der Tastatur und der Maus sowie der Bedienung des Programms zurecht. Möglicherweise hat sie bereits vorhandene Erfahrungen heruntergespielt.

Es zeichneten sich an verschiedenen Stellen Orientierungsprobleme ab, Frau L. wusste öfters nicht, wo sie sich gerade in der Lernsystemstruktur befand und wie sie zu bestimmten Themen kommen konnte.

Dem Versuchsleiter gelang es nicht, durchgängig die Rolle eines passiven Beobachters einzunehmen. Frau L. erzählte immer wieder kleine Geschichten und ging auf Details in ihrem Friseurbetrieb ein, der Beobachter wurde daher immer mehr zu einem Gesprächspartner, an den Frau L. auch direkte Fragen (z.B. nach geeigneter Software) richtete. Die Situation ähnelte mit der Zeit eher einer Lernumgebung, in der ein (Kammer-)Berater auf konkrete Fragen eingeht, wobei das Lernsystem als Informationsbasis gesehen wird, anhand deren die individuellen Problemstellungen diskutiert werden.

Fallanalyse 2

Bearbeitung des IKTH-Programms durch die Versuchsperson 2 (Herr S.)

Verhaltensprotokollierung

Herr S. hat nach seinen Angaben einige Vorkenntnisse im Umgang mit dem PC, jedoch eher privater Art (Computerspiele). Er ist vor allem an der Kundenverwaltung und Rechnungserstellung interessiert. Er hat noch nichts Passendes für seinen Betrieb und sein Gewerk gefunden.

Herr S. wählte sofort sehr gezielt die Hilfe-Funktion heraus und erfuhr über die Information „Hauptauswahl", dass er sich einen Ordner herausgreifen konnte. Er wählte den Ordner „Konstruieren" aus und merkte bei der Betrachtung des Schemas „Auftrag – CAD" an, dass es sich bei ihm nicht um einen Industriebetrieb handle. Das Thema interessierte ihn aber so, dass er einige Minuten bei diesem Kapitel blieb und u.a. die Animation abrief. Herr S. kennt nach seinen Aussagen die Möglichkeit, auch in der

Raumausstattung den Computer für Planungszwecke einzusetzen, indem dreidimensional Einrichtungsvarianten durchgespielt werden. Am Ende des Kapitels hatte Herr S. Schwierigkeiten, zur Hauptseite zurückzukommen (Klick auf Konstruieren-Blatt). Er wählte zuerst das Ende-Icon aus, danach den Weiter-Button und schließlich das Hilfe-Icon. Auch hier hatte er Schwierigkeiten, den Hilfeteil zu beenden.

Danach wählte er das Kapitel „Aufträge durchführen" und ging hier bis zum Thema „Mitarbeiter-Ressourcen". Danach wechselte er zum Thema „Umsatz ermitteln" und äußerte Zweifel daran, dass es sich um realistische Zahlen handle.

Es waren bis hierher 26 Minuten vergangen, die Motivation, im Programm weiterzumachen, war mittlerweile offensichtlich recht gering. In einer echten Lernsituation hätte Herr S. die Bearbeitung wahrscheinlich abgebrochen, da ihm die Aussagen zu allgemein waren und seine konkreten Interessen nicht befriedigten.

Nur durch einen Versuchsleiter-Impuls machte er weiter und wählte das Unterthema „Funktionsweise" aus. Er fand hier gut, dass Audio und Text zusammen dargeboten werden, was die Aufmerksamkeit steigerte. Bei dem Thema „Gemeinkosten" äußerte er die Ansicht, dass er gerne alles durcharbeiten würde, da es endlich konkret werde.

Nach dem Durcharbeiten einzelner Seiten von „Kunden gewinnen" und „Verrechnungssätze" ging Herr S. in das Thema „Angebote erstellen". Zum ersten Mal fand er ein Kapitel „richtig interessant". Er bearbeitete die Aktenschrank-Möglichkeiten, fand aber trotz intensiver Beantwortung, dass das ganze „äußerst unergiebig" sei, u.a. da oft Daten fehlen würden.

Bei der Durcharbeit der Themen wählte Herr S. öfters Erfahrungsberichte aus, war zunächst interessiert, äußerte aber danach die Meinung: „Video verleitet dazu, passiv zu werden." Außerdem zeigte er sich mehrfach enttäuscht über die Aussagen („war das alles?"). Lediglich den Beitrag zur Mitarbeiterbeteiligung fand er ausgesprochen gut.

Allgemeine Einschätzung der Programmbearbeitung durch Herrn S.:

Die eigenen Fragen nach Kundenverwaltung und Rechnungserstellung wurden nicht beantwortet. Das Programm ist überdimensioniert, durchdacht, perfekt. „Aber wer soll damit arbeiten?" Das Resumée war: „Ich bin weiter weg vom PC, als ich es zuvor war."

Einschätzung des Beobachters:

Auch Herr S. kam mit ganz konkreten Fragen, die er in dem Lernsystem beantwortet haben wollte, zu denen er aber keine konkreten Antworten bekam. Es lagen sicherlich etwas mehr EDV-Erfahrungen und -kenntnisse vor, als Herr S. zu Beginn angab. So interessierte ihn das Thema 3D und Design sehr stark. Ohne Versuchsbedingungen hätte er die Bearbeitung wahrscheinlich sehr früh abgebrochen.

Bei konkreten Aufgabenstellungen war er sehr engagiert und gab sich Mühe, die Aufgaben zu lösen. Wie erwähnt, zeigte er sich mit der Benutzung des Aktenschranks äußerst unzufrieden, da er die Aufgabe nicht durcharbeiten konnte.

Auch Herr S. nahm immer wieder Kontakt mit dem Beobachter auf und schilderte seinen Betrieb (mit etwa 20 Mitarbeitern) und seine „Philosophie", den Betrieb zu führen und gegenüber der Konkurrenz zu bestehen. Das Gespräch war für ihn offensichtlich interessanter als die Programmdurcharbeit, die er nur unwillig wieder aufnahm. Im Unterschied zu Frau L. konnten ihn die Videos bis auf eine Ausnahme nur wenig stimulieren und motivieren.

3 Gesamtbewertung/Fazit

3.1 Bewertung des IKTH-Lernproramms

Aus den Eindrücken und Notizen der Versuchsdurchgänge und auf der Basis der nachträglichen Analyse der Aufzeichnung lassen sich folgende Hauptergebnisse ableiten:

3.1.1 Erwartungen

Die Erwartungen beider Versuchspersonen wurden gar nicht bzw. nur ansatzweise erfüllt:

– Die Fragen, die beide beantwortet haben wollten, wurden in dem Lernsystem nicht beantwortet. Es erwies sich als recht schwierig für die beiden, überhaupt den Ordner (Kapitel) zu finden, in denen das für sie relevante Thema angesprochen wird.

– Das Lernprogramm ist gar nicht (Raumausstatter) bzw. zu wenig (Friseurin) auf das eigene Gewerk bezogen.

– Es finden sich zu wenige konkrete Daten und Beispiele.

– Es gibt zu wenige Aufgaben und Gelegenheiten, etwas selbst zu tun (Ausführen, Simulieren). Wenn Aufgaben gestellt werden, dann sind sie u.U. zu umfangreich, vom kleinen Handwerksbetrieb abgehoben oder nicht auszuführen, da Daten fehlen (Aktenschrank).

– Die Fülle der Informationen ist riesig, die Informationen sind jedoch zum Teil zu allgemein, zum anderen gehen sie ins Detail und sind zu schwierig („für Experten", Industriebetriebe).

3.1.2 Handhabung

Wenn die beiden Versuchspersonen auch im großen und ganzen mit dem Programm zurechtgekommen sind, zeigten sich doch einige gravierende Schwächen:

– Die Hauptseite ist überladen und nicht selbsterklärend.

– Die Orientierung in der Progammstruktur ist eher schwierig und nicht intuitiv. Beide Versuchspersonen hatten etwas Mühe, wieder zur Hauptseite zu finden, den Hilfeteil zu beenden u.a.m.

3.1.3 Gestaltung und Multimedia

Beide Versuchspersonen waren der Meinung, dass das Lernsystem technisch perfekt und insgesamt attraktiv ist.

Kontrovers wurde das Medium Video eingeschätzt. Für beide Versuchspersonen war digitales Video neu. Während Frau S. sich von Video durch die Praxisnähe angesprochen, unterhalten und motiviert fühlte, lehnte Herr S. Video (bis auf eine Ausnahme) wegen dessen Passivität eher ab.

Ähnlich kontrovers war die Beurteilung von Audio: Frau S. fand Audio eher ablenkend, da nur der Text vorgelesen werde, Herr S. fand die Kombination eher positiv.

Beide Versuchspersonen wurden von der Informations- und vor allem von der Textfülle beinahe „erschlagen". Die Aussagen waren für sie zu differenziert, z.T. auf Grund nicht bekannter und nicht erklärter Begriffe unverständlich. Es wird nicht die Sprache der Handwerker, sondern eher die von Spezialisten gesprochen.

3.1.4 Gesamteinschätzung des Lernsystems durch die Versuchspersonen

Neben dem Neuigkeitseffekt (PC als Lehrmedium, Multimedia) und dem Versuchseffekt (Rolle als Versuchsperson, von der Aussagen über ein modernes Medium erwartet werden) zeigte sich eine positive Akzeptanz, die jedoch dadurch eingeschränkt wurde, dass die Erwartungen nach Antworten und Lösungen auf konkrete EDV-Anwendungen in dem jeweiligen Betrieb/Gewerk vom Lernsystem nicht erfüllt werden konnten.

Wie skizziert, entwickelte sich der Versuchsdurchgang immer wieder (trotz Gegensteuerung durch den Versuchsleiter) eher in Richtung auf ein Beratungsgespräch. Der EDV-Berater der Kammer würde unmittelbar auf die konkreten Fragen eingehen können, was ein noch so umfassendes Informations- und Lernsystem kaum leisten kann.

3.2 Bewertung der eingesetzten Evaluationsverfahren

Die hier skizzierte Untersuchung ist eine Einzelfallstudie.

> „In einer Einzelfallstudie wird eine einzelne Untersuchungseinheit genau erforscht und beschrieben, wobei Beobachtungsmethoden häufig eine zentrale Rolle spielen. Die qualitative Einzelfallbeobachtung hilft dabei, Fragestellungen über individuelle Prozesse und Verläufe zu beantworten … Im Unterschied zu breit angelegten Stichprobenuntersuchungen, die tendenziell viele Untersuchungsobjekte ausschnitthaft betrachten, wird in der Einzelfallstudie die Komplexität eines Falles möglichst umfassend und detailliert erfaßt." (Bortz & Döring, 1995, S. 298)

Die beiden Autoren stellen im Anschluss daran die Frage, inwieweit man von Einzelfällen generalisieren kann. „Wie repräsentativ ein Einzelfall für die Population ist, hängt von der Art des Einzelfalls (Normalfall, Ausnahmefall, Extremfall) und von der Homogenität des betrachteten Merkmals ab." (ebd.)

Bei der Vielfalt der möglichen Adressaten des Lernsystems, ihren unterschiedlichen Interessen, Vorkenntnissen und Gewerken, ist es natürlich nicht möglich, generelle Aussagen über das Lernsystem abzuleiten. Das kann, wie das Zitat zeigt, auch gar nicht der Sinn einer Einzelfallstudie sein. In der Untersuchung ging es ferner nicht um ein einzelnes Merkmal, sondern um die komplexe Wirkung des Lernsystems auf Lernende. Es wurde auch nicht wie in der empirischen Untersuchung von Reinmann-Rothmeier & Mandl (siehe Beitrag 11 in diesem Band) ein Thema vorgegeben, sondern den Versuchspersonen wurde völlig freigestellt, was sie wie lange bearbeiten wollten. Damit war die Einzelfallstudie authentischer, was besonders die zentrale Frage des Lernbedarfs betrifft.

In einer Einzelfallstudie können reproduzierbar (durch die wiederholte Analyse der Aufzeichnung) Detailfragen zum Lernerverhalten und der Wechselwirkung mit Lernprogrammvariablen erfasst werden. Beispiele sind etwa die Orientierung im Programm, der Zugriff auf Benutzerfunktionen, die Verständlichkeit eines Textes oder die Relevanz eines videogestützten Erfahrungsberichts. Diese Informationen sind sehr nützlich, wenn sie während der Entwicklung des Lernsystems gewonnen werden und zur Programmverbesserung beitragen. Bei einem „fertigen Produkt" ist es möglich und notwendig, bei gravierenden Problemen entsprechende Hilfestellungen zu geben. Es stellt sich dabei jedoch die Frage, ob eine Bearbeitung des Lernsystems ohne persönliche Betreuung oder Einbindung in soziale Phasen überhaupt die erhofften Lerneffekte bringen kann.

Neben der Erfassung von Details gibt eine Fallstudie vor allem Hinweise auf die individuellen Erwartungen und Zugänge zu einem Lernsystem sowie auf die Suche nach Informationen oder Antworten auf gezielte, aber auch diffuse Probleme. Hier dürften die beiden skizzierten Protokolle die ganze Vielfalt und Komplexität aufgezeigt haben.

Der technische Aufwand der exakten Lernprotokollierung hat sich insgesamt gelohnt, da durch wiederholte Wiedergabe und Analyse einzelner Lernphasen einzelne Aussagen überprüft und differenziert werden konnten.

Die Ergebnisse von Einzelfallstudien sollten mit Ergebnissen aus Untersuchungen mit einer größeren Stichprobe verglichen werden, um eine gewisse Aussage über die Repräsentativität zu erreichen.

Die Ergebnisse der Einzelfallstudien sollen nun den Hauptergebnissen der zwei empirischen Untersuchungen von Reinmann-Rothmeier & Mandl (vgl. Beitrag 11) gegenübergestellt werden:

- In beiden Untersuchungen zeigte sich eine grundsätzliche Akzeptanz des Lernsystems.

- Die Qualität des Lernsystems (Gestaltung, Informationsfülle, Medieneinsatz) wurde überwiegend positiv eingeschätzt.

- Das Fehlen von praktischen Beispielen und Aufgaben (auch für das eigene Gewerk) wird jeweils deutlich bemängelt.

- Die Hauptkritik bezieht sich auf die geringe Bedarfs- und Zielorientierung. Das Lernsystem kann die eigenen Fragen und Probleme nur bedingt beantworten, der praktische Nutzen wird in Frage gestellt.

Beim zuletzt genannten Punkt zeigt sich eine grundsätzliche Problematik: Wenn das zu bearbeitende Thema freigestellt wird wie in den beiden Einzelfallstudien, kommt es zu völlig unterschiedlichen Programmdurchgängen und Lernprozessen, die kaum miteinander vergleichbar sind. Bei der Vorgabe des Themas wie in den beiden Gruppenuntersuchungen wird methodisch die Bedarfsorientierung unterbunden, d.h. das Ergebnis wird zumindest teilweise durch die Themenvorgabe provoziert.

Ein weiterer Unterschied bezieht sich auf die Gestaltung der Lernumgebung: In der Einzelfallstudie wurde die Methodik des Lauten Denkens mit nichtdirektiver Gesprächsführung benutzt; tatsächlich entwickelte sich jedoch aus der Laborsituation eine Gesprächssituation zwischen einem Handwerker und einem Betreuer/Berater. Es wäre nicht vertretbar gewesen, die Gesprächs- und Beratungswünsche abzulehnen, um das vorgesehene Untersuchungsdesign durchzuhalten. Vielmehr zeigte sich in den Einzelfallstudien recht genau die Situation der Zielgruppe, die für ihren Betrieb EDV einsetzen will, bislang aber keine angemessene Information oder Hilfestellung bekommen hat.

In den beiden Gruppenuntersuchungen wurde die Eignung des Lernsystems für den Lernbedarf von Handwerkern in ähnlicher Weise in Frage gestellt, wie dies in den Einzelfallstudien geschah. Gefragt wäre weniger ein Lernprogramm, sondern eine „echte Anwendung", in der die Interessenten die unterschiedlichen EDV-Funktionen (z.B. Angebote erstellen) in ihrem Gewerk aktiv erleben und durchspielen können. Die im Lernsystem bereitgestellten Aufgaben und Beispiele reichen offensichtlich nicht aus, sondern werden durch eine Fülle von Informationen „zugedeckt", die eigentlich erst nach eigenen Erfahrungen mit einer PC-Anwendung verstanden werden können.

Literatur

Anta, A. (1995). Evaluation eines selbstkontrollierten computerunterstützten Lernprogramms: Intensivstudie zu Lernverläufen und zur software-ergonomischen Qualität, unveröffentlichte Diplomarbeit. Mannheim: Universität Mannheim.

Bortz, J. und Döring, N. (1995). Forschungsmethoden und Evaluation. Heidelberg.

Ericsson, K.A. & Simon, H.A. (1984). Protocol analysis. Cambridge, Mass.: MIT Press.

Freibichler, H., Mönch, Chr. Th. & Schenkel, P. (1991). Computergestützte Aus- und Weiterbildung in der Warenwirtschaft. Nürnberg: BW Bildung und Wissen.

Hofer, M., Niegemann, H.M. u.a. (1995). Förderung des Aufbaus strukturellen Wissens im Bereich Kostenrechnung durch arbeitsanaloge Lernaufgaben. Universität Mannheim (unveröff. Papier).

Jonassen, D.H. & Grabinger, R.S. (1990). Problems and Issues in Designing Hypertext/Hypermedia for Learning. In D.H. Jonassen & H. Mandl (Eds.), Designing Hypermedia for Learning (pp. 3–26). Berlin.

Kluwe, R.H. (1988). Methoden der Psychologie zur Gewinnung von Daten über menschliches Wissen. In H. Mandl & H. Spada (Hrsg.), Wissenspsychologie (S. 359–385). München.

Mittenecker, E. (1987). Video in der Psychologie. Bern.

Reinmann-Rothmeier, G., Mandl, H. & Prenzel, M. (1997). Qualitätssicherung bei multimedialen Lernumgebungen. In H.F. Friedrich, G. Eigler, H. Mandl, W. Schnotz, F. Schott & N. Seel (1997) (Hrsg.), Multimediale Lernumgebungen in der betrieblichen Weiterbildung. Neuwied/Kriftel/Berlin: Luchterhand.

Rüschoff, B. & Wolf, D. (1997). Fremdsprachenlernen mit dem Computer. Bielefeld: Bertelsmann.

Tergan, S.-O. (1997a). Lernen mit Texten, Hypertexten und Hypermedien. Retrospektive und State of the Art. In H. Gruber & A. Renkl (Hrsg.), Wege zum Können (S. 236–249). Bern/Göttingen: Huber.

Tergan, S.-O. (1997b). Misleading theoretical assumptions in hypertext/hypermedia research. *Journal of Educational Multimedia and Hypermedia,* 6, 3/4, 257–283.

Tergan, S.-O. (1997c). Conceptual and methodological shortcomings in hypertext/ hypermedia design and research, *Journal of Educational Computing Research,* 16, 3, 209–235.

Tergan, S.-O. (1998). Checklists for the evaluation of educational software: critical review and prospects. *Innovations in Education and Training International,* 35(1), 9–20.

Sigmar-Olaf
Tergan

Vergleichende Bewertung von Methoden zur Beurteilung der Qualität von Lern- und Informationssystemen

Fazit eines Methodenvergleichs

1 Experten-Beurteilung und empirische Verfahren als Methoden der Qualitätsbeurteilung von Lernsoftware

Bei der Qualitätsbewertung von Lern- und Informationssoftware stehen vor allem zwei Methoden der Evaluation im Vordergrund:

- Experten-Beurteilungsverfahren (vor allem Kriteriumskataloge)
- empirische Verfahren (vor allem Befragungstechniken).

Kriteriumskataloge sind typische Experten-Beurteilungsverfahren für die Evaluation von Lernsoftware. Man versteht hierunter Evaluationsverfahren, bei denen versucht wird, über eine Einschätzung von Einzelmerkmalen einer Lernsoftware Aufschluß über deren Qualität zu erhalten. Evaluation mit Hilfe von Kriteriumskatalogen entspricht der Beschreibung und Bewertung des Vorhandenseins bzw. Nicht-Vorhandenseins einzelner Software-Merkmale, sog. Kriterien (z.B. Absturzsicherheit, Konfigurierbarkeit, Lesbarkeit, Bildgestaltung). Ziel ist die Qualitätsbewertung einzelner Beurteilungskategorien (z.B. technische Qualität, didaktische Qualität) bzw. die Einschätzung der Gesamtqualität der Lernsoftware. Zielsetzungen der Anwendung sind je nach Art und Feinkörnigkeit der einbezogenen Kriterien sowie je nach dem Zeitpunkt des Einsatzes von Kriterienkatalogen (vor, während, nach der Entwicklung eines Bildungsangebotes) unterschiedlich. Ihre Anwendung erfolgt üblicherweise durch Evaluationsexperten; eine Anwendung durch andere Zielgruppen, z.B. Bildungsverantwortliche oder Software-Nutzer, ist prinzipiell möglich.

Die Verfahren unterscheiden sich inhaltlich und methodisch u.a. hinsichtlich der Anzahl und Differenziertheit vorgegebener Kriterien und Beurteilungskategorien, der inhaltlichen Schwerpunktsetzung der zu beurteilenden Qualitätsaspekte, der Art der von Evaluatoren geforderten Expertise und der

Vorgaben bezüglich des Vorgehens von Evaluatoren bei der Zusammenfassung (Aggregation) von Einzelurteilen zu einem Gesamturteil.

Je nach vorgesehener praktischer Verwendung werden in diesen Verfahren Merkmale (Kriterien) auf unterschiedlichem Niveau der Feinkörnigkeit verwendet. Die Verfahren sind üblicherweise teilstandardisiert: Einzelmerkmale bzw. Beurteilungskategorien, teilweise auch Hinweise zu Erleichterung der Interpretation und Beurteilung einzelner Kriterien, werden im jeweiligen Verfahren vorgegeben. Die Vorgabe der einzelnen Kriterien erfolgt in Kriterienkatalogen im Sinne von „Checklisten". Vorschriften zur Aggregation von Einzelurteilen werden in manchen Verfahren mitgeteilt. In anderen Verfahren werden vergleichsweise grobe Beurteilungskategorien verwendet. Sowohl deren Einschätzung als auch die Ermittlung des Gesamturteils bleibt in diesen Verfahren der Expertise des Evaluators überlassen.

Kriteriumskataloge zur Evaluation von Lernsoftware erfreuen sich einer großen Beliebtheit. Einsatzmöglichkeiten ergeben sich zu unterschiedlichen Zeitpunkten der Qualitätssicherung. Eine Übersicht über bekannte deutsche und englischsprachige Kriteriumskataloge gibt Meier (1995). Die Gründe für die Popularität von Kriteriumskatalogen sind bekannt:

– sie sind zeit- und kostensparend,

– sie nehmen dem Evaluator Arbeit und Verantwortung für die Generierung eigener Evaluationsinstrumente ab,

– sie sensibilisieren Käufer und Benutzer von Lernsoftware hinsichtlich Anzahl und Komplexität der Beschreibungs- und Bewertungsaspekte,

– sie vermitteln den Eindruck der leichten Handhabbarkeit,

– sie vermitteln die Vorstellung eines vollständigen, objektiven und validen Bewertungsinstrumentariums.

Probleme bei der Verwendung von Kriterienkatalogen werden nur allzu leicht übersehen (Tergan 1998; Fricke, Beitrag 3 in diesem Band). Sie liegen zum einen in der Auswahl der zur Qualitätsbewertung herangezogenen Kriterien. Je nach Art und Feinkörnigkeit der verwendeten Kriterien sind unterschiedlich differenzierte Qualitätsurteile möglich. Probleme bestehen zum anderen darin, daß mittels unterschiedlicher Kriteriumskataloge und bei Verwendung von unterschiedlichen Experten nur selten übereinstimmende Qualitätsurteile gewonnen werden können (Pritchard, Micceri & Barrett 1989; Fricke, Beitrag 3).

Als *empirische Verfahren* der Software-Evaluation gelten Verfahren wie Befragungstechniken (Fragebogen, Interview), Lautes Denken, Beobachtungsverfahren oder Experimente (vgl. Glowalla 1992; Tergan, Beitrag 1).

Fragebögen können im Rahmen der Software-Evaluation sowohl einer Gruppe von Anwendern bzw. Software-Nutzern zur Einschätzung der Software-Qualität vorgelegt werden. Interview-Techniken sowie die Technik des Lauten Denkens werden üblicherweise mit einzelnen Teilnehmern, z.B. im Rahmen von Fall-Analysen, durchgeführt. Befragungen als Methode der Bewertung eines Software-Bildungsangebotes dienen der Erhebung von Urteilen durch potentielle Anwender bzw. aktuelle Nutzer, z.B. hinsichtlich der Qualität einzelner Software-Merkmale, Schwierigkeiten bei der Software-Nutzung oder der Zufriedenheit (Akzeptanz) der Nutzer mit einzelnen Software-Merkmalen (z.B. Absturzsicherheit, Konfigurierbarkeit, Lesbarkeit); ferner hinsichtlich allgemeiner Merkmale wie technische bzw. didaktische Qualität sowie hinsichtlich des vermuteten Lernerfolgs und wahrgenommener Möglichkeiten zur praktischen Anwendung der im Bildungsangebot vermittelten Inhalte, z.B. in der eigenen beruflichen Praxis.

Befragungstechniken werden häufig ergänzend eingesetzt, um Beobachtungen und Protokollierungen des Nutzerverhaltens besser erklären zu können. Sie dienen ferner der differenzierten Analyse einzelner Merkmale eines Bildungsangebotes unter Berücksichtigung der individuellen Interessen, Zielsetzungen und Lernvoraussetzungen der Nutzer.

Im Hinblick auf die Anwendung dieser Verfahren bei der Evaluation von Lern- und Informationssystemen stellen sich verschiedene Fragen:

– Welche Stärken und Schwächen haben die verwendeten Experten-Beurteilungsverfahren?

– Gelangen Experten mit Hilfe unterschiedlicher Beurteilungsverfahren zu vergleichbaren Qualitätsurteilen?

– Ergeben sich bei Verwendung unterschiedlicher empirischer Verfahren vergleichbare Qualitätsurteile?

– Führt die Anwendung von Experten-Beurteilungsverfahren verglichen mit der Anwendung von empirischen Verfahren (Befragungstechniken, Lautes Denken) zu vergleichbaren Qualitätsbeurteilungen?

– Welche Stärken und Schwächen haben Experten-Beurteilungsverfahren gegenüber Befragungstechniken?

Der vorliegende Beitrag versucht, im Sinne eines Fazits eine vergleichende Bewertung der beim IKTH-Lern- und Informationssystem „EDV im Handwerk" verwendeten Evaluationsmethoden zu leisten. Die Bewertung erfolgt unter den Aspekten Übereinstimmung bei der Qualitätsbeurteilung sowie Nützlichkeit und Praktikabilität der Methoden bei der Evaluation von Lernsoftware anhand der oben genannten Leitfragen. Sie gründet im wesentlichen auf den kritischen Stellungnahmen der Evaluatoren in den jeweiligen Beiträgen und den mitgeteilten Erfahrungen im Umgang mit den jeweiligen Evaluations-verfahren.

2 Einschätzung von Experten-Beurteilungsverfahren

Frage: Welche Stärken und Schwächen haben die verwendeten Experten-Beurteilungsverfahren?

Bei den Verfahren MEDA und AKAB handelt es sich um Kriteriumskataloge, bei denen Beurteiler entsprechend einzelnen vorgegeben Kriterien Ein-schätzungen (einschließlich Gewichtungen) über den Ausprägungsgrad des jeweiligen Kriteriums vornehmen und über eine formalisierte Aggregation von Einzelurteilen zu einer Gesamteinschätzung der Qualität einer Lernsoftware gelangen. Das Instrument MEDA (ausführliche Beschreibung s. Meier in Beitrag 8) zeichnet sich durch einen hohen Grad an Differenziertheit der Kriterien aus. Hierdurch wird eine Anwendung zur detaillierten Analyse von Lernsoftware, z.B. im Rahmen einer formativen Evaluierung, erleichtert. Die Möglichkeit zur gezielten Selektion von Kriterien nach bestimmten „Inten-tionen" entspricht einer Filterung vorhandener Kriterien, die eine Anpassung des Beurteilungsinstrumentes auf individuelle Interessen der Software-Evaluation erlaubt. Meier betont insbesondere die Flexibilität des Einsatzes von MEDA. Das Instrument MEDA in Buchform wird von Meier aufgrund der Einschätzung von Studenten als zu unübersichtlich und von daher als schwer handhabbar eingestuft. Die Weiterentwicklung von MEDA zum elektronischen Beurteilungsinstrument MEDA '97 wird hingegen als sehr sinnvoll und hilf-reich empfunden. In MEDA '97 seien Schwächen von MEDA bei der Beurteilung multimedialer Programme für das Selbstlernen behoben worden.

Der AKAB-CBT-Kriterienkatalog erweist sich nach Meier aus praktisch-öko-nomischen Gründen für eine erste kurze Qualitätseinschätzung von Lern-software als sinnvoll: Lernsoftware, die sehr gravierende strukturelle, inhaltli-che und didaktisch-methodische Mängel aufweist, könne nach kurzer Prüfung identifiziert werden. Der Katalog sei auch ohne vorherige Evaluatorenschu-lung gut handhabbar. Nachteilig sei insbesondere die geringe Differenziertheit der Kriterien, die für eine eingehendere Merkmalsanalyse ungeeignet seien.

Im Unterschied zu den Verfahren MEDA und AKAB erfolgt die Beurteilung bei SODIS nicht nach einzelnen vorgegebenen Kriterien, sondern nach allgemeinen Beurteilungskategorien (vgl. Beitrag 9). Anhand bestimmter Fragen zu diesen

Kategorien wird Evaluatoren eine differenziertere Beurteilung erleichtert. Ergebnis der Qualitätseinschätzung ist ein Bericht in Form eines schriftlichen Gutachtens, das auf Stärken und Schwächen einer Software und Möglichkeiten ihrer Anwendung im Unterrichtskontext eingeht. Die Gutachten wurden bisher in der SODIS-Datenbank gespeichert und sind Interessierten jederzeit zugänglich.

Das SODIS-Verfahren führt primär zu allgemeinen Qualitätseinschätzungen einer Lernsoftware und bietet Hilfe bei der Auswahl für eine Nutzung im schulischen Kontext. Eine systematische Einzelbewertung von Software-Qualitätsaspekten steht bei SODIS nicht im Vordergrund. Für eine differenzierte Bewertung einzelner Software-Aspekte ist das SODIS-Verfahren daher wenig geeignet. Ebenso ungeeignet ist das bisherige Verfahren für die Evaluation selbstgesteuerten Lernens. Eine Software, die ausschließlich für das Selbststudium gedacht ist, kann mit Hilfe des bisherigen Kriterienrasters nicht adäquat beurteilt werden (vgl. Korbmacher, Beitrag 9). Nach Korbmacher hat die Anwendung des SODIS-Verfahrens für eine Qualitätsevaluation des Lern- und Informationssystems „EDV im Handwerk" damit eine Schwäche aufgedeckt, die bei den 3000 Bewertungen schulischer Lernsoftware bisher nicht zutage trat: Das Kriterienraster ist auf schulische Lernprozesse zugeschnitten und in der gegenwärtigen Form für die Bewertung von Selbstlernprogrammen weniger geeignet. Eine Weiterentwicklung des Kriterienrasters unter dem Blickwinkel beruflicher Fort- und Weiterbildung wird zur Zeit durchgeführt.

Das Experten-Beurteilungsverfahren ELISE wird von Schott als ein systematisches Verfahren zur „ganzheitlichen Bewertung von Lernsoftware" durch Experten vorgestellt. Auf eine kritische Stellungnahme bezüglich der praktischen Anwendung des Verfahrens bei der Evaluation des IKTH-Lern-und Informationssystems wird verzichtet. Schott und Mitarbeiter verweisen hier auf die Schwierigkeit, ein innovatives Evaluationsverfahren hinsichtlich seiner Nützlichkeit und Bewährung zu beurteilen.

Versucht man dennoch eine kritische Bewertung des vorgestellten Evaluationsverfahrens, so ist zunächst festzustellen, daß eine systematische Einzelbewertung von Software-Merkmalen, ähnlich wie bei SODIS, nicht im Vordergrund steht und daher Aussagen über Qualitätsaspekte einzelner Merkmale der Gestaltung von Software nur bedingt getroffen werden können. Allgemein ist festzustellen, daß das Verfahren hohe Ansprüche an die Expertise der Evaluatoren stellt. Dies gilt sowohl hinsichtlich seiner konkreten Anwendung als auch im Hinblick auf die im Fokus stehenden Evaluationsgegenstände (z.B. Analyse des vermuteten Lernprozesses).

Die Gültigkeit der erzielten Evaluationsergebnisse hängt bei ELISE – entsprechend dem Anspruch einer „ganzheitlichen" Evaluation – in hohem Maße von der Expertise der Evaluatoren ab, einzelne Aspekte des Lehr-Lern-Prozesses ganzheitlich zu bewerten. Wissen über die (lern-)theoretische Bedeutung bestimmter Zusammenhänge, z.b. über die Aktivierung von Vorwissen, die Präsentation multimedialen Lernmaterials, die Förderung von Transfer, wird als gegeben vorausgesetzt. Über Möglichkeiten, diese Expertise zu erwerben bzw. sicherzustellen, geben die Autoren keine Auskunft. Berücksichtigt man die Probleme, die gerade bezüglich der Sicherstellung von Beurteilerübereinstimmung bei der Software-Evaluation bestehen (vgl. Pritchard, Micceri & Barrett 1989), so dürfte der "Knackpunkt" der Anwendung dieses Verfahrens (ähnlich dem SODIS-Verfahren) darin liegen, entsprechende Beurteilungsobjektivität durch geeignete Beurteilerschulung sicherzustellen.

Fazit:

Die verwendeten Experten-Beurteilungsverfahren haben jeweils Stärken und Schwächen, die einen Einsatz für unterschiedliche Verwendungszwecke nahelegen. Schwächen bestehen bei verschiedenen Evaluationsverfahren (z.B. MEDA, AKAB, SODIS) hinsichtlich der Erfassung und Einschätzung einzelner Qualitätsaspekte. In den Verfahren werden eher globale Kriterien oder Kategorien bzw. eine "ganzheitliche" Vorgehensweise herausgestellt. Unterschiede bestehen zwischen Kriteriumskatalogen bezüglich der Differenziertheit der Urteile zu einzelnen Aspekten der Qualitätsevaluation aufgrund von Unterschieden in der Feinkörnigkeit der jeweils verwendeten Kriterien. Aufgrund dieses Sachverhalts erweisen sich daher Kriterienkataloge mit eher globalen Beurteilungskategorien zwar für zeitsparende Einschätzungen der technischen und didaktischen Gesamtqualität (und damit zum Beispiel für Software-Vergleiche) als sinnvoll, nicht jedoch für eine differenzierte Analyse der Qualität von Einzelaspekten, wie sie beispielsweise für eine prozeßbegleitende Qualitätssicherung bei der Programmentwicklung notwendig ist.

Einzelne Verfahren erscheinen für die Qualitätseinschätzung von Selbstlern- und Informationsprogrammen als eher ungeeignet (vgl. Meier, Beitrag 8, Korbmacher, Beitrag 9). Die verwendeten Kategorien sind in diesen Verfahren zu sehr an schulischen Kriterien eines angeleiteten und didaktisch gestützten Lernens ausgerichtet. Sie tragen selbstgesteuerten Lernprozessen wenig Rechnung. Auch das von Schott vorgestellte Evaluationsverfahren ELISE, das an allgemeinen Kategorien des Lernens und der Gestaltung von Lernprogrammen entwickelt wurde, muß sich bezüglich seiner Anwendbarkeit auf Informationssysteme sowie Programme für das selbstgesteuerte Lernen noch bewähren.

Bei SODIS und ELISE wird implizit eine hohe pädagogisch-psychologische
Expertise der Evaluatoren gefordert. Diese Expertise erscheint eine notwendige Forderung für eine kompetente Anwendung jedes der Beurteilungsverfahren. Bei Experten fehlt in aller Regel ein einheitlicher Erfahrungshintergrund und – aufgrund der wissenschaftlichen Befundlage – ein einheitlicher Bewertungsmaßstab bezüglich der Einschätzung der Bedeutsamkeit
von Kriterien und Kategorien von Lernsoftware für die Förderung von Lernerfolg und die Unterstützung des Lerntransfers. Expertenurteile variieren daher je nach Beurteilungsaspekt zum Teil erheblich (vgl. u.a. Tergan, Beitrag 7).
Dadurch besteht bei jenen Vorgehensweisen am ehesten die Gefahr einer
mangelnden Beurteilerübereinstimmung, die den verwendeten Beurteilungs-
maßstab und die Kriterien einer positiven bzw. negativen Ausprägung eines
Beurteilungsmerkmals nicht näher bestimmen und begründen, das Vorgehen
einer Expertenschulung nicht erläutern und allein auf die Expertise des
Experten bauen. Entsprechende Schwächen der Verfahren werden von den
Autoren der Bewertungsinstrumente in aller Regel gesehen. Es wird daher
gelegentlich darauf verwiesen, daß Ergebnisse der Expertenbewertung
bezüglich der Einschätzung des vermutlichen Lernerfolgs und der Übertragbarkeit und Nützlichkeit der mittels Lernprogramm vermittelten Informationen
in die Anwendungspraxis einer empirischen Validierung bedürfen.

In den Unterschieden zwischen MEDA, MEDA '97 und AKAB einerseits sowie
SODIS und ELISE andererseits werden prinzipielle Unterschiede in der
Konzeption von Experten-Beurteilungsverfahren deutlich. So wird im Falle
von MEDA sowie MEDA '97 versucht, alle für die Qualitätseinschätzung von
Lernsoftware möglichen relevanten Merkmale einzubeziehen. Ein Gesamturteil wird – ähnlich wie bei AKAB – auf der Basis von Skalenwerten ermittelt,
die den Ausprägungsgrad eines Qualitätsaspektes der betreffenden Software
anzeigt. Die Qualitätseinschätzung erfolgt quasi automatisch durch Aggregation von zum Teil unterschiedlich gewichteten Einzelmerkmalen. Hierdurch
soll auch Nicht-Experten die Möglichkeit gegeben werden, Software-Beurtei-
lung durchzuführen.

Im Falle von SODIS und ELISE wurde der umgekehrte Weg beschritten. Statt
Einzelmerkmalen wird ein allgemeines Kriterienraster vorgegeben. Dieses
enthält Hinweise auf Software-Merkmale, die zu berücksichtigen sind. Statt
quasi automatischer Aggregation von Einzeleinschätzungen zu einer schul-
notenähnlichen Gesamteinschätzung ist bei SODIS und ELISE eine
Gesamteinschätzung in Form einer Expertise vorgesehen. Diese zu erstellen
ist Aufgabe des Evaluationsexperten. Für die kompetente Anwendung der
Verfahren wird eine Expertenschulung als notwendig angesehen.

Während MEDA bzw. MEDA '97 aufgrund der Differenziertheit der verwendeten Kriterien für die Evaluation von Lernsoftware für den Einsatz in unterschiedlichen Phasen der Software-Entwicklung gedacht und dort auch sinnvoll anwendbar ist, sind die Verfahren AKAB, SODIS und ELISE eher für die Bewertung der Qualität von Lernsoftware vor deren praktischen Einsatz oder auch für die Auswahl von Lernsoftware unter allgemeinen, z.B. technischen und pädagogischen Qualitätsgesichtspunkten geeignet.

Ein generelles Problem von Verfahren, die eine Liste von Beurteilungskriterien vorgeben, besteht auch darin, daß diese Verfahren für eine ganz bestimmte Art von Lernsoftware und bestimmte Zielsetzungen der Evaluation entwickelt wurden. Wenn die in der Liste enthaltenen Software-Merkmale nicht dem anvisiertem Typ von Lernsoftware entsprechen (schulische Lernsoftware bzw. Software für die individuelle Weiterbildung), wenn die vorgegebenen Kriterien zu undifferenziert sind, um bestimmten Beurteilungskategorien zu entsprechen, oder wenn die vorhandenen Kriterien nicht an die besonderen Merkmale einer Lernsoftware und die Bedingungen ihres Einsatzes angepaßt werden können, weil sie zu starr in ein Beurteilungsraster eingebunden sind, bzw. die besonderen Einsatzbedingungen (z.B. mit vs. ohne Betreuung durch einen Tutor oder mit bzw. ohne Einbettung in ein Curriculum) nicht berücksichtigen können, so sind auch Qualitätseinschätzungen, die der jeweiligen Software angemessen sind, nur bedingt möglich. Beispiele hierfür sind die von Meier und Korbmacher beurteilten Verfahren MEDA und SODIS. Sowohl Meier als auch Korbmacher verweisen auf Defizite der von ihnen für die Evaluation des multimedialen IKTH-Lern- und Informationssystems eingesetzten Verfahren MEDA (Buchversion) bzw. SODIS. Defizite bei beiden Verfahren werden in fehlenden Kriterien für die Beurteilung multimedialer Systeme für das selbstgesteuerte Lernen gesehen (vgl. die Beiträge 8 und 11 von Meier bzw. Korbmacher in diesem Band).

Frage: Gelangen Experten mit Hilfe unterschiedlicher Beurteilungsverfahren zu vergleichbaren Qualitätsurteilen?

Experten gelangen bei Verwendung der Experten-Beurteilungsverfahren MEDA, MEDA '97, AKAB, SODIS und ELISE zu prinzipiell vergleichbaren globalen Urteilen bezüglich der Qualität der technischen, didaktischen und inhaltlichen Gestaltung des beurteilten IKTH-Lernprogramms. Positiv beurteilt und besonders hervorgehoben wird bei Verwendung jedes der Beurteilungsverfahren die technische Qualität des Programms, vor allem seine multimedialen Elemente. Positiv hervorgehoben wird in der Regel auch das Lexikon zur online-Erläuterung schwieriger Begriffe. Bemängelt wird in allen Fällen die schwierige Orientierung über die Programmstruktur sowie fehlende Möglichkeiten für einen flexiblen Zugriff auf Programminformationen und bereits bearbeitete Informationen aufgrund unangemessener Navigationswerkzeuge.

Die Gesamtqualität des IKTH-Lern- und Informationsprogramms sowie der zu erwartende Lernerfolg wird mittels Experten-Beurteilungsverfahren im wesentlichen positiv eingeschätzt. Die Eignung des IKTH-Lernprogramms für die berufliche Praxis wird aufgrund der Vielzahl der Praxisbeispiele und deren Authentizität ebenfalls durchweg als positiv bewertet. Korbmacher bewertet das IKTH-Programm auf der Grundlage von SODIS als adressatengerecht. So seien zum Beispiel die verwendete Sprache und sämtliche Beispiele den Lernvoraussetzungen, Interessenlagen und dem Problembewußtsein der Zielgruppe angepaßt. „Vorbildlich ist, auf welche Weise unverzichtbare Fachbegriffe inhalts- und adressatengerecht erläutert werden" (Korbmacher, Beitrag 9, S. 213). Meier (Beitrag 8) legt sich bezüglich der Frage der Adressatenorientierung nicht fest. Sie verweist auf fehlende Detailinformationen über Interessen und Lernvoraussetzungen der Adressaten und sich daraus ergebende Unsicherheiten im Evaluationsurteil und schlägt eine empirische Überprüfung als ergänzendes Verfahren zur Qualitätseinschätzung vor.

Übereinstimmungen und Unterschiede zwischen Kriteriumskatalogen werden in dem von Meier vorgenommenen Vergleich der Verfahren MEDA und AKAB deutlich. Nach Einschätzung von Meier ergibt eine Anwendung der beiden Kriteriumskataloge zwar „gewisse Entsprechungen" der Qualitätsbewertungen. Ein Vergleich beider Verfahren sei jedoch schwierig. Meier verweist auf Defizite beider Verfahren, um multimediale Lern- und Informationssoftware angemessen bewerten zu können. Der AKAB-CBT-Kriterienkatalog erweist sich nach Meier aus praktisch-ökonomischen Gründen für eine erste kurze Qualitätseinschätzung von Lernsoftware als sinnvoll: Lernsoftware, die sehr gravierende strukturelle, inhaltliche und didaktisch-methodische Mängel aufweist, könne nach kurzer Prüfung identifiziert werden. Der Katalog sei auch ohne vorherige Evaluatorenschulung gut handhabbar. Nachteilig sei insbesondere die geringe Differenziertheit der Kriterien, die für eine eingehendere Merkmalsanalyse ungeeignet seien.

Meier rät zu einer kombinierten Anwendung von AKAB und MEDA '97 zur Vorprüfung von Lernsoftware, um einerseits formale Vorteile von AKAB und andererseits Analyse- und Bewertungsvorteile von MEDA '97 auszuschöpfen. Multimediale Lernsoftware, die eine solche erste Vorprüfung mittels der Analyseinstrumente AKAB und MEDA '97 erfolgreich bestanden habe, solle anschließend in einer empirischen Untersuchung durch Benutzer der entsprechenden Zielgruppe getestet werden.

3 Einschätzung von empirischen Verfahren (Befragungstechniken, Lernprotokolle)

Ein zentraler Aspekt der Qualitätsevaluation von Lernsoftware besteht in der Beurteilung der *Wirkungen,* die bei ihrer Nutzung erzielt werden können. Im Vordergrund stehen Akzeptanz des Programms durch die Lernenden, Lernprozesse und erzielter Lernerfolg, Erfolg beim Transfer des Gelernten in praktische Anwendungssituationen sowie Beurteilungen der Nützlichkeit einer Lernsoftware als Arbeitsmittel, z.B. in der beruflichen Praxis.

Um Aufschluß über die *Akzeptanz* einer Lernsoftware zu erhalten, werden die Nutzer üblicherweise gebeten, technische, inhaltliche und Gestaltungsmerkmale einer Lernsoftware unter dem Gesichtspunkt der persönlichen Zufriedenheit zu beurteilen. *Lernprozesse* werden per Beobachtung und Verhaltensrecording ermittelt. Häufig verwendet wird auch die Methode des Lauten Denkens. *Lernerfolg* wird sinnvollerweise mittels Tests ermittelt; mittels Fragebogen bzw. Interview können jedoch subjektive Einschätzungen der Lernenden über den vermuteten eigenen Lernerfolg erhoben werden. Für die *Transfer-/Implementationsanalyse* erweisen sich zwar Tests und Verhaltensbeobachtungen als sinnvoll. Aus pragmatischen Gründen werden jedoch bei der Software-Evaluation üblicherweise ebenfalls Fragebogen- und Interview-Technik eingesetzt. (Methoden der Wirkungsanalyse werden von Tergan (Beitrag 1) sowie besonders Freibichler (Beitrag 13) näher dargestellt.)

Frage: Ergeben sich bei Verwendung unterschiedlicher empirischer Verfahren vergleichbare Qualitätsurteile?

Folgende empirische Verfahren wurden bei der Evaluation des IKTH-Lern- und Informationssystems eingesetzt:

– Wirkungsanalyse mit der Methode der Befragung (Interview, Fragebogen) (Reinmann-Rothmeier & Mandl),

– Wirkungsanalyse mit den Methoden Beobachtung und Lautes Denken (Freibichler),

– Subjektwissenschaftliche Evaluation mit der Methode der logischen Rekonstruktion von Handlungen (Zimmer & Psaralidis).

Reinmann-Rothmeier & Mandl berichten in ihrem Beitrag „Bedarfs- und implementationsorientierte Evaluation von Lernsoftware" (Beitrag 11) über eine klassische Wirkungsanalyse mit Meister-/Technikerschülern. Im Vordergrund standen Kriterien wie Akzeptanz seitens der Nutzer, subjektive Einschätzung der Software-Qualität, vermutete Wirkungen der Software bezüglich Lernerfolg, praktische Übertragbarkeit der vermittelten Inhalte auf die berufliche Praxis und eingeschätzter Nutzen des Programms in der beruflichen Praxis (Programm-Implementation). Die Autoren berichten über zwei Evaluationsuntersuchungen. Die Untersuchungsteilnehmer äußerten durchweg eine hohe Zufriedenheit mit dem IKTH-Programm. Die didaktische Gestaltung wurde als positiv bewertet. Die technische, inhaltliche und didaktische Gestaltung des Programms wird relativ positiv beurteilt, ebenso die multimediale „Aufmachung" sowie die softwareergonomische Qualität. Die in der Lernsoftware enthaltenen Aufgaben, Übungen und Beispiele wurden als „realitätsnah gestaltet" eingeschätzt. Die Praxistauglichkeit des Programms wurde jedoch insgesamt zurückhaltend beurteilt, zum Teil in Frage gestellt. Die Autoren diskutieren in diesem Zusammenhang ausführlich Fragen der Authentizität von Lernprogrammen sowie Fragen der Programm-Implementation in die berufliche Praxis.

Die Darstellungen von Reinmann-Rothmeier & Mandl sowie die mitgeteilten Analyseergebnisse lassen den Nutzen der verwendeten Evaluationsmethoden (Fragebogen, Interview) zur Erfassung der Wirkungen des IKTH-Lern- und Informationssystems erkennen. Der Nutzen ist vorwiegend darin zu sehen, daß die Qualitätsbeurteilung aus einer Anwenderperspektive erfolgt und damit authentische Daten bei den direkt betroffenen Zielgruppen eines Lernprogramms erhoben werden können. Die Darstellungen bieten eine Fülle von Evaluationsbefunden sowie kritische Stellungnahmen, die die prinzipielle Bedeutung von Wirkungsanalysen im Rahmen der Software-Evaluation betreffen.

Freibichler (Beitrag 13) berichtet über Vorgehen und Ergebnisse einer empirischen Untersuchung, in der die Methode des Lauten Denkens in Verbindung mit einer Video- und Audioaufzeichnung und Verhaltensbeobachtung im Rahmen einer Einzelfall-Analysetechnik zur Untersuchung individueller Lernprozesse verwendet wurde. Im Mittelpunkt stand die Frage, wie Nutzer des IKTH-Lern- und Informationssystems „EDV im Handwerk" mit dem Programm arbeiten, welche Erwartungen und Schwierigkeiten deutlich werden und welche Anwendungsmöglichkeiten des Programms die Untersuchungsteilnehmer für sich selber sehen. Die Untersuchungsbefunde geben Einblick in die Komplexität individueller Lernprozesse beim selbstgesteuerten Lernen.

Aufgezeigt werden einerseits Orientierungs- und Navigationsprobleme sowie Verständnisprobleme bei der Nutzung des Programms. Im Urteil der untersuchten Personen wird Kritik deutlich, daß „nicht die Sprache der Handwerker, sondern eher die von Spezialisten gesprochen" werde (S. 324). Die Befunde verweisen andererseits auf eine „grundsätzliche Akzeptanz" und eine „überwiegend" positiv beurteilte Gesamtqualität des IKTH-Programms. „Das Fehlen von praktischen Beispielen und Aufgaben (auch für das eigene Gewerk) wird jeweils deutlich bemängelt" (S. 326). Die Befunde verweisen auf prinzipielle Probleme der Bedarfs- und Zielorientierung des Programms. Trotz positiver Akzeptanz wird der praktische Nutzen in Frage gestellt, da „die Erwartungen nach Antworten und Lösungen für konkrete EDV-Anwendungen in dem jeweiligen Betrieb/Gewerk vom Lernsystem nicht erfüllt werden konnten" (S. 324).

Die verwendete Methode der Einzelfallanalyse wird als sehr fruchtbar beschrieben: „In einer Einzelfallstudie können ... Detailfragen zum Lernerverhalten und der Wechselwirkung mit Lernprogrammvariablen erfaßt werden" (Freibichler, S. 325). Auch die im Rahmen der Einzelfallanalysen verwendete Protokollanalyse mit Hilfe des Lauten Denkens in Verbindung mit Audioaufnahmen wird als sehr ergiebige und geeignete Methode bezeichnet, um Daten über das aktuelle Nutzerverhalten, Navigations- und Lernschwierigkeiten sowie persönliche Einschätzungen über Anwendungsmöglichkeiten der dargestellten Inhalte zu gewinnen. Freibichler berichtet dabei über das Problem, daß sich die Methode des Lauten Denkens während des Versuchsdurchgangs trotz Gegensteuerung durch den Versuchsleiter in Richtung auf ein Beratungsgespräch entwickelt habe. Gewisse Einflüsse des Versuchsleiters auf das Verhalten der Versuchsteilnehmer und deren verbale Äußerungen seien daher nicht auszuschließen. Schwierig für eine Generalisierung der Befunde sei, daß bei Programmen für das Selbstlernen wie dem IKTH-Programm von den Programmnutzern jeweils ein individueller Einstieg und ein von individuellen Interessen geleitetes Vorgehen bei der Programmbearbeitung gewählt wurden. Freibichler stellt fest: „Bei der Vielfalt der möglichen Adressaten des Lernsystems, ihren unterschiedlichen Interessen, Vorkenntnissen und Gewerken, ist es natürlich nicht möglich, generelle Aussagen über das Lernsystem abzuleiten". Einzelfallstudien befassen sich nicht mit einzelnen Merkmalen; es gehe vielmehr um die „komplexe Wirkung des Lernsystems auf Lernende" (S. 325).

Zimmer & Psaralidis stellen in ihrem Beitrag (Beitrag 12) einen innovativen Evaluationsansatz vor, den sie als Alternative zu dem als „Maschinenmodell" bezeichneten Ansatz traditioneller Wirkungsforschung verstehen. Ausgehend von der These, daß der traditionelle Ansatz der Wirkungsforschung, Programmwirkungen aufgrund von Qualitätseinschätzungen der Programme sowie Programmaspekte vorherzusagen, versagt habe, wird postuliert, die Qualität von Lernsoftware könne nicht durch Qualitätseinschätzungen ermittelt werden, sondern bestimme sich erst aus der aktuellen Nutzung durch die Nutzer selber und dem erzielten Lernerfolg.

Der erste Teil des Beitrags enthält Grundzüge eines „subjektwissenschaftlich
fundierten Evaluationsmodells". In einem zweiten Teil werden fünf Fallstudien
dargestellt, die mit Teilnehmern an einem Existenzgründerseminar durchgeführt wurden. Aus den Aussagen und Selbsteinschätzungen der Untersuchungsteilnehmer über wahrgenommene Anwendungsmöglichkeiten
erworbenen Wissens über bestimmte Inhalte der IKTH-Lernsoftware sowie
einzelner Programmteile wird versucht, auf die Qualität des Programms
zurückzuschließen.

In einer zusammenfassenden Bewertung der Ergebnisse der Fallstudien halten die Autoren fest, daß die Software-Qualität insgesamt positiv eingeschätzt
wird, daß sich jedoch je nach individueller Programm-Nutzung und wahrgenommenen Nutzungsmöglichkeiten der Lernsoftware in der beruflichen
Praxis unterschiedliche Einschätzungen ergeben. Qualität werde „erst durch
die Lernenden selbst und dementsprechend sehr individuell hergestellt"
(Zimmer & Psaralidis, S. 298). Die Autoren stellen weiter fest, „daß die Beurteilungen der verschiedenen Aspekte der Lernsoftware offensichtlich von den
je individuellen schulischen und beruflichen Lernvoraussetzungen, den Lerngewohnheiten, den Berufserfahrungen und der aktuellen Arbeitssituation
stark beeinflußt oder gar vorgeprägt sind. Von ausschlaggebender Bedeutung
für die Lernmotivation und die Selbsteinschätzung des Lernerfolgs scheint
jedoch zu sein, wie positiv oder negativ die Lernenden ihre eigenen beruflichen Perspektiven einschätzen."

Zimmer & Psaralidis kommen zu dem Schluß, daß die vorgestellte „subjektwissenschaftliche" Methode geeignet sei, differenzierte Selbsteinschätzungen von Untersuchungsteilnehmern bezüglich wahrgenommener Qualität und
vermutetem Nutzen unterschiedlicher Programmaspekte für das eigene praktische Handeln zu gewinnen, und daß auf ihrer Grundlage eine adäquate
Einschätzung der Qualität von Lernsoftware ermöglicht werde. Eindeutige
Vorteile der vorgestellten Methode bestehen in der expliziten Berücksichtigung individueller Rahmenbedingungen bei der Beurteilung von Qualität und
eingeschätztem praktischen Nutzen einer Lernsoftware. Eine Qualitätseinschätzung von Lernsoftware unter Verwendung der subjektwissenschaftlichen Methode gewinnt hierdurch an Aussagekraft.

Probleme des von Zimmer & Psaralidis vorgestellten Vorgehens bestehen
darin, daß Daten zur Qualitätseinschätzung bei dem verwendeten Vorgehen
ausschließlich auf Selbsteinschätzungen, nicht jedoch auf objektiven Kenn-
werten individuellen Lernerfolgs beruhen, wie es der Titel des Beitrags „Der
Lernerfolg bestimmt die Qualität einer Lernsoftware!" nahelegt. Dem Anspruch der Methodik, die Qualität von Lernsoftware aus dem Lernerfolg zu
bestimmen und damit eine Alternative zur traditionellen Wirkungsforschung

darzustellen, wird dadurch nur bedingt Rechnung getragen. Insgesamt gesehen erweist sich das vorgestellte „subjektwissenschaftliche" Vorgehen vor allem für eine differenzierte, personenbezogene Evaluation als geeignet. Eher ungeeignet erscheint es hingegen für eine differenzierte Analyse von technischen, inhaltlichen und gestalterischen Merkmalen, insbesondere Schwachstellen eines Programms, da über die Qualität einzelner Programmmerkmale sich mit Hilfe des vorgestellten Verfahrens keine systematischen Daten erheben lassen.

Fazit:

Zieht man ein Fazit über Evaluationsergebnisse, die mit Hilfe empirischer Verfahren gewonnenen wurden, so kann insgesamt festgestellt werden, daß in allen Beiträgen über eine „grundsätzliche Akzeptanz" bei den Untersuchungsteilnehmern und eine „überwiegend" positiv beurteilte Gesamtqualität des IKTH-Lern- und Informationssystems berichtet wird. „Das Fehlen von praktischen Beispielen und Aufgaben (auch für das eigene Gewerk) wird jeweils deutlich bemängelt" (Freibichler, siehe S. 326). Die Befunde verweisen auf prinzipielle Probleme der Bedarfs- und Zielorientierung des Programms.

Die erhobenen Daten auf der Basis der Fallanalysen unter Verwendung von Techniken der Befragung, des Interviews und des Lauten Denkens zeigen, daß mit Hilfe dieser Methoden sehr individuelle, personenbezogene Einschätzungen gewonnen werden können, die differenzierte Aussagen über individuelle Vorlieben, Nutzungsformen und Lernschwierigkeiten im Umgang mit einem Programm zulassen. Hierbei werden vielfach Unterschiede in der Beurteilung einzelner Programmaspekt (z.B. Präferenz für Audio bzw. Video in Lernprogrammen) deutlich. Da mittels Fallanalysen auch Informationen über individuelle Lernvoraussetzungen und den individuellen Lern- und Anwendungskontext erhoben werden können, besteht die Möglichkeit, Wechselwirkungen zwischen Art und Ausprägung von Software-Merkmalen, Lernvoraussetzungen sowie Lern- und Anwendungskontext und individuellen Einschätzungen festzustellen. So konnten mit Hilfe der empirischen Verfahren Hinweise darauf gefunden werden, daß sich Unterschiede in der Beurteilung einzelner Programmaspekte häufig auf Unterschiede in den Lernvoraussetzungen der Adressaten (z.B. Ausbildungsniveau, Computererfahrung), ihren Lerngewohnheiten, Medienpräferenzen oder Lerninteressen zurückführen lassen.

Ein grundsätzliches Problem besteht bei empirischen Evaluationsverfahren auf der Grundlage von Fallanalysen darin, daß zu entscheiden ist, wie repräsentativ ein Einzelfall ist. Freibichler verweist hier auf Bortz & Döring, die feststellen, daß im Unterschied zu breit angelegten Stichprobenuntersuchungen, die tendentiell viele Untersuchungsobjekte ausschnitthaft betrachten, in der Einzelfallstudie die Komplexität eines Falles möglichst umfassend und detailliert erfaßt wird (Bortz & Döring 1995, S. 298). „Wie repräsentativ ein Einzelfall für die Population ist, hängt von der Art des Einzelfalls (Normalfall, Ausnahmefall, Extremfall) und von der Homogenität des betrachteten Merkmals ab" (dies., S. 298).

Auf den Sachverhalt, daß Teilnehmer an empirischen Untersuchungen bei der Einschätzung der Qualität von Lernsoftware auch nach dem Kriterium „Soziale Erwünschtheit" urteilen, weist Freibichler hin. Möglicherweise liegt in einem derartigen Urteilsverhalten eine Ursache des Unterschiedes begründet, der zwischen den positiven Akzeptanz-Beurteilungen und den positiven Urteilen zur technischen, inhaltlichen und gestalterischen Qualität des IKTH-Lernprogramms einerseits und den Urteilen bezüglich der wahrgenommenen Nützlichkeit des Programms für eigene Anwendungen in der beruflichen Praxis andererseits besteht.

4 Vergleich von Experten-Beurteilungsverfahren und empirischen Verfahren

Frage: Führt die Anwendung von Experten-Beurteilungsverfahren verglichen mit der Anwendung von empirischen Verfahren (Befragungstechniken, Lautes Denken) zu vergleichbaren Qualitätsbeurteilungen?

Diese Frage kann nur partiell bejaht werden. Weitgehend übereinstimmende Urteile zwischen beiden Typen von Evaluationsverfahren werden bezüglich der technischen Qualität sowie bezüglich Design und Gestaltung des IKTH-Programms erzielt. Unterschiedliche Einschätzungen ergeben sich bezüglich der Verständlichkeit der Inhalte und der praktischen Anwendbarkeit des Programms in der beruflichen Praxis. Während Experten unter Verwendung von Experten-Beurteilungsverfahren vor allem auf der Grundlage von Design-Merkmalen urteilen und dem IKTH-Programm aufgrund der um Verständlichkeit bemühten Sprache und des vorhandenen Sachregisters sowie der vorhandenen und didaktisch gut gestalteten praktischen Anwendungsbeispiele Verständlichkeit, Authentizität und Nützlichkeit bescheinigen (z.B. Korbmacher, Beitrag 9), ergeben sich bei Anwendung empirischer Verfahren wie Fallanalysen (in Verbindung mit Befragungstechniken und der Technik des Lauten Denkens) kritische Teilnehmerurteile, in denen sowohl die Unverständlichkeit von Begriffen als auch die eher geringe Praktikabilität des

IKTH-Programms infolge mangelnder Ausrichtung an individuellen beruflichen Aufgabenstellungen bemängelt wird.

In diesem Zusammenhang wird die Interpretationsbedürftigkeit eines Begriffs wie „Praxisnähe" deutlich. Als „praxisnah" kann die Themenstellung eines Programms insgesamt und können Beispiele innerhalb des Programms gewertet werden. Praxisnah heißt jedoch nicht bereits, daß das Programm auch für die Praxis tauglich ist (Reinmann-Rothmeier & Mandl, Beitrag 11, S. 250). Was praxisnah ist, wird zudem stark durch den persönlichen Erfahrungshintergrund der Nutzer eines Programms bestimmt. Auch „Bedarfs- und Zielorientierung" eines Programms kann unterschiedlich verstanden werden: zum einen als Hintergrundwissen, um Praxisprobleme besser verstehen zu können, zum anderen als Handlungswissen, das für individuelle Problemlösungen benötigt wird. Hierauf sind möglicherweise die Unterschiede in der Beurteilung der praktischen Nützlichkeit des IKTH-Programms durch Experten mittels Experten-Beurteilungsverfahren und durch die Adressaten mittels Befragungstechniken zurückzuführen. So werden die Ziele des IKTH-Programms (vgl. Lottmann, Beitrag 6) von seiten seiner Entwickler primär darin gesehen, allgemeines Verständnis für einen sinnvollen EDV-Einsatz zu wecken und unterschiedliche Anwendungsmöglichkeiten aufzuzeigen. Die Befragungsergebnisse machen jedoch deutlich, daß die befragten Adressaten das IKTH-Programm eher unter dem Gesichtspunkt einer Arbeitshilfe für die Lösung gewerkspezifischer Probleme beurteilt haben. Zimmer & Psaralidis weisen hier darauf hin, daß die eigenen beruflichen Perspektiven, Lernvoraussetzungen und arbeitsplatzbezogene Bedingungen die Programmbeurteilung in starkem Maße mitbestimmen. So kann die Qualität eines Programms als insgesamt positiv beurteilt werden, der praktische Nutzen jedoch nicht. Kennzeichnend für diesen Fall ist das Beispiel eines von Freibichler befragten Untersuchungsteilnehmers, der feststellt: „Das Programm ist überdimensioniert, durchdacht, perfekt. Aber wer soll damit arbeiten?" (S. 322).

Frage: Welche Stärken und Schwächen haben Experten-Beurteilungsverfahren gegenüber Befragungstechniken?

Die Ergebnisse legen insgesamt gesehen nahe, daß durch Anwendung von Experten-Beurteilungsverfahren vor allem programmtechnische und Gestaltungsmerkmale beurteilt werden können. Die Befunde zeigen, daß es problematisch ist, von der eingeschätzten Qualität eines Programms auf dessen praktische Qualität zu schließen. Bei Experten-Beurteilungsverfahren kommt es entscheidend darauf an, daß Informationen über die besonderen Ziele, Interessen, Lernvoraussetzungen und Rahmenbedingungen des Einsatzes von Lernsoftware vorliegen, um hier einigermaßen begründete Einschätzungen vornehmen zu können. Im Falle des IKTH-Programms lagen bezüglich der anvisierten Adressaten nur relativ allgemeine Informationen vor, so daß Einschätzungen der Nützlichkeit und Praxistauglichkeit des Programms zwangsläufig tentativ bleiben mußten.

Empirische Verfahren wie Beobachtungs- und Befragungstechniken und die Technik des Lauten Denkens im Kontext von Fallanalysen setzen direkt bei den Adressaten an. Techniken wie Befragungen von Software-Nutzern haben gegenüber Experten-Beurteilungsverfahren wie Kriteriumskatalogen den Vorteil, daß die Urteile der Nutzer z.B. bezüglich Akzeptanz, Nutzungsschwierigkeiten, Lernerfolg oder Nutzungsmöglichkeiten im aktuellen individuellen Lern- und Anwendungskontext in die Qualitätsbewertung einbezogen werden können. Mit diesen Techniken können vor allem Stärken und Schwächen eines Programms, die sich in der individuellen Nutzung offenbaren (z.B. Bevorzugung bzw. Ablehnung von Video- bzw. Audiobeispielen, Orientierungs- und Navigationsprobleme beim Zugriff auf Informationen), aufgedeckt werden. Ermittelt werden kann ferner die wahrgenommene Nützlichkeit eines Programms bzw. einzelner seiner Komponenten, die in direktem Zusammenhang zu individuellen Lernvoraussetzungen (z.B. Motivation, Interessen, beruflichem Hintergrund, Bildungsniveau) stehen und die sich auf praktische Anwendungsmöglichkeiten im eigenen beruflichen Umfeld beziehen.

Bezüglich der Stärken bzw. Schwächen von Experten-Beurteilungsverfahren gegenüber Befragungstechniken kann allgemein festgestellt werden, daß Qualitätseinschätzungen mittels Expertenratings eher im Rahmen einer technischen und pädagogisch-didaktischen Qualitätskontrolle sinnvoll sind. Für eine bedarfs- und implementationsorientierte Evaluation von Lernsoftware erweisen sich hingegen empirische Verfahren wie die hier bei potentiellen Adressaten eingesetzten Befragungstechniken als sinnvoller. Empirische Verfahren unter Verwendung von Teilnehmerurteilen sind vor allem geeignet, nutzungsbezogene Evaluationsdaten zu erheben.

5 Fazit des Methodenvergleichs

Beiden Verfahren, sowohl Experten-Beurteilungsverfahren als auch der Anwendung empirischer Verfahren wie Befragungs- und Interviewtechniken sowie der Technik des Lauten Denkens im Rahmen von Fallanalysen oder breit angelegten Teilnehmerbefragungen, mangelt es letztlich an einer empirischen Validierung der ermittelten Nutzeneinschätzungen unter natürlichen Bedingungen.

Eine abschließende empirische Validierung des wahrgenommenen Nutzens kann nur im Rahmen einer Wirkungskontrolle unter Verwendung von Lernerfolgskriterien und Kriterien des praktischen Nutzens im praktischen Anwendungskontext erfolgen. Hierbei erweist sich in der Regel, daß technische und Design-Merkmale von Lernsoftware für den Lernerfolg sowie die praktische Nützlichkeit einer Lernsoftware weit weniger bedeutsam sind als die inhaltliche „Passung" der angebotenen Lerninhalte und Informationen auf die individuellen Lern- und Informationsbedürfnisse, den individuellen Anwendungskontext (z.B. Lernen zu Hause oder im Betrieb) und das jeweils gegebene curriculare und soziale Umfeld. Der Erfolg einer Lernsoftware hängt weniger von medienimmanenten Kriterien ab, als vielfach vermutet wird (Kerres 1998).

Qualitätsmäßig eher ungünstig bewertete Lernprogramme können in einem geeigneten Bildungs- und Ausbildungskontext unter Anleitung und Betreuung von Lehrern, Dozenten und Tutoren durchaus sinnvoll eingesetzt werden. Entscheidend für die Zielerreichung eines Softwareprodukts im Lehr-Lern-Kontext sind die individuellen konstruktiven Lernaktivitäten im Umgang mit den angebotenen Informationen (Kerres 1998; Tergan 1998; vgl. auch die Beiträge 11–13 in diesem Band von Reinmann-Rothmeier & Mandl; Zimmer & Psaralidis; Freibichler). Inwieweit diese Lernaktivitäten angeregt werden können und tatsächlich zum Tragen kommen, läßt sich letztlich weder durch Experten-Beurteilung noch durch Befragung der Lernenden ermitteln. Hierzu sollten empirische Verfahren der Wirkungsanalyse zur Ermittlung von Lernprozessen und Lernerfolg zusätzlich einbezogen werden (vgl. Bortz & Döring 1995; Glowalla 1992).

Experten-Beurteilung mittels Kriteriumskatalogen und Nutzer-Befragung mittels Fragebogentechniken eignen sich jeweils für unterschiedliche Zielsetzungen der Evaluation. In diesem Sinne können sie für die Beurteilung von Lernsoftware in unterschiedlichen Phasen des Qualitätssicherungsprozesses sinnvoll sein (vgl. Tergan, Beitrag 1). Qualitätseinschätzungen auf der Grundlage beider Typen von Vorgehensweisen lassen sich schwer miteinander vergleichen, weil in die jeweiligen Urteile unterschiedliche Qualitätsaspekte sowie unterschiedliche Beurteilungsperspektiven (Experten, Nutzer) einfließen. Für eine umfassende Qualitätseinschätzung im Sinne pädagogischer und praktischer Qualität empfiehlt sich eine kombinierte Anwendung der Verfahren. Dabei sollten stärker als in der Evaluationspraxis bisher üblich individuelle Lernvoraussetzungen und tatsächliche bzw. antizipierte Verwendungszusammenhänge der jeweiligen Software eine Rolle spielen, denn diese Bedingungen sind es letztlich, die in Wechselwirkung mit technischen, inhaltlichen und pädagogisch-didaktischen Software-Merkmalen die praktische Qualität einer Lernsoftware bestimmen.

Literatur

Behrendt, E. & Kromrey, H. (1995). Qualitätssicherung in Pilotprojekten und Modellversuchen zur beruflichen Bildung: Die Rolle der wissenschaftlichen Begleitforschung. In P. Schenkel & H. Holz (Hrsg.), Evaluation multimedialer Lernprogramme und Lernkonzepte. Berichte aus der Berufsbildungspraxis (S. 23–38). Nürnberg: BW Bildung und Wissen.

Bortz, J. & Döring, N. (1995). Forschungsmethoden und Evaluation. Berlin/Heidelberg: Springer.

Friedrich, H.F., Eigler, H., Mandl, H., Schnotz, W., Schott, F. & Seel, N.M. (Hrsg.). (1997). Multimediale Lernumgebungen in der betrieblichen Weiterbildung. Gestaltung, Lernstrategien und Qualitätssicherung. Neuwied: Luchterhand.

Glowalla, U. (1992). Evaluation computerunterstützten Lernens. In U. Glowalla & E. Schoop (Hrsg.), Hypertext und Multimedia: Neue Wege in der computerunterstützten Aus- und Weiterbildung (S. 39–40). Berlin/Heidelberg: Springer.

Gräber, W. (Hrsg.) (1990). Das Instrument MEDA. Kiel: IPN (Institut für die Pädagogik der Naturwissenschaften).

Kerres, M. (1998). Multimediale und telemediale Lernumgebungen. Konzeption und Entwicklung. München, Wien: Oldenburg.

Landesinstitut für Schule und Weiterbildung (1994). Zur Prüfung interaktiver Medien für den Unterricht. Soest: Beratungsstelle für Neue Technologien.

Meier, A. (1995). Qualitätsbeurteilung von Lernsoftware durch Kriterienkataloge. In P. Schenkel & H. Holz (Hrsg.). Evaluation multimedialer Lernprogramme und Lernkonzepte. Berichte aus der Berufsbildungspraxis (S. 149–191). Nürnberg: BW Bildung und Wissen.

Prichard, W.H. Jr., Micceri, Th. and Barrett, A.J. (1989). A review of computer-based training materials: Current state of the art (instruction and interaction). *Educational technology*, 16–22, July 1989.

Tergan, S.-O. (1998). Checklists for the evaluation of educational software: critical review and prospects. *Innovations in Education and Training International*, 35(1), 9–20.

Wottawa, H. & Thierau, H. (1990). Evaluation. Bern: Huber.

Zu den Herausgebern:

Lottmann, Alfred

Abteilungsleiter Berufliche Bildung an der Münchner Volkshochschule GmbH, Projektleiter IKTH; Arbeitsgebiet: Entwicklung neuer Modelle von beruflicher Qualifizierung und Weiterbildung, z.B. multimediale Inforrmations- und Lernprogramme auf CD-ROM für das Handwerk und für den Hotel- und Gaststättenbereich.

Schenkel, Peter

Dr. rer. oec.; Projektleiter im Bundesinstitut für Berufsbildung (BIBB) in Bonn; Arbeitsgebiete: Früherkennung von Qualifikationsentwicklungen, Multimedia, web-based-training, Evaluation.

Tergan, Sigmar-Olaf

Dr., Diplom-Psychologe; wissenschaftlicher Mitarbeiter am Deutschen Institut für Fernstudienforschung (Abteilung Angewandte Kognitionswissenschaft) an der Universität Tübingen; Arbeitsgebiete: Forschung, Entwicklung, Weiterbildung zum Lernen mit Hypermedien.

E-Mail: sigmar-olaf.tergan@uni-tuebingen.de

Zu den Autoren:

Freibichler, Hans

Dr., Diplom-Psychologe; Arbeitsgebiete: Medienberatung und Medienentwicklung sowie wissenschaftliche Begleitforschung für Modellversuche im Bildungsbereich; Entwicklung eines Autorensystems für Lehrkräfte und Schüler.

E-Mail: freibichler@FTS-Heidelberg.de

Fricke, Reiner

Univ.-Prof. Dr. phil., Dipl.-Psych., Technische Universität Braunschweig, Abteilung Empirische Pädagogik; Arbeitsgebiete: Empirische Pädagogik, Instruktionspsychologie.

E-Mail: r.fricke@tu-bs.de

Korbmacher, Karlheinz

Lehrer, Ludwig-Erhard-Berufskolleg Paderborn und Landesinstitut für Schule und Weiterbildung Soest; Arbeitsgebiet: Online- und Offline-Medien.

E-Mail: Webmaster@luk-korbmacher.de

Krien, Florian

stud. psych. an der TU Dresden

Mandl, Heinz

Prof. Dr. phil., Lehrstuhl für Empirische Pädagogik und Pädagogische Psychologie, Ludwig-Maximilians-Universität München; Arbeitsgebiete (Schwerpunkt): Wissensmanagement, Wissenspsychologie, Lehr-Lernforschung, Erwerb und Anwendung von Handlungswissen in komplexen Domänen, Kooperatives und selbstgesteuertes Lernen, Tele-Lernen und Tele-Tutoring, Gestaltung multimedialer Lernumgebungen.

E-Mail: mandl@edupsy.uni-muenchen.de

Meier, Anne

Gymnasiallehrerin, wissenschaftliche Mitarbeiterin am Institut für Allgemeine Pädagogik, Abteilung Empirische Pädagogik an der Technischen Universität Braunschweig; Arbeitsgebiete: Konzeption und Evaluation multimedialer Lernsoftware; Ausbildung von Lehramtsstudenten, vor allem im Bereich „Nutzung der neuen IuK-Technologien an Schulen"; Konzeption und Evaluation von multimedialen Fernlehrgängen.

E-Mail: a.meier@tu-bs.de

Psaralidis, Elena

Diplom-Psychologin; Stipendiatin bei der Deutschen Telekom AG; Arbeitsgebiete: Telelernen im betrieblichen Kontext, Entwicklung und Unterstützung selbstorganisierter Lernprozesse.

Reinmann-Rothmeier, Gabi

Dr. phil., Dipl.-Psych., Assistentin am Lehrstuhl für Empirische Pädagogik und Pädagogische Psychologie, Ludwig-Maximilians-Universität München. Arbeitsgebiete (Schwerpunkt): Wissensmanagement, Gestaltung multimedialer Lernumgebungen, selbstgesteuertes und kooperatives Lernen mit Medien, Evaluation in der Weiterbildung.

E-Mail: reinmann@edupsy.uni-muenchen.de

Sachse, Silvio

stud. psych. an der TU Dresden

Schott, Franz

Prof. Dr., Dipl.-Psych., Studium der Erziehungswissenschaften mit Abschluß Promotion, Habilitation in Psychologie, Universitätsprofessor an der TU Dresden für Pädagogische Psychologie; Arbeitsgebiete: Psychologie der Lernumwelten, Bildung und Lebensgestaltung: lebenslang lernen, verstehen, handeln; Lernen mit Medien, Instruktionstheorie, Gestaltung und Evaluation multimedialer Lernumwelten.

Schubert, Thomas

stud. psych. an der TU Dresden

Zimmer, Gerhard

Univ.-Prof. Dr. phil. habil., Diplom-Psychologe und Ingenieur; Professur für Berufs- und Betriebspädagogik an der Universität der Bundeswehr Hamburg; Arbeitsgebiete: Multi- und telemediales Lernen in der Aus- und Weiterbildung; Didaktik der beruflichen Bildung; Arbeits- und Kompetenzentwicklung; Entwicklung der betrieblichen Arbeits- und Lernkultur.

Weitere Bände aus der Reihe „Multimediales Lernen in der Berufsbildung":

Didaktik des computerunterstützten Lernens
Praktische Gestaltung und theoretische Grundlagen

Mit zunehmender Verbreitung computergestützter Lernprogramme ist immer deutlicher geworden, daß die Entwicklung und Verwendung von Lernsoftware pädagogisch, mediendidaktisch und lernpsychologisch fundiert sein muß.

Dieter Euler behandelt die zentralen Grundfragen des computerunterstützten Lernens und zeigt Wege zur Gestaltung der Visualisierung, Motivierung, Lernkontrolle, Lernprozeß-steuerung und Lernumgebung auf. Ein Modell zur systematischen Lernsoftware-Entwick-lung und ein Kriterienkatalog zur Auswahl und Bewertung von Lernsoftware runden diesen Band ab.

Didaktik des computerunterstützten Lernens
Praktische Gestaltung und theoretische Grundlagen
von Dieter Euler
224 Seiten (DIN A4), 84 Abbildungen; 1992
ISBN 3-8214-7014-3

Open Learning and Distance Education with Computer Support

Dieser Band stellt zwei Forschungsberichte vor, die im Rahmen des DELTA-Programms (Developing European Learning through Technological Advance) der EU zur Erforschung neuer Lerntechnologien erarbeitet wurden. Beide Berichte befassen sich mit der syste-matischen Untersuchung praktischer Anwendungsbeispiele in Europa und Nordamerika, um Modelle und Kriterien für effiziente Lehr- und Lernformen des Offenen Lernens und des Fernunterrichtes zu erhalten. Der Band ist in englischer Sprache erschienen.

Open Learning and Distance Education with Computer Support
von S.-O. Tergan, J. J. Sparkes, Ch. Hitchcock, A. R. Kaye, A. Hron und H. Mandl
Hrsg.: Gerhard Zimmer und Dieter Blume
212 Seiten (DIN A4); 1992
ISBN 3-8214-7013-5

Evaluation multimedialer Lernprogramme und Lernkonzepte
Berichte aus der Berufsbildungspraxis

Evaluation wird immer häufiger gefordert, aber selten durchgeführt. Ohne theoretische Perspektive und ohne die Berücksichtigung verfügbarer Erfahrungen gerät Evaluation leicht zu einer detaillierten Darstellung von Aktivitäten, denen eine klare Zielrichtung und Vorgehensweise und dann auch eine klare Bewertung fehlt.

Dieser Band der Reihe spiegelt praxisnah Erfahrungen mit der Evaluation von Lern-programmen und -konzepten in Pilotprojekten der beruflichen Bildung wider. Eine Analyse von 12 Qualitätskriterienkatalogen rundet die Erfahrungsberichte ab. Im Anhang sind die in den Projekten eingesetzten Fragebögen enthalten.

Evaluation multimedialer Lernprogramme und Lernkonzepte
Berichte aus der Berufsbildungspraxis
Hrsg.: Peter Schenkel und Heinz Holz
248 Seiten (16,2 x 23,7 cm); 1995
ISBN 3-8214-7015-1

Handlungsorientiert lernen mit Multimedia
Lernarrangements planen, entwickeln und einsetzen

Ansätze, die sich bei der Konzeption, Planung und Entwicklung handlungsorientierten lehrergestützten Unterrichts einerseits und der Medienentwicklung andererseits bewährt haben, werden von den beiden Autoren Dieter Ballin und Michael Brater zusammenge-führt und auf multimediale Lernumgebungen übertragen.

Nach einem Überblick über Grundlagen des handlungsintegrierenden Unterrichts, die Konzeption modularer Qualifizierungssysteme und zum Instruktionsdesign multimedialer Lernsysteme beschreiben sie detailliert und anhand von Beispielen klar nachvollziehbar die wesentlichen Entwicklungsphasen handlungsorientierter Lernarrangements – von der Analyse der Anforderungen über die Bildung von Unterrichtssequenzen bis zur Planung und Gestaltung sachlicher, sozialer und methodischer Lernarrangements. Kapitel zur Evaluation sowie zur Aus- und Weiterbildung von Lehrpersonal und Multimedia-Autoren schließen den Band ab. Eine Fülle von Anregungen für Bildungspraktiker!

Handlungsorientiert lernen mit Multimedia
Lernarrangements planen, entwickeln und einsetzen
von Dieter Ballin und Michael Brater; hrsg. von Dieter Blume
388 Seiten (16,2 x 23,7 cm), 83 Abbildungen; 1996
ISBN 3-8214-7016-X

Lernarrangements und Bildungsmarketing für multimediales Lernen
Berichte aus der Berufsbildungspraxis

Der erste Teil des Bandes enthält praxisnahe Erfahrungsberichte zur Konzeption, Realisie-rung und Implementation multimedialer Lernarrangements, die in Modellversuchen des Bundesinstitutes für Berufsbildung entwickelt, erprobt und evaluiert wurden. Dabei hat sich gezeigt, daß mit interaktiven Medien dann am erfolgreichsten gelernt werden kann, wenn sie in ein pädagogisches Gesamtkonzept eingebunden sind.

Die Beiträge im zweiten Teil befassen sich mit dem aktuellen Thema Bildungsmarketing für die neuen multimedialen Lernmethoden. Diskutiert werden die Notwendigkeit sowie Chancen und Grenzen des Postulats der Kunden- und Marktorientierung bei der Implementierung neuer Lerntechnologien und Qualifizierungsmethoden in berufliche Bildungsangebote.

Lernarrangements und Bildungsmarketing für multimediales Lernen
Berichte aus der Berufsbildungspraxis
Hrsg.: Gerhard Zimmer und Heinz Holz
324 Seiten (16,2 x 23,7 cm); 1996
ISBN 3-8214-7017-8

Die Bände sind über Ihre Buchhandlung zu beziehen oder – zuzüglich Versand-kosten – bei:

BW Bildung und Wissen
Verlag und Software GmbH
– Vertrieb –
Postfach 82 01 50
90252 Nürnberg
Tel. 09 11/96 76-1 75, Fax 09 11/96 76-1 89
E-Mail: thomas.preuss@bwverlag.de